刑法總論

개정판

한눈에 잡히는 형법총론

윤 동 호 지음

국민대학교 출판부
KOOKMIN UNIVERSITY

서 문

형법전(법률 제11731호, 2013. 4. 5. 일부개정)은 총칙과 각칙으로 구별되는데, 현재 대학에서는 형법전의 총칙은 흔히 형법총칙 또는 형법총론으로, 형법전의 각칙은 흔히 형법각칙 또는 형법각론으로 불리며, 각각 보통 한 학기 동안의 교과과정으로 편성된다. 흔히 사용되는 교재는 그 분량이 대부분 각각 1000쪽을 넘는다. 또 교수마다 수업의 목표, 방식, 진도, 내용이 다르다. 그래서 학생들은 흔히 대학의 형법 수업으로는 변호사시험이나 사법시험 또는 공무원시험에 대비할 수 없다고 생각하고, 학원의 교재와 강의를 찾는다.

이 책은 이런 문제의식에서 나온 것이다. 학생들이 한 학기 동안에 형법총론의 조문과 이론 및 판례를 배우면서 각종 외부시험에 대비할 수 있도록 하기 위해서 만든 것이다. 기존 교재가 학문이나 실무에 비중을 두고 있다면, 이 책은 이 보다는 시험이나 수업에 비중을 두면서 이 안에서 학문과 실무의 의미를 찾고 있다.

이 책은 형법총칙의 조문을 전면에 배치하고 있다. 형법 수업의 궁극적 목적은 단순히 말하면 어떤 사람에게 형사책임을 물을 수 있는지 여부를 배우는데 있다고 할 수 있는데, 이는 형법(총칙)의 조문을 어떻게 해석하느냐에 따라 달라지고, 형법의 이론과 판례는 모두 결국 이런 형법조문의 해석에 관한 것이기 때문이다. 또 각종 외부시험에서 다루었거나 의미있게 다루어야할 형법총칙의 이론과 학설 및 판례만을 소개하여 분량을 대폭 줄이고 있다. 그러면서도 중요 판례는 사실관계를 자세히 소개하여 사실관계에 대한 형법적 판단의 의미를 정확히 잡아내고, 사건을 기억해내는데 도움을 주고자했다. 또한 각종 외부시험에 출제된 문제를 소개하여 이론과 판례의 실제 의미를 깨닫고 응용력을 키워서 각종 외부시험을 준비하는데 도움이 되도록 하고 있다.

분량이 줄었다고 해서 품질이 떨어진 것은 아니다. 한 학기 만에 형법총칙의 이론과 판례를 배우고 외부시험에 대비하면서 형법총론의 전반을 이해하는데 다른 책과 견줘 부족하지 않으리라고 본다. 혹시 분량이 적어서 불안감을 느낀다면 이 책을 다른 형법책의 요약서로 활용하면서 가까이 두고 반복해서 보는 것도 좋으리라고 본다. 이 책을 통해 형법총론이 한 눈에 잡히길 바란다.

1993년 방황의 시기에 만나 지금 내 옆에서 함께 가는 사람이 있다. 아내 이혜경. 이 책은 그녀와 걸어온 발자국이다.

개정판 서문

2014. 8. 29. 출간 때 반영하지 못한 헌법재판소법의 내용과 2014. 8. 29. 이후 개정된 형법총칙의 내용을 반영하고자 개정판을 내게 되었다. 우선 동일한 형벌조항이 과거 헌재의 결정에 의해 합헌으로 선언된 바 있으나 그 후의 사정변경 때문에 새로 위헌으로 결정된 경우에도 그 위헌결정은 법률 제정시로 소급효가 인정되었으나, 헌법재판소법 제47조를 2014. 5. 20. 개정하여(법률 제12597호), 이런 경우에는 소급효가 종전의 합헌 결정일의 다음 날부터 인정되도록 하였다. 종래의 합헌결정 이전의 확정판결에 대한 무분별한 재심청구를 방지하고 합헌결정에 실린 당대의 법감정과 시대상황에 대한 고려를 존중하려는 데 그 취지가 있다. 다음으로 외국에서 형의 집행을 받은 것은 임의적 감면사유에 불과하였는데, 이것이 형 감면 여부를 법관 재량에 전적으로 위임한 것이어서 신체의 자유의 심각한 제한이 발생하여 과잉금지원칙에 어긋난다는 이유로 헌재에서 헌법불합치결정을 받았고(2013헌바129), 이에 따라 2016. 12. 20. 현행 형법(법률 제14415호) 제7조처럼 외국에서 집행된 형의 전부나 일부를 반드시 산입해야하는 것으로 개정되었다. 끝으로 종전에는 3년 이하 징역이나 금고를 선고할 경우에만 집행유예가 가능했는데, 2016. 1. 6. 형법을 개정(법률 제13719호)하여 500만원 이하 벌금을 선고할 경우에도 집행유예가 가능하도록 했다. 벌금을 못내 노역장에 유치되는 사람이 연간 4만 명에 이르면서 징역형의 집행유예를 구하는 사례가 빈번히 발생하자 서민의 경제적 어려움을 덜어주기 위해 도입한 것이다. 다만 이는 2018년 1월 7일부터 시행된다. 2016. 1. 6. 형법 개정 때 제43조 제2항 단서에 '다만, 다른 법률에 특별한 규정이 있는 경우에는 그 법률에 따른다.'는 규정을 신설한다. 형법 제43조 제2항의 자격정지규정 중 '공법상의 선거권'을 유기징역·금고의 형의 '집행유예기간 중인 자'에 대해서도 제한하는 것은 위헌이고, 유기징역·금고의 형의 '집행이 종료되지 않은 자(곧 수형자)'에 대해서도 제한하는 것은 헌법에 불합치한다는 헌재의 결정(2012헌마409)에 따라 공직선거법 제18조 제1항을 2015. 8. 13. 개정하여 1년 미만 징역 또는 금고의 집행을 선고받은 수형자와 1년 이상 징역 또는 금고의 형의 집행유예선고를 받은 자는 선거권을 가질 수 있도록 했기 때문이다.

아울러 오류를 바로 잡고 문맥을 매끄럽게 하면서 논리적이고 체계적인 서술이 되도록 했다. 아무쪼록 도움이 되기를 바란다.

2017. 8. 24.

목 차

5장 위법성조각사유론 / 136

6장 책임조각사유론 / 159

7장 착오론 / 186

1장 형법의 개관과 이해 및 공부방법론

Q. 1972년 10월 승객 45명을 태운 비행기가 안데스 산맥 해발 3,500m 지점에서 추락했는데, 생존자 甲은 영하 40℃의 혹한에 힘들어 하는 다른 생존자의 목을 졸라 심장을 멎게 하고 그 사람의 살을 먹고 버티다 72일 만에 구출되었다(약칭하여 인육사건). 국가는 甲에게 사형이란 형벌을 줄 수 있는가?

Q. V의 혼인 외 출생자 乙이 V의 지갑에서 돈을 훔쳤는데, V가 乙을 인지한 경우, 국가는 乙을 처벌할 수 있는가?

Ⅰ. 형사절차와 형사소송법의 이해와 개관

국가만이 甲과 乙에게 형벌을 줄 수 있는데, 이를 위해서 흔히 경찰이 위 행위에 대해 수사를 하여(검찰이 직접 수사를 하는 경우도 있지만, 약 3% 정도에 불과) 범죄 성립의 가능성을 확인하고 증거를 수집한다. 이를 토대로 검사는 그 가능성이 개연성의 정도로 높다고 인식하면 甲과 乙을 기소한다. 법원은 재판절차를 거쳐서 범죄 성립을 증거로 증명하면서 그 확실성에 대한 심증을 가지면 유죄를 선고하고 확정되며, 이런 유죄확정판결이 있어야 국가는 甲과 乙을 처벌할 수 있다.

형사절차는 단순히 말하면 증거로써 사람의 행위에 대한 범죄 성립 여부나 처벌 여부를 판단하는 과정이라고 할 수 있는데, 정식의 형사절차는 경찰의 수사와 검찰의 기소 및 기소유지 그리고 법원의 재판절차 3단계로 이루어진다. 이런 형사절차에 관한 내용을 규정한 법률이 형사소송법이다.

Ⅱ. 형법 개관

1. 형사법과 형사정책의 개념

국가가 법치국가이면 범죄의 성립요건 등을 비롯하여 형사제재 여부를 결정하는 요건을 법으로 정해놓아야 하는데, 그런 규정을 총칭하여 형법이라고 한다. 예컨대 '사람을 살해한 자는 사형, 무기 또는 5년 이상 징역에 처한다(제250조 제1항)' 또는 '타인의 재물을 절취한 자는 6년 이하 징역 또는 1천만원 이하 벌금에 처한다(제329조)'는 규정 등이 이에 해당한다.

형사법을 흔히 형법과 형사소송법 두 분야로 구별하는데, 전자를 실체형법, 후자를 절차형법이라고 부르기도 하며, 이에 따르면 형법과 형사소송법을 포함하여 형법이라고 부를 수도 있다. 형법이라고 부르면 이는 흔히 실체형법을 말한다. 형법은 크게 형법총칙과 형법각칙 및 개별형법 3가지 분야로 구별할 수 있다.

형사정책은 형법과 형사소송법의 바람직한 방향을 모색하는 분야이다.

2. 형법의 원칙과 효력

형법은 형법의 원칙에 어긋나지 않는 것이어야만 규범적 효력을 갖는다. 형법의 원칙이 무엇인지에 대해서는 견해의 대립이 있을 수 있지만, 크게 죄형법정주의, 법익보호원칙, 비례성원칙 3가지라고 본다.[1)]

규범적 효력이 있는 형법일지라도 원칙적으로 효력발생 시점 이후의 행위에 대해서만 적용되고(시간적 효력), 한국의 영토 안에서만 효력이 있고(장소적 효력), 한국 국적을 가진 사람에게만 적용된다(인적 효력). 형법은 원칙적으로 해당 국가 안에서만 효력을 갖는 국내법이기 때문이다.

3. 형법의 임무 또는 기능

규범적 효력을 가진 형법은 시민의 법익을 보호하면서 동시에 인권을 보장하는 임무 또는 기능을 수행하게 된다. 흔히 두 기능 곧 (법익)보호적 기능과 (인권)보장적 기능이 긴장관계에 있다고 본다. 예컨대 속칭 바바리맨으로부터 여성을 보호하기 위해서 "바바리만 입어도 처벌한다"는 규정을 신설한다면 이로써 법익보호적 기능은 강화될 수 있지만, 동시에 바바리를 입기를 원하는 시민을 위한 인권보장적 기능은 약화된다. 이런 점에서 법익보호적 기능은 인권보장적 기능이 침해되지 않는 범위 안에서 추구되어야한다고 본다.

4. 범죄의 성립요건

1) 이런 이해는 이상돈, 형법강의, 법문사, 2010, 8면 이하에 따른 것이다.

범죄성립 여부의 판단은 흔히 3단계로 이루어진다. 첫째는 어떤 행위의 구성요건해당성 여부를 판단하는 단계이다. 위 甲의 행위가 살인죄의 구성요건인 "사람을 살해"에 해당하는지 판단하는 것을 말한다. 또 위 乙의 행위가 절도죄의 구성요건인 "타인의 재물을 절취"에 해당하는지 판단하는 것을 말한다.

둘째는 이런 구성요건해당행위가 위법성조각[2](배제)사유(달리 말해 정당화사유)에 의해 위법성이 조각되는지 여부를 판단하는 단계이다. 위법성조각사유의 예로는 정당방위를 들 수 있다. 타인이 먼저 甲을 살해하려고 해서 甲이 자신을 방어하기위해서 부득이 그 타인을 살해한 것이면 甲의 행위는 구성요건해당성은 인정되지만 위법성은 부정되는 행위로 평가받는다. 곧 구성요건해당성이 인정되고 위법성조각사유에 해당하지 않는 행위만을 불법행위라고 할 수 있다.

셋째는 이런 불법행위를 한 행위자의 책임을 조각 또는 배제시킬만한 책임조각사유가 있는지 여부를 판단하는 단계이다. 불법행위를 한 사람일지라도 그 사람을 비난할 수 없는 경우도 있기 때문이다. 쉽게 말해 '죄가 있어도 미워할 수 없는 경우'도 있다. 예컨대 형사책임능력이 없거나 행위자에게 그런 행위를 할 수밖에 없는 사정이 있는 경우이다. 이런 경우에는 행위는 나쁘지만 그 행위자에게 책임을 물을(귀속시킬) 수 없다.

5. 범죄의 처벌조건과 소추조건

범죄의 성립요건을 갖추었어도 인적 처벌조각사유(소극적 처벌조건)에 해당하면 처벌할 수 없는데, 그런 사유를 처벌조건이라고 한다. 근친간 친족상도례[3]가 이에 해당한다. 판례는 인지에 소급효가 있으므로 乙에게 친족상도례가 적용되어 乙을 처벌할 수 없다고 본다(96도1731).

검사의 공소제기에 피해자의 의사가 영향을 미치는 범죄도 있다. 친고죄와 반의사불벌죄가 이에 해당한다. 이런 피해자의 의사를 소추조건이라고 한다. 친고죄는 피해자의 처벌희망의사표시가 있어야 기소할 수 있는 반면, 반의사불벌죄는 피해자의 처벌불원의사표시가 없어야 기소할 수 있다. 범죄의 성립요건과 처벌조건을 갖추었어도 소추조건을 갖추지 못하면 처벌

2) '조각(阻却)'을 '험상궂은 모습을 깎아낸다'는 의미로 이해하면서, 정당화라는 말은 위법성조각이라는 말과 달리 긍정적인 의미를 담고 있으므로, 구성요건해당성이 인정되는 행위의 위법성을 부정한다는 의미로는 조각이라는 말이 적절하다는 견해(신동운, 형법총론, 법문사, 2006, 252면 이하)도 있다.

3) 제328조(친족간의 범행과 고소) ① 직계혈족, 배우자, 동거친족, 동거가족 또는 그 배우자간의 제323조의 죄는 그 형을 면제한다. ②제1항 이외의 친족간에 제323조의 죄를 범한 때에는 고소가 있어야 공소를 제기할 수 있다. 제361조(친족간의 범행, 동력) 제328조와 제346조의 규정은 본장의 죄에 준용한다.

할 수 없다.

6. 형사제재

형사제재를 흔히 형벌과 보안처분 2가지로 분류하지만, 이와 다른 제3의 형사제재가 있다는 견해도 있고, 그 예로 소년법의 보호처분, 형법총칙의 사회봉사나 수강명령, 도입 여부를 논의하고 있는 독일 형법의 원상회복(Wiedergutmachung) 등을 든다.

형벌의 목적에 관해서는 크게 다음 세 가지 관점이 대립한다. ①형벌 그 자체에 목적이 있다는 응보론(절대설), ②형벌을 통한 범죄예방에 있다는 예방론(상대설), ③양자의 절충설. 그런데 예방론은 다시 ㉮일반예방론과 ㉯특별예방론(재사회화)으로 구별되며, 일반예방론은 또 다시 ⓐ소극적 일반예방론(잠재적 범죄인에 대한 겁주기)과 ⓑ적극적 일반예방론(일반인에 대한 규범의식의 강화 또는 내면화)으로 구별된다. 그러나 보안처분의 목적은 장래 재범의 위험성이 있는 범죄인의 치료나 교육 또는 사회방위를 통한 범죄예방에 있다고 보는 것이 지배적인 입장이다. 그래서 다수견해와 판례(97도703)는 형벌과 보안처분을 구별한다. 형벌이 과거적이라면, 보안처분은 미래적이라는 것이다. 형법의 통제대상은 법익을 침해하는 **행위**이지 행위자의 인격이나 생활 또는 장래의 위험이 아니라는 행위형법의 관점에서 보면, 보안처분은 행위자형법이라고 할 수 있다.

형법의 보호관찰, 치료감호법의 치료감호[4]나 치료명령, 보안관찰법의 보안관찰 등이 보안처분에 해당한다. 그런데 전자는 법원이 결정하는 사법처분인 반면 후자는 행정처분이다. 보안관찰처분은 보안관찰처분심의위원회의 의결을 거쳐 법무부장관이 결정하기 때문이다.

Ⅲ. 형법의 이해와 공부방법론

1. 형법의 전반적인 이해

형법총칙은 크게 범죄론과 형사제재론으로 구별된다. 위 인육사건에서 甲이 '다른 생존자 V의 목을 졸라 심장을 멎게 한 행위'에 대해 형법을 어떻게 적용하여 甲에게 사형을 줄 수 있는지 봄으로써, 형법에 대한 전반적인 이해를 돕고자 한다.

4) 제18조(집행 순서 및 방법) 치료감호와 형(刑)이 병과(倂科)된 경우에는 치료감호를 먼저 집행한다. 이 경우 치료감호의 집행기간은 형 집행기간에 포함한다.

가. 범죄구성요건과 형사재판권

먼저 '사람을 살해한 자는 사형, 무기 또는 5년 이상의 징역에 처한다'라는 규정이 형법에 있는지 확인한다. 이는 형법각칙 제250조 제1항에 있다. 甲에 대해 형법의 효력을 인정하여 형사재판권을 행사할 수 있는지 판단한다. 이 행위의 장소가 외국이고, 甲이 외국인이며, V가 외국인이면 형법을 적용하여 형사재판권을 행사할 수 없다. 이는 형법의 인적·장소적 효력범위에 관한 문제이다.

나. 범죄론

(1) 구성요건해당성 판단

그렇지 않다면 甲의 행위에 대한 범죄성립 여부를 판단한다. 첫째 구성요건해당성 여부를 판단한다. V가 '살아 있는 사람'인지, 목을 졸라 심장을 멎게 한 것이 '살해'에 해당하는지 문제된다. 이 대목에서 죄형법정주의가 주로 문제된다.

또한 제250조 제1항의 살인죄는 고의범이므로 甲이 형법총칙 제13조의 **고의**를 갖고 있는지 본다. 그런데 만일 V를 '죽어있는 사람'이라고 생각하고 의식을 되살려보기 위해 몸을 누르다가 V의 심장을 멎게 한 것이어서 형법총칙 제14조의 **과실**이 인정되면 살인죄가 아니라 형법각칙 제267조의 과실치사죄(2년 이하 금고 또는 700만원 이하 벌금, 과실범)의 구성요건해당성이 인정된다.

사실은 V가 甲의 아들이었는데, 만일 먹을 것을 주지 않아서 굶겨 죽인 것이면 형법 제18조의 부작위범의 요건도 갖추어야 **부작위**에 의한 살인죄의 구성요건해당성이 인정된다. 만일 甲의 행위가 V의 사망을 초래하지 않았거나 형법총칙 제17조의 **인과관계**가 인정되지 않으면 甲의 행위가 고의인 경우는 형법총칙 제25조-제29조에 따라 살인미수이고, 과실인 경우는 과실미수로서 처벌하지 않는다.

만일 甲이 V의 목을 졸라 죽일 계획으로 이에 사용할 줄을 준비해놓는 것에 그치고 목을 조르는 행위로 나아가지 않았다면 형법총칙 제28조의 **예비·음모**규정과 형법각칙 제255조에 따라 살인죄의 예비범의 구성요건해당성이 문제된다.

만일 甲이 V을 기절만 하게 할 생각으로 목을 조른 것인데 사망한 것이면 형법각칙의 상해치사죄[5]의 구성요건해당성이 문제되고, 형법총칙 제15조 제2항의 결과적 가중범의 구성요건인 **'결과발생의 예견가능성'**이 부정되면 상해치사죄의 구성요건해당성이 부정된다.

---

5) 제259조 (상해치사) ①사람의 신체를 상해하여 사망에 이르게 한 자는 3년 이상의 유기징역에 처한다.

만일 甲의 행위가 乙의 **교사**(형법총칙 제31조)나 **방조**(형법총칙 제32조)에 의해 이루어진 것이면 乙의 행위에 대해 교사범이나 방조범의 구성요건해당성이 문제된다. 만일 甲과 乙의 행위가 공동하여 이루어진 것이면 형법총칙 제30조에 따라 살인죄의 **공동정범**의 구성요건해당성이 문제된다. 만일 甲이 V의 직계비속이라면 甲에 대해서는 존속살인죄의 구성요건해당성이 문제되고, 乙의 행위가 형법각칙 제250조 제2항의 존속살인죄의 구성요건에 해당하는지,[6] 아니면 보통살인죄의 구성요건에 해당하는지 여부가 문제되는데, 이는 형법총칙 제33조의 **'공범과 신분'** 규정의 해석에 따라 달라진다. 또한 만일 乙이 독약이 든 물을 보약이 든 물이라고 속이고 甲에게 건네준 것이고 이를 甲이 V에게 먹여서 V가 사망한 것이면, 乙에게는 형법총칙 제34조에 따라 살인죄의 **간접정범**의 구성요건해당성이 문제된다.

⑵ 위법성조각사유의 존재 여부 판단

형법총칙은 위법성조각사유로 정당행위(제20조), 정당방위(제21조), 긴급피난(제22조), 자구행위(제23조), 피해자의 승낙(제24조) 다섯 가지를 규정하고 있다.

형법각칙에 명예훼손죄에 대해서만 적용되는 특별한 위법성조각사유(제310조)가 있다.

⑶ 책임조각사유의 존재 여부 판단

형법총칙은 책임조각사유로 책임무능력(제9조, 제10조 제1항), 강요된 행위(제12조), 위법성의 착오(제16조) 세 가지를 규정하고 있다.

⑷ 착오론

형법에는 다양한 착오가 등장한다. 마네킹인 줄 알고 목을 조르며 장난을 쳤는데 사실은 사람인 경우는 **구성요건 착오**로서 과실치사죄의 구성요건해당성이 문제된다. 식인종이어서 살인이 위법하지 않다고 생각했는데, 사실은 위법한 행위인 경우는 **위법성의 착오** 또는 **법률의 착오**로서 책임의 조각여부가 문제된다.

물에 빠져 허우적대는 사람이 자신의 아들이 아니라고 생각해서 아버지가 구조하지 않은 경우는 **부작위범의 착오**이다.

허용상황의 착오를 구성요건착오로 볼 것인지, 위법성의 착오로 볼 것인지 문제된다.

예컨대 정당방위와 같은 위법성조각사유와 관련해서는 위법성이 조각되기 위해서 주관적 정당화요소가 필요한지 문제되고, 객관적 정당화 사정은 존재하지만 **주관적 정당화요소가 흠**

6) 제250조 (살인, 존속살해) ②자기 또는 배우자의 직계존속을 살해한 자는 사형, 무기 또는 7년 이상의 징역에 처한다.

결된 경우도 착오의 한 형태이고, 이를 어떻게 처리할 것인지 문제된다.

(5) 죄수 판단

甲이 '다른 생존자 V의 목을 졸라 심장을 멎게 한 행위'를 한 후에 V의 사체를 먹어서 살인죄 외에 사체손괴죄[7]의 성부가 문제될 경우, 두 죄의 죄수 및 경합관계가 문제된다.

甲의 행위가 포괄일죄나 법조경합에 해당하면 일죄라고 봐야하고, 그렇지 않으면 수죄라고 봐야한다. 이를 죄수판단이라고 한다. 위에서 말한 구성요건해당성론, 위법성론, 책임론, 그리고 여기서 말한 죄수론은 범죄론의 영역에 해당한다.

다. 경합 판단과 형사제재론 또는 형벌론

두 죄가 모두 성립한다고 보면 경합관계가 문제되는데, 형법총칙 제40조의 '하나의 행위'라는 요건을 갖추면 상상적 경합으로 처벌되고, 그렇지 않으면 실체적 경합으로 처벌된다. 이를 경합판단이라고 하는데, 경합론은 형벌론의 영역에 해당한다. 만일 두 죄가 상상적 경합이라면 살인죄의 법정형이 이 경우의 법정형이 된다.

판례는 위와 같은 경우 살인죄와 사체손괴죄의 실체적 경합으로 보는데, 이 경우 사형의 선고는 아래의 과정을 거쳐 이루어진다. 먼지 법관은 살인죄의 법정형(사형, 무기, 5년 이상 징역) 중 하나를 선택한다. 만일 사형을 선택했다면 이것과 사체손괴죄의 법정형인 '7년 이하 징역'과 비교하여 처단형을 정하는데, 이 경우에는 형법총칙 제38조 제1항 제1호에 따라 사형이 처단형이 된다. 법관이 이를 감경하지 않는다면 사형을 선고한다.

만일 법관이 '5년 이상 징역'을 선택하면 이것과 사체손괴죄의 법정형인 '7년 이하 징역'과 비교하여 처단형을 정하는데, 이 경우에는 형법총칙 제38조 제1항 제2호에 따라 '5년 이상 징역'의 상한의 2분의 1을 가중하여 처단형을 정한다. 이 경우 상한은 형법총칙 제42조에 따라 30년이므로, 이를 2분의 1을 가중한 45년이 된다. 따라서 이 경우 처단형은 '5년 이상 45년 이하 징역'이 된다. 법관은 이 범위 안에서 선고형을 정한다.

2. 형법총론 공부의 어려움

가. 형법의 포섭과 해석의 어려움

형사절차의 핵심은 행위와 범죄구성요건 사이의 관련성을 파악하는 데 있다고 볼 수 있다.

---

7) 제161조 (사체등의 영득) ①사체, 유골, 유발 또는 관내에 장치한 물건을 손괴, 유기, 은닉 또는 영득한 자는 7년 이하의 징역에 처한다.

이를 흔히 포섭이라고 한다. 이 포섭은 쉽지 않다. 그 이유는 크게 두 가지로 파악할 수 있다. 하나는 상황에 따라 행위가 다양한 의미를 가질 수 있으므로 행위의 존재론적 의미를 파악하기 힘들기 때문이다. 쉽게 말해 사실관계를 파악하기 힘들다는 것이다. 이는 주로 수사절차에서 문제된다. 다른 하나는 형법의 범죄구성요건이 매우 다양하고, 관점에 따라 구성요건의 의미가 달라질 수 있으므로 그 행위의 구성요건적 의미를 파악하기 힘들기 때문이다. 구성요건의 의미를 파악하는 일을 흔히 해석이라고 한다. 이는 주로 기소 및 재판절차에서 문제된다. 이런 포섭과정 중에서 형법에서 배우는 것은 주로 후자이다. 범죄구성요건의 의미를 행위와 연관해서 해석하는 일을 배운다. 이것이 형법의 기초이자 전부라고해도 지나친 말이 아니다.

앞서 말한 형법총칙의 내용이나 개념, 곧 고의, 과실, 부작위, 인과관계, 미수, 예비·음모, 결과적 가중범, 공동정범, 교사범, 방조범, 간접정범 등은 乙의 절도죄를 비롯한 다른 범죄에 대해서도 그 구성요건의 특성에 따라 차이가 있지만 원칙적으로 그대로 적용된다. 따라서 어떤 행위에 대한 형법각칙이나 개별형법의 범죄의 성립 여부를 판단할 때 형법총칙의 이런 구성요건의 의미에 대한 해석이 필요하다.

나. 아직 배우지 않은 형법각칙과 개별형법의 등장

형법총칙에서 배우는 것은 주로 위와 같은 구성요건들을 비롯한 범죄 성립요건의 의미이다. 그런데 이 구성요건들은 형법각칙과 개별형법의 범죄구성요건들을 전제로 한다. 따라서 형법총칙에는 당연히 형법각칙과 개별형법의 범죄구성요건들이 등장하지만, 형법각칙은 형법총칙에 이어 바로 법과대학의 교과과정에 등장하고 개별형법의 상당수는 교과과정에 없다. 따라서 형법총칙의 범죄성립요건의 의미를 배우면서 형법각칙과 개별형법의 구성요건도 어느 정도 이해해가면서 공부를 할 수밖에 없다. 이것이 형법총칙을 공부할 때 어려운 점이다.

그럼 왜 형법각칙과 개별형법을 먼저 공부하지 않고 형법총칙을 먼저 배우는가. 형법총칙은 형법각칙과 개별형법의 범죄와 형벌에 대해 공통적으로 적용되는 규정이므로 이것을 먼저 배우는 것이 효율적이라고 보기 때문이다.

다. 형법의 특히 범죄 성립요건의 의미에 관한 다양한 해석론

형법의 특히 범죄 성립요건의 의미에 관한 다양한 해석론이 있어서 형법공부가 어렵다. 예컨대 형법총칙의 구성요건 개념인 고의의 의미를 두고 인식설, 의사설, 소극적 구성요건표지이론, 인식근거설, 존재근거설 등 다양한 견해가 대립하고 개별 범죄구성요건의 의미에 관한 여러 가지 판례가 등장한다. 이처럼 다양한 해석론이 등장하는 이유는 이에 따라 범죄의 성부나 처벌 여부 또는 논리가 달라지기 때문이다.

그런데 이런 다양한 해석론은 형법의 임무 또는 기능과 관련하여 크게 두 가지 관점으로 귀결된다. 하나는 시민의 법익보호를 강조하는 관점이고, 다른 하나는 범죄자의 인권보장을 강조하는 관점이다. 전자는 범죄자의 처벌을 긍정하는 입장으로, 후자는 부정하는 입장으로 각각 이어진다.

3. 형법의 공부방법론

형법에 대한 전반적인 이해를 토대로 형법총칙 공부의 이런 어려움을 인식하면서 형법총칙을 공부할 필요가 있다.

범죄 성립요건의 의미에 관한 다양한 해석론을 접하면서 당황해하지 말고 그 관점에서 해당 관점을 곰곰이 생각해 볼 필요가 있다. 시험에 대비해서는 쟁점을 중심으로 관련 해석론을 정리하고, 이런 해석론이 관련 시험의 기출문제에서 어떻게 등장하는지 파악해서 숙지해야 하는데, 특히 판례의 입장은 정확하게 이해하고 기억해 두어야 한다.

형법의 주요 쟁점은 아래와 같다.

○ 한시법의 추급효에 관한 부정설, 긍정설, 동기설(판례)의 대립
○ 고의의 의미에 관한 인식설, 의사설, 판례의 대립
○ 과실의 판단기준에 관한 객관설과 주관설의 대립
○ 인과관계의 판단기준에 관한 조건설, 상당인과관계설, 합법칙적 조건설의 대립과 객관적 귀속이론
○ 실행의 착수시기에 관한 객관설, 주관설, 주관적 객관설의 대립
○ 중지미수의 자의성의 판단기준에 관한 객관설, 주관설, 절충설, 규범설, 판례의 대립
○ 불능미수의 위험성의 판단기준에 관한 절대적 불능 · 사실적 불능설(구객관설), 순주관설, 추상적 위험설, 구체적 위험설(신객관설), 판례의 대립
○ 예비 · 음모범에 대한 중지미수의 유추적용 여부에 관한 긍정설, 부정설(판례)의 대립
○ 예비 · 음모범에 대한 방조범의 성부에 관한 긍정설, 부정설(판례)의 대립
○ 부진정결과적 가중범의 죄수 및 경합에 관한 상상적 경합설, 법조경합설, 판례의 대립
◎ 결과적 가중범의 미수의 성부에 관한 긍정설, 부정설(판례)의 대립
○ 원인에서 자유로운 행위에 관한 구성요건모델론과 책임모델론의 대립

○ 책임의 근거에 관한 도의적 책임론, 사회적 책임론, 예방적 책임론의 대립
○ 책임의 본질에 관한 심리적 책임론과 규범적 책임론의 대립
○ 구성요건착오에 관한 구체적 부합설, 법정적 부합설(판례)의 대립
○ 위법성의 인식의 체계적 지위에 관한 고의설과 책임설의 대립
○ 고의의 인식대상에 관한 3단계 형법체계론과 2단계 형법체계론의 대립
◎ 허용상황의 착오에 관한 엄격책임설, 소극적 구성요건표지이론, 구성요건착오유추적용설, 법효과제한책임설의 대립
○ 주관적 정당화요소 흠결의 경우 법적 효과에 관한 행위반가치일원론, 불능미수범설, 주관적 정당화요소 불요설의 대립
○ 부작위범의 착오에 관한 위법요소설, 보증인설, 이원설의 대립
◎ 공모 후 범행에서 이탈한 자의 책임에 관한 판례의 입장
○ 과실범의 공동정범에 관한 부정설과 긍정설(판례)
◎ 공범의 종속성에 관한 제한적 종속형식과 극단적 종속형식의 대립
◎ 공범과 신분에 관한 제33조의 해석론
◎ 필요적 공범 내부자에 대한 형법총칙의 공범규정의 적용 여부에 관한 긍정설과 부정설(판례)의 대립
○ 합동범에서 합동의 의미에 관한 견해의 대립
○ 제34조의 간접정범에 관한 정범설과 공범설의 대립, 그리고 판례의 입장
○ 명예훼손죄의 위법성조각사유와 관련한 진실성의 착오의 처리에 관한 견해의 대립
○ 허위공문서작성죄의 간접정범의 성부에 관한 견해의 대립
◎ 공문서부정행사죄에서 부정행사의 의미에 관한 견해의 대립
◎ 범인은닉 · 도피원조죄, 증거인멸죄, 무고죄 등에서 범인 자신이 타인을 교사하여 은닉 · 도피 또는 증거인멸하거나 무고한 경우, 그 범인 자신의 교사범의 성부에 관한 견해의 대립

Ⅳ. 기출문제

문1. (배점 2) 형법의 기능에 관한 설명 중 옳은 것은? 2007년 49회 사법시험

① 만일 형법이 “건전한 국민감정에 반하는 행위는 … 으로 처벌한다”라고 규정한다면 이로써 형법의 법익보호적 기능이 심각하게 손상당하게 된다.

② "강자(연방검찰)와 약자(피고인)간의 재판을 할 때 어느 쪽에도 기울지 않겠다고 한 재판은 지금 생각해 보면 강자 측에 기운 재판이었고, 약자 측에 조금 기울었다고 생각하며 한 재판은 지금 생각해 보면 오히려 중립적이었음을 알게 되었다"는 어느 미국 연방대법관의 고백은 피고인의 인권보장보다는 일반인보호의 상대적 우위를 인정해야 함을 강조한 것이다.

③ "법은 도덕의 최소한이며, 형법은 도덕의 등뼈이다"라는 표현과 관련된 형법의 기능은 불법관(不法觀)에 있어서 결과반가치론으로 등장한다.

④ "국가형벌의 과제는 규범승인훈련에 따른 일반예방에 있다"는 주장은 형법의 소극적 일반예방기능과 관련된 것으로 단순한 규범승인훈련은 반사회윤리적 수단에 의해서도 추구될 수 있다는 비판이 제기된다.

⑤ 위험형법은 위험사회에서 등장한 새로운 위험에 적극적으로 대처함으로써 인간의 공동생활을 보호하는 사회보호적 기능을 충실히 수행할 수 있다.

(정답) ⑤

(해설) ①인권보장적 기능이 침해된다. ②미국 연방최고재판소 판사로 재직했던 Benjamin Nathan Cardozo의 말이라고 한다. ③행위반가치론이 등장한다. ④규범승인훈련은 적극적 일반예방과 관련이 있다고 봐야하고, 이 보기에서 '반사회윤리적 수단'이라는 표현이 문장에서 사용된 의미는 '형법이 아닌 다른 수단'이라고 생각하는데, 이 표현은 마치 '폭력적 수단'이라는 의미로 이해될 수 있으므로 적절하지 않다고 본다. ⑤도 정확한 문장은 아니라고 본다. 위험형법은 이론적으로는 사회보호적 기능을 충실히 수행한다고 하지만, 현실적으로 그런 기능을 수행하지 못하고 집행이 잘 되지 않는 상징적 의미에 그쳐서 상징형법이라는 비판을 받기 때문이다.

문12. 다음에 제시된 甲, 乙의 생각은 각각 형벌의 목적 내지 기능과 관련된 형사법의 사상들 중의 일부를 표현하고 있다. 다음 중 옳은 것을 모두 고른 것은? 2013년 3회 변호사시험

甲의 생각 : 사회구성원은 현재 사회에서 유효하게 작동하고 있는 법률이 앞으로도 유효하게 통용될 것이라는 믿음을 가지고 있으며, 그러한 믿음 내지 기대에 입각하여 자신이 앞으로 어떻게 행동할 것인가를 결정한다. 그리고 법률에 대한 위반행위가 있을 때 그에 대하여 제재가 가해지게 됨으로써 이러한 믿음이 보다 강화된다.

乙의 생각 : 필요한 형벌만이 정당화될 수 있다. 어떠한 형벌이 필요한 형벌인가의 여부는 다음과 같은 원칙에 따라 판단되어야 한다. "형벌은 개선이 가능하고 개선이 필요한 범죄자에게는 개선시키는 기능을, 개선이 불필요한 우발적 범죄자에게는 위하하는 기능을, 개선이 불가능한 범죄자에게는 무해화하는 기능을 수행하여야 한다."

가. 甲은 설령 동일한 행위자가 동일한 범죄를 또 다시 범할 가능성이 전혀 존재하지 아니하는 경우라고 할지라도 행위자를 처벌할 필요성이 인정된다고 생각할 것이다.
나. 乙은 설령 동일한 행위자가 동일한 범죄를 또 다시 범할 가능성이 전혀 존재하지 아니하는 경우라고 할지라도 범죄가 중한 경우에는 중한 형벌을 가할 필요성이 인정된다고 생각할 것이다.
다. 甲은 "누범·상습범은 규범의 정당성을 일반범죄자보다 수회에 걸쳐 명백하게 부인하였으므로 가중처벌하여야 한다."라는 주장에 찬성할 것이다.
라. 乙은 "법원은 범죄자에 대하여 부정기형을 선고하고, 가석방제도를 활성화하여 가석방위원회가 범죄자의 석방시기를 결정하도록 하여야 한다."라는 주장에 찬성할 것이다.

① 가, 다 ② 가, 라 ③ 나, 라 ④ 가, 다, 라 ⑤ 나, 다, 라

(정답) ④
(해설) **乙은 특별예방을 강조한 독일의 실증주의 형법학자 Liszt이다.** 나:×(乙에 따를 경우 재범의 가능성이 전혀 없다면 형벌은 불필요하다)

2장 형법의 개념과 원칙 및 효력

Ⅰ. 형법의 개념

1. 일본형법을 수용한 형법전(刑法典)

형법전(刑法典)은 법률(제정 1953. 9. 18. 법률 제293호, 일부개정 2016. 12. 20. 법률 제14415호)을 의미한다. 이는 형법총칙과 형법각칙으로 구성되어있다.

그런데 1953. 9. 19. 제정된 형법을 신형법이라고 한다. 그 이전에는 미군정법령 21호에 의해 일본의 1907년 형법을 의용(依用)하여, 이를 구형법 또는 의용형법이라고 한다. 그렇지만 신형법도 일본의 1940년 개정형법가안과 큰 차이가 없다.[8] 일본의 1940년 개정형법가안은 제2차 세계대전으로 개정되지 못했고, 1880년(명치[메이지] 13년) 프랑스 형법을 참고로 제정된 형법을 사용하다가, 독일 형법을 참고로 1907년 형법을 제정한 후 20차례에 걸쳐 개정했는데, 명치시대 형법을 구형법이라고 한다.[9]

	프랑스 형법	독일 형법	
일본	1880년 형법(구형법)	1907년 형법(신형법)	1940년 개정형법가안(개정 안 됨)
한국		의용형법(구형법)	1953년 제정형법(신형법)

2. 형식적 의미의 형법과 실질적 의미의 형법

형법전을 (형식적 의미의) 형법이라고도 한다. 이에 견줘 실질적 의미의 형법이란 형법전과 개별형법의 규정 가운데 무엇이 범죄이고, 이에 대한 형벌이 무엇인지를 정한 규정을 총칭하는 개념이다. 이에 따르면 친고죄인지 여부 등과 같은 형사절차에 관한 규정은 실질적 의미의 형법이 아니다.

---

8) 오영근 · 최종식, "일본 개정형법가안에 관한 일고찰", 형사정책연구 제37호, 1999 봄, 107면의 각주 2. 신형법의 경위와 입법취지는 신동운, "제정형법의 성립경위", 형사법연구 제20호(2003 겨울), 9면 이하.

9) 법무부, 일본형법, 2007, 3면 이하.

3. 형법각칙과 개별형법

가. 형법각칙

어떤 행위가 범죄이고, 이에 대한 형벌은 무엇인지는 주로 형법각칙에 규정되어있다. 형법각칙은 아래 표에서 보듯이 모두 42개의 장(章)으로 이루어져 있는데, '국가적 법익-사회적 법익-개인적 법익'의 순서로 되어있다. 이런 체계에서 개인보다는 국가나 사회를 중시하는 국가주의 또는 전체주의적 경향을 읽을 수 있다. 흔히 보는 형법각칙 교과서는 '개인적 법익-사회적 법익-국가적 법익'의 순서로 이루어져있다.

<table>
<tr><th colspan="2">보호법익</th><th colspan="2">형법전의 각칙</th></tr>
<tr><td rowspan="2">공공적
법익
(공익)</td><td>국가적
법익</td><td>제1장 내란의 죄(제87조 –)
제2장 외환의 죄
제3장 국기에 관한 죄
제4장 국교에 관한 죄</td><td>제7장 공무원의 직무에 관한 죄
제8장 공무방해에 관한 죄
제9장 도주와 범인은닉의 죄
제10장 위증과 증거인멸의 죄
제11장 무고의 죄</td></tr>
<tr><td>사회적
법익</td><td>제5장 공안을 해하는 죄
제6장 폭발물에 관한 죄
제12장 신앙에 관한 죄
제13장 방화와 실화의 죄
제14장 일수와 수리에 관한 죄
제15장 교통방해의 죄
제16장 음용수에 관한 죄</td><td>제17장 아편에 관한 죄
제18장 통화에 관한 죄
제19장 유가증권, 우표와 인지에 관한 죄
제20장 문서에 관한 죄
제21장 인장에 관한 죄
제22장 성풍속에 관한 죄
제23장 도박과 복표에 관한 죄</td></tr>
<tr><td rowspan="2">개인적
법익
(사익)</td><td>인격적
법익</td><td>제24장 살인의 죄
제25장 상해와 폭행의 죄
제26장 과실치사상의 죄
제27장 낙태의 죄
제28장 유기와 학대의 죄
제29장 체포와 감금의 죄
제30장 협박의 죄</td><td>※ 강요의 죄(제37장 권리행사를 방해하는 죄 중)
제31장 약취와 유인 및 인신매매의 죄
제32장 강간과 추행의 죄
제33장 명예에 관한 죄
제34장 신용, 업무와 경매에 관한 죄
제35장 비밀침해의 죄
제36장 주거침입의 죄</td></tr>
<tr><td>재산적
법익</td><td>제37장 권리행사를 방해하는 죄
제38장 절도와 강도의 죄
제39장 사기와 공갈의 죄</td><td>제40장 횡령과 배임의 죄
제41장 장물에 관한 죄
제42장 손괴의 죄(– 제372조)</td></tr>
</table>

나. 개별형법

범죄와 형벌에 관한 규정은 예컨대 폭력행위 등 처벌에 관한 법률(약칭하여 폭처법), 특정범죄가중처벌 등에 관한 법률(약칭하여 특가법), 특정경제범죄가중처벌 등에 관한 법률(약칭하여 특경법), 성폭력범죄의 처벌 등에 관한 특례법(약칭하여 성폭법), 아동·청소년의 성보호에 관한 법률(약칭하여 아청법), 정보통신망 이용촉진 및 정보보호 등에 관한 법률(약칭하여 정보통신망법), 도로교통법(약칭하여 도교법), 교통사고처리특례법(약칭하여 교특법) 등에도 있다.[10] 이런 법률 등을 총칭하여 개별형법이라고 부를 수 있다.

범죄행위 중 형법전으로 처벌되는 경우는 대략 50%에 불과하고, 그 나머지 50%는 개별형법으로 처벌된다. 개별형법은 대체로 형법각칙의 범죄에 특별한 구성요건을 추가한 것이거나 단지 형벌을 가중한 것이고, 실제로 형법전에 없는 새로운 구성요건을 가진 개별형법은 많지 않고, 중복되는 경우가 많아서 어느 법을 적용할지 문제되는 경우가 많다. 따라서 개별형법을 만들 때는 형법전에 대한 충분한 검토를 한 후에 가능하면 형법전에 규정하여 법적용의 혼란을 최소화할 필요가 있다.

개별형법을 흔히 특별형법이나 행정형법으로도 부르지만, 이 용어는 적절하지 않다. 행정형법이란 용어는 이것이 마치 행정법의 부속규정으로 오해할 수 있고, 개별형법이 모두 행정법적 성격을 갖는 것도 아니며, 또 형법전에 견줘서 모두 특별한 것도 아니기 때문이다. 그래서 앞에서 개별형법이란 용어를 사용한 것이다.[11] 독일에서는 형법전을 핵심형법이라고, 개별형법을 부수형법이라고 각각 부른다.

4. 형법총칙

형법전에는 형법총칙도 있다. 형법총칙은 형법각칙에 규정된 범죄와 형벌에 공통적으로 적용되는 내용을 규정한 것이다. '제1장 형법의 적용범위'는 형법각칙의 범죄와 형벌이 언제, 어디에서, 누구에게 적용되는지 규정한 것이다. '제2장 죄'는 형법각칙의 범죄에 공통하는 개념인 고의, 과실, 부작위, 인과관계는 무엇이고, 이들 범죄의 위법성이나 책임이 어떤 경우에

10) 법무부는 2011. 2. 28 '변호사시험 출제대상 부속법령'으로 아래 법령을 공표했다. 부동산소유권 이전등기 등에 관한 특별조치법(약칭하여 부동산등기특별조치법), 부정수표단속법, 여신전문금융업법(약칭하여 여전법), 소년법, 변호사법, 통신비밀보호법(약칭하여 통비법), 국민의 형사재판 참여에 관한 법률(약칭하여 국민참여재판법), 경찰관직무집행법(약칭하여 경직법), 법원조직법, 검찰청법, 즉결심판에 관한 절차법, 소송촉진 등에 관한 특례법, 형사소송규칙.

11) 형법을 형법전, 특별형법, 개별형법으로 분류하고, 개별 사회영역마다 이들 형법이 경합적으로 적용되고 있으며, 그 영역에 고유한 전문형법, 예컨대 의료형법, 경제형법, 교통형법이 형성되고 있다는 분석: 이상돈, 형법강의, 법문사, 2010, 1/8·9.

부정될 수 있으며, 이들 범죄의 미수에는 어떤 형태가 있고 어떤 형벌을 받는지, 또 이들 범죄에 다수인이 가담하는 형태에는 어떤 것들이 있고 어떤 형벌을 받는지(정범 및 공범), 나아가 1인이 다수의 범죄를 저지른 때에는 어떤 형벌을 받는지(죄수 및 경합) 규정하고 있다. '제3장 형벌'과 '제4장 기간'은 이런 범죄의 형벌을 어떤 방식으로 선고하고 집행하는지 규정하고 있다.

아래 표는 흔히 형법총칙으로 불리는 형법전의 총칙과 흔히 보는 형법총칙 교과서를 비교한 것이다. 이 표에서 보면 형법전의 총칙은 크게 4개의 장(章)으로 이루어져있다. 제1장과 제2장의 조문의 수가 제3장과 제4장의 조문의 수보다 적지만, 형법총칙에 관한 논의의 약 80%는 제1장과 제2장에 관한 내용이다.

<table>
<tr><th colspan="3">형법전의 총칙</th><th colspan="3">형법총칙 교과서</th></tr>
<tr><td>제1장 형법의 적용범위
(제1조 – 제8조)</td><td colspan="2"></td><td>제1편 서론</td><td colspan="2">형법의 의의 · 기능 · 역사,
형법의 적용범위, 행위론
죄형법정주의, 형법이론</td></tr>
<tr><td rowspan="7">제2장 죄
(제9조 – 제40조)</td><td rowspan="3">제1절 죄의 성립과 형의 감면</td><td>책임</td><td rowspan="7">제2편 범죄론</td><td colspan="2">구성요건론</td></tr>
<tr><td>구성요건</td><td colspan="2">위법성론</td></tr>
<tr><td>위법성</td><td colspan="2">책임론</td></tr>
<tr><td colspan="2">제2절 미수범</td><td colspan="2">미수론</td></tr>
<tr><td colspan="2">제3절 공범</td><td colspan="2">공범론</td></tr>
<tr><td colspan="2">제4절 누범</td><td colspan="2"></td></tr>
<tr><td colspan="2">제5절 경합범</td><td colspan="2">죄수 및 경합론</td></tr>
<tr><td rowspan="8">제3장 형
(제41조 – 제82조)</td><td colspan="2">제1절 형의 종류와 경중</td><td rowspan="9">제3편 형벌론
또는
형사제재론</td><td rowspan="8">형벌</td><td>형벌의 의의</td></tr>
<tr><td colspan="2">제2절 형의 양정</td><td>형벌의 종류</td></tr>
<tr><td colspan="2">제3절 형의 선고유예</td><td>양형</td></tr>
<tr><td colspan="2">제4절 형의 집행유예</td><td>형의 유예</td></tr>
<tr><td colspan="2">제5절 형의 집행</td><td>형의 집행</td></tr>
<tr><td colspan="2">제6절 가석방</td><td>형의 시효와 소멸</td></tr>
<tr><td colspan="2">제7절 형의 시효</td><td></td></tr>
<tr><td colspan="2">제8절 형의 소멸</td><td></td></tr>
<tr><td>제4장 기간
(제83조 – 제86조)</td><td colspan="2"></td><td colspan="2">보안처분</td></tr>
</table>

5. 형법총칙과 개별형법의 관계

> 제8조 (총칙의 적용) 본법 총칙은 타법령에 정한 죄에 적용한다. 단 그 법령에 특별한 규정이 있는 때에는 예외로 한다.

형법 제8조는 '개별형법에 특별한 규정을 두고 있지 않는 한 형법총칙은 개별형법의 범죄에도 적용된다'고 하고 있다. 1992년 형법개정안[12]은 제9조로 하고, 총칙을 다른 법률, 곧 실질적 의미의 형법이 정한 범죄 및 형벌과 보안처분에 적용한다고 하고 있다.[13]

그런데 관세법에는 미수를 기수처럼, 또 방조범을 정범처럼 처벌하는 규정[14]이 있고, 이런 규정도 제8조에 근거하여 정당화되는지 다툼이 있을 수 있다. 개별형법의 규정이 배제시킬 수 있는 형법총칙규정에는 한계가 있으며, 미수나 공범과 같은 형법총칙의 규정들은 개별형법의 규정들로 배제시킬 수 없다고 본다. 이런 점에서 관세법의 위와 같은 규정은 아래에서 볼 책임원칙에 반한다고 본다.

Ⅱ. 형법의 원칙

1. 법익보호원칙

가. 개념

형법을 둔 목적은 시민의 법익을 보호하는데 있다. 이를 법익보호원칙이라고 한다. 이는 "국가는 개인이 가지는 불가침의 기본적 인권을 확인하고 이를 보장할 의무를 진다"는 헌법 제10조 제2문에 근거한다.

여기서 법익이란 사람들이 공존하기 위한 최소조건이라고 할 수 있다. 따라서 만일 죄형법정주의원칙에 따라 제정된 형법일지라도 그 형법이 보호하고 있는 것이 공존을 위한 최소조건이 아니라면, 그 형법은 정당한 것이 아니다. 그런 법익을 침해하는 행위만을 범죄로 규정

---

12) 1992년에 법무부가 내놓은 형법개정법률안(법무부, 형법개정법률안 제안이유서, 1992. 10)으로서 입법으로 이어지지는 않았지만 현행 형법에 의미가 있는 내용을 많이 담고 있어서 소개한다.

13) 제9조 (총칙의 적용) 이 법 총칙은 다른 법률이 정한 범죄 및 형벌과 보안처분에 적용한다. 단 그 법률에 특별한 규정이 있는 때에는 그러하지 아니하다.

14) 제271조(미수범 등) ① 그 정황을 알면서 제269조 및 제270조에 따른 행위를 교사하거나 방조한 자는 정범(正犯)에 준하여 처벌한다. ② 제268조의2, 제269조 및 제270조의 미수범은 본죄에 준하여 처벌한다.

하고, 형벌을 주어야한다. 판례도 형법의 본질과 임무는 사회의 존립과 유지에 필요불가결한 기본가치를 보호하는 데 있고, 따라서 형법의 규율 대상은 다른 규범이나 사회적 통제수단으로는 해결할 수 없는 중대한 사회유해적 행위 또는 법익침해 행위에 한정되어야한다고 본다(2010도14328전판).

나. 법익의 분류

그런데 무엇이 공존을 위한 최소조건인지, 또 무엇이 다른 규범으로는 해결할 수 없는 중대한 사회유해행위인지, 달리 말해 무엇을 형법의 보호법익으로 삼아야 하는지를 두고 다툼이 심하다. 다만, 형법의 보호법익은 아래 표와 같이 분류할 수 있다. 아울러 아래 표처럼 시장과 개인을 앞세우면 사익에 치우친 것이고, 공동체나 국가를 앞세우면 공익에 치우친 것이지만, 사익과 공익의 경계는 모호하다.

<table>
<tr><td rowspan="2">공공적 법익
(공익)</td><td>국가적 법익</td></tr>
<tr><td>사회적 법익</td></tr>
<tr><td rowspan="2">개인적 법익
(사익)</td><td>인격적 법익</td></tr>
<tr><td>재산적 법익</td></tr>
</table>

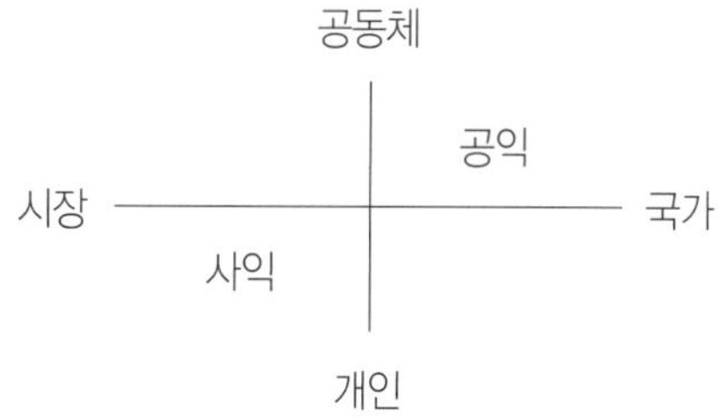

2. 비례성원칙

Q. 배우자 있는 甲男은 술집에서 만난 미혼인 乙女와 사랑에 빠져 간음을 했다. 乙女는 甲男의 아이를 갖게 되었지만, 사회적 시선과 경제적 형편상 아이를 키울 수 없어서 산부인과 의사 丙의 도움을 받아서 낙태를 하였다. 乙과 丙을 처벌할 수 있는가?

Q. 甲은 운전하고 가다가 전방주시의무를 게을리하여 V에게 중상해를 입히는 교통사고를 냈다. 甲을 처벌할 수 있는가?

가. 개념

또한 형법은 비례성원칙에 어긋나지 않아야한다. 형법은 시민들의 법익보호를 위해 또 다른 시민들의 법익을 침해하는 것이고, 형벌은 여러 가지 제재수단 가운데 가장 가혹하므로, 오·남용시 시민들이 입는 인권침해의 폐해는 크고 돌이킬 수 없기 때문이다. 이는 '국민의 모든 자유와 권리는 국가안전보장, 질서유지, 공공복리를 위하여 필요한 경우에 한해 법률로써 제한할 경우에도 자유와 권리의 본질적인 내용을 침해할 수 없다'는 헌법 37조 2항에 근거한다. 비례성원칙은 적합성, 필요성, 균형성 3가지를 파생원칙으로 한다.

나. 파생원칙

(1) 적합성

형법의 낙태죄는 실효성이 없이 상징적으로만 존재한다. 낙태는 한 해에 34만-150만건 정도 이루어지지만, 거의 처벌되지 않기 때문이다. 이런 형법을 상징형법이라고 한다. 따라서 태아의 생명은 형법의 법익보호원칙에 부합하다고 할지라도, 실제로 형법이 보호하기에는 적합하지 않다고 볼 수 있다. 이처럼 적합성이란 형법(수단)이 법익보호(목적)를 달성하는데 실제로 적합한 것이어야 한다는 것을 말한다.

형법의 개입으로 인한 부정적 결과가 긍정적 결과보다 더 큰 경우도 적합성이 없는 것이다. 예컨대 마약중독자를 처벌하면 이를 피하려고 의사의 치료를 받아 중독에서 벗어나는 것을 꺼려하게 된다.

(2) 필요성

필요성은 형법(수단)이 추구하는 법익보호(목적)를 다른 사회규범이나 민법으로도 달성할 수 있으면 그 법익보호는 형법의 임무가 될 수 없다는 원칙이다. 이를 보충성 또는 최후수단성(ultima ratio)이라고도 한다. 예컨대 채무불이행에 대해서는 민법의 책임으로 충분하므로 형법의 사기죄로 처벌하는 것은 형법의 보충성원칙에 어긋난다고 할 수 있다. 그러나 형법의 보충성이 예컨대 사기죄가 성립할 경우 민법의 손해배상책임도 발생할 수 있는데, 이처럼 형벌과 민사제재가 동시에 부과될 수 있는 경우에 민사제재가 부과된다면 형벌이 배제됨을 의미하는 것은 아니다. 만일 이렇게 되면 형벌규정을 둔 의미가 없어진다.

중상해의 경우에도 교특법 제4조의 보험등에 가입된 경우 공소불가조항을 적용하는 것은 위헌이라는 헌법소원사건에 대해, 헌법재판소(약칭하여 헌재)는 위헌의견이 5명인 합헌결정을 내리면서 보충성원칙을 인정한 적이 있다(90헌마110 · 136).[15] 그런데 그 후 2009년 교통사

15) 교통과실범에 대한 국가형벌권의 행사가 곧 확실하고도 효율적인 법익의 보호로 이어지는 것은 아니다. 형벌이 과실범에 대해 일반예방효과와 범죄억제기능을 어느 정도 한다 하더라도 <u>국민의 법익보호와 형벌권행사간의 인과관계가 그 효율성에 있어서 뚜렷하지 않기 때문에, 형벌로써 얼마만큼 법익에 대한 보호효과를 얻을 수 있는지 의문이다</u>. 결국 이런 경우 형벌을 통한 법익의 보호효과는 상당히 불확실하므로 형벌은 국가의 보호의무의 실현수단으로 효율적이지도 못하고 유일한 수단은 더욱 아니다. 형벌은 이 경우, 국가가 취할 수 있는 유효적절한 수많은 수단 중의 하나일 뿐이지, 결코 형벌까지 동원해야만 보호법익을 유효적절하게 보호할

고피해자의 재판절차진술권과 평등권을 침해한다는 이유로 7인의 위헌결정(2005헌마764·2008헌마118)이 나와서 이 결정은 변경된다.

(3) 균형성

균형성은 형법(수단)과 법익보호(목적) 사이에 균형을 이루어져야한다는 원칙이다. 법익보호(목적)를 이루기 위한 형법(수단)이 개인의 기본권을 지나치게 침해해서는 안 된다는 의미이다. 헌재는 이를 과잉금지원칙의 범주로 파악한다. 과잉은 예컨대 공공의 안녕질서나 미풍양속을 해하는 전기통신은 처벌한다는 규정처럼 범죄구성요건의 불명확성에 따른 '과도제한'의 의미도 갖지만, 여기서는 '과도형벌'을 의미한다.

헌재는 강도상해죄의 법정형의 하한(7년 이상 징역)이 살인죄의 법정형의 하한(5년 이상 징역)보다 높은 것은 과잉금지원칙에 반하지 않는다고 본다(99헌바43; 2010헌바346). 그 이유는 살인의 태양이나 동기가 극히 다양해서 그 죄질 또는 비난가능성의 정도가 매우 가변적이라는 것이다. 헌재는 그러나 옛 특가법 제5조의3 제2항 제1호가 대인사고후미조치도주운전죄(과실로 사람을 치상하게 한 자가 구호행위를 하지 않고 도주하거나 고의로 유기함으로써 치사의 결과에 이르게 하는 죄. 일종의 유기치사죄)의 법정형(사형·무기 또는 10년 이상 징역)을 살인죄의 법정형보다 더 무겁게 한 것은, '형벌체계상의 정당성과 균형을 상실한 것으로서 헌법 제10조의 인간으로서의 존엄과 가치를 보장한 국가의 의무와 헌법 제11조의 평등의 원칙 및 헌법 제37조 제2항의 과잉입법금지의 원칙에 반한다'고 본다(90헌바24).

형벌은 책임을 넘어설 수 없다. 이를 책임원칙이라고 한다. 형벌은 책임을 전제로 하고 책임은 불법을 전제로 한다는 원칙이다. '책임은 실현된 불법과 같거나 그것보다 낮게 정해져야 하고 책임이 없이는 형벌도 없다'는 원칙[16]이라고 할 수 있다. 예컨대 미수의 불법에 대해서는 미수의 책임을 지도록 해야지 기수의 책임을 지도록 할 수는 없다.

3. 죄형법정주의(원칙)

Q. 甲은 2008. 7. 30.경 인터넷포털사이트 다음(Daum)의 '아고라' 경제토론방에 '드디어 외환보유고가 터지는구나'라는 제목 하에 외환보유고가 고갈되어 외화예산 환전 업무가 중단된 것처럼 허위 내용의 글을 작성, 게시하여 수만 명이 열람하도록 하고, 또한 2008. 12. 29. 위 토론방에 '대정부 긴급 공문 발송 -1보'라는 제목 하에 주요 7대 금융기관 및 수출입 관련 주요기업에게 달러 매수를 금지할 것을 긴급 공문 전송했다는 취지의 허위 내

수 있다는 의미의 최종적인 유일한 수단이 될 수 없다.

16) 이상돈, 형법강의, 법문사, 2010, 19/37.

용의 글을 작성, 게시하여 약 10만 명 이상이 열람하도록 하였다(이른바 미네르바사건). 甲을 처벌할 수 있는가?

Q. 甲은 2002. 12. 6. 온라인 게임 '뮤'에 회원으로 가입하면서 이전에 허위의 주민등록번호를 알려 주는 인터넷 카페에서 알게 된 X가 주민등록번호 생성 프로그램으로 만든 주민등록번호를 입력하였다. 甲을 처벌할 수 있는가?

제1조 (범죄의 성립과 처벌) ①범죄의 성립과 처벌은 행위시의 법률에 의한다.

가. 개념

죄형법정주의는 '법률없으면 범죄없고 형벌없다(nullum crimen, nulla poena sine lege)'고 표현된다. 제1조는 형법의 시간적 적용범위에 관한 규정이지만, '범죄의 성립과 처벌은 행위시의 법률에 의한다'는 제1조 제1항은 죄형법정주의를 의미한다. 1992년 형법개정안은 이를 명문화한다.[17] 헌법 제12조 제1항의 '법률과 적법한 절차에 의하지 아니하고는 처벌 · 보안처분 또는 강제노역을 받지 아니한다'는 것과 제13조 제1항의 '모든 국민은 행위시의 법률에 의하여 범죄를 구성하지 아니하는 행위로 소추되지 아니하며'라는 것도 이를 규정한 것이다.

죄형법정주의는 권력분립사상과 심리강제설에 이론적 기초를 두고 있다. 형벌법규의 마련은 입법부의 몫으로서 사법부나 행정부가 새로운 형벌법규를 제정할 수 없다는 논리는 권력분립사상을 전제로 한 것이다. 또 심리강제설은 형벌법규를 명시적으로 명확하게 규정해두면 공리적이고 합리적인 인간에게는 심리적인 범죄예방효과를 가질 수 있다는 이론으로, 일반예방이론의 논리적 근거가 된다.

나. 기능

헌재는 이를 '이미 제정된 정의로운 법률에 의하지 아니하고는 처벌되지 아니한다는 원칙으로 무엇이 처벌될 행위인가를 국민이 예측가능한 형식으로 정하도록 하여 개인의 법적 안정성을 보호하고 성문의 형벌법규에 의한 실정법질서를 확립하여 국가형벌권의 자의적 행사로부터 개인의 자유와 권리를 보장하려는 법치국가 형법의 기본원리이다'라고 하고 있다(91헌가4).

죄형법정주의의 기능은 시민의 자유와 권리보장에 있으므로, 아래에서 볼 죄형법정주의의 파생원칙은 이를 적용하지 않는 것이 시민에게 유리한 경우에는 적용하지 않는 게 옳다.

다. 죄형법정주의의 파생원칙

17) 제1조 (죄형법정주의) 법률에 의하지 아니하고는 누구든지 형벌 또는 보안처분을 받지 아니한다.

죄형법정주의의 파생원칙에는 법률주의, 명확성원칙, 유추금지원칙, 소급효금지원칙 4가지가 있다고 본다. 그런데 다수견해와 헌재는 적정성원칙도 죄형법정주의의 파생원칙으로 보지만, 반대론도 있다. 그 이유는 이 원칙이 형법의 다른 원칙들, 책임원칙, 법익보호원칙, 비례성원칙과 다르지 않고, 따라서 이 원칙들을 무의미하게 만들 수 있다는 것이다.[18] 적정성원칙이란 죄형법정주의가 말하는 법률이 적정할 것을 요구하는 원칙이다. '불법없으면 형벌없다', '책임없으면 형벌없다', '필요없으면 형벌없다' 등을 내용으로 한다. 전통적인 죄형법정주의는 범죄와 형벌이 법률에 규정되어있는지 여부만을 문제삼는 형식적인 것이고, 해석에 관한 원칙인 반면, 적정성원칙은 범죄와 형벌을 규정한 법률의 내용을 문제삼는 실질적인 것이고, 입법에 관한 원칙이라는 점에서 흔히 실질적 의미 또는 현대적 의미의 죄형법정주의로 불린다. 예컨대 간통은 성윤리의 문제이므로 범죄로 규정하는 것은 옳지 않고, 또 그 형벌이 지나치게 무거운 것이라고 볼 수 있다. 헌재는 간통죄가 실질적 죄형법정주의에 어긋나지 않는다고 보았으나(2008헌가7), 2015년 2월 26일 위헌결정(2009헌바17 등)으로 그 효력이 없어졌다.

소급효금지원칙은 형법의 시간적 효력의 문제이기도 하므로 형법의 효력에서 보고, 아래에서는 이를 제외하고 나머지 3가지 원칙을 본다.

(1) 법률주의(성문법주의, 관습형법금지)와 백지(白紙)형법

법률주의란 범죄와 형벌은 법률에 규정해야한다는 원칙을 말한다. 가장 강력한 규범인 형법규범의 정당성은 국민을 대표하는 국회가 만든(곧 민주적 정당성을 가진) 법률에서만 찾을 수 있다는 논리를 전제로 한 것이다.

그런데 개별형법에는 백지형법이 많다. 2005. 5. 31 법률 제7545호로 전부개정되기 전 옛 도교법 제41조 제1항과 제107조의2 제1호[19]는 음주운전죄로 처벌되는 범죄의 구성요건인 '운전이 금지되는 술에 취한 상태의 기준'을 시행령인 대통령령으로 정하도록 했다. 이때 도교법은 백지형법이라고 하고, 그 시행령은 보충규범이라고 한다. 현재는 '운전이 금지되는 술에 취한 상태의 기준'이 도교법에 직접 규정되어 있다.[20] 헌재는 백지형법이 헌법의 죄형법

18) 김일수, 한국형법 I [총론 上], 박영사, 1996, 208면 이하.

19) 도교법(일부개정 2005. 3. 31 법률 7428호) 제41조 (주취중 운전금지) ④제1항의 규정에 의하여 운전이 금지되는 술에 취한 상태의 기준은 **대통령령**으로 정한다.
제107조의2 (벌칙) 다음 각호의 1에 해당하는 사람은 2년 이하의 징역이나 500만원 이하의 벌금의 형으로 벌한다. 1. 제41조 제1항의 규정에 위반하여 술에 취한 상태에서 자동차등을 운전한 사람
도교법 시행령(일부개정 2005. 3. 24 대통령령 제18744호) 제31조 (술에 취한 상태의 기준) 법 제41조의 규정에 의한 술에 취한 상태의 기준은 혈중 알콜농도가 0.05퍼센트 이상으로 한다.

20) 도교법 제44조 (술에 취한 상태에서의 운전금지) ①누구든지 술에 취한 상태에서 자동차등을 운전하여서는 아

정주의나 과잉입법금지원칙에 위배되지 않는다고 본다(96초111).

속칭 '티켓다방' 영업에 대해 적용되는 식품위생법의 '영업자나 종업원이 영업의 위생적 관리와 국민보건위생의 증진을 위해 보건복지부령이 정하는 사항을 지키지 않는 경우 처벌한다'는 규정[21]도 백지형법인데, 헌재는 이 규정이 포괄위임입법금지원칙이나 명확성원칙에 어긋나지 않는다고 본다(2008헌가5에서 4인의 합헌의견). 그 이유는 식품위생법은 전문적이고 기술적이며, 영업형태와 고객의 이용형태 등 현실의 변화에 따른 신속하고 탄력적인 입법적 대응이 필요한 분야의 법률이어서, 그 세부적이고 기술적인 규율을 국회에 맡기기 보다는 전체적인 기준 및 개요를 법률에 대강만 정한 뒤 구체적이고 세부적인 사항은 변동상황에 따른 탄력적 혹은 기술적 대응을 위하여 전문적·기술적 능력을 갖춘 행정부에서 상황의 변동에 따라 시의적절하게 탄력적으로 대응할 수 있도록 하위 법령에 위임할 필요성이 인정된다는 것이다.

그러나 판례는 법률이 시행령에 포괄위임하거나 예컨대 총포·도검·화약류등단속법과 그 시행령의 총포규정[22]처럼 명시적인 위임의 범위를 벗어나 시행령에서 그 처벌의 대상을 확

니된다. ④제1항의 규정에 따라 운전이 금지되는 술에 취한 상태의 기준은 혈중알콜농도가 0.05퍼센트 이상으로 한다.

제148조의2 (벌칙) 다음 각 호의 어느 하나에 해당하는 사람은 3년 이하의 징역이나 1천만원 이하의 벌금에 처한다.

1. 제44조 제1항을 위반하여 술에 취한 상태에서 자동차등을 운전한 사람
2. 술에 취한 상태에 있다고 인정할 만한 상당한 이유가 있는 사람으로서 제44조제2항에 따른 경찰공무원의 측정에 응하지 아니한 사람

21) 구 식품위생법(2002. 8. 26. 법률 제6724호로 개정되고, 2009. 2. 6. 법률 제9432호로 전부개정되기 전의 것) 제77조 (벌칙) 다음 각호의 1에 해당하는 자는 3년 이하의 징역 또는 3천만원 이하의 벌금에 처한다.

5. 제29조 제1항 또는 제31조 제1항의 규정에 의한 영업자가 지켜야 할 사항을 지키지 아니한 자

제31조 (영업자 등의 준수사항) ① 식품접객영업자 등 대통령령이 정하는 영업자 및 그 종업원은 영업의 위생적 관리 및 질서유지와 국민보건위생의 증진을 위하여 **보건복지가족부령**이 정하는 사항을 지켜야 한다.

구 식품위생법 시행규칙(보건복지부령) 제42조 (식품접객영업자등의 준수사항등) ①법 제31조 제1항의 규정에 의하여 식품접객영업자등이 지켜야 할 준수사항은 별표 13과 같다.

별표 13 중 5. 식품접객영업자(위탁급식영업자를 제외한다)의 준수사항

다. 업소 내에서는 도박 기타 사행행위나 풍기문란행위를 방지하여야 하며, 배달판매 등의 영업행위 중 종업원의 이러한 행위를 조장하거나 묵인하여서는 아니된다.

타. 허가를 받거나 신고한 영업외의 다른 영업시설을 설치하거나 다음에 해당하는 영업행위를 하여서는 아니된다. (1)휴게음식점영업자·일반음식점영업자 또는 단란주점영업자가 유흥접객원을 고용하여 유흥접객행위를 하게 하거나 종업원의 이러한 행위를 조장하거나 묵인하는 행위 (2)휴게음식점영업자·일반음식점영업자가 음향 및 반주시설을 갖추고 손님 이 노래를 부르도록 허용하는 행위 (3)일반음식점영업자가 주류만을 판매하거나 주로 다류를 조리·판매하는 다방형태의 영업을 하는 행위 (4)휴게음식점영업자가 손님에게 음주를 허용하는 행위 (5)**식품접객업소의 영업자 또는 종업원이 영업장을 벗어나 시간적 소요의 대가로 금품을 수수하거나, 영업자가 종업원의 이러한 행위를 조장하거나 묵인하는 행위** (6)휴게음식점영업 중 주로 다류 등을 조리·판매하는 영업소에서 청소년보호법 제2조 제1호에 따른 청소년인 종업원에게 영업소를 벗어나 다류 등을 배달하게 하여 판매하는 행위

22) 총포·도검·화약류등단속법(일부개정 1997. 12. 23 법률 제5453호) 제2조 (정의) ①이 법에서 "총포"라 함은

장하는 것은 법률주의에 어긋난다고 본다(98도2816 전판).

(2) 명확성원칙

명확성원칙이란 범죄와 형벌을 규정한 법률의 내용이 명확해야한다는 원칙을 말한다. 판례는 명확성원칙을 다음과 같이 이해하고 있다(2006도920. 同旨: 2013도12939). "㉮명확성원칙은 법률이 처벌하고자 하는 행위가 무엇이며 그에 대한 형벌이 어떠한 것인지를 누구나 예견할 수 있고, 그에 따라 자신의 행위를 결정할 수 있도록 구성요건을 명확하게 규정하는 것을 의미한다. 그러나 처벌법규의 구성요건이 명확하여야 한다고 하여 모든 구성요건을 단순한 서술적 개념으로 규정하여야 하는 것은 아니고, 다소 광범위하여 법관의 보충적인 해석을 필요로 하는 개념을 사용하였다고 하더라도 통상의 해석방법에 의하여 건전한 상식과 통상적인 법감정을 가진 사람이면 당해 처벌법규의 보호법익과 금지된 행위 및 처벌의 종류와 정도를 알 수 있도록 규정하였다면 처벌법규의 명확성에 배치되는 것이 아니다. 또한 ㉯어떠한 법규범이 명확한지 여부는 그 법규범이 수범자에게 법규의 의미내용을 알 수 있도록 공정한 고지를 하여 예측가능성을 주고 있는지 여부 및 그 법규범이 법을 해석·집행하는 기관에게 충분한 의미내용을 규율하여 자의적인 법해석이나 법집행이 배제되는지 여부, 다시 말하면 예측가능성 및 자의적 법집행 배제가 확보되는지 여부에 따라 이를 판단할 수 있다. 그런데 ㉰법규범의 의미내용은 그 문언뿐만 아니라 입법 목적이나 입법 취지, 입법 연혁, 그리고 법규범의 체계적 구조 등을 종합적으로 고려하는 해석방법에 의하여 구체화하게 되므로, 결국 법규범이 명확성 원칙에 위반되는지 여부는 위와 같은 해석방법에 의하여 그 의미내용을 합리적으로 파악할 수 있는 해석기준을 얻을 수 있는지 여부에 달려 있다".

권총·소총·기관총·포·엽총 그 밖의 금속성 탄알이나 가스등을 쏠 수 있는 **장약총포와 공기총**(압축가스를 이용하는 것을 포함한다. 이하 같다) 중에서 대통령이 정하는 것을 말한다.

제12조 (총포·도검·화약류·분사기·전자충격기·석궁의 소지허가) ①제10조 각호의 1에 해당되지 아니하는 사람이 총포·도검·화약류·분사기·전자충격기·석궁을 소지하고자 하는 때에는 내무부령이 정하는 바에 의하여 총포의 경우에는 주소지를 관할하는 지방경찰청장의, 도검·화약류·분사기 및 전자충격기·석궁의 경우에는 주소지를 관할하는 경찰서장의 허가를 각각 받아야 한다. 다만, 총포중 가스발사총·공기총·마취총·산업용총 또는 구명줄발사총을 소지하고자 하는 때에는 주소지를 관할하는 경찰서장의 허가를 받아야 한다

제70조 (벌칙) ①제4조제1항·제3항(총포·화약류에 한한다), 제6조제1항(총포·화약류에 한한다)·제2항(총포·화약류에 한한다), 제9조제1항 또는 제12조제1항(총포·화약류에 한한다)·제2항(산업용총·가스발사총에 한한다)의 규정에 위반한 사람은 10년 이하의 징역 또는 2천만원 이하의 벌금의 형으로 벌한다.

총포·도검·화약류등단속법시행령(일부개정 1997. 12. 31 대통령령 제15598호) ①법 제2조제1항의 규정에 의한 총포는 다음 각호의 총과 포 및 총포의 **부품**을 말한다.

그런데 이 이후 총포·도검·화약류등단속법이 개정되어(2003. 7. 29. 제6948호), 현재는 아래와 같다(일부개정 2008. 2. 29 법률 제8852호). 제2조 (정의) ①이 법에서 "총포"라 함은 권총·소총·기관총·포·엽총, 금속성 탄알이나 가스등을 쏠 수 있는 장약총포, 공기총(압축가스를 이용하는 것을 포함한다. 이하 같다) 및 총포신·기관부 등 그 부품(이하 "부품"이라 한다)으로서 대통령이 정하는 것을 말한다.

명확성원칙은 2가지 의미를 갖는다. 하나는 형벌의 명확성이다. 이에 따르면 소년법 제60조[23]와 같은 상대적 부정기형은 허용되나 절대적 부정기형은 허용되지 않는다. 다른 하나는 범죄구성요건의 명확성이다. 판례는 미술교사 甲이 자신이 개설한 인터넷 개인홈페이지에 甲과 자신의 아내가 옷을 입지 않은 상태에서 성기를 노출하여 촬영한 사진, 여성의 성기를 정면에서 세밀하게 묘사한 그림, 발기된 남성의 성기와 그 성기에서 분출되는 정액을 세밀하게 그린 그림을 올려서, 정보통신망법 제74조 제1항 제2호의 사이버음란물유포죄로 甲을 처벌한 사건에서, 이 죄의 구성요건인 음란이란 말은 명확성원칙에 어긋나지 않는다고 본다(94도2413). 그 이유는 일반 보통인의 성욕을 자극하여 성적 흥분을 유발하고 정상적인 성적 수치심을 해하여 성적 도의관념에 반하는 것이라고 풀이할 수 있다는 것이다.

판례는 청소년보호법 제26조의2 제8호[24]의 "풍기를 문란하게 하는 영업행위를 하거나 그를 목적으로 장소를 제공하는 행위"란 구성요건은 명확성원칙이나 실질적 죄형법정주의에 반하지 않는다고 본다(2003도5980). 그 이유는 청소년보호법의 입법취지, 입법연혁, 규정형식에 비추어 볼 때 "청소년이 건전한 인격체로 성장하는 것을 침해하는 영업행위 또는 그를 목적으로 장소를 제공하는 행위"를 의미하는 것으로 보아야 할 것이고, 그 구체적인 예가 바로 위 규정에 열거된 "청소년에 대하여 이성혼숙을 하게 하거나 그를 목적으로 장소를 제공하는 행위" 등이라고 볼 수 있는데, 이는 건전한 상식과 통상적인 법감정을 통해 판단할 수 있고, 구체적인 사건에서는 법관의 보충적인 해석을 통해 그 규범내용을 확정할 수 있는 개념이라는 것이다.

그러나 헌재는 옛 전기통신사업법(2002. 12. 26 법률 제6822호로 개정되기 전) 제53조[25]

---

23) 제60조(부정기형) ① 소년이 법정형으로 장기 2년 이상의 유기형에 해당하는 죄를 범한 경우에는 그 형의 범위에서 장기와 단기를 정하여 선고한다. 다만, 장기는 10년, 단기는 5년을 초과하지 못한다.

24) 청소년에 대하여 **이성혼숙**을 하게 하는 등 풍기를 문란하게 하는 영업행위를 하거나 그를 목적으로 장소를 제공하는 행위

25) 제53조 (불온통신의 단속) ①전기통신을 이용하는 자는 공공의 안녕질서 또는 미풍양속을 해하는 내용의 통신을 하여서는 아니된다. ②제1항의 규정에 의한 공공의 안녕질서 또는 미풍양속을 해하는 것으로 인정되는 통신의 대상등은 대통령령으로 정한다. ③정보통신부장관은 제2항의 규정에 의한 통신에 대하여는 전기통신사업자로 하여금 그 취급을 거부·정지 또는 제한하도록 명할 수 있다.
전기통신사업법 시행령 제16조 (불온통신) 법 제53조제2항의 규정에 의한 공공의 안녕질서 또는 미풍양속을 해하는 것으로 인정되는 전기통신은 다음 각호와 같다.
1. 범죄행위를 목적으로 하거나 범죄행위를 교사하는 내용의 전기통신
2. 반국가적 행위의 수행을 목적으로 하는 내용의 전기통신
3. 선량한 풍속 기타 사회질서를 해하는 내용의 전기통신
이 조문은 이 결정으로 금지되는 불법통신의 내용이 대통령령이 아니라 법률에서 구체화되어 아래와 같이 개정(일부개정 2002.12.26 법률 제6822호)된 후 전기통신사업법에서 삭제되면서(일부개정 2007. 1. 16. 제8198호), '불법정보의 유통금지'라는 제목의 현행 정보통신망법 제44조의7로 옮겨졌다(일부개정 2007. 1. 26 법률 제8289호).

제2항이 '제1항의 규정에 의한 공공의 안녕질서 또는 미풍양속을 해하는 것으로 인정되는 통신의 대상 등은 대통령령으로 정한다"고 한 것은 아래 이유로 위헌이라고 본다(99헌마480). 이는 ㉮먼저 너무나 불명확하고 모호하다. "공공의 안녕질서"는 헌법 제37조 제2항의 "국가의 안전보장 · 질서유지"와, "미풍양속"은 헌법 제21조 제4항의 "공중도덕이나 사회윤리"와 비교하여 볼 때 동어반복이라 해도 좋을 정도로 전혀 구체화되어 있지 않다. 이는 매우 추상적인 개념이어서 어떤 표현행위가 과연 "공공의 안녕질서"나 "미풍양속"을 해하는 것인지에 관한 판단은 사람마다의 가치관, 윤리관에 따라 크게 달라질 수밖에 없고, 법집행자의 통상적 해석을 통해 그 의미내용을 객관적으로 확정하기도 어렵다. 표현의 자유를 규제하는 입법에서 명확성원칙은 특별히 중요한 의미를 지닌다. 무엇이 금지되는 표현인지가 불명확한 경우에, 자신이 하고자 하는 표현이 규제의 대상이 아니라는 확신이 없는 기본권주체는 대체로 규제를 받을 것을 우려해서 표현행위를 스스로 억제하게 될 가능성이 높기 때문에 표현의 자유를 규제하는 법률은 규제되는 표현의 개념을 세밀하고 명확하게 규정할 것이 헌법적으로 요구된다. ㉯이런 모호성 · 추상성 · 포괄성으로 말미암아 필연적으로 규제되지 않아야 할 표현까지 다함께 규제하게 되어 과잉금지원칙에 어긋난다. 헌재가 명시적으로 보호받는 표현으로 분류한 바 있는 ⓐ'저속한' 표현이나, '청소년유해매체물' 중 음란물에 이르지 않아서 성인에 의한 표현과 접근까지 금지할 이유가 없는 선정적인 표현물도 '미풍양속'에 반한다고 규제될 수 있고, ⓑ성(性), 혼인, 가족제도에 관한 표현들이 '미풍양속'을 해하는 것으로 규제되고 ⓒ예민한 정치적 · 사회적 이슈에 관한 표현들이 '공공의 안녕질서'를 해하는 것으로 규제될 가능성이 있어 표현의 자유의 본질적 기능이 훼손된다. ㉰포괄위임입법금지원칙에 위배된다. 이런 추상성과 불명확성으로 인해 수범자인 국민은 어떤 내용들이 대통령령에 정하여질지 그 기준과 대강을 예측할 수도 없고, 행정입법자에게도 적정한 지침을 제공하지 못하므로 행정입법자는 다분히 자신이 판단하는 또는 원하는 "안녕질서", "미풍양속"의 관념에 따라 헌법적으로 보호받아야할 표현까지 얼마든지 규제대상으로 삼을 수 있다. 이는 위 조항의 위임에 의해 제정된 전기통신사업법시행령 제16조 제2호와 제3호가 위 전기통신사업법 제53조 제1항에 못지않게 불명확하고 광범위하게 통신을 규제하고 있는 점에서 더욱 명백하다.

또한 헌재는 이른바 미네르바사건으로 주목을 받은 전기통신기본법의 허위통신죄[26]가 표현의 자유를 침해하는 위헌이라고 본다(2008헌바157, 2009헌바88 병합). 그 이유는 ㉮"공익"과 "허위"란 말은 명확성원칙에 어긋나고, 이로써 ㉯헌법이 (인터넷에서 특히) 보호해야할 표현까지도 금지되어 과잉금지원칙에 어긋난다는 것이다.

26) 전기통신기본법 제47조 (벌칙) ①공익을 해할 목적으로 전기통신설비에 의하여 공연히 허위의 통신을 한 자는 5년 이하의 징역 또는 5천만원 이하의 벌금에 처한다.

⑶ 유추(해석)금지원칙

'컴퓨터를 이용한 화상채팅 서비스에 대한 광고'를 청소년보호법 제8조 등에 따라 청소년보호위원회 고시가 규정하는 "폰팅, 전화방, 화상대화방 등과 같은 불건전 전화 서비스 광고와 이런 서비스 이용을 안내하는 전화번호 광고"에 포함시키는 해석은, 판례는 화상채팅 서비스는 폰팅 및 화상대화방 서비스와 동일시 할 수 있다는 이유로 명확성원칙에 반하거나 죄형법정주의가 금지하는 확장해석이나 유추해석이 아니라고 본다(2005도6525).

국가공무원법의 '공무 이외의 일을 위한 집단적 행위[27]'를 공무가 아닌 어떤 일을 위해 공무원들이 하는 모든 집단적 행위를 의미하는 것이 아니라 '공익에 반하는 목적을 위해 직무전념의무를 해태하는 등의 영향을 가져오는 집단적 행위'라고 해석하는 것은, 판례는 축소해석이라고 본다(2005도4513).

타인에 의해 이미 생성된 주민등록번호를 사용한 행위에 대해 주민등록법의 '제7조 제4항의 규정에 의한 주민등록번호 부여 방법으로 허위의 주민등록번호를 생성하여 자기 또는 다른 사람의 재물이나 재산상의 이익을 위하여 이를 사용한 자는 처벌한다'는 규정을 적용하는 것은, 판례는 피고인에게 불리한 방향으로 지나치게 확장해석하거나 유추해석하는 것으로서 죄형법정주의에 어긋난다고 본다(2003도6535). 현행 주민등록법은 타인의 주민등록번호 부정사용행위를 처벌하고 있다.[28]

초병이 "군단에서 온 백소령이다."라고 말하는 A의 말을 믿고, A의 소속이나 직책을 확인하지 않은 채 A가 상황실 총기대에 거치되어 있던 총기를 어깨에 메면서 "해안순찰을 가야 하는데 여기는 간첩도 오고 위험하니 탄을 좀 달라."고 하자 보관하고 있던 탄약을 건네준 경우, 판례는 군형법 제74조[29]의 군용물분실죄를 부정한다(98도1719). 그 이유는 형벌법규의 해석은 엄격해야 하고 명문규정의 의미를 피고인에게 불리한 방향으로 지나치게 확장해석하

---

27) 국가공무원법 제66조 (집단 행위의 금지) ① 공무원은 노동운동이나 그 밖에 공무 외의 일을 위한 집단 행위를 하여서는 아니 된다. 다만, 사실상 노무에 종사하는 공무원은 예외로 한다.
제84조 (벌칙) 제44조·제45조·제65조 또는 제66조를 위반한 자는 다른 법률에 특별히 규정된 경우 외에는 1년 이하의 징역 또는 300만원 이하의 벌금에 처한다.

28) 제37조 (벌칙) 다음 각 호의 어느 하나에 해당하는 자는 3년 이하의 징역 또는 1천만원 이하의 벌금에 처한다.
8. 다른 사람의 주민등록증을 부정하게 사용한 자
9. 다른 사람의 주민등록번호를 부정하게 사용한 자. 다만, <u>직계혈족·배우자·동거친족 또는 그 배우자</u> 간에는 피해자가 명시한 의사에 반하여 공소를 제기할 수 없다.

29) 군형법(일부개정 2006. 1. 2 법률 제7845호) 제74조 (군용물 분실) 총포·탄약·폭발물·차량·장구·기재·식량·피복 기타 군용에 공하는 물건을 보관할 책임이 있는 자로서 이를 분실한 자는 5년 이하의 징역 또는 300만원 이하의 벌금에 처한다. 2009. 11. 2. 전문개정 제74조 (군용물 분실) 총포, 탄약, 폭발물, 차량, 장구, 기재, 식량, 피복 **또는 그 밖에** 군용에 공하는 물건을 보관할 책임이 있는 **사람**으로서 이를 분실한 **사람**은 5년 이하의 징역 또는 300만원 이하의 벌금에 처한다.

거나 유추해석하는 것은 죄형법정주의원칙에 어긋나는데, 군용물분실죄는 군용에 공하는 물건을 보관할 책임이 있는 자가 선량한 보관자로서의 주의의무를 게을리 하여 그의 '의사에 의하지 않고 물건의 소지를 상실'하는 과실범으로서, 여기서 분실은 행위자의 의사에 의하지 않고 물건의 소지를 상실한 것을 의미하므로, 하자가 있기는 하지만 행위자의 의사에 기해 재산적 처분행위를 하여 재물의 점유를 상실함으로써 편취당한 것과는 구별되며, 분실의 개념을 군용물의 소지 상실시 행위자의 의사가 개입되었는지의 여부에 관계없이 군용물의 보관책임이 있는 자가 결과적으로 군용물의 소지를 상실하는 모든 경우로 확장해석하거나 유추해석할 수는 없다는 것이다.

판례는 '블로그', '미니 홈페이지', '카페' 등의 이름으로 개설된 사적 인터넷 게시공간의 운영자 甲이 이 공간에 게시된 타인의 글(이적표현물)을 삭제할 권한이 있는데도 이를 삭제하지 않고 그대로 둔 것만으로 甲이 국가보안법의 '소지'행위[30]를 한 것이라고 보는 것은 유추금지원칙에 반한다고 본다(2010도8336).

판례는 친고죄에서 고소와 같은 소송조건에 대해서도 유추해석금지원칙이 적용된다고 보고, 성범죄의 피해자인 청소년의 처벌의사의 철회에 법정대리인의 동의가 필요하다고 보는 것은 소극적 소송조건의 요건을 제한함으로써 피고인 또는 피의자에 대한 처벌가능성의 범위를 확대하는 것으로서 유추해석금지원칙에 반한다고 본다(2009도6058전판).

판례는 '특정 범죄자에 대한 보호관찰 및 전자장치 부착 등에 관한 법률(약칭하여 전자장치부착법)' 제5조 제1항 제3호가 부착명령청구의 요건으로 정한 '성폭력범죄를 2회 이상 범하여(유죄의 확정판결을 받은 경우를 포함한다)'에 '소년보호처분을 받은 전력'을 포함시키는 것은 피고인에게 불리한 확장해석 또는 유추해석이라고 본다(2011도15057 전판).

---

30) 제7조(찬양 · 고무등) ① 국가의 존립 · 안전이나 자유민주적 기본질서를 위태롭게 한다는 정을 알면서 반국가단체나 그 구성원 또는 그 지령을 받은 자의 활동을 찬양 · 고무 · 선전 또는 이에 동조하거나 국가변란을 선전 · 선동한 자는 7년 이하의 징역에 처한다.
② 삭제 <1991·5·31>
③ 제1항의 행위를 목적으로 하는 단체를 구성하거나 이에 가입한 자는 1년 이상의 유기징역에 처한다.
④ 제3항에 규정된 단체의 구성원으로서 사회질서의 혼란을 조성할 우려가 있는 사항에 관하여 허위사실을 날조하거나 유포한 자는 2년 이상의 유기징역에 처한다.
⑤ 제1항·제3항 또는 제4항의 행위를 할 목적으로 문서·도화 기타의 표현물을 제작 · 수입 · 복사 · **소지** · 운반 · 반포 · 판매 또는 취득한 자는 그 각항에 정한 형에 처한다.
⑥ 제1항 또는 제3항 내지 제5항의 미수범은 처벌한다.
⑦ 제3항의 죄를 범할 목적으로 예비 또는 음모한 자는 5년 이하의 징역에 처한다.

Ⅲ. 형법의 효력

1. 형법의 시간적 효력: 소급효(遡及效)금지원칙

Q. 여관주인 甲은 1999. 2. 청소년인 다방 종업원이 여관 안으로 들어가 객실에 차 배달을 하도록 한 행위에 대해 청소년의 숙박업소출입을 금지한 옛 청소년보호법 제24조 제2항과 제51조 제7호 위반의 공소사실로 기소되어 재판을 받던 중, 이 법 제2조 제5호가 개정되어 숙박업은 '청소년유해업소 중 청소년의 출입은 가능하나 고용은 유해한 것으로 인정되는 업소(청소년고용금지업소)'로 변경되었다(약칭하여 청소년차배달사건).[31] 甲을 처벌할 수 있는가?

제1조 (범죄의 성립과 처벌) ①범죄의 성립과 처벌은 행위시의 법률에 의한다. ②범죄후 법률의 변경에 의하여 그 행위가 범죄를 구성하지 아니하거나 형이 구법보다 경한 때에는 신법에 의한다. ③재판확정후 법률의 변경에 의하여 그 행위가 범죄를 구성하지 아니하는 때에는 형의 집행을 면제한다.

가. 행위시법주의와 재판시법주의

(1) 소급효금지원칙과 법률의 변경

---

31) 청소년보호법(일부개정 1998. 2. 28 법률 제5529호) 제2조 (정의) 이 법에서 사용하는 용어의 정의는 다음과 같다.
5. "**청소년유해업소**"라 함은 청소년기본법의 규정에 의한 청소년에게 유해한 업소, 풍속영업의 규제에 관한 법률의 규정에 의한 풍속영업, 음반 및 비디오물에 관한 법률의 규정에 의한 비디오물감상실, 기타 대통령령이 정하는 업소를 말한다.
제24조 (청소년유해업소에의 고용금지 및 출입제한) ①청소년유해업소의 업주는 청소년을 고용하여서는 아니된다. ②청소년유해업소의 업주 및 종사자는 당해업소에 청소년출입을 제한하는 내용의 표시를 하여야 하며 연령을 확인하여 청소년이 당해 업소에 출입하지 못하게 하여야 한다.
제51조 (벌칙) 다음 각호의 1에 해당하는 자는 2년이하의 징역 또는 1천만원 이하의 벌금에 처한다.
7. 제24조 제2항의 규정에 위반하여 청소년을 유해업소에 출입시킨 자
청소년보호법(일부개정 1999. 2. 5 법률 제5817호) 제2조 (정의) 이 법에서 사용하는 용어의 정의는 다음과 같다.
5. "**청소년유해업소**"라 함은 청소년의 출입과 고용이 청소년에게 유해한 것으로 인정되는 다음 가목의 1에 해당하는 업소(이하 "청소년출입·고용금지업소"라 한다)와 청소년의 출입은 가능하나 고용은 유해한 것으로 인정되는 다음 나목의 1에 해당하는 업소(이하 "청소년고용금지업소"라 한다)를 말한다. 이 경우 업소의 구분은 그 업소가 영업을 함에 있어서 다른 법령에 의하여 요구되는 허가·인가·등록·신고등의 여부에 불구하고 실제로 이루어지고 있는 영업행위를 기준으로 한다.
가. **청소년출입·고용금지업소**
나. **청소년고용금지업소**
(1) 식품위생법에 의한 식품접객업중 대통령령으로 정하는 것
(2) 공중위생관리법에 의한 숙박업, 이용업, 목욕장업중 대통령령으로 정하는 것

소급효금지원칙이란 제1조 제1항이 규정한 '범죄의 성립과 처벌은 행위시의 법률에 의한다'는 원칙을 말한다. 행위시법주의라고도 한다. 행위 후에 새롭게 제정된 법률, 곧 신법(新法)이 아니라 그 이전 법 곧, 구법(舊法)을 적용한다는 점에서 구법주의로서, 이는 신법주의와 구별된다.

그러나 법률의 변경으로 어떤 행위가 범죄가 아니거나 형이 구법보다 가볍게 된 경우는 재판시법주의(신법주의)에 따르는데, 다만 법률의 변경시점이 ⓐ범죄 후 재판확정 전인 때는, 그 변경된 법률에 따르고(제1조 제2항), ⓑ재판확정 후인 때는, 형의 집행을 면제한다(제1조 제3항). 여기서 형집행면제란 판결확정 후의 사유로 부과된 형을 집행하지 않는 것을 말한다. 이와 달리 형면제란 예컨대 친족상도례처럼 판결확정 전의 사유로 형을 부과하지 않는 것을 말한다.

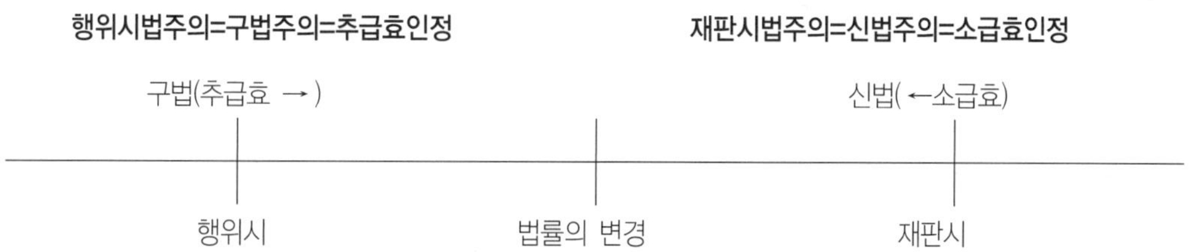

⑵ 위헌결정으로 상실된 형벌조항의 소급적 효력 상실과 재판의 형태

위헌결정으로 상실된 형벌조항의 소급효는 인정하는 것이 옳다. 행위자에게 유리한 경우에는 형법 제1조 제2항과 제3항의 재판시법주의에 따라야하기 때문이다. 그런데 헌재법은 아래에서 보듯이 이 점을 명백히 하고 있고, 이런 경우 헌재법 제47조 제4항에 따라 재심을 청구할 수 있다. 같은 맥락에서 헌재는 위헌결정으로 효력을 상실한 교특법 제4조 제1항의 공소불가조항을 같은 날 오전 10시에 발생한 중상해의 교통사고사건에 적용하는 것은 적법하지 않다고 본다(90헌마110 · 136 병합). 이 조항은 비록 형벌에 관한 것이기는 하지만 불처벌의 특례를 규정한 것이어서 위 법률조항에 대한 위헌결정의 소급효를 인정할 경우 오히려 형사처벌을 받지 않았던 자들에게 형사상의 불이익이 미치게 되므로 이런 경우까지 헌재법 제47조 제2항 단서의 적용범위에 포함시키는 것은 규정취지에 반한다는 것이다.

판례는 동일한 형벌조항이 과거 헌재의 결정에 의해 합헌으로 선언된 바 있으나 그 후의 사정변경 때문에 새로 위헌으로 결정된 경우에도 그 위헌결정은 소급효를 가지며, 종전의 합헌결정시점까지로 제한하는 것은 허용되지 않는다고 보았으나(2010도5606; 2010도5605), 이 판결 이후 헌재법 제47조가 2014. 5. 20. 개정되어(법률 제12597호)[32] 이런 경우 소급효가 종전의 합헌 결정일의 다음 날부터 인정된다. 종래의 합헌결정 이전의 확정판결에 대한 무분별한 재심청구를 방지하고 합헌결정에 실린 당대의 법감정과 시대상황에 대한 고려를 존중하려는 데 그 취지가 있다.

판례는 형벌에 관한 법령이 헌재의 위헌결정으로 인하여 소급하여 그 효력을 상실하였거나 법원에서 위헌·무효로 선언된 경우에 당해 법령을 적용하여 공소가 제기된 사건에 대해서는 무죄를 선고해야하는데, 헌법불합치결정도 위헌결정이므로 마찬가지이고 개정요구시한까지 법률 개정이 이루어지지 않았다고 해서 달리 볼 것은 아니라고 본다(2008도7562전판). 이 판결의 소수의견은 범죄 후 형이 폐지된 경우에 해당하므로 형소법 제354조 제4호에 따라 면소판결을 해야 한다고 본다. 그런데 판례는 공소기각판결(97도1211)이나 면소판결(84도2106)에 대해 무죄판결을 구하는 상소는 상소이익이 없다는 이유로 허용되지 않는다고 보지만, 위헌결정으로 효력이 상실된 형벌조항에 따라 소수의견처럼 면소판결이 내려진 경우에는 무죄판결을 구하는 상소가 허용된다고 본다(2010도5986전판).

(3) 포괄일죄와 법률의 변경

판례는 포괄일죄를 'ⓐ단일하고도 계속된 범의 하에 ⓑ동종의 범행을 일정기간 반복하여 행하고 ⓒ그 피해법익도 동일한 경우'로 정의한다(97도2609). 다수견해는 이런 포괄일죄를 결합범(예컨대 결과적 가중범), 계속범(감금죄), 접속범(예컨대 동일한 쌀가게에서 하루 밤 사이에 20가마를 훔친 경우), 연속범(예컨대 동일한 쌀가게에서 한 달에 걸쳐 하루에 한 가마씩 훔친 경우), 집합범 5가지로 유형화하고, 집합범은 다시 상습범, 영업범, 직업범 3가지로 분류한다. 그런데 판례는 접속범과 연속범이 구별된다는 것을 인식하고 있지만(84도1139),[33] 대부분의 판례는 이를 나타내지 않고 모두 '포괄일죄'로 처리한다.[34] 그러나

32) 제47조(위헌결정의 효력) ③제2항에도 불구하고 형벌에 관한 법률 또는 법률의 조항은 소급하여 그 효력을 상실한다. 다만, 해당 법률 또는 법률의 조항에 대하여 종전에 합헌으로 결정한 사건이 있는 경우에는 그 결정이 있는 날의 다음 날로 소급하여 효력을 상실한다. <신설 2014.5.20.> ④제3항의 경우에 위헌으로 결정된 법률 또는 법률의 조항에 근거한 유죄의 확정판결에 대하여는 재심을 청구할 수 있다.

33) "소위 포괄적 1죄라는 것은 각기 존재하는 복수의 행위가 그 구성요건을 한번만 충족하는 것이라고 포괄적으로 평가되는 것을 말하며 협의의 포괄1죄, 결합범, 집합범, 접속범, 계속범 등이 이에 해당하여 본래적으로 1죄라고 하는 것인 바 현행 형법에서 연속범의 규정이 삭제됨으로써 연속범을 경합죄로 처단하게 되는 해석이 가능하게 되어…"; 대법원 1985. 9. 24, 선고 85도1686 판결(법원공보/판례, 제764호, 1464면): "소위 포괄 1죄는 수개의 행위가 포괄적으로 한 개의 구성요건에 해당하여 단순히 하나의 죄를 구성하는 것으로 수개의 행위가 결합하여 하나의 범죄를 구성하던가 수개의 동종의 행위가 동일한 의사에 의하여 반복되던가 또는 하나의 동일한 법익에 대하여 수개의 행위가 불가분적으로 접속 연속하여 행하여지는 것이므로 그 어떠한 경우를 막론하고 구성요건에 해당하는 수개의 행위가 근원적으로 동종의 행위로서 그 구성요건을 같이함을 전제로 하는 것이다".

포괄일죄라는 말에서 포괄이란 말은 무의미한 표현이다. 예컨대 주먹으로 상대를 쳐서 때려 상해를 입히는 상해죄도 엄밀히 보면 주먹을 들어올리는 행위, 상대의 얼굴에 가까이 가는 행위, 때리는 행위를 포괄하는 일죄라고 볼 수도 있기 때문이다. 또한 영업범과 직업범은 구별할 필요가 없다고 본다.

행위시법주의에서 말하는 '행위시'란 범죄행위의 종료시를 의미한다. 따라서 위와 같은 포괄일죄의 도중에 법령의 변경이 있는 경우에는, 형법(1953. 9. 18. 법률 제293호, 약칭하여 1953년 형법) 부칙 제4조와 같은 규정[35]을 두고 있지 않는 한, 형법 제1조 제1항의 행위시법주의원칙에 따라 그 범죄행위가 종료하는 시점의 법령인 변경된 법령을 적용해야한다. 판례도 옛 수질환경보전법(현행 수질 및 생태계 보전에 관한 법률) 부칙 제15조에 '이 법 시행 전에 행한 종전의 환경보전법의 위반행위에 대한 벌칙의 적용은 종전의 규정에 의한다'라는 규정이 있더라도 이 법의 배출시설 및 방지시설의 비정상운영죄[36]는 계속범이므로 비정상운영행위 중에 수질환경보전법이 개정된 경우 이 행위가 종료되는 시점에 시행되고 있는 개정된 수질환경보전법이 적용된다고 본다(92도407). 이 입장은 건설폐기물의 재활용촉진에 관한 법률의 '건설폐기물을 무허가업체에 위탁하여 처리하는 범죄[37]'로 이어진다. 이 죄는 위탁처리를 위한 도급계약의 성립과 함께 범죄가 기수에 이르면서 바로 종료되는 즉시범이 아니고 그 도급계약에 따른 건설폐기물의 처리행위를 계속함으로써 위법상태가 지속되는 동안 범죄가 종료되지 않고 계속되는 계속범이므로, 위 도급계약이 이 범죄가 신설되기 전에 체결되었다고 하더라도, 그에 따른 건설폐기물의 처리행위가 위 범죄의 신설 후에도 종료되지 않고 계속적으로 이루어진 것이면, 이 범죄의 신설 후에 이루어진 무허가 처리업체에 의한 건설폐기물의 위탁처리도 이 범죄에 해당한다는 것이다(2008도8607). 방문판매 등에 관한 법률(약

34) 같은 분석: 김성돈, "연속범의 죄수", 형사정책연구 제8권 제1호, 1997, 199면.

35) 제4조 (1개의 죄에 대한 신구법의 적용례) ①1개의 죄가 본법 시행전후에 걸쳐서 행하여진 때에는 본법 시행 전에 범한 것으로 간주한다. ②연속범 또는 견련범이 본법 시행전후에 걸쳤을 때에는 본법 시행 전에 범한 것만을 1죄로 한다.

36) 제56조 (벌칙) 다음 각호의 1에 해당하는 자는 7년 이하의 징역 또는 5천만원이하의 벌금에 처한다.
3. 제15조 제1항의 규정에 위반하여 배출시설 또는 방지시설을 정상운영하지 아니한 자
제15조 (배출시설 및 방지시설의 정상운영) ①사업자는 조업을 할 때에는 배출시설에서 배출되는 오염물질이 제8조 또는 제13조제3항의 규정에 의한 배출허용기준에 적합하도록 배출시설 및 방지시설을 정상운영하여야 한다.

37) 제63조 (벌칙) 다음 각 호의 어느 하나에 해당하는 자는 3년 이하의 징역 또는 2천만원 이하의 벌금에 처한다.
3. 제16조 제1항을 위반하여 건설폐기물을 처리한 자
제16조 (건설폐기물 처리용역의 위탁·수탁 계약 등) ① 배출자는 해당 건설공사 현장에서 발생하는 건설폐기물을 스스로 처리하거나 다음 각 호의 어느 하나에 해당하는 자에게 위탁하여 처리하여야 한다. 다만, 제1호·제3호 및 제4호에 해당하는 자에게 위탁하려는 경우에는 수탁자가 제13조제1항에 따른 기준에 맞게 건설폐기물을 수집·운반 및 처리할 능력이 있는지를 환경부령으로 정하는 바에 따라 확인한 후 위탁하여야 한다.

칭하여 방판법)위반 범행이 포괄일죄로서 방판법 개정 전후로 걸쳐져 있는 경우에는, "이 법 시행 전의 행위에 대한 벌칙의 적용에 있어서는 종전의 규정에 따른다."는 방판법 부칙 제3조가 있더라도 그 범행 종료시의 법인 개정 방판법(곧 신법)을 적용해야한다(2009도5075)는 판례도 위와 같은 취지이다.

한편 판례는 1953년 형법 부칙 제4조 제1항이 특경법에 대해서는 적용되지 않는다고 보고, 특경법 시행전후에 걸쳐 상습사기 범행을 한 경우 법정형이 중한 특경법위반죄에 나머지 행위를 포괄시켜 특경법위반죄로 처단해야 한다고 본다(86도1012전판). 그 이유는 1953년 형법 부칙 제4조 제1항은 형법 시행에 즈음하여 구형법과의 관계에서 그 적용범위를 규정한 경과법으로서 형법 제8조에서 규정하는 총칙규정이 아닐 뿐 아니라 범죄의 성립과 처벌은 행위시의 법률에 의한다고 규정한 형법 제1조 제1항의 해석으로서도 행위종료시의 법률의 적용을 배제한 점에서 타당한 것이 아니므로 신·구형법과의 관계가 아닌 다른 법과의 관계에서는 1953년 형법 부칙 제4조 제1항을 적용 내지 유추적용할 것이 아니라는 것이다.

그런데 위 판례의 입장과 달리 계속범을 법령의 변경 이전과 이후로 분리해서 본 판례도 있다. 건축법의 건축물의 무단용도변경죄와 관련하여 일반적으로 이런 계속범의 경우에는 그 도중에 법령의 변경이 있더라도, 실행행위가 종료되는 시점의 법률이 적용되어야 하지만, 이 법의 부칙에 '개정된 법 시행 전의 행위에 대한 벌칙의 적용에 있어서는 종전의 규정에 의한다'는 규정을 두고 있다면, 개정건축법이 시행되기 전의 행위에 대해서는 개정 전의 건축법을, 그 이후의 행위에 대해서는 개정건축법을 각각 적용해야한다는 것이다(2001도3990).[38] 이런 입장의 판례가 또 있다. '형법의 수뢰죄의 수뢰액의 2배 이상 5배 이하의 벌금을 병과한다'라는 특가법의 규정을 신설하여 수뢰죄에 대해 종전에 없던 벌금형을 필요적으로 병과하도록 했는데, 수뢰죄가 포괄일죄로서 위 신설 규정의 시행 전후에 걸쳐 행해진 경우, 헌법 제13조 제1항의 형법법규 불소급 원칙과 형법 제1조 제1항의 "범죄의 성립과 처벌은 행위시의 법률에 의한다."는 규정에 비추어 보면, 벌금형 산정기준이 되는 수뢰액은 위 규정이 신설된 2008. 12. 26. 이후에 수수한 금액으로 한정된다고 본 판례이다(2011도4260). 수뢰죄가 신설 전후로 범해져서 포괄일죄일지라도 신설규정 이후 수뢰액의 2배 이상 5배 이하 범위에서만 병과할 수 있다고 본 것이다. 예컨대 신설규정 이전 수뢰액이 500만원이고, 이후 수뢰액이 500만원이면 1000만원 이상 2500만원 이하 사이에서 벌금을 병과할 수 있다는 것이다. 이는 개정건축법에 관한 판례처럼 수뢰죄가 포괄일죄로서 중간에 법률의 개정이 있는 경우

38) 허일태, "구건축법상 불법용도변경죄와 형법의 적용범위(계속범의 종료시점과 형의 폐지규정의 시간적 적용범위)", 동아법학 제29호, 2001. 6, 295면 이하는 무단용도변경죄를 계속범이 아니라 상태범으로 보는 것이 옳고, 계속범으로 본다면 이런 판례의 입장이 옳다고 본다.

그 수뢰죄가 개정 전과 후로 분리된다고 본 것이다. 그러나 위 두 경우에도 앞서 말한 판례처럼 모두 부칙규정이 적용되지 않는다고 봐야한다.[39] 포괄일죄의 행위가 종료된 시점은 '개정 법령 시행 후'이므로 행위시법주의가 적용되어야하기 때문이다.

나. 범죄와 형벌의 변경

이처럼 형법 제1조는 행위시법주의를 원칙으로 하면서도(제1항), 법률의 변경으로 행위자에게 유리하게 된 경우는 재판시법주의(제2 항· 제3항)를 채택하고 있다. 따라서 '종전보다 가벼운 형으로 형벌법규를 개정하면서 부칙으로 개정 전의 범죄에 대하여는 종전의 형벌법규를 추급하여 적용한다'는 경과규정을 둔 경우를 제외하고 피고인에게 유리한 법률의 변경의 경우에는 신법을 적용해야한다.

그러나 아래에서 보듯이 판례는 법률의 변경, 보충규범의 변경, 한시법 등 모든 경우, 언제나 신법을 따르는 것이 아니라 법률변경의 내용을 실질적으로 판단하여 종전의 처벌이 부당하다는 반성적 고려에 따른 법률이념의 변경인 경우에는 신법을 적용하고, 일시적인 사정 변화에 따른 정책의 변경인 경우에는 구법을 적용한다. 법규변경의 동기에 주목한다는 점에서 이른바 동기설로 불린다.

(1) 법률의 변경

옛 형법 제288조 제1항이 "추행, 간음 또는 영리의 목적으로 사람을 약취 또는 유인한 자는 1년 이상의 유기징역에 처한다."고 규정한 것을 가중하여 "형법 제288조·제 289조 또는 제292조 제1항의 죄를 범한 사람은 무기 또는 5년 이상의 징역에 처한다."고 규정한 옛 특가법 제5조의2 제4항을 2013. 4. 5. 삭제하면서, 형법 제288조 제1항을 "추행, 간음, 결혼 또는 영리의 목적으로 사람을 약취 또는 유인한 사람은 1년 이상 10년 이하의 징역에 처한다."고 개정한 것은 간음 목적의 약취의 형태와 동기가 다양함에도 불구하고 무기 또는 5년 이상 징역으로 가중처벌하도록 한 종전의 조치가 과중하다는 데에서 나온 반성적 조치라고 판례는 본다(2013도6660; 2013도4862).

청소년차배달사건에서 판례는 여관주인 甲을 처벌할 수 없다고 본다(2000도2626). 그 이유는 ⓐ종전부터 청소년의 숙박업소 출입을 전면적으로 금지하는 것이 과연 합리적이고 바람직스러운 것인지 문제되어 왔다고 보일 뿐만 아니라, ⓑ1999. 2. 5. 자 14125호 관보에 의하면 청소년보호를 강화하려는 사회적 분위기에 맞추어, 청소년을 각종 유해행위로부터 보호하기

39) 하태훈, "불법용도변경에 관한 건축법개정과 신구법의 시간적 적용범위", 형사재판의 제문제 제4권, 2003. 12, 282면 이하.

위해 청소년유해행위에 대한 처벌규정을 신설하고, 사회문제화 되고 있는 청소년폭력과 학대 등으로부터 청소년의 보호를 강화하는 등 종합적이고 실효성 있게 청소년을 보호하려는 내용으로 이 법이 법률 제5817호로 개정된 것인데, 오히려 이 법에서는, 숙박업은 청소년유해업소 중 청소년의 출입은 가능하나 고용은 유해한 업소로 변경되었고, 또 ⓒ이 법의 부칙 등에 이 법 시행 전의 위와 같은 출입허용행위에 대한 벌칙의 적용에 관해 아무런 경과규정을 두지 않은 점 등을 종합해 보면, 이런 변경은 청소년의 숙박행위까지 처벌대상으로 삼은 종전의 조치가 부당하다는 데서 나온 반성적 조치라고 보아야하므로 이는 범죄 후 법률의 변경에 의해 그 행위가 범죄를 구성하지 않는 경우에 해당한다는 것이다. 이런 경우 법원은 형소법 제326조 제4호(범죄 후 형의 폐지)에 따라 면소판결을 내린다.

그러나 판례는 부동산중개업자 甲이 1999. 1. 옛 부동산중개업법(현 공인중개업법) 제6조 제2항과 이 법 시행령 제8조 제1항[40]이 규정한 수보다 많은 중개보조원을 고용하여, 이 법 제38조 제2항 위반죄로 재판을 받고 있던 중, 이런 제한규정과 처벌규정이 폐지된 경우, 구법주의에 따라 甲을 처벌할 수 있다고 본다(2000도2943). 그 이유는 이런 법령의 개정은 법률이념의 변천으로 종래의 규정에 따른 처벌 자체가 부당하다는 반성적 고려에서 비롯된 것이라기보다는 사회·경제상황의 변화에 따라 부동산중개업자의 중개보조원 고용인원수를 제한할 필요성이 감소됨으로써 채택한 정책적인 조치에 불과하고, 위 개정 법률에서 그 법 시행 전의 범죄에 대한 벌칙적용에 관해 경과규정을 두지 않았다 하여 달리 볼 것은 아니므로, 중개보조원 고용인원수제한 규정이 폐지되었다고 하더라도 그 이전에 이미 저지른 위반행위에 대한 가벌성이 소멸되지는 않는다는 것이다. 토지소유자인 A주식회사로부터 수주하여 진행하던 골프장 조성공사의 현장소장(B주식회사 소속) 甲은 골프장 내이지만 V주식회사 명의로 광업권이 등록되어 있던 광구에서 노출되거나 채취된 V회사의 광물을 손괴하였다는 혐의

40) 부동산중개업법(일부개정 1997. 12. 13 법률 5454호) 제6조 (중개업자의 사용인등) ①중개업자는 그의 중개행위에 관한 업무를 보조하게 하기 위하여 공인중개사 및 중개보조원을 둘 수 있다.
②제1항의 규정에 의한 중개보조원은 **대통령령이 정하는 수**를 초과할 수 없다.
제38조 (벌칙) ②다음 각호의 1에 해당하는 자는 1년 이하의 징역 또는 1천만원이하의 벌금에 처한다.
4. 제6조 제2항의 규정에 위반하여 중개보조원을 둔 자
부동산중개업법 시행령(일부개정 1998. 12. 31 대통령령 제16067호) 제8조 (공인중개사 및 중개보조원의 고용등) ①법 제6조 제2항의 규정에 의하여 중개업자가 둘 수 있는 중개보조원의 수는 다음 각호와 같다.
1. 법인인 중개업자는 사무소별로 **10인** 이내
2. 공인중개사인 중개업자는 4인 이내
3. 중개인인 중개업자는 2인 이내
부동산중개업법(일부개정 1999. 3. 31 법률 5957호) 제6조 (중개업자의 사용인등) ①중개업자는 그의 중개행위에 관한 업무를 보조하게 하기 위하여 공인중개사 및 중개보조원을 둘 수 있다.
②삭제 <1999.3.31>
부동산중개업법 시행령(일부개정 1999. 6. 30 대통령령 16462호) **제8조 삭제**

로 기소되었는데, 이후 광업법이 개정되어 분리된 광물의 소유권이 광업권자로부터 토지소유자로 바뀐 사건에서, 판례는 형법 제1조 제2항이 적용되지 않는다고 보면서 면소판결을 한 원심을 파기한다(2012도13737). 형법 제1조 제1항에 따라 甲을 손괴죄로 처벌할 수 있다고 본 것이다. 그 이유는 위 광업법의 개정이 민사상 소유권의 변경에 불과할 뿐 甲을 손괴죄로 처벌하는 것이 부당하다는 반성적 고려에 따른 것은 아니라는 것이다.

(2) 백지형법의 경우에 보충규범의 개폐

판례는 거주자 甲이 1991. 8. 미화 9,000불을 세관장에게 신고하지 않고 미국으로 출국하여 특경가법의 재산국외도피죄로 재판을 받던 중, 외국환거래규정이 개정되어 신고하지 않고 휴대수출입할 수 있는 대외지급수단이 미화 5천불에서 1만불로 증액된 경우[41], 구법주의에 따라 甲을 처벌할 수 있다고 본다(95도2858. 同旨: 88도2211; 89도570). 그 이유는 범죄 후 '법률'의 변경이 아니라는 것이다. 과거에는 이 판례처럼 구성요건의 내용만 변경된 것이므로 제1조 제2항의 법률의 변경이 아니고 따라서 제1조 제2항이 적용되지 않고, 또 백지형법의 공백을 보충하는 규범이 변경·폐지되더라도 백지형법 자체는 아무런 변경없이 여전히 효력을 가지므로 백지형법과 보충규범은 구별해야하며, 따라서 보충규범의 변경의 경우는 제1조 제2항이 적용될 여지가 없다는 견해가 있으나, 현재는 이런 견해가 없다. 백지형법은 그 공백을 메우는 보충규범과 함께 형벌법규로서 기능을 발휘할 수 있고, 그 자체만으로는 아무런 의미가 없으므로 백지형법과 보충규범은 불가분의 일체로 봐야한다.

판례는 해조류에 식품위생법 제7조와 이에 따른 보건복지부고시가 금지하는 색소를 사용하여 만든 해초무침을 판매한 행위에 대해 보건범죄특별법의 부정식품제조등죄[42]로 재판을

41) 특경가법 제4조 (재산국외도피의 죄) ①법령에 위반하여 대한민국 또는 대한민국국민의 재산을 국외에 이동하거나 국내에 반입하여야 할 재산을 국외에서 은닉 또는 처분하여 도피시킨 때에는 1년 이상의 유기징역 또는 당해 범죄행위의 목적물의 가액의 2배 이상 10배 이하에 상당하는 벌금에 처한다.
외국환거래규정(개정 재정경제부고시 제2007-62호 2007년 12월 17일 고시, 옛 외국환관리규정) 제6-2조(신고등) ①거주자 또는 비거주자가 다음 각호의 1에 해당하는 지급수단등을 수출입하는 경우에는 신고를 요하지 아니한다.
3. 미화 1만불 이하의 지급수단(대외지급수단, 내국통화, 원화표시자기앞수표 및 원화표시여행자수표를 말한다) 및 제3항의 규정에서 정한 절차를 거친 대외지급수단을 수출하는 경우

42) 식품위생법(일부개정 2008. 2. 29 법률 제8852호) 제7조 (기준과 규격) ①식품의약품안전청장은 국민보건상 필요하다고 인정하는 때에는 판매를 목적으로 하는 식품 또는 식품첨가물의 제조·가공·사용·조리 및 보존의 방법에 관한 기준과 그 식품 또는 식품첨가물의 성분에 관한 규격을 정하여 고시한다. 다만, 식품첨가물중 기구 및 용기·포장의 살균·소독의 목적에 사용되어 간접적으로 식품에 이행될 수 있는 물질의 경우에는 그 성분명만을 고시할 수 있다. ④제1항 및 제2항의 규정에 의하여 기준과 규격이 정하여진 식품 또는 식품첨가물은 그 기준에 의하여 제조·수입·가공·사용·조리 또는 보존하여야 하며, 그 기준과 규격에 맞지 않는 식품 또는 식품첨가물은 판매하거나 판매의 목적으로 제조·수입·가공·사용·조리·저장·운반·보존 또는 진열하지 못한다.

받던 중 1995. 2. 17. 보건복지부고시가 개정되어 그 시행일인 1995. 8. 1.부터는 종래 금지한 색소를 사용할 수 있게 된 경우, 구법에 따라 처벌할 수 있다고 본다(97도1764). 그 이유는 이런 고시의 변경은 종전의 처벌 자체가 부당하다는 반성적 고려에서 비롯된 법률이념의 변천이 아니라 해조류 식품의 국내 수요 확대 등 여건의 변화에 따른 규제범위의 합리적 조정의 필요와 식품제조원료의 공급상태, 식품의 안정성 제고 등 그때그때의 특수한 필요에 대처하기 위한 정책적 조치에 따른 것으로 보여 진다는 것이다.

그러나 판례는 식육점에 축산물가공처리법의 검사를 받지 않은 개고기 20두분을 판매목적으로 진열하였다는 사실로 甲은 1심과 원심에서 벌금 50,000원을 선고받았는데, 선고 후 며칠이 지나지 않아서 개를 축산물가공처리법의 검사대상에 제외하는 법규의 개정이 있은 경우,[43] 신법주의에 따라 甲을 처벌할 수 없다고 본다(78도1690). 그 이유는 동법시행규칙 개정으로 "개"에 대하여는 동법의 적용을 받지 않게 되었고 이는 이런 경우를 처벌대상으로 삼은 종전 조처가 부당하다는데서 온 반성적 조처로 봐야한다는 것이다.

(3) 한시법

법률의 변경이 그 변경을 예상하지 못한 경우라면, 한시법은 그 효력의 상실이 예상된 경우이다. 한시법을 다수견해는 행위법규에 미리 유효기간이 명시된 법규만을 의미한다고 보지만(형식설), 유효기간의 명시 여부에 관계없이 법규범의 내용과 목적이 일시적 사정에 대응

보건범죄특별법(일부개정 2008. 2. 29 법률 제8852호) 제2조 (부정식품제조등의 처벌) ①…중략… 식품위생법 제6조·제7조 제4항 또는 건강기능식품에 관한 법률 제24조제1항의 각 규정에 위반하여 제조가공한 자, 그 정을 알고 판매하거나 판매할 목적으로 취득한 자 및 판매를 알선한 자는 다음의 구분에 따라 처벌한다.

1. 식품, 식품첨가물 또는 건강기능식품이 인체에 현저히 유해한 때에는 무기 또는 5년 이상의 징역에 처한다.
2. 식품, 식품첨가물 또는 건강기능식품의 가액이 소매가격으로 연간 5천만원 이상인 때에는 무기 또는 3년 이상의 징역에 처한다.
3. 제1호의 죄를 범하여 사람을 사상에 이르게 한 자는 사형·무기 또는 5년 이상의 징역에 처한다.

②제1항의 경우에는 제조·가공·위조·변조·취득·판매 또는 판매 알선한 제품의 소매가격의 2배 이상 5배 이하에 상당하는 벌금을 병과한다.

43) 축산물가공처리법 (1974. 12. 26. 제2738호) 제2조 (정의등) 이 법에서 사용하는 용어의 정의는 다음 각호와 같다.

1. "수축"이라 함은 소·말·양·돼지·닭·오리 기타 대통령령으로 정하는 동물을 말한다.

축산물가공처리법 시행령(제정 1975. 2. 28. 대통령령 제7562호) 제2조 (수축과 축산물의 범위) ①법 제2조 제1호에서 "기타 대통령령으로 정하는 동물"이라 함은 다음 각호의 것을 말한다.

1. 거위·칠면조·사양하는 메추리 및 꿩.
2. 토끼.
3. 기타 위생상 필요하다고 인정되어 농수산부령으로 정하는 동물.

축산물가공처리법 시행규칙(전문개정 1975. 8. 30. 농수산부령 제606호) 제2조 (수축의 범위) 시행령 제2조 제1항 제3호의 규정에 의한 동물은 개 및 사양하는 사슴과 비둘기로 한다.

축산물가공처리법 시행규칙(전면개정, 1978. 6. 13. 농수산부령 제724호)은 수축의 범위에 관한 규정 삭제

하기위한 것이기 때문에 그 사정이 변경되거나 없어지면 그 효력도 없어져야할 법률까지 포함시켜 이해하는 견해(실질설)[44]도 있다.

그런데 독일 형법 제2조 제4항은 한시법일지라도 유효기간 중의 행위에 대해서는 그 법률이 실효된 때에도 적용된다고 하고 있다. 이런 명문규정이 없는 한시법의 경우에는 그 유효기간 중의 행위에 대해서 유효기간의 경과로 한시법이 폐지 또는 실효된 후에 재판을 받게 되었을 때도 한시법을 적용해서 처벌할 수 있는지에 관해 다툼이 있다. ⓐ판례의 입장은 동기설이다(87도 2678). 그 이유는 허위의 방법으로 확인서를 발급받는 행위를 처벌하는 부동산등기특별조치법은 부칙[45]에 독일 형법 제2조 제4항과 같은 규정을 두고 있을 뿐만 아니라 이 법은 부동산등기법에 따라 등기해야 할 부동산으로서 그 소유권보존등기가 되어 있지 않거나 등기부 기재가 실제 권리관계와 일치하지 않는 부동산을 간이한 절차에 의하여 등기할 수 있게 함을 목적으로 하여 한시적으로 제정된 것이어서 그 폐지는 위 법제정의 이유가 된 법률이념의 변경에 따라 종래의 처벌 그 자체가 부당하였다는 반성적 고려에 따른 것이 아니라 그 제정목적을 다하여 위법을 존속시킬 필요성이 없다는 고려에서 폐지된 것이므로 이 법 시행 당시에 행해진 위반행위에 대한 가벌성을 소멸시킬 이유가 없어 이 법 시행기간 중의 행위는 그 폐지 후에도 행위 당시에 시행되던 위법에 따라 처벌되어야 한다는 것이다. ⓑ한시법의 추급효인정설(행위시법원칙적용, 구법주의, 소급효부정)은 한시법의 유효기간이 경과한 후에도 그 기간 중의 행위에 대해서 처벌하는 것이 옳다는 입장이다. 이 입장도 정확히 보면 다시 2가지로 구별된다. 하나는 실질설의 입장에서 한시법의 추급효를 인정하는 견해로, 한시법은 원래 일정기간 동안 국민에게 준수를 요구하는 법이고 그 기간의 경과 후에도 경과 전의 행위에 대한 비난가치가 존속하며, 또 그것이 한시법의 취지에 부합하고, 한시법의 유효기간 중의 범죄행위에 대해서 그 유효기간이 경과한 후에 처벌할 수 없다면 한시법의 실효기간이 임박해서 위반행위가 많아지나 이를 처벌할 수 없게 되어 형사정책적으로 문제라는 것을 든다. 다른 하나는 형식설의 입장에서 추급효를 인정하는 견해[46]는 동기설에 따르면 주관적인 판단기준인 동기에 따라 처벌 여부가 달라진다고 비판하면서, 유효기간이 명시되어 있다면 죄형법정주의에 반하는 것이 아니라고 주장한다. ⓒ한시법의 추급효부인설(재판시법원칙적용, 신법주의, 소급효인정)은 한시법의 유효기간이 경과하면 당연히 그 효력이 상실되

44) 이재상, 형법총론, 박영사, 2005, 3/19.

45) ②(유효기간) 이 법은 1984년 12월 31일까지 효력을 가진다. 다만, 이 법 시행중에 제10조의 규정에 의하여 확인서의 발급신청을 한 부동산에 대하여는 유효기간 경과후 6월까지는 이 법에 의한 등기를 신청할 수 있다. ④(경과조치) 이 법 시행중에 제13조의 죄를 범한 자에 대하여는 이 법의 유효기간 경과 후에도 이 법을 적용한다.

46) 하태훈, 사례중심 형법총론, 법원사, 2002, 14면 이하.

고, 따라서 법령의 폐지의 경우와 같이 처벌할 수 없으므로 면소판결을 해야 한다고 본다.[47] 그래서 면소판결설로도 불린다. 그 이유는 제1조 제2항의 신법주의가 적용되는 법률의 변경에는 효력기간 실효의 경우도 포함되고, 법률이 실효된 후에 특별한 규정이 없음에도 불구하고 추급효를 인정하는 것은 실질적 죄형법정주의에 반한다는 것이다.

다. 그 밖의 변경

Q. 수사관 甲은 불법시위에 가담했다는 혐의로 V를 신문하던 중 가혹행위로 사망하자 그 원인을 자살로 조작·은폐하였지만 5년이 지난 뒤에야 비로소 이 사실이 밝혀져서 직무유기죄(1년)와 직권남용죄(3년)의 공소시효가 만료되었다. 甲을 처벌할 수 있는가?

아래에서 보듯 판례는 범죄와 형벌 이외의 변경, 예컨대 보안처분이나 판례 또는 공소시효의 변경은 원칙적으로 소급효금지원칙의 대상이 아니라고 보지만, 소송조건의 신설의 경우에는 피고인에게 유리한 변경된 신법을 적용해야한다고 본다.

(1) 보안처분의 변경

甲은 1995년 12월 초 죄를 저질렀는데, 1996년 1월 재판이 열리기 전인 1995. 12. 29. 형법 제62조의2(보호관찰, 사회봉사·수강명령)가 신설된 경우, 판례는 甲에게 보호관찰을 명할 수 있다고 본다(97도703). 그 이유는 형벌과 달리 보안처분은 과거의 불법에 대한 책임에 기초하고 있는 제재가 아니라 장래의 위험성으로부터 행위자를 보호하고 사회를 방위하기 위한 합목적적 조치이므로 소급효금지원칙이 적용되지 않는다는 것이다. 만일 형벌과 보안처분의 성질을 같다고 보면, 이 경우에 보호관찰을 명할 수 없다.

성폭력범죄의 처벌 및 피해자보호 등에 관한 법률이 2010. 4. 15 성폭법과 성폭력범죄의 피해자보호 등에 관한 법률(약칭하여 성폭력피해자보호법)로 분리될 때, 성폭법에 신설된 '성폭력범죄로 유죄판결이 확정된 자에 대한 신상정보 공개·고지명령'도 보안처분이므로 이것도 이 법 시행(2011. 4. 16) 이전의 범죄에 대해서도 적용할 수 있다는 게 판례(2011도9253)의 입장이다.

아청법의 신상정보 공개명령(2010도14393)과 전자장치부착법에 따라 형집행 후에 부착하는 위치추적 전자장치(이른바 전자발찌)(2010도11996) 모두 범죄자에 대한 응보 등을 목적으로 그 책임을 추궁하는 사후적 처분인 형벌과 구별되어 그 본질을 달리하는 것이므로 형벌에 관한 소급입법금지원칙이 그대로 적용되지 않는다고 판례는 본다. 전자발찌는 보안처분으

47) 예컨대 신동운, 형법총론, 법문사, 2006, 52면

로서 형벌에 관한 일사부재리원칙도 적용되지 않는다고 본다(2009도6061).

그런데 판례는 2012. 12. 8. 전자장치부착법을 개정하여 전자발찌 부착명령 청구요건을 '16세 미만의 사람에 대한 성폭력범죄'에서 '19세 미만의 사람에 대한 성폭력범죄'로 성립범위를 확대하고(제5조 제1항) 그 효과인 부착기간의 하한을 2배로 가중하면서(제9조 제1항), 그 부칙에 제5조 제1항에 대한 소급효를 인정하는 규정은 두면서도 제9조 제1항에 대한 소급효를 인정하는 규정을 두지 않아서, 그 소급효의 인정 여부에 관해 다툼이 있었는데, 판례는 소급효를 부정한다(2013도6181, 2013전도122). 그 이유는 이는 피고인에게 실질적인 불이익이 되는 개정이고, 그 규정의 소급적용에 관한 명확한 경과규정이 없는 한 그 규정의 소급적용은 이를 부정하는 것이 피고인의 권익 보장이나, 부칙에서 일부 조항을 특정하여 소급적용에 관한 경과규정을 둔 입법자의 의사에 부합한다는 것이다. 판례는 2006년 7월 말에 있었던 甲의 폭행행위에 대해 2007. 8. 3. 법률 제8580호로 개정되어 사회봉사명령 부과시간의 상한이 100시간에서 200시간으로 상향된 가정폭력범죄의 처벌 등에 관한 특례법(약칭하여 가폭법)을 적용하여[48] 甲에게 6개월간 보호관찰을 받을 것과 200시간의 사회봉사 및 80시간의 수강을 명하는 것은, 소급효금지원칙에 어긋난다고 본다(2008어4[보안처분에 대한 재항고사건]). 그 이유는 가폭법의 보호처분 중의 하나인 사회봉사명령은 가정폭력범죄를 범한 자에 대하여 환경의 조정과 성행의 교정을 목적으로 하는 것으로서 형벌 그 자체가 아니라 보안처분의 성격을 가지지만, 이는 <u>형사처벌 대신 부과</u>되는 것으로서,[49] 가정폭력범죄를 범한 자에게 의무적 노동을 부과하고 여가시간을 박탈하여 실질적으로는 신체적 자유를 제한한다는 것이다.

(2) 판례의 변경

행위 당시의 판례에 따르면 처벌되지 않는 행위를 판례를 변경하여 처벌하는 것, 예컨대 타인의 주민등록증사본의 사진란에 자신의 사진을 붙인 후 이를 복사하는 행위를 처벌하지 않다가(88도1680), 판례를 변경(87도506전판)하여 공문서위조죄[50]로 처벌하는 것(2000도2855)은, 판례는 평등의 원칙과 소급효금지원칙에 반하지 않는다고 본다(97도3349). 그 이유

48) 옛 가폭법 제41조 (보호처분의 기간) 제40조 제1항 제1호·제2호 및 제4호 내지 제7호의 보호처분의 기간은 6월을 초과할 수 없으며 동항제3호의 사회봉사·수강명령은 100시간을 각각 초과할 수 없다.
2007. 8. 3 법률 제8580호로 일부개정된 가폭법 제41조 (보호처분의 기간) 제40조제1항제1호부터 제3호까지 및 제5호부터 제8호까지의 보호처분의 기간은 6개월을 초과할 수 없으며, 같은 항 제4호의 사회봉사·수강명령의 시간은 200시간을 각각 초과할 수 없다.

49) 가폭법 제9조 (가정보호사건의 처리) ①검사는 가정폭력범죄로서 사건의 성질·동기 및 결과, 행위자의 성행등을 고려하여 이 법에 의한 <u>보호처분에 처함이 상당하다고 인정할 때에는 가정보호사건으로 처리할 수 있다.</u> 이 경우 검사는 피해자의 의사를 존중하여야 한다.

50) 제225조 (공문서등의 위조·변조) 행사할 목적으로 공무원 또는 공무소의 문서 또는 도화를 위조 또는 변조한 자는 10년 이하의 징역에 처한다.

는 형사처벌의 근거가 되는 것은 법률이지 판례가 아니고, 형법에 관한 판례의 변경은 그 법률조항의 내용을 확인하는 것에 불과하므로 그 법률조항 자체가 변경된 것이라고 볼 수는 없다는 것이다.

그러나 판례의 변경은 소급효금지원칙에 반한다고 보는 견해도 있다. 그 이유는 판례는 시민들 사이에서 사실상 구속력을 가지며 이에 대한 시민의 신뢰를 보호해야 한다는 것이다. 그런데 판례를 지지하는 견해는 이런 신뢰는 법률의 착오(제16조)로도 보호할 수 있다고 본다. 제16조를 원용하여 자기의 행위가 법령에 따라 죄가 되지 않는 것으로 착오한 데, 정당한 이유가 있다고 주장할 수 있다는 것이다. 이와 달리 절충하는 입장으로서 법창조인 경우에는 소급효금지원칙에 반하지만, 법해석 또는 법발견인 경우에는 소급효금지원칙에 반하지 않는다고 보는 견해도 있다.

(3) 공소시효의 변경

공소시효에 대해서도 소급효금지원칙을 적용할 것인지 여부에 대해 다툼이 있다. 이는 공소시효를 형법에 두고 있는 독일에서 온 논의인데, 공소시효의 본질을 어떻게 볼 것인지에 따라 달라진다. 공소시효는 범죄와 형벌에 관한 실체규정이 아니라 절차규정이라는 이유로 형사정의실현 또는 진실발견이념을 앞세워서 이를 부정하는 견해도 있지만, 범죄사에게 불이익한 것이라는 이유로 적법절차원칙을 내세워서 긍정하는 견해도 있다.

헌재는 5.18민주화운동 등에 관한 특별법(약칭하여 5.18특별법) 제2조[51]에 대한 합헌결정에서 진정소급효(공소시효가 만료된 후에 그 범죄에 대한 공소시효를 연장하거나 배제하는 신법을 제정하여 소급효를 인정하는 것)는 예외적으로 인정되나 부진정소급효(공소시효가 만료되기 전에 그 범죄에 대한 공소시효를 연장하거나 배제하는 신법을 제정하여 소급효를 인정하는 것)는 원칙적으로 인정된다고 보고 있다(96헌가2, 96헌바7, 96헌바13 병합).

---

51) 제2조 (공소시효의 정지) ①1979년 12월 12일과 1980년 5월 18일을 전후하여 발생한 헌정질서파괴범죄의 공소시효 등에 관한 특례법 제2조의 헌정질서파괴범죄행위에 대하여 국가의 소추권행사에 장애사유가 존재한 기간은 공소시효의 진행이 정지된 것으로 본다. ②제1항에서 "국가의 소추권행사에 장애사유가 존재한 기간"이라 함은 당해 범죄행위의 종료일부터 1993년 2월 24일까지의 기간을 말한다.
헌정질서파괴범죄의 공소시효 등에 관한 특례법(제정 1995. 12. 21 법률 제5028호) 제2조 (용어의 정의) 이 법에서 "헌정질서파괴범죄"라 함은 형법 제2편제1장 내란의 죄, 제2장 외환의 죄와 군형법 제2편제1장 반란의 죄, 제2장 이적의 죄를 말한다.
제3조 (공소시효의 적용배제) 다음 각호의 범죄에 대하여는 형사소송법 제249조 내지 제253조 및 군사법원법 제291조 내지 제295조에 규정된 공소시효를 적용하지 아니한다.
1. 제2조의 헌정질서파괴범죄
2. 형법 제250조의 죄로서 집단살해죄의 방지와 처벌에 관한 협약에 규정된 집단살해에 해당하는 범죄

(4) 소송조건의 신설

근로기준법의 금품청산의무위반죄[52]를 범한 후 재판을 받을 때 이 죄가 반의사불벌죄로 변경된 경우, 판례는 변경된 신법의 부칙에는 그 적용과 관련한 경과규정이 없지만 신법이 피고인에게 더 유리하므로 형법 제1조 제2항에 따라 신법이 적용되어야하고, 이 사건 공소제기 전에 처벌불원의 의사표시가 있었으므로 공소기각판결을 선고해야한다고 본다(2005도4462).

2. 형법의 장소적 · 인적 효력

Q. 미국의 옛 대통령인 조지 부시가 한국에 방문하여 가진 기자회견장에서 미국의 이라크 침공을 옹호하는 발언을 하자, 이에 분개한 이라크 국적의 기자 甲이 부시대통령을 향해 신발 두 쪽을 연달아 던졌으나 다행히 맞지는 않았다. 그런데 세 국가 모두 이를 범죄로 규정하여 처벌하고 있고, 특히 아랍권에서는 신발을 던지거나 신발 바닥을 보이는 것은 큰 모욕행위여서 이라크 형법은 이를 무겁게 처벌하고 있다. 이 사건의 형사재판권은 어떤 국가에게 있는가?

가. 형사재판권의 결정기준

위 사건의 형사재판권은 원칙적으로 각 국이 자국의 형법의 장소적 · 인적 효력에 관해 어떤 원칙을 채택하고 있는지에 따라 결정된다.[53] 그 원칙은 크게 속지주의, 속인주의, 보호주의, 세계주의 4가지로 분류할 수 있다.

한국 형법은 속지주의에 따라 위 행위에 대해 형사재판권을 갖고, 이라크 형법이 속인주의를 채택하고 있다면 이라크도 형사재판권을 가지며, 미국이 보호주의를 채택하고 있다면 미국도 형사재판권을 갖는다. 다만, 그 행사는 각 국의 영토에 한정된다. 재판권은 주권의 일부로서 원칙적으로 자국의 영토 안에서만 행사될 수 있기 때문이다. 예컨대 이라크 법원이 형사재판권을 갖는다고 한국에서 재판을 할 수 있는 것은 아니다. 이 경우 한국이 형사재판권을 행사한다면, 한국은 자국 형법을 재판규범으로 삼는다. 여러 국가가 관련된 민사재판을 할

---

52) 제36조(금품 청산) 사용자는 근로자가 사망 또는 퇴직한 경우에는 그 지급 사유가 발생한 때부터 14일 이내에 임금, 보상금, 그 밖에 일체의 금품을 지급하여야 한다. 다만, 특별한 사정이 있을 경우에는 당사자 사이의 합의에 의하여 기일을 연장할 수 있다.
제109조(벌칙) ①제36조, 제43조, 제44조, 제44조의2, 제46조, 제56조, 제65조 또는 제72조를 위반한 자는 3년 이하의 징역 또는 2천만원 이하의 벌금에 처한다. ②제36조, 제43조, 제44조, 제44조의2, 제46조 또는 제56조를 위반한 자에 대하여는 피해자의 명시적인 의사와 다르게 공소를 제기할 수 없다.

53) 예외규정으로는 형사재판권에 관한 한미간의 주둔군 지위협정(SOFA, Status of Forces Agreement)

때 어떤 국가의 민법을 재판규범으로 삼아야 할지를 규정한 법이 섭외사법 또는 국제사법(private international law)인데, 형사재판의 경우에는 이런 의미의 국제형법 또는 섭외형법은 없고, 형사재판권을 행사하는 국가의 형법이 재판규범이 된다.

나. 장소적 효력: 속지주의(屬地主義)와 기국주의(旗國主義)

Q. 미국 국적의 재미교포 甲은 한국인 乙·丙·丁과 홍콩에서 히로뽕을 구입하여 미국령 괌에서 판매하기로 하였지만, 홍콩에서 괌으로 바로 가면 소지품 검사가 심하므로 서울을 경유하여 가기로 서울 소재 호텔에서 공모한 후에, 丁은 자금을 대고, 乙·丙은 홍콩에서 甲을 통해 홍콩인 롱맨으로부터 히로뽕을 구매하여 계획대로 이동하던 중 환적을 위해 히로뽕이 든 가방이 일시적으로 지상으로 반출된 동안 김포공항에서 甲·乙·丙이 체포되었다. 甲을 히로뽕매수죄로 처벌할 수 있는가?

제2조 (국내범) 본법은 대한민국영역 내에서 죄를 범한 내국인과 외국인에게 적용한다.

제4조 (국외에 있는 내국선박등에서 외국인이 범한 죄) 본법은 대한민국영역 외에 있는 대한민국의 선박 또는 항공기내에서 죄를 범한 외국인에게 적용한다.

(1) 개념

속지주의란 자국의 영역 안에서 일어난 모든 범죄에 대해서는 범죄인의 국적을 불문하고 자국의 형법을 적용한다는 원칙을 말한다. 제2조가 규정하고 있다. 국가 주권사상과 소송경제라는 이념을 반영한다. '대한민국 영역 내'는 영토, 영해, 영공을 포함하고, 헌법 제3조는 '대한민국의 영토는 한반도와 그 부속도서로 한다'고 규정하고 있으므로, 북한도 포함하지만, 이는 추상적 가능성의 의미일 뿐이고 실제적인 재판권의 행사는 안 된다.

제4조의 기국주의는 속지주의의 확장이다. 중국인이 한국국적의 원양어선에 승선하여 남태평양의 공해(公海)에서 참치잡이 조업을 하던 중 같이 승선한 동료 중국인을 살해한 경우, 기국주의에 따라 한국 형법이 적용된다.

(2) 공모지는?

판례는 속지주의에 따라 甲에게 히로뽕수입죄는 물론 히로뽕매수죄도 성립한다고 본다(98도2734). 그 이유는 제2조의 범죄지란 범죄구성사실(행위와 결과)의 전부 또는 일부가 범해진 영역이고, 공범의 경우는 정범의 행위지뿐 아니라 공범의 행위지도 포함하는데, 여기서 행위란 범죄의사가 외부적으로 표현된 상태로서 주관적·내부적인 의사와 객관적·외부적인 표현(동작)을 그 요소로 하지만, 공모공동정범의 경우는 공모지도 범죄지로 봐야한다는 것이다.

원심은 재판권이 없다고 보고 공소기각판결을 한다. 그 이유는 히로뽕 매수행위를 공모한 것만으로는 행위가 있다고 볼 수 없고, 그 공모가 범죄행위의 일부를 이루는 것이라고는 볼 수 없으므로, 공모를 국내에서 했다는 것은 범죄구성사실이 국내에서 이루어진 것으로는 볼 수 없으므로 외국인의 국외범에 해당한다고 봐야한다는 것이다.

다. 인적 효력: 속인주의(屬人主義)

제3조 (내국인의 국외범) 본법은 대한민국영역 외에서 죄를 범한 내국인에게 적용한다.

(1) 적극적 속인주의와 소극적 속인주의

속인주의를 국적을 기준으로 형법의 적용 여부를 결정하는 원리라고 이해해서 적극적 속인주의와 소극적 속인주의로 구별하기도 한다. 전자는 자국민이 한국 영역 밖에서 저지른 범죄에 대해서는 자국 형법을 적용한다는 원칙을 의미하지만, 후자의 의미에 대해서는 견해가 갈린다. 자국민이 범죄피해자인 경우에는 자국 형법을 적용한다는 원칙으로 정의하여 보호주의의 한 내용으로 이해하는 견해[54]도 있고, 자국민이 한국 영역 밖에서 자국 또는 자국민의 법익을 침해하는 범죄에 대해서는 자국형법을 적용한다는 원칙으로 이해하는 견해[55]도 있다.

한국국적의 대학생이 한국 내 미문화원에서 범죄행위를 한 경우, 판례는 속지주의가 아니라 속인주의를 적용하여 처벌한다(86도403).

(2) 절대적 · 적극적 속인주의와 제한적 · 적극적 속인주의

적극적 속인주의를 규정한 제3조를 다수견해는 속지주의의 예외로 인정하면서 자국민의 범죄는 그 범죄가 범죄지국가에서도 처벌되는지에 관계없이 언제나 자국 형법을 적용한다는 원칙으로 이해한다.[56] 그러나 범죄지국가에서도 처벌되는 경우에만 자국 형법을 적용한다는 원칙으로 제한해서 이해하는 견해도 있다. 이 견해는 다수견해가 이해한 적극적 속인주의를 절대적 · 적극적 속인주의로, 자신이 이해한 적극적 속인주의는 제한적 · 적극적 속인주의로 부른다. 그 이유는 제3조를 다수견해처럼 절대적 적극적 속인주의로 해석하는 것은 다른 국가를 고려하지 않는 국수주의의 잔재이며, 그 뿌리는 1940년대 독일의 나치형법에서 찾을 수 있다는 것이다.[57]

54) 김성돈, 형법총론, 현암사, 2006, 85면.
55) 임웅, 형법총론, 법문사, 2003, 57면.
56) 예컨대 신동운, 형법총론, 법문사, 2006, 63면
57) 김성돈, 형법총론, 현암사, 2006, 85면 이하.

판례가 한국인이 도박을 처벌하지 않는 미국 네바다 주의 카지노에서 도박한 경우 한국 형법을 적용하는 것(2002도2518)은, 절대적·적극적 속인주의에 따른 것이다.

라. 보호주의

Q. 중국인 甲이 중국에서 한국국적 주식회사의 인장을 위조하였다(약칭하여 인장위조사건). 甲을 처벌할 수 있는가?

> 第5조 (외국인의 국외범) 본법은 대한민국영역 외에서 다음에 기재한 죄를 범한 외국인에게 적용한다.
> 1. 내란의 죄
> 2. 외환의 죄
> 3. 국기에 관한 죄
> 4. 통화에 관한 죄
> 5. 유가증권, 우표와 인지에 관한 죄
> 6. 문서에 관한 죄중 제225조 내지 제230조[공문서나 공전자기록]
> 7. 인장에 관한 죄중 제238조[공인장]

> 第6조 (대한민국과 대한민국국민에 대한 국외범) 본법은 대한민국영역 외에서 **대한민국** 또는 **대한민국국민**에 대하여 전조에 기재한 이외의 죄를 범한 외국인에게 적용한다. 단 행위지의 법률에 의하여 범죄를 구성하지 아니하거나 소추 또는 형의 집행을 면제할 경우에는 예외로 한다.

(1) 개념

보호주의란 자국 또는 자국민의 법익을 침해하는 범죄는 누구에 의하든, 어느 장소에서 발생한 것인지 관계없이 자국 형법을 적용한다는 원칙이다. 제5조와 제6조가 이를 규정한 것이라고 보는 견해[58]도 있지만, 제5조의 제4호나 제5호는 세계주의를 규정한 것이라고 보는 견해[59]도 있다.

(2) 적용범위

제6조를 국가적 법익에 초점을 맞춘 국가보호주의와 개인적 법익에 초점을 맞춘 국민보호주의로 이해하는 견해[60]도 있지만, 사회적 법익을 침해하는 경우도 제6조를 적용해야한다는 견해[61]도 있다. 그 이유는 제6조 단서가 제6조 본문의 지나친 적용을 막고 있기 때문에 제6

58) 김성돈, 형법총론, 현암사, 2006, 90면; 오영근, 형법총론, 박영사, 2005, 4/37.
59) 임웅, 형법총론, 2003, 법문사, 59면.
60) 김성돈, 형법총론, 현암사, 2006, 87면 이하.
61) 신동운, 형법총론, 법문사, 2006, 64면

조 본문의 적용범위를 축소할 필요가 없다는 것이다.

그러나 판례는 위 인장위조사건에 대해 보호주의를 적용하지 않고, 한국 법원에는 형사재판권이 없다는 이유로 중국인 甲에게 형소법 제327조에 따라 공소기각판결을 내린다(2002도4929. 同旨: 2006도5010; 2011도6507). 또한 판례는 독일인 甲이 독일 내에서 북한의 지령을 받아 베를린 주재 북한이익대표부를 방문하고 그곳에서 북한공작원을 만난 경우에도, 독일인 甲의 행위는 국가보안법위반죄에 해당하지만, 한국 형법으로 처벌할 수 없다고 본다(2004도4899전판. 송두율 교수 사건). 그 이유는 甲은 외국인의 국외범이고, 제5조와 제6조에 따른 보호주의의 적용대상이 아니라는 것이다. 결국 판례는 사인위조죄와 국가보안법위반죄는 제5조와 제6조의 죄에 해당하지 않는다고 본 것이다.

마. 세계주의

Q. 중공인 甲 외 5인은 국외탈출을 기도하여 중공국적민항기를 중공 상공에서 납치하고 그 과정에서 중공인 승무원이 상해를 입었고 이후 서울방향으로 강제운항하게 하여 강원도 소재 비행장에 항공기를 착륙시켰다(약칭하여 항공기납치사건). 甲을 한국의 항공보안법의 항공기납치치상죄로 처벌할 수 있는가?

(1) 개념

세계주의란 로마조약의 국제범죄[62]들처럼 문명국가이면 공통적으로 규정할 수 있는 범죄들은 누가 어디에서 누구에게 저지른 것인지에 관계없이 자국 형법을 적용한다는 원칙을 말한다. 1992년 형법개정안은 제7조에서 세계주의를 명시적으로 규정하였지만,[63] 현행 형법에는 세계주의에 관한 명시적 규정이 없었다. 그런데 2013년 4월 15일 '약취와 유인 및 인신매매의 죄는 대한민국 영역 밖에서 죄를 범한 외국인에게도 적용한다'는 세계주의 규정(제296조의2)이 형법에 신설된다.

---

62) 전쟁범죄, 반인도주의적 범죄의 처벌과 국제형사재판소(ICC)의 창설을 규정한 조약(1998년)으로서 120개국이 비준했지만, 미국·중국·이라크·이스라엘 등은 비준을 거부했다. 국제형사재판소의 관할은 피고발자의 국적이 조약비준국이거나, 범죄행위가 조약비준국의 영토에서 일어났거나 유엔안전보장이사회가 피고발자를 국제형사재판소에 넘기는 경우에 생기는데, 미국은 유엔안보리 상임이사국으로서 거부권을 갖고 있다.

63) 제7조 (세계주의) 이 법은 대한민국영역 밖에서 다음 각호의 죄를 범한 외국인에게 적용한다.
1. 제244조(폭발물폭발)의 죄, 방사선이나 방사성 물질을 방출시켜 범한 제246조(가스전기등방류)의 죄 및 그 죄의 미수범
2. 제271조(선박항공기납치)·제272조(선박항공기운항방해)의 죄 및 그 죄의 미수범, 제273조 제2항(선박항공기납치치사상)의 죄
3. 제288조(통화위조등)·제289조(위조통화취득)의 죄 및 그 죄의 미수범
4. 제295조(유가증권위조등)·제299조(인지우표위조등)의 죄 및 그 죄의 미수범
5. 대한민국에 대하여 구속력있는 조약에 의하여 처벌할 범죄

위 항공기납치사건에서 판례는 甲을 항공기납치치상죄로 처벌할 수 있다고 본다(84도39). 그 이유는 항공보안법(당시는 항공기운항안전법)과 관련 국제조약에 따라 항공기등록지국인 중국뿐만 아니라 항공기착륙국인 한국에도 재판관할권이 있다는 것이다. 당시에는 항공기납치범죄에 대한 세계주의를 규정한 국민보호와 공공안전을 위한 테러방지법(법률 제14071호)이 없어서 처벌이 어려웠는데, 조약을 근거로 처벌한 것으로서 죄형법정주의에 어긋난다.

(2) 국제형법

국제형법(international criminal law)이란 말은 여러 국가가 관계된 범죄의 경우에 각국이 채택하고 있는 형법의 장소적·인적 적용범위에 관한 규범을 가리키기도 하지만, 형사사건에 관해 국제사회가 체결한 모든 국제규범을 가리키기도 한다. 예컨대 국제형사재판소에 관한 로마규정이 이에 해당하며, 그 핵심은 로마규정에 정한 국제범죄, 곧 집단살해, 반인도범죄, 전쟁범죄, 침략범죄 등의 구성요건과 그 처벌규정이다. 결국 국제형법이란 개념은 ㉮자국형법의 장소적·인적 적용범위에 관한 국내규범, ㉯국제사법에 견줄 수 있는 국제형법, ㉰형사사건에 관련된 모든 국제규범 3가지 의미를 갖는다.

3. 외국에서 집행된 형의 필요적 산입

第7조 (외국에서 집행된 형의 산입) 죄를 지어 외국에서 형의 전부 또는 일부가 집행된 사람에 대해서는 그 집행된 형의 전부 또는 일부를 선고하는 형에 산입한다.

종전 제7조[64]에 따르면 외국에서 형의 집행을 받은 것은 임의적 감면사유에 불과하였는데, 이것이 형 감면 여부를 법관 재량에 전적으로 위임한 것이어서 신체의 자유의 심각한 제한이 발생하여 과잉금지원칙에 어긋난다는 이유로 헌재에서 헌법불합치결정을 받았고(2013헌바129), 이에 따라 2016. 12. 20. 현행 제7조처럼 외국에서 집행된 형의 전부나 일부를 반드시 산입해야하는 것으로 개정되었다.

64) 제7조(외국에서 받은 형의 집행)범죄에 의하여 외국에서 형의 전부 또는 일부의 집행을 받은 자에 대하여는 형을 감경 또는 면제할 수 있다.

Ⅳ. 기출문제

문1. 소급금지원칙의 적용에 관한 설명 중 옳은 것을 모두 고른 것은? (다툼이 있는 경우에는 판례에 의함) 2012년 1회 변호사시험

가. 가정폭력범죄의 처벌 등에 관한 특례법이 정한 사회봉사명령은 형벌 그 자체가 아니라 보안처분의 성격을 가지고 있으므로 이에 대하여는 형벌불소급의 원칙이 적용되지 아니한다.
나. 대법원 양형위원회가 설정한 '양형기준'이 발효하기 전에 공소가 제기된 범죄에 대하여 위 '양형기준'을 참고하여 형을 양정하더라도 피고인에게 불리한 법률을 소급하여 적용한 것으로 볼 수 없다.
다. 부(父)가 혼인 외의 출생자를 인지하는 경우에 그 인지의 소급효는 형법상 친족상도례에 관한 규정의 적용에는 미치지 아니한다.
라. 과거에 이미 행한 범죄에 대하여 공소시효를 정지시키는 법률이라고 하더라도 그 사유만으로 형벌불소급의 원칙에 언제나 위배되는 것은 아니다.
마. 행위 당시의 판례에 의하면 처벌대상이 되지 아니하는 것으로 해석되었던 행위를 판례의 변경에 따라 확인된 내용의 형법 조항에 근거하여 처벌하는 것은 형벌불소급의 원칙에 반하지 않는다.

① 가, 나, 다 ② 가, 라, 마 ③ 나, 다, 라 ④ 나, 라, 마 ⑤ 다, 라, 마

(정답) ④
(해설) 가:×(2008어4: 가폭법의 사회봉사명령은 형벌이 아니라 보안처분의 성격을 가지지만 형벌 대신 부과되는 것이므로 이에 대해서는 소급효금지원칙이 적용된다) 나:○(2009도11448: 법원조직법 81조의2 이하의 규정에 의해 마련된 대법원 양형위원회의 양형기준은 법관이 합리적인 양형을 정하는 데 참고가 되는 자료에 불과하고 법적 구속력을 가지지 않는다) 다:×(96도1731: 인지의 소급효에 따라 인지 전의 범죄에 대해 친자관계가 발생하여 그 범죄는 친족상도례의 적용을 받는다) 라:○(96헌가2, 96헌바7, 96헌바13 병합), 마:○(97도3349)

문1.(배점 3) 죄형법정주의에 관한 설명 중 옳은 것(○)과 옳지 않은 것(×)을 올바르게 조합한 것은? (다툼이 있는 경우 판례에 의함) 2014년 56회 사법시험

ㄱ. 구 형법(2005. 7. 29. 개정되기 전의 것) 시행 중 범한 범죄에 대하여 형을 선고함에 있어, 종전의 형법을 적용하면 형의 집행을 종료한 후 이미 5년이 경과되어 집행유예 결격사유에 해당하지 않지만, 현행 형법을 적용하면 형의 집행을 종료한 후 3년까지의 기간 중에 범한 죄이어서 집행유예 결격사유에 해당하는 경우 피고인에게는 종전 형법을 적용하는 것이 유리하므로 그 법률을 적용하여야 한다.
ㄴ. 처벌을 희망하지 않는다는 의사표시 또는 처벌희망 의사표시의 철회는 이른바 소극적 소송조건에 해당하고, 이러한 소송조건에는 죄형법정주의의 파생원칙인 유추해석금지의 원칙이 적용되지 않는다.
ㄷ. 「아동·청소년의 성보호에 관한 법률」에 정한 공개명령제도는 아동·청소년 대상 성범죄를 효과

적으로 예방하고 성범죄로부터 아동·청소년을 보호함을 목적으로 하는 일종의 보안처분이므로 공개명령제도가 시행된 2010. 1. 1. 이전에 범한 범죄에도 공개명령제도를 적용하도록 법률을 개정한 것이 소급입법금지의 원칙에 반하지는 않는다.

ㄹ. 구 「특정 범죄자에 대한 위치추적 전자장치 부착 등에 관한 법률」(2012. 12. 18. 개정되기 전의 것) 제5조 제1항 제3호는, 검사가 전자장치 부착명령을 법원에 청구할 수 있는 경우 중의 하나로 '성폭력범죄를 2회 이상 범하여(유죄의 확정판결을 받은 경우를 포함한다) 그 습벽이 인정된 때'라고 규정하고 있는바, 피부착명령청구자가 소년법에 의한 보호처분을 받은 전력이 이에 해당한다고 보더라도 죄형법정주의에 위배되지 않는다.

ㅁ. '블로그', '미니홈페이지', '카페' 등의 이름으로 개설된 사적 인터넷 게시공간의 운영자가 게시공간에 게시된 타인의 글을 삭제할 권한이 있는데도 이를 삭제하지 아니한 경우를 국가보안법 제7조 제5항의 '소지' 행위로 보는 것은 유추해석금지원칙에 반한다.

① ㄱ(○), ㄴ(×), ㄷ(○), ㄹ(×), ㅁ(○)
② ㄱ(×), ㄴ(○), ㄷ(×), ㄹ(×), ㅁ(○)
③ ㄱ(○), ㄴ(○), ㄷ(○), ㄹ(×), ㅁ(○)
④ ㄱ(×), ㄴ(×), ㄷ(○), ㄹ(○), ㅁ(×)
⑤ ㄱ(○), ㄴ(×), ㄷ(○), ㄹ(○), ㅁ(○)

(정답) ①
(해설) ㄱ:○(2007도7874), ㄴ:×(2009도6058전판), ㄷ:○(2010도14393), ㄹ:×(2011도15057전판: 이런 해석은 피고인에게 불리한 확장해석 또는 유추해석이다) ㅁ:○(2010도8336)

문33.(배점 2) 「형법」의 적용범위에 관한 설명 중 옳은 것을 모두 고른 것은? (다툼이 있는 경우 판례에 의함) 2015년 57회 사법시험

ㄱ. 「형법」상 강간과 추행의 죄와 관련한 친고죄 폐지규정은 소급효가 인정되지 않는다.

ㄴ. 중국 국적자가 중국에서 대한민국 국적 A주식회사의 인장을 위조한 경우에는 「형법」 제6조의 보호주의에 따라 처벌할 수 있다.

ㄷ. 백지형법의 보충규범인 고시의 폐지는 「형법」 제1조 제2항의 법률의 변경에 해당하지 않는다.

ㄹ. 1개의 행위가 개정형법 시행 전후에 걸쳐 이루어진 경우에는 개정형법 이후에 행한 것으로 본다.

ㅁ. 형벌에 관한 법률 조항에 대하여 위헌결정이 있으면 소급하여 그 효력을 상실한다. 다만, 해당 법률 조항에 대하여 종전에 합헌으로 결정한 사건이 있는 경우 그 결정이 있는 날의 다음 날로 소급하여 효력을 상실한다.

ㅂ. 형을 종전보다 가볍게 형벌법규를 개정하면서 그 부칙으로 개정법률 시행 전의 범죄에 대하여는 종전의 형벌법규를 추급하여 적용하도록 규정한 것은 죄형법정주의에 반하는 것이다.

ㅅ. 범죄에 의하여 외국에서 형의 전부 또는 일부의 집행을 받은 자에 대하여는 형을 감경 또는 면제할 수 있다.

①ㄱ, ㄴ, ㄹ, ㅁ ②ㄱ, ㄷ, ㅁ, ㅅ ③ㄱ, ㄹ, ㅁ, ㅅ ④ㄴ, ㄷ, ㅂ, ㅅ
⑤ㄷ, ㄹ, ㅁ, ㅂ ⑥ㄹ, ㅁ, ㅂ, ㅅ ⑦ㄱ, ㄴ, ㄹ, ㅂ, ㅅ ⑧ㄴ, ㄷ, ㄹ, ㅂ, ㅅ

(정답) 게시된 답은 ③이고 이것이 가장 정확
(해설) 그러나 ②도 정답으로 볼 수 있다. 고시의 변경은 **법령의 개폐**에 해당한다는 판례도 있지만(86도42), 고시의 변경은 법률의 변경에 해당하지 않는다는 취지의 판례가 여러 개 있기 때문이다(95도2858; 88도2211; 89도570). ㄷ은 논란의 여지가 있는 지문이다.

문23.(배점 2) 다음 설명 중 옳은 것은? (다툼이 있는 경우에는 판례에 의함) 2012년 54회 사법시험

① 구성요건에 대한 확장적 유추해석은 금지되지만 위법성 및 책임의 조각사유나 소추조건 또는 처벌조각사유인 형면제 사유를 좁게 해석하는 것은 유추해석금지원칙에 반하지 아니한다.
② 동일한 형벌조항이 과거 헌법재판소의 결정에 의하여 합헌으로 선언된 바 있으나 그 후의 사정변경 때문에 새로 위헌으로 결정된 경우에도 위헌결정의 소급효를 종전의 합헌결정시점까지로 제한하는 것은 허용되지 아니한다.
③ 위치추적 전자장치의 부착명령은 보안처분적 성격을 넘어 형벌적 성격을 가지는 것으로서, 「특정 범죄자에 대한 위치추적 전자장치 부착 등에 관한 법률」을 개정하여 부착명령 기간을 연장하도록 규정하는 것은 죄형법정주의 원칙에 반한다.
④ 형벌에 관한 법령이 헌법재판소의 위헌결정으로 인하여 소급하여 그 효력을 상실하였거나 법원에서 위헌·무효로 선언되었다면, 이는 범죄 후 형이 폐지된 경우에 해당하므로 당해 법령을 적용하여 공소가 제기된 사건에 대하여는 면소를 선고하여야 한다.
⑤ 형을 종전보다 가볍게 형벌법규를 개정하면서 구법시의 행위에 대해서는 구법을 적용한다는 경과규정을 신법에 두는 것은 허용되지 아니한다.

(정답) ②
(해설) ②○(2010도5606; 2010도5605: 형벌조항의 경우에도 그것이 제정이나 개정 이후의 시대적·사회적 상황의 변화로 말미암아 비로소 위헌적인 것으로 평가받는 경우에는 위헌결정의 전면적인 소급효를 인정하는 것이 오히려 사법적 정의에 현저히 반하는 결과를 초래할 수 있으므로, 헌법재판소법 제47조 제2항 단서[형벌에 관한 법률 또는 법률의 조항은 소급하여 그 효력을 상실한다]의 규정에도 불구하고 그 소급효를 제한할 필요성이 있음은 비형벌조항의 경우와 크게 다르지 않다. 특히 동일한 형벌조항에 대하여 과거 헌법재판소의 결정에 의하여 그 조항의 합헌성이 선언된 일이 있음에도 불구하고 그 후의 사회상황의 변화에 따른 사정변경 때문에 새로 위헌으로 결정된 경우에는 더욱 그러하다. 다만, 형벌조항에 대한 위헌결정의 경우 죄형법정주의 등 헌법과 형사법하에서 형벌이 가지는 특수성으로 인하여 위헌결정의 소급효와 그에 따른 재심청구권을 명시적으로 규정한 법률의 문언에 반하여 해석으로 그 소급효 및 피고인의 재심에 관한 권리를 제한하는 것은 어렵고, 그에 따른 현저한 불합리는 결국 입법에 의하여 해결할 수밖에 없다) 이런 판례의 취지에 따라 헌법재판소법 제47조가 개정되어 소급효가 제한된 것이다. ③○(2011도11996) ④×(2008도7562전판: 헌재가 집시법의 야간옥외집회 금지규정[제23조 제1호, 제10조 본문]에 대해 헌법불합치결정을 선고하면서 개정시한을 정하여 입법개선을 촉구하였는데도 위 시한까지 법률 개정이 이루어지지 않은 경우 위 법률조항은 소급하여 효력을 상실하므로 이를 적용하여 공소가 제기된 위 피고사건에 대하여 무죄를 선고

하여야 한다고 한 다수의견[同旨: 99도3003]과 달리 소수의견은 위 법률조항이 위 개정시한 만료 다음날(2010. 7. 1)부터 효력을 상실하여 이때부터 종전의 법률규정이 부당하다는 반성적 고려에 따라 법령의 개폐로 형이 폐지된 것으로 볼 수 있으므로 면소를 선고해야한다고 본다)

문2.(배점 2) 형법의 적용에 관한 설명 중 옳은 것은? (다툼이 있는 경우 판례에 의함) 2014년 56회 사법시험

① 형의 경중의 비교는 원칙적으로 법정형을 표준으로 할 것이고 처단형이나 선고형에 의할 것이 아니며, 법정형의 경중을 비교함에 있어서 법정형 중 병과형 또는 선택형이 있을 때에는 모든 형의 경중을 비교하여야 한다.

② 2008. 12. 26. 개정·시행된 「특정범죄 가중처벌 등에 관한 법률」은 제2조 제2항에서 뇌물수수죄 등에 대하여 종전에 없던 벌금형을 필요적으로 병과하도록 하고 있으므로 뇌물수수 범행이 위 신설 규정의 시행 전후에 걸쳐 행하여진 경우 벌금형 산정기준이 되는 수뢰액은 위 규정이 신설된 2008. 12. 26. 이후에 수수한 금액으로 한정된다고 보아야 한다.

③ 헌법재판소가 형벌에 관한 법률조항에 대해 헌법불합치 결정을 선고하면서 개정시한을 정하여 입법개선을 촉구하였는데 위 시한까지 법률 개정이 이루어지지 않았다면 위 법률조항을 적용하여 제기되었던 공소사실에 대해서는 유죄를 선고할 수 있다.

④ 형을 종전보다 가볍게 형벌법규를 개정하면서 그 부칙으로 개정된 법의 시행 전의 범죄에 대하여 종전의 형벌법규를 적용하도록 규정하는 것은 신법우선주의에 반한다.

⑤ "1개의 죄가 본법 시행전후에 걸쳐서 행하여진 때에는 본법 시행전에 범한 것으로 간주한다."라고 규정한 형법 부칙 제4조 제1항은 다른 법과의 관계에도 적용되기 때문에 「특정경제범죄 가중처벌 등에 관한 법률」 시행 전후에 상습으로 사기범행을 행한 경우, 위 법률 시행 이후에 취득한 재물의 가액이 위 법률에 규정된 하한을 넘고 있더라도 위 법률 시행 전의 법률에 따라 처벌하여야 한다.

(정답) ②

(해설) ②○(2011도4260) ⑤×(86도1012전판의 다수의견: 위 부칙은 신형법[1953. 9. 18 공포 법률 제293호] 시행에 즈음하여 구 형법과의 관계에서 그 적용범위를 규정한 이른바 경과법으로서 형법총칙 제8조에서 규정하는 "본법총칙"이 아닐 뿐 아니라 범죄의 성립과 처벌은 행위시의 법률에 의한다고 규정한 형법 제1조 제1항의 해석으로서도 행위종료시의 법률의 적용을 배제한 점에서 타당한 것이 아니므로 위 신구형법과의 관계가 아닌 다른 법과의 관계에서는 위 부칙을 적용 내지 유추적용할 수 없으므로, 이런 경우 법정형이 중한 위 특경가법위반죄에 나머지 행위를 포괄시켜 특경가법위반죄로 처단해야 한다. 소수의견: 형법 부칙 제4조 제1항은 범죄의 실행행위가 신·구 양법에 걸쳐서 행하여진 범죄의 행위시를 정한 것으로 형법의 적용범위, 범죄와 형벌등에 관한 것이어서 비록 그것이 부칙에 규정되어 있다고 하여 형법만의 경과규정에 불과한 것이 아니라 형법총칙규정 내지는 그 보완규정이라고 풀이할 것이어서 이는 형법과 다른 법률과의 사이 또는 다른 법률의 개정과정에서 그 양법에 걸쳐서 행하여진 범죄에

대하여 그 행위시를 정함에 있어 다같이 적용되는 조문이다. 따라서 특경가법 시행 전후에 상습으로 사기범행을 행한 경우 위 법 시행 이후에 취득한 재물의 가액이 위 법 제3조 제1항 제3호 소정의 하한을 넘고 있더라도 위 법률시행전의 법률에 따라 처단해야 한다)

문13. 계속범에 관한 설명 중 옳지 않은 것은? (다툼이 있는 경우에는 판례에 의함) 2014년 3회 변호사시험

① 계속범의 경우 실행행위가 종료되는 시점의 법률이 적용되어야하므로, 법률이 개정되면서 그 부칙에 '개정된 법 시행 전의 행위에 대한 벌칙의 적용에 있어서는 종전의 규정에 의한다'는 경과규정을 두고 있는 경우에도 행위 전체에 대해 개정된 법을 적용하여야 한다.

② 내란죄는 국토를 참절하거나 국헌을 문란할 목적으로 폭동한 행위로서, 다수인이 결합하여 위와 같은 목적으로 한 지방의 평온을 해할 정도의 폭행·협박행위를 하면 기수가 되고, 그 목적의 달성 여부는 이와 무관한 것으로 해석되므로, 다수인이 한 지방의 평온을 해할 정도의 폭동을 하였을 때 이미 내란의 구성요건은 완전히 충족된다고 할 것이어서 계속범이 아니라 상태범에 해당한다.

③ 부설주차장을 주차장 외의 용도로 사용하여 주차장법을 위반한 죄는 계속범이므로, 종전에 용도 외 사용행위에 대하여 처벌받은 일이 있다고 하더라도, 그 후에도 계속하여 용도외 사용을 하고 있는 이상 종전 재판 후의 사용에 대하여 다시 처벌할 수 있다.

④ 공익법인이 주무관청의 승인을 받지 않은 채 수익사업을 하는 행위는 시간적 계속성이 구성요건적 행위의 요소로 되어 있다는 점에서 계속범에 해당한다고 보아야 할 것이므로 승인을 받지 않은 수익사업이 계속되고 있는 동안에는 아직 공소시효가 진행하지 않는다.

⑤ 허가받지 아니한 업체와 건설폐기물의 처리를 위한 도급계약을 체결한 자가 무허가 건설폐기물 처리업체에 위탁하여 건설폐기물을 처리하는 행위를 처벌하는 법률이 신설된 후에도 그 도급계약에 따른 건설폐기물의 처리행위를 계속하였다면, 처벌규정 신설 후에 이루어진 무허가 처리업체에 의한 건설폐기물의 위탁처리에 대하여 위 법률 조항이 적용된다.

(정답) 게시된 정답은 ①이나 문제있음

(해설) ①△(왜냐하면 '개정건축법의 부칙이 종전규정에 의한다는 경과규정을 두고 있다면, 개정건축법이 시행되기 전의 행위에 대해서는 개정 전의 건축법을, 그 이후의 행위에 대해서는 개정건축법을 각각 적용해야한다'는 판례[2001도3990]에 따르면 옳지만, 이런 경우 행위시법주의에 따라 변경된 법률을 적용해야한다는 판례[92도407; 2008도8607; 2009도5075]의 취지에 따르면 옳지 않기 때문이다) ②○(96도3376전판) ③○(2005도7283) ④○(2004도4751. 공익법인의 설립·운영에 관한 법률 제4조 제3항과 제19조 제3항) ⑤○(2008도8607: 건설폐기물의 재활용촉진에 관한 법률 제63조 제1의2호의 죄는 건설폐기물을 허가받지 아니한 업체에 위탁하여 처리하는 죄로서, 위탁처리를 위한 도급계약의 성립과 함께 범죄가 기수에 이르러 범죄행위가 종료되는 즉시범이 아니고 위법상태가 지속되는 동안 범죄행위도 종료되지 않고 계속되는 계속범의 성격을 갖는 것이므로, 대한주택공사와 철거업체들 간의 도급계약이 처벌규정인

위 법률 조항이 신설되기 전에 체결되었다고 하더라도, 그에 따른 건설폐기물의 처리행위가 처벌규정의 신설 후에도 종료되지 않고 계속적으로 이루어진 이상, 처벌규정 신설 후에 이루어진 범행에 대해서도 위 법률 조항이 적용된다)

문20.(배점 2) 형법의 시간적 효력에 관한 설명 중 옳지 않은 것은? (다툼이 있는 경우에는 판례에 의함) 2013년 55회 사법시험

① '범죄의 성립과 처벌은 행위시의 법률에 의한다(형법 제1조 제1항)'고 할 때의 '행위시'라 함은 범죄행위의 종료시를 의미한다.

② 범죄 후 법률의 개정에 의하여 법정형이 가벼워진 경우에는 당해 범죄사실에 적용될 가벼운 법정형(신법의 법정형)이 공소시효기간의 기준이 된다.

③ 포괄일죄의 경우 신법 시행 이후의 범행이 신법의 구성요건을 충족하는 때에는 신법을 적용하여야 한다.

④ 종전보다 가벼운 형으로 형벌법규를 개정하면서 부칙으로 개정 전의 범죄에 대하여는 종전의 형벌법규를 추급하여 적용하도록 규정한 경우 신법의 형이 적용되지 않는다.

⑤ 신·구법의 법정형을 기준으로 형의 경중을 비교하여 신법이 경한 경우에도 경합범가중한 형이 구법보다 오히려 신법이 중하게 되는 결과가 된다면 신법이 적용되지 않는다.

(정답) ⑤

(해설) ⑤는 경합범인 A죄와 B죄가 신·구법에서 그 법정형에 아래와 같은 변화가 있는 경우로서, 예컨대 A죄에 대해 경한 신법을 적용해도, B죄와 경합범가중을 하게 되면 오히려 신법이 무거운 법정형이 될 수 있다. B죄의 법정형이 무거워졌고, A죄보다 법정형이 무겁기 때문이다. 이런 경우일지라도 A죄에 대해서는 경한 신법이 적용된다는 게 판례(92도2194)의 취지이다.

	구법	신법
A죄	10년 이하 징역 또는 1천만원 이하 벌금	3년 이하 징역 또는 2천만원 이하 벌금
B죄	10년 이하 징역 또는 1천만원 이하 벌금	10년 이하 징역 또는 5천만원 이하 벌금

문5. 「형법」 제1조의 해석에 관한 설명 중 옳은 것을 모두 고른 것은? (다툼이 있는 경우 판례에 의함) 2015년 4회 변호사시험

ㄱ. 실행행위의 도중에 법률이 변경되어 실행행위가 신·구법에 걸쳐 행하여진 때에는 신법 시행 전에 이미 실행행위가 착수되었으므로 이 행위에는 구법이 적용되어야 한다.
ㄴ. 신법에 경과규정을 두어 재판시법주의의 적용을 배제할 수 있다.
ㄷ. 개정 전후를 통하여 형의 경중에 차이가 없는 경우에는 행위시법을 적용하여야 한다.
ㄹ. 범죄 후 법률의 개정에 의하여 법정형이 가벼워진 경우에는 법률에 특별한 규정이 없는 한 신법의 법정형이 공소시효기간의 기준이 된다.

①ㄱ, ㄷ ②ㄴ, ㄹ ③ㄷ, ㄹ ④ㄱ, ㄷ, ㄹ ⑤ㄴ, ㄷ, ㄹ

(정답) ⑤

문1. 다음 사례에 관한 설명 중 옳지 않은 것은? (다툼이 있는 경우 판례에 의함) 2016년 5회 변호사시험

> 甲은 구 「식품위생법」 제30조의 규정에 의하여 단란주점의 영업시간을 제한하고 있던 보건복지부 고시를 위반하여 단란주점 영업을 하다가 식품위생법위반죄로 공소가 제기되어 재판을 받고 있던 중에 위 규정의 변경은 없이 보건복지부 고시가 실효되었다.

① 보건복지부 고시의 실효를 법적 견해의 변경으로 인한 반성적 고려에 기인한 것으로 본다면 甲에게 재판시법을 적용해야 한다.

② 「형법」 제1조 제2항의 법률을 총체적 법률상태 내지 전체로서의 법률을 의미하는 것으로 본다면 보건복지부 고시의 실효는 법률의 변경에 해당한다.

③ 보건복지부 고시의 실효를 「형법」 제1조 제2항의 법률의 변경으로 볼 수 없다면 甲은 식품위생법위반죄로 처벌되어야 한다.

④ 보건복지부 고시의 실효가 영업시간제한 필요성의 감소와 단속과정에서의 부작용을 줄이기 위한 정책적 필요에 기인한 것으로 본다면 甲에게 행위시법을 적용해야 한다.

⑤ 보건복지부 고시의 실효를 「형법」 제1조 제2항의 법률의 변경으로 본다면 甲에게 무죄를 선고해야 한다.

(정답) ⑤
(해설) ⑤×(면소판결을 선고해야한다)

문1.(배점 2) 甲에 대하여 대한민국의 형벌법령이 적용되는 경우가 아닌 것은? (다툼이 있는 경우에는 판례에 의함) 2012년 54회 사법시험

① 프랑스인 甲은 미국의 공항에서 영국인 A를 살해하기 위해 총격을 가하였다. A는 총상을 입고 이륙 직전의 대한민국 국적의 항공기 내로 피신하였으나, 항공기 안에서 과다출혈로 사망하였다.

② 러시아인 甲은 일본에서 중국 국적의 항공기를 납치하였으나, 기체고장으로 대한민국의 김해국제공항에 불시착하였다.

③ 중국인 甲은 중국에 있는 대한민국 영사관에서 여권발급신청서 1장을 위조하였다.

④ 캐나다인 甲은 미국에서 대한민국국민 A를 살해한 죄로 미국 법정에서 징역형을 선고받고 미국 교도소에서 그 형의 집행이 종료되었다.

⑤ 일본인 甲은 독일 뮌헨시에 있는 유스호스텔에서 대한민국국민 A로부터 국제학생증을 절취하고 이를 직원에게 제시하였다.

(정답) ③

(해설) ③×(여권발급신청서의 위조는 사문서위조죄에 해당하는데, 중국인이 중국에서 한국국적 주식회사의 인장을 위조한 경우, 보호주의를 적용하지 않고, 한국 법원에는 형사재판권이 없다는 이유로 형소법 제327조에 따라 공소기각판결을 내린 판례[2002도4929]의 취지에 따르면, 중국인의 이런 사문서위조행위에 대해서 한국 형법을 적용할 수 없다. 참고로 여권발급신청서를 허위기재하여 타인의 이름으로 여권을 발급받은 경우, 판례는 공정증서원본부실기재죄와 여권법위반죄의 상상적 경합이라고 본다[73도2334]) ①범행장소는 행위장소와 결과발생장소를 포함하므로 범행장소는 한국이다. ②납치행위장소가 한국이다. ④형법 제7조(외국에서 받은 형의 집행)에 따라 한국 형법을 적용할 수 있다. ⑤절도죄에 관한 보호주의에 따라 한국 형법을 적용할 수 있다.

문24.(배점 3) 형법의 적용에 관한 설명 중 옳은 것(○)과 옳지 않은 것(×)을 올바르게 조합한 것은? (다툼이 있는 경우에는 판례에 의함) 2013년 55회 사법시험

ㄱ. A국인이 A국에서 서울지방경찰청장 명의의 운전면허증을 위조한 경우 대한민국 형법이 적용된다.
ㄴ. B국인이 B국에서 대한민국 국적의 주식회사의 사(私)인장을 위조한 경우에는 대한민국 형법이 적용된다.
ㄷ. 간통죄가 처벌되는 C국에 거주하는 C국인 남자가 간통죄의 처벌규정이 없는 D국에서 한국인을 남편으로 둔 한국인 여자와 간통한 경우 C국인 남자에 대해 대한민국 형법이 적용된다.
ㄹ. 한국인이 F국에서 살인죄를 범하고 살인죄로 기소되어 징역 7년을 선고받고 그 형의 집행을 종료한 후 한국으로 귀국한 경우에는 대한민국 형법이 적용된다.
ㅁ. F국인이 한국에서 G국인과 히로뽕을 매수하려는 공모를 한 후 G국인이 H국에서 I국인으로부터 히로뽕을 매수한 경우 F국인에 대해 대한민국 형법이 적용된다.
(※ 위의 A~I국은 대한민국이 아닌 외국을 말함)

① ㄱ(○), ㄴ(×), ㄷ(×), ㄹ(○), ㅁ(○)
② ㄱ(×), ㄴ(×), ㄷ(○), ㄹ(×), ㅁ(○)
③ ㄱ(○), ㄴ(○), ㄷ(×), ㄹ(○), ㅁ(×)
④ ㄱ(○), ㄴ(×), ㄷ(○), ㄹ(×), ㅁ(×)
⑤ ㄱ(×), ㄴ(○), ㄷ(○), ㄹ(×), ㅁ(○)
⑥ ㄱ(×), ㄴ(×), ㄷ(×), ㄹ(○), ㅁ(○)
⑦ ㄱ(○), ㄴ(×), ㄷ(○), ㄹ(○), ㅁ(○)

(정답) ①

문16. 「형법」의 시간적 · 장소적 적용범위에 관한 설명 중 옳지 않은 것은? (다툼이 있는 경우 판례에 의함) 2015년 4회 변호사시험

① 범죄행위 시와 재판 시 사이에 수차 법률이 개정되어 형이 변경된 경우 그 전부의 법률을 비교하여 가장 형이 가벼운 법률을 적용하여야 한다.

② 형벌에 관한 법률 또는 법률조항은 헌법재판소의 위헌 결정으로 소급하여 그 효력을 상실하지만, 해당 법률 또는 법률의 조항에 대하여 종전에 합헌으로 결정한 사건이 있는 경우에

는 그 합헌결정이 있는 날의 다음 날로 소급하여 효력을 상실한다.

③ 대한민국 국민이 아닌 사람이 외국에 거주하다가 그곳을 떠나 반국가단체의 지배하에 있는 지역으로 들어간 경우 외국인의 국외범에 해당하여 국가보안법이 적용되지 않는다.

④ 중국인이 한국으로 입국하기 위하여 중국에 소재한 대한민국 영사관에서 그곳에 비치된 여권발급신청서를 위조한 경우 보호주의에 의하여 「형법」이 적용된다.

⑤ 도박죄를 처벌하지 않는 미국 라스베가스에 있는 호텔 도박장에서 상습적으로 도박한 대한민국 국민의 경우 속인주의에 의하여 「형법」이 적용된다.

(정답) ④

3장 기본구성요건론

Ⅰ. 구성요건 일반론

Q. 甲이 치매에 걸린 자신의 아버지 V가 가까이 있음에도 불구하고, 총알이 장전되어 있는 엽총의 방아쇠를 잡고 있다가 총알이 발사되어 V가 사망하였다. 甲에게 존속살인죄가 성립하는가, 과실치사죄가 성립하는가, 아니면 무죄인가?

1. 구성요건의 개념

구성요건이란 말은 라틴어 corpus delicti(罪體)에서 유래한 것이다. 본래 증명될 범죄사실의 총체를 의미하는 소송법적 개념인데, 1796년 독일의 Klein이 이를 Tatbestand라는 독일어로 번역하여 사용하였고, 이를 구성요건이라는 용어로 번역한 것이다.

Beling은 1906년에 쓴 저서에서 처음으로 구성요건을 독립된 요건으로 설정하여 종래 '행위-위법성-책임'으로 이루어져오던 형법체계론에 전환을 가져왔다. Beling은 구성요건은 평가의 객체인 행위를 유형적으로 기술해 놓은 것에 불과하고, 객체의 평가인 위법성과 완전히 독립되어 있다고 보았다.[65] 이는 구성요건의 성질을 객관적이고 몰가치적이며 형식적인 것으로 파악한 것인데, 그 목적은 이렇게 해서 국가형벌권의 행사를 구성요건이라는 표지에 구속시키려고 한 것이다.[66]

2. 구성요건의 유형

가. 객관적 구성요건과 주관적 구성요건

구성요건은 객관적 구성요건과 주관적 구성요건으로도 구별할 수 있다. 전자에는 행위, 주체, 객체, 결과, 인과관계 등이 있다. 주관적 구성요건의 예로 고의를 들 수 있다.

---

65) 심재우, "소극적 구성요건개념", 고시연구, 1986. 4, 78면.
66) 신동일, "소극적 구성요건 표지이론", 인천법학논총 제4집, 2001, 289면 이하.

나. 기본구성요건과 파생구성요건

구성요건을 기본구성요건과 이를 변형시켜 만든 파생구성요건으로 구별하고, 파생구성요건을 다시 독자적인 파생구성요건과 비독자적인 파생구성요건으로 구별하기도 한다.[67] 예컨대 보통살인죄가 기본구성요건이라면 존속살인죄는 비독자적인 파생구성요건이라는 것이다. 또 기수범이 기본구성요건이라면 미수범은 비독자적인 파생구성요건이고, 예비 · 음모범은 독자적인 파생구성요건이라는 것이다.

다. 사실적 구성요건과 규범적 구성요건

규범적 구성요건이란 예컨대 음란이란 말처럼 가치판단이나 규범적 판단을 통해서 확정될 수 있는 구성요건요소를 말한다. 이에 견줄 수 있는 개념이 사실적 또는 기술적 구성요건요소이지만, 그 차이가 명확하게 구별되는 것은 아니다.

라. 보장구성요건

구성요건은 형법적 불법행위, 곧 범죄행위를 유형화한 것이라고 볼 수 있다. 그래서 구성요건을 흔히 불법구성요건이라고 부른다. 그러나 예컨대 보장구성요건처럼 이 용어 앞에 다양한 말이 붙어서 여러 가지 의미로 사용된다. 보장구성요건이란 객관적 처벌조건이나 인적 처벌조각사유도 포함하여 처벌의 모든 조건을 포괄하는 개념으로서, 보장구성요건을 해석할 때는 죄형법정주의에 충실해야한다는 것을 부각하기 위해 만들어진 개념이라고 볼 수 있고, 그래서 피고인의 인권을 보장한다는 의미의 '보장'이라는 말이 붙은 것이다.[68]

Ⅱ. 고의범

Q. 고물행상인 甲은 청소부들이 쓰레기를 수거하기 전에 고물을 수집하기 위해 다니는 슈퍼 앞 길에 있는 쓰레기 통 옆에 놓여있는 V소유의 시가 1,200원 상당의 두부상자 1개가 신문지 등으로 덮여 있어서 버린 것으로 알고 그 종이와 상자를 리어카에 싣고 갔다(약칭하여 고물행상사건). 甲을 처벌할 수 있는가?

第13조 (범의) 죄의 성립요소인 사실을 인식하지 못한 행위는 벌하지 아니한다. 단, 법률에 특별한 규정이 있는 경우에는 예외로 한다.

67) 이상돈, 형법강의, 법문사, 2010, 6/31.
68) 김일수, 한국형법 I [총론 上], 박영사, 1996, 273면.

1. 고의의 개념: 인식설과 의사설

범의는 범죄의사의 줄임말이지만, 흔히 쓰는 고의와 의미가 같다. 1992년 형법개정안은 고의라고 하고 있다.[69]

그런데 고의를 '죄의 성립요소인 사실'의 "인식"으로 이해하는 입장(인식설)도 있지만, 다수견해는 여기에 의지적 요소까지 추가하여, '죄의 성립요소인 사실'에 대한 인식과 이를 실현하려는 "의지 또는 의사"로 정의한다(의사설).

미필적 고의는 구성요건적 사실에 대한 인식이나 의지의 정도가 낮은 고의를 말하는데, 어느 정도로 낮아야 미필적 고의인지 다툼이 있으며, 이는 인식있는 과실의 구별과 관련하여 의미가 있다. ⓐ가능성설은 그 인식이 가능성으로 충분하다는 견해로, 이에 따르면 인식 있는 과실은 곧 미필적 고의이다. ⓑ개연성설은 인식의 개연성으로 충분하다는 견해로, 인식의 개연성만 있으면 미필적 고의라는 견해이다. 이는 가능성과 개연성을 구별하기 힘들다는 비판을 받는다. 가능성설과 개연성설은 모두 인식설에 해당한다. ⓒ의사설에 속하는 감수(묵인)설이나 인용(용인)설은 인식적 요소는 미필적 고의와 인식있는 과실 모두에 있다는 것을 전제로 미필적 고의는 의지적 요소의 정도가 감수나 용인인 반면, 인식있는 과실은 이런 정도의 의지적 요소조차 없다는 견해이다. 이에 따라 미필적 고의는 "결과가 발생할지도 몰라, 하지만 그래도 할 수 없지" 또는 "결과가 발생할지도 몰라, 하지만 그렇더라도 좋아'"라고 표현되고,[70] 인식있는 과실은 "결과가 발생할지도 몰라, 그러나 괜찮을 거야"라고 표현된다.

2. 고의에 관한 판례의 입장

가. 고의를 부정한 판례

판례는 고물행상사건의 甲에게 절도죄의 고의가 없다고 본다(88도971). 그 이유는 절도의 범의는 타인의 점유 아래 있는 타인소유물을 그 의사에 반하여 자기 또는 제3자의 점유로 이전하는 데에 대한 인식을 말하는데, 타인이 그 소유권을 포기하고 버린 물건으로 오인하여 이를 취득하였다면 이와 같이 오인한 데에 정당한 이유가 인정되는 한 절도의 범의를 인정하기 어렵다는 것이다.

甲은 상습으로 1982. 8. 3. 23:45경 전북 진안읍 군장리 322 소재 V가 경영하는 평원닭집

69) 제11조(고의) 고의가 없는 행위는 벌하지 아니한다. 다만, 법률에 특별한 규정이 있는 때에는 그러하지 아니한다.

70) 감수설과 용인설을 구별해서 의지적 요소가 전자는 소극적 태도에 그치는 경우이고, 후자는 이를 넘어서서 긍정적인 태도를 보이는 경우로 이해하는 견해(신동운, 형법총론, 법문사, 2006, 187면)도 있다.

앞 노상에서 그곳 평상위에 있던 V소유 시가 7,000원 상당의 고양이 1마리를 다른데서 빌려 가지고 있다가 잃어버린 고양이인 줄로 잘못알고 쓰다듬다가 런닝샤쓰 안에 집어넣고 가는데, V가 고양이를 왜 가지고 가느냐고 하면서 뒤따라와서 자기 것이니 돌려달라고 하여 돌려준 경우, 판례는 절도죄를 부정한다(83도1762, 83감도315). 그 이유는 절도죄에서 재물의 타인성을 오신하여 그 재물이 자기에게 취득할 것이 허용된 물건으로 오인하고 가져온 경우 범죄사실에 대한 인식이 있다고 할 수 없으므로 범의를 조각한다는 것이다.

무고죄에서 신고사실의 허위성에 대한 인식이 없는 경우, 판례는 무고죄의 고의를 부정한다(2002도5939). 그 이유는 무고죄는 타인으로 하여금 형사처분 또는 징계처분을 받게 할 목적으로 공무소 또는 공무원에 대해 허위의 사실을 신고하는 때에 성립하는데, 허위사실의 신고는 신고사실이 객관적 사실에 반한다는 것을 확정적이거나 미필적으로 인식하고 신고하는 것을 의미한다는 것이다.

정기적성검사를 받지 않아서 1종 보통 운전면허가 취소되어 자동차운전면허가 없는 상태에서 2003. 9. 21. 16:20경 약 30km에 걸쳐 승용차를 운전하다가 적발된 경우, 판례는 무면허운전죄의 고의를 부정한다(2004도6480). 그 이유는 운전면허증 앞면에 적성검사 기간이 기재되어 있고, 뒷면 하단에는 "적성검사 또는 면허증 갱신기간 내에 적성검사 또는 면허증을 갱신하지 아니하면 범칙금이 부과되며 1년이 지나면 운전면허가 취소됩니다."라는 경고 문구가 있다는 점만으로는 운전자가 면허가 취소된 사실을 알게 되었다고 단정할 수는 없고, 개별사안에서 면허취소의 사유와 취소사유가 된 위법행위의 경중, 같은 사유로 면허취소를 당한 전력의 유무, 면허취소처분 통지를 받지 못한 이유, 면허취소 후 문제된 운전행위까지의 기간의 장단, 운전자가 면허를 보유하는 동안 관련 법령이나 제도가 어떻게 변동하였는지 등을 두루 참작하여 구체적·개별적으로 판단해야 한다는 것이다.

甲은 1985. 4.경 그로부터 1년 전 조카의 결혼식장에서 처음 만나 알게 된 사촌처남 乙로부터 미국 휴스턴 지역의 조선회사 등에 취업할 희망자를 소개하여 달라는 부탁을 받고, 乙이 자신과 V등을 속이고 있다는 사실은 모른 채 乙에게 V등의 취업알선을 요청하면서 그 비용등 명목으로 자신과 V의 돈을 교부하였고, 그 후 V가 여권을 발급받아 미국에 입국할 의도로 도미니카국에 이르렀는데, 인솔자 丙이 잠적하여 불법체류자가 된 경우, 판례는 甲에게 사기죄[71]의 미필적 고의를 부정한다(86도2338). 그 이유는 미필적 고의를 인정하려면 결과발생의 가능성에 대한 인식이 있음은 물론 나아가 결과발생을 용인하는 내심의 의사가 필요하다는 것이다. 원심은 甲이 '해외취업시키면 다행이되 그렇지 않을 경우에는 할 수 없다'

71) 제347조 (사기) ①사람을 기망하여 재물의 교부를 받거나 재산상의 이익을 취득한 자는 10년 이하의 징역 또는 2천만원 이하의 벌금에 처한다.

고 보아서 미필적 고의를 인정한다.

나. 고의를 인정한 판례

의무경찰 V가 학생들의 가두캠페인 행사관계로 직진하여 오는 택시의 운전자 甲에게 좌회전 지시를 하였음에도 甲이 계속 직진하여 와서 택시를 세우고 항의하므로 V가 택시 약 30㎝ 전방에 서서 이유를 설명하고 있는데 甲이 신경질적으로 갑자기 좌회전을 하여 택시 우측 앞 범퍼부분으로 V의 무릎을 들이받아 5일간 치료가 필요한 상해를 입힌 경우, 공무집행방해[72]의 미필적 고의를 인정한다(94도1949). 그 이유는 공무집행방해죄의 범의는 상대방이 직무를 집행하는 공무원이라는 사실, 그리고 이에 대하여 폭행 또는 협박을 한다는 사실을 인식하는 것을 그 내용으로 하고, 그 인식은 불확정적인 것이라도 미필적 고의가 있다고 보아야 하며, 그 직무집행을 방해할 의사를 필요로 하지 않는다는 것이다. 원심은 甲과 V가 다투지 않았고, 결국 甲이 V의 지시에 따랐으며 그 피해가 가벼웠다는 이유로 공무집행방해의 고의를 인정하지 않았다. 그런데 대법원은 이런 원심을 파기하면서도 그렇다고 특수공무집행방해치상죄[73]로 처벌할 수는 없다고 본다. 그 이유는 이런 택시운행으로 인해 사회통념상 피해자나 제3자가 위험성을 느꼈으리라고는 볼 수 없다는 것이다. 공무집행방해죄는 추상적 위험범이라는 것을 전제로 이 경우는 공무집행방해의 이런 추상적 위험조차 인정할 수 없다고 본 것으로 이 판결을 이해할 수도 있지만, 자동차가 언제나 위험한 물건이 아니라 피해자나 제3자가 위험성을 느낄 수 있을 때 위험한 물건이라는 제한해석을 한 것으로 이해할 수도 있으며, 이는 휴대의 의미를 '이용'의 의미까지도 포함하는 확장해석에서 오는 부당한 처벌을 축소한다는 의미를 갖는다고 본다.

총알이 장전되어 있는 엽총의 방아쇠를 잡고 있다가 총알이 발사되어 피해자가 사망한 경우, 살인의 고의를 인정한다(96도3364). 그 이유는 ⓐ범행의 도구로 사용된 엽총은 통상 사냥하기 직전에 총알을 장전하는 것인데도 사냥과는 전혀 관계없는 범행 당시 이미 총알이 장전되어 있었고, ⓑ실탄의 장전 유무는 탄창에 나타나는 표시에 의해서 쉽게 확인될 수 있어 총기에 실탄이 장전된 것인지 몰랐다고 하기 어려울 뿐 아니라, ⓒ안전장치를 하지 않은 상태에서 방아쇠를 잡고 있었던 점 등과 관계 증거에 나타난 전후 사정에 비추어, 피해자를

---

72) 제136조 (공무집행방해) ①직무를 집행하는 공무원에 대하여 폭행 또는 협박한 자는 5년 이하의 징역 또는 1천만원 이하의 벌금에 처한다.

73) 제144조 (특수공무방해) ①단체 또는 다중의 위력을 보이거나 위험한 물건을 휴대하여 제136조, 제138조와 제140조 내지 전조의 죄를 범한 때에는 각조에 정한 형의 2분의 1까지 가중한다. ②제1항의 죄를 범하여 공무원을 상해에 이르게 한 때에는 3년 이상의 유기징역에 처한다. 사망에 이르게 한 때에는 무기 또는 5년 이상의 징역에 처한다.

겁주려고 협박하다가 피해자의 접촉행위로 생겨난 단순한 오발사고가 아니라 살인의 고의가 있는 범죄행위로 봐야한다는 것이다.

Ⅲ. 과실범

Q. 甲은 남자친구를 골탕 먹일 생각으로 등산로의 푯말을 바꾸어놓은 후 자신은 곧 뒤따라갈 것이니 먼저 올라가라고 하여 결국 그 남자친구는 산속을 혼자 헤매다 갑자기 쏟아진 폭우에 저체온증으로 사망하였다. 甲을 과실치사죄로 처벌할 수 있는가?

Q. 甲이 자신과 함께 술을 마시고 만취되어 의식이 없는 V를 부축하여 학교선배인 A의 자취집에 함께 가서 촛불을 가져 오라고 하여 A가 가져온 촛불이 켜져 있는 방안에 이불을 덮고 자고 있는 V를 혼자 두고 나와서 화재로 인해 V가 사망하였는데, 그 촛불이 V의 발로부터 불과 약 70 내지 80cm 밖에 떨어져 있지 않은 곳에 마분지로 된 양초갑 위에 놓여져 있음을 잘 알고 있었던 상황이었다(약칭하여 촛불사망사건). 甲에게 과실치사죄가 성립하는가?

Q. 甲이 골프를 치던 중 스윙을 하면서 왼쪽 발이 뒤로 빠진 채 골프공을 쳤는데, 골프공이 甲의 뒤쪽으로 날아가 甲의 등 뒤쪽 약 8m 지점에 서 있던 경기보조원 V의 하복부에 맞아 V가 상해를 입은 경우(약칭하여 골프장캐디치상사건), 甲에게 과실치상죄가 성립하는가?

> 제14조 (과실) 정상의 주의를 태만함으로 인하여 죄의 성립요소인 사실을 인식하지 못한 행위는 법률에 특별한 규정이 있는 경우에 한하여 처벌한다.

1. 과실의 개념과 종류

어떤 행위에 대해 고의를 인정할 수는 없지만 과실은 인정할 수 있고, 예컨대 과실치사·상죄처럼 이를 처벌하는 규정이 있다면 과실범이 성립할 수 있다. 그런데 "행정상의 단속을 주안으로 하는 법규라 하더라도 명문규정이 있거나 해석상 과실범도 벌할 뜻이 명확한 경우를 제외하고는 형법의 원칙에 따라 고의가 있어야 벌할 수 있다"는 판례(85도108; 2009도9807)에 따르면 '해석상 과실범도 벌할 뜻이 명확한 경우'에는 과실범을 처벌하는 명문규정이 없더라도 과실범으로 처벌할 수 있어서, 이 판례의 표현은 문제가 있다고 볼 수 있다.

1992년 형법개정안이 '정상의 주의를 태만함으로 인하여 죄의 성립요소인 사실을 인식하지 못한'을 '과실에 의한'으로 바꾼 것[74]에서 알 수 있듯이, 과실은 '정상의 주의의 태만', 곧 일

74) 제13조(과실) 과실에 의한 행위는 법률에 특별한 규정이 있는 때에 한하여 처벌한다.

반적인 주의의무의 위반을 의미한다.

가. 인식없는 과실과 인식있는 과실

고의에 관한 의사설에 따르면 과실은 인식없는 과실과 인식있는 과실로 구별된다. 전자는 죄의 성립요소인 사실을 인식하지 못한 데에 과실이 있는 것이고, 후자는 죄의 성립요소인 사실에 대한 인식은 있으나 자신의 행위가 그런 요소를 충족시킬 것이라는 의사는 갖지 않았지만, 그런 의사를 갖게 된데 과실이 있는 경우이다.

나. 업무상과실과 중과실

업무상과실과 중과실은 (보통)과실보다 무겁게 처벌한다. 여기서 업무란 사람이 사회생활에서 가지는 지위로서 계속적으로 종사하는 사무를 말한다. 중과실은 약간의 주의를 했더라면 주의의무를 위반하지 않았을 경우이다. 업무상과실장물취득죄와 중과실장물취득죄만 있고 단순과실장물취득죄는 없다.[75] 또 과실치상죄는 반의사불벌죄이지만, 업무상과실치상죄와 중과실치상죄는 반의사불벌죄가 아니다.[76]

업무상과실범을 (보통)과실범보다 무겁게 처벌하는 이유를 두고 견해의 대립이 있다. ㉮업무상과실을 불법(가중)유형으로 보는 입장은 입무자에게는 더 높은 주의의무가 있다고 보고, 따라서 이를 위반할 경우 그 불법이 더 크므로 무겁게 처벌한다고 본다. 그 이유는 업무상과실장물취득죄처럼 업무상 과실 자체를 기본 구성요건으로 한 범죄도 있다는 것이다. 이와 달리 ㉯업무상과실을 책임가중유형으로 보는 입장은 비업무자와 주의의무는 같지만 업무자에게 더 높은 주의능력이나 예견가능성이 인정된다고 보고, 따라서 이를 위반할 경우 불법은 비업무자와 동일하지만 업무자의 더 높은 주의능력이나 예견가능성 때문에 비난가능성, 곧 책임이 더 커져서 무겁게 처벌된다고 본다.

다. 객관설과 주관설의 대립

과실을 판단하는 기준을 두고 다툼이 있고, 이에 따라 과실의 개념도 달라진다. ㉮다수견해인 객관설은 일반인 또는 평균인의 주의능력을 기준으로 한다.[77] 여기에 행위자의 특별한

---

75) 第364조 (업무상과실, 중과실) 업무상과실 또는 중대한 과실로 인하여 제362조의 죄를 범한 자는 1년 이하의 금고 또는 500만원 이하의 벌금에 처한다.

76) 第266조 (과실치상) ①과실로 인하여 사람의 신체를 상해에 이르게 한 자는 500만원 이하의 벌금, 구류 또는 과료에 처한다. ②제1항의 죄는 피해자의 명시한 의사에 반하여 공소를 제기할 수 없다.
第268조 (업무상과실 · 중과실 치사상) 업무상 과실 또는 중대한 과실로 인하여 사람을 사상에 이르게 한 자는 5년 이하의 금고 또는 2천만원 이하의 벌금에 처한다.

경험과 지식을 그 판단기준으로 추가하기도 하지만,[78] 이는 업무상과실이라는 표지가 있는 경우에만 고려함이 옳다는 견해[79]도 있다. 여기서 일반인 또는 평균인은 행위자가 소속한 거래범위의 통찰력 있는 사람 또는 양심적이고 신중한 사람이다.[80] 이런 객관설에 따른 과실은 객관적 과실이라고 할 수 있다. ㉯주관설(개별적 주의의무위반설)은 구체적 행위자의 주의능력과 지식을 기준으로 판단하는 입장으로, 이에 따른 과실은 주관적 과실이라고 할 수 있다.

행위자가 특별한 능력의 소유자이고 일반인은 구성요건적 결과의 발생을 예견하고 회피할 능력이 없는 경우, 주관설에 따르면 과실범의 구성요건해당성이 인정되나, 객관설에 따르면 원칙적으로 그렇지 않지만 행위자가 특별한 경험이나 지식을 가지고 있으면 인정될 수도 있다. 거꾸로 행위자가 일반인보다 능력이 떨어지는 경우, 예컨대 부시맨이 총알이 장전된 총을 만져보다가 오발로 타인에게 상해를 입힌 경우, 주관설은 주관적 과실을 부정하여 구성요건해당성을 부정한다. 그러나 객관설은 객관적 과실을 인정하여 구성요건해당성을 인정하지만, 주관적 과실을 부정하여 책임을 부정한다.

라. 인수(引受)과실

주관적 과실을 구성요건요소로 보든, 책임요소로 보든 평균능력을 갖추지 못한 의사는 환자의 치료를 담당하지 않을 의무가 인정되고, 자신이 그런 능력을 갖추지 않았음에도 불구하고 환자의 치료를 담당함으로써 구성요건적 결과가 발생한 경우, 자신은 그런 능력을 갖추지 못했다는 이유로 그 결과에 대한 과실책임을 부정할 수 없는데, 그런 주관적 과실을 인수(引受)과실이라고 한다.

2. 객관적 과실과 허용된 위험이론

가. 객관적 과실은 과실범의 중요한 요건

객관적 주의의무위반, 곧 과실을 과실범에 고유한 객관적 구성요건요소로 보든, 아니면 고의범에도 적용되는 객관적 귀속의 기준으로 보든, 과실범의 성립에서 중요한 요건이다.

객관적 주의의무를 ㉮다수견해는 과실범이 결과범이라는 것을 전제로 결과에 대한 예견의무와 회피의무로 이해한다. 판례도 이 입장으로 위 촛불사망사건에서 판례는 甲에게 과실치

77) 예컨대 오영근, 형법총론, 박영사, 2005, 12/71.
78) 이재상, 형법총론, 박영사, 1996, 12/14.
79) 신동운, 형법총론, 법문사, 2006, 227면.
80) 현실의 일반인 또는 평균인은 신중하거나 통찰력이 없으므로 여기서 말하는 의미의 일반인 또는 평균인은 우수자로 보아야한다는 견해: 오영근, 형법총론, 박영사, 2005, 13/75.

사죄를 인정한다(94도1291). 당시 촛불을 켜놓아야 할 별다른 사정이 엿보이지 않고 더욱이 甲 외는 달리 V를 돌보아 줄 사람도 없었으므로 술에 취한 V가 정신없이 몸부림을 치다가 발이나 이불자락으로 촛불을 건드리는 경우 그것이 넘어져 불이 이불이나 비닐장판 또는 벽지 등에 옮겨 붙어 화재가 발생할 가능성이 있고, 또한 화재가 발생하는 경우 화재에 대처할 능력이 없는 V가 사망할 가능성이 있음을 예견할 수 있으므로 V를 혼자 방에 두고 나오는 甲으로서는 촛불을 끄거나 양초가 쉽게 넘어지지 않도록 적절하고 안전한 조치를 취해야할 주의의무가 있다는 것이다. 이와 달리 ㉯현대사회에서는 결과를 예견하기가 매우 어렵고, 과실거동범(예컨대 독일 형법의 과실위증죄[81])의 경우는 결과가 없다는 이유로 주의의무위반을 사회구성원 모두가 지켜줄 것으로 법공동체가 기대하는 주의를 태만히 한 것으로 이해하는 견해[82]도 있다.

이런 객관적 주의의무는 흔히 각종 법령에 규범화되어있다. 예컨대 도로교통법의 운전자 및 보행자의 준수사항들이 그렇다.

나. 허용된 위험이론

허용된 위험이론은 예컨대 의사 甲이 환자 V를 수술하는 과정에서 V가 알 수 없는 이유로 사망한 경우 甲에게 V의 사망에 대한 형사책임을 묻지 않을 수 있게 해주는 이론이다. 이런 수술행위는 본래 사망이나 상해와 같은 법익침해의 위험이 따르는 행위인데, 만일 이런 위험은 의사가 어느 정도 예견할 수 있는 것이라는 이유로 사망에 대한 형사책임을 의사에게 묻는다면 의료행위가 위축될 수 있고, 오히려 우리의 삶이 불편해질 것이다. 이런 이유에서 이처럼 사망을 가져온 수술행위일지라도 업무상과실치사죄의 구성요건해당성을 배제시키거나[83] 위법성을 조각시키는 이론이 허용된 위험이론이다.

그러나 본래 위험이 따르는 행위라고 해서 그 결과에 대한 책임을 언제나 묻지 않을 수는 없다. 따라서 어떤 조건의 충족을 전제로 형사책임을 부정할 것인지를 두고 다툼이 있다. ① 다수견해는 객관적 주의의무를 준수할 것을 그 조건으로 제시한다. 위험이 따르는 행위일지라도 객관적 주의의무(예컨대 임상진료지침)를 준수한 것이면 범죄성립이 부정된다는 것이다. 이와 달리 ②이런 다수견해의 논리에 따르면 허용된 위험이론이 객관적 과실을 제한하는 기

81) 제163조 (과실위증, 과실에 의한 선서갈음 허위보증) ①제154조 내지 제156에 규정된 행위를 과실에 의하여 범한 경우에는 1년 이하의 자유형 또는 벌금형에 처한다. 제154조 (위증) ①법원 또는 선서를 하게 할 권한이 있는 기타 관청에 대하여 위증한 자는 1년 이상의 자유형에 처한다. ②제1항의 행위가 중하지 아니한 경우에는 6월 이상 5년 이하의 자유형에 처한다.

82) 이상돈, 형법강의, 법문사, 2010, 9/30.

83) 예컨대 오영근, 형법총론, 박영사, 2005, 12/61.

능을 할 수 없다는 이유로, 먼저 위험이 따르는 행위가 만들어낸 위험이 허용할 수 있는 범위 안에 있는지를 본 후에 그에 따른 객관적 주의의무위반, 곧 과실 여부를 판단해야한다는 견해[84]도 있다.

다. 신뢰의 원칙을 인정하여 과실을 부정한 판례

(1) 교통형법

허용된 위험이론을 구체화한 것이 독일 판례에 의해 확립된 신뢰의 원칙이다. 신뢰의 원칙은 우선 위험이 따르는 행위인 운전과 관련하여 인정되었다. 스스로 규칙을 준수하면서 도로교통에 참여하는 자는 특별한 사정이 없는 한 다른 교통참여자도 교통규칙을 지켜서 행동할 것을 신뢰해도 좋으며, 이로써 발생하는 결과에 대해 형사책임이 부정된다는 이론이다.

우리의 판례도 운전자 甲이 녹색등화에 따라 왕복 8차선의 간선도로를 직진하는데, 왕복 2차선의 접속도로에서 진행하여 오는 다른 차량의 운전자 V가 아예 허용되지 않는 좌회전을 감행하여 甲의 차량의 앞을 가로질러 진행하여 사고가 난 경우, V가 교통법규를 준수하지 않고 운전할 경우까지 예상하여 그에 따른 사고발생을 미리 방지하기 위해 특별한 조치까지 강구할 주의의무가 甲에게는 없다는 이유로 甲의 업무상과실을 인정할 수 없다고 본다(98도1854). 또한 甲이 교차로의 신호대기선에서 대기하다가 진행신호에 따라 이미 교차로의 상당부분(신호대기선에서 이 사건 사고지점까지의 거리는 45미터이고 이의 3/4정도 되는 지점)을 직진하여 통과하다가 뒤늦게 교통신호를 무시하고 좌측에서 교차로에 진입, 좌회전하여 진행하는 V의 차량과 충돌하여 V에게 약 16주간의 치료가 필요한 상해를 입힌 경우에도, 판례는 신뢰의 원칙을 적용하여 甲의 업무상과실치상죄를 부정한다(82도3071). 그 이유는 교통신호를 무시하고 교차로에 진입하는 차량까지 예상하여 사고발생을 미연에 방지할 주의의무는 없다는 것이다.

(2) 의료형법

신뢰의 원칙은 처음에는 교통사고에서 등장했지만, 현재는 의료사고 등에도 인정되고 있다. 이에 따라 예컨대 내과의사가 신경과 전문의에 대한 협의진료 결과와 환자에 대한 진료 경과 등을 신뢰하여 뇌혈관계통 질환의 가능성을 염두에 두지 않고 내과 영역의 진료 행위를 계속하다가 환자의 뇌지주막하출혈을 발견하지 못해 식물인간 상태에 이르게 한 경우, 내과의사의 업무상과실은 부정된다(2001도3292).

84) 이상돈, 형법강의, 법문사, 2010, 9/60.

신경외과 전공의 甲은 뇌출혈 증세로 병원에 입원하여 뇌실외배액술 등의 수술을 받은 환자(여, 70세) V에게 대퇴부 정맥에 연결된 튜브를 통해 항생제, 소염진통제 등의 주사액을 투여할 것을 당직간호사에게 지시하였는데, 그는 신경외과 간호실습생에게 지시하고 자신은 그 병실의 다른 환자에게 주사를 하는 사이, 그 간호실습생이 뇌실외배액관을 대퇴부 정맥에 연결된 튜브로 착각하여 그 곳에 주사액을 주입하였고, 그 결과 V가 뇌압상승에 의한 호흡중추마비로 사망한 경우, 판례는 신뢰의 원칙을 적용하여 신경외과 전공의 甲의 업무상과실치사죄를 부정한다(2001도3667). 그 이유는 자신의 지시를 받은 간호사가 자신의 기대와는 달리 간호실습생에게 단독으로 주사하게 하리라는 사정을 예견할 수 없었다는 것이다.

3. 과실을 인정한 판례

앞의 골프장캐디치상사건에서 판례는 甲에게 과실치상죄를 인정한다(2008도6940). 그 이유는 운동경기에 참가하는 자가 경기규칙을 준수하는 중에 또는 그 경기의 성격상 당연히 예상되는 정도의 경미한 규칙위반 속에 제3자에게 상해의 결과를 발생시킨 것으로서, 사회적 상당성의 범위를 벗어나지 아니하는 행위라면 과실치상죄가 성립하지 않지만, 이처럼 주의의무를 현저히 위반하여 사회적 상당성의 범위를 벗어난 행위에 대해서는 과실이 인정되고, 골프는 통상 권투나 유도처럼 상대방의 상해를 수반하는 경기가 아닐뿐더러 이와 같은 상황에서는 V에게 상해의 예견가능성을 인정하기 어려우므로 피해자의 명시적 또는 묵시적 승낙을 인정하기도 어렵다는 것이다.

병원 내과 인턴 甲은 수혈을 할 때는 직접 혈액봉지를 확인해야 할 뿐만 아니라 수혈 도중에 부작용이 발생하는 등 만일의 사태에 대비해야 하고, 간호사는 의사의 참여 없이는 수혈을 하지 않도록 지도·교육해야 하며, 자신의 참여 아래 간호사가 수혈을 하더라도 환자에게 수혈할 혈액봉지가 맞는지 여부를 확인해야 할 업무상 주의의무가 있음에도 불구하고, 간호사 단독으로 V에게 수혈을 하도록 내버려 둠으로써, 다른 환자에게 수혈할 혈액봉지를 V에게 수혈하여, 급성용혈성 수혈부작용으로 V가 사망한 경우, 판례는 업무상과실치사죄가 성립하고, 첫 번째 혈액봉지의 수혈은 의사가 직접 실시하되 수혈 중인 환자에 대해 혈액봉지를 교체하는 것은 간호사가 전담하는 것이 병원의 관행이라고 해도 과실이 정당화될 수는 없다고 본다(97도2812).

甲과 乙은 자신들과 함께 술을 마시고 만취되어 의식이 없는 A를 부축하여 학교선배인 S의 자취집에 함께 가서 촛불을 가져 오라고 하여 S가 가져온 촛불이 켜져 있는 방안에 이불을 덮고 자고 있는 A를 혼자 두고 나오는 바람에 화재가 발생하여 A가 사망한 경우, 판례는 甲과 乙에게 실화죄 외에 과실치사죄도 성립한다고 본다(94도1291). 그 이유는 다음 사정을 고려할 때 비록 甲과 乙이 직접 촛불을 켜지 않았다 할지라도 A를 혼자 방에 두고 나오는 甲과 乙에게는 촛불을 끄거나 양초가 쉽게 넘어지지 않도록 적절하고 안전한 조치를 취해야 할 주의의무가 있는데, 이를 이행하지 않았다는 것이다. ①甲과 乙은 그 촛불이 A의 발로부터 불과 약 70 내지 80cm 밖에 떨어져 있지 않은 곳에 마분지로 된 양초갑 위에 놓여져 있음을 잘 알고 있었고, ②당시 촛불을 켜놓아야 할 별다른 사정이 엿보이지 않으며, ③더욱이 甲과 乙 외에는 A를 돌보아 줄 사람도 없었으며 술에 취한 A가 정신없이 몸부림을 치다가 발이나 이불자락으로 촛불을 건드리면 그것이 넘어져 불이 이불이나 비닐장판 또는 벽지 등에 옮겨붙어 화재가 발생할 가능성이 있고, ④화재가 발생하는 경우 화재에 대처할 능력이 없는 V가 사망할 가능성이 있음을 甲과 乙은 예견할 수 있었다.

Ⅳ. 부작위범

Q. 甲은 조카(10세)를 살해할 생각으로 저수지로 데리고 가서 미끄러지기 쉬운 제방 쪽으로 유인하여 함께 걷다가 조카가 물에 빠지자 그를 구호하지 않고 익사하게 하였다(약칭하여 조카살인사건). 甲을 처벌할 수 있는가?

Q. 1997. 12. 4. 14:30 술에 취한 채 화장실을 가다가 중심을 잃어 기둥에 머리를 부딪치고 시멘트 바닥에 넘어지면서 다시 머리를 바닥에 찧어 경막외출혈상을 입고 병원으로 응급후송된 환자 V는 신경외과 전문의 甲, 주치의 乙, 인턴의사 丙을 포함한 의료진에 의해 수술을 받고 중환자실로 옮겨져 의식이 회복되고 있었으나 뇌수술에 따른 뇌부종으로 자가호흡을 할 수 없는 상태에 있었으므로 호흡보조장치를 부착한 채 계속 치료를 받고 있었다. 그런데 더 이상의 치료는 큰 의미가 없는 반면 치료비는 큰 부담이 된다고 판단한 V의 처는 의학적 권고에도 불구하고 V의 퇴원을 강청하여 乙은 甲의 지시에 따라 丙에게 V의 퇴원조치를 하도록 지시했다. 丙은 1997. 12. 6. 14:00경 환자에게 부착된 인공호흡기를 제거한 후 V의 처와 함께 병원 구급차로 환자를 후송하면서 인공호흡보조장치를 사용하여 수동으로 호흡을 보조하다가 V의 주거지에 도착한 후 V의 처에게 인공호흡보조장치를 제거하면 사망하게 된다는 사실을 고지한 후 인공호흡보조장치를 제거했다. V는 丙이 떠난 후 5분도 안되어 목 부위에서 꺽꺽거리는 등의 소리를 내며 불완전하게 숨을 쉬다가 뇌간압박에 의한 호흡곤란으로 사망했다(약칭하여 보라매병원사건). 의사들을 처벌할 수 있는가?

> 제18조 (부작위범) 위험의 발생을 방지할 의무가 있거나 자기의 행위로 인하여 위험발생의 원인을 야기한 자가 그 위험발생을 방지하지 아니한 때에는 그 발생된 결과에 의하여 처벌한다.

1. 개념

행위는 작위와 부작위로 구별할 수도 있고, 범죄는 흔히 작위로 실현하는 작위범이다. 그러나 부작위로 실현하는 경우도 있으며, 이를 부작위범이라고 한다. 그런데 위 조카살인사건(91도2951)처럼 부작위로 사람을 살해하는 것은 예컨대 살해할 생각으로 칼로 찔러서 사람을 죽이는 경우인 작위에 의한 살인보다 그 불법이 낮다고 볼 수 있다. 따라서 1992년 형법 개정안은 부작위범을 임의적 감경사유로 하고 있다.85) 이는 독일 형법의 부작위범86)을 참고한 것이다.

부작위범이 성립하려면 작위범이 갖추어야할 범죄의 성립요건에 덧붙여서 제18조의 구성요건을 갖추어야한다. 예컨대 부작위에 의한 살인죄가 성립하려면, 살인죄의 작위범의 범죄성립요건, 특히 구성요건해당성 여부와 관련하여 객체(사람)·결과(사망) 등과 이에 대한 고의 또는 과실 등이 인정되어야하고, 또한 제18조의 구성요건도 갖추어야한다. 다만 부작위범의 경우에도 인과관계가 필요한지 여부에 대해서는 다툼이 있다. 이를 부정하는 견해는 인과관계를 자연과학적 인과관계로 이해하면서 부작위범의 경우에는 규범적 평가의 문제인 결과의 객관적 귀속 여부만이 문제되고, 존재 곧 작위를 전제로 한 개념인 자연과학적 인과관계는 있을 수 없다고 본다.87)

2. 부진정부작위범의 구성요건

가. 4가지

제18조의 구성요건은 ㉮작위의무 있는 자가, ㉯그 작위의무를 이행하여 결과의 발생을 방지할 수 있었음에도 불구하고, ㉰부작위를 하고, ㉱그런 부작위가 작위에 의해 결과를 발생시킨 것과 동일한 평가를 내릴 수 있어야 한다는 것 4가지이다.

판례도 ㉮형법이 금지하고 있는 법익침해의 결과발생을 방지할 법적인 작위의무를 지고 있는 자가 ㉯그 의무를 이행함으로써 결과발생을 쉽게 방지할 수 있었음에도 불구하고 ㉰그 결과의 발생을 용인하고 이를 방관한 채 그 의무를 이행하지 않았고, ㉱그 부작위가 작위에

---

85) 제15조 (부작위에 의한 작위범) 결과의 발생을 방지하여야 할 자가 그 결과의 발생을 방지할 수 있었음에도 불구하고 이를 방지하지 아니한 때에는 그 발생된 결과에 따라 처벌한다. 이 경우 형을 감경할 수 있다.

86) 제13조 (부작위범) ①형법의 구성요건에 해당하는 결과의 발생을 방지하지 않은 자는 결과가 발생하지 않도록 할 법적인 보증의무가 있고, 그 부작위가 작위를 통한 구성요건의 실현과 동등한 것이면 형법에 따라 처벌할 수 있다. ②부작위범의 형은 제49조에 따라 감경할 수 있다.

87) 류화진, "부작위범의 인과관계", 비교형사법연구 제7권 제1호, 2005. 7., 117면 이하.

의한 법익침해와 동등한 형법적 가치가 있는 것이어서 그 범죄의 실행행위로 평가할 만한 것이면, 부작위범도 작위범과 동일하게 처벌할 수 있다고 한다. 이에 따라 판례는 위 조카살인사건에서 甲에 대해 부작위에 의한 살인죄를 인정한다(91도2951). 조카가 스스로 미끄러져서 물에 빠진 것이고, 그 당시는 甲이 살인죄의 예비단계에 있었을 뿐 아직 실행의 착수에는 이르지 않았다고 볼 수도 있으나, ㉮익사의 위험에 대처할 보호능력이 없는 나이 어린 조카를 익사의 위험이 있는 저수지로 데리고 갔던 甲은 숙부로서 물에 빠져 익사할 위험을 방지하고 물에 빠지는 경우 그를 구호해야 할 법적인 작위의무가 있고, 그럼에도 ㉯물에 빠진 조카를 구호하지 않은 채 그가 익사하는 것을 용인하고 방관한 부작위는 ㉰그를 직접 물에 빠뜨려 익사시키는 행위와 다름없다고 형법상 평가될 만한 살인의 실행행위라고 볼 수 있다는 것이다. 또한 판례는 법무사가 아닌 甲이 법무사로 소개되거나 호칭되는 데에도 자신이 법무사가 아니라는 사실을 밝히지 않고 법무사 행세를 하면서 근저당권설정계약서를 작성한 경우, 부작위에 의한 법무사법위반죄[88]를 인정한다(2007도9354).

나. 작위의무

(1) 개념

위 요건 가운데 결정적인 것은 작위의무이다. 작위의무를 18조는 '위험의 발생'을 방지할 의무라고 하면서, '자기의 행위로 "위험발생"의 원인을 야기한 자'에게도 발생한다고 하고 있지만, 이는 '결과발생'을 방지할 법적 의무이다. 1992년 형법개정안도 이 점을 분명히 하고 있다. 그렇지만 작위의무가 발생한 결과를 제거할 법적 의무는 아니다.

다수견해는 부작위범을 작위의무를 지는 자만이 범할 수 있는 진정신분범으로 파악한다. 그러나 행위관련요소로서 신분으로 보지 않는 견해[89]도 있고, 이에 따르면 '부진정부작위범은 모두 진정신분범이다'라는 말은 옳지 않다.

(2) 발생근거

결과발생방지의무, 곧 작위의무가 판례는 법령, 계약 등 법률행위, 선행행위로 인한 경우는 물론, 기타 신의성실원칙이나 사회상규 혹은 조리에 근거해서도 발생한다고 본다.

---

88) 제3조(법무사가 아닌 자에 대한 금지) ② 법무사가 아닌 자는 법무사 또는 이와 비슷한 명칭을 사용하지 못한다. 제74조(법무사가 아닌 자의 행위) ①법무사가 아닌 자가 다음 각 호의 어느 하나에 해당하면 3년 이하의 징역 또는 500만원 이하의 벌금에 처한다.
1. 제3조를 위반하여 제2조에 규정된 사무를 업으로 하거나 법무사 또는 이와 비슷한 명칭을 사용한 경우

89) 임웅, 형법총론, 법문사, 2012, 497면의 각주 98.

그러나 작위의무의 발생근거로 조리나 사회상규는 인정하지 않는다는 것이 옳다는 견해도 있다. 조리나 사회상규라는 의미는 불분명하고, 판례도 조리나 사회상규에 따른 작위의무를 인정한다고 하면서도, 실제로 이를 근거로 작위의무를 인정한 경우는 없고, '법령이나 계약등 법률행위 또는 선행행위'로 인한 작위의무만을 인정하고 있다는 것이 그 이유다.[90] 또한 신의성실원칙이란 개념은 죄형법정원칙 중 명확성원칙에 어긋나므로 부동산거래관계에서 이를 근거로 고지의무를 인정할 때 제한적으로 할 필요가 있다는 견해[91]도 있다.

(3) 작위의무의 의미

작위의무의 형법체계상 지위와 관련한 Nagler의 보증인설의 등장을 계기로 작위의무를 보증인의무로 부르면서 보증인지위와 구별한다. 보증인지위란 보증인의무를 발생시키는 상황으로서, 부작위범의 피해자는 스스로 결과발생을 저지시킬 수 있는 능력이 없는 반면, 작위의무를 지는 자는 결과발생 여부를 지배하고 있는 상태를 말한다.[92] 예컨대 어머니가 아사(餓死) 직전의 상황에서 어린 아이에게 젖을 주지 않는 방법으로 어린 아이를 살해한 경우, 모자관계가 보증인지위라면 아사(餓死) 직전의 상황에서 젖이나 영양분을 줄 의무는 보증인의무이다.

3. 작위와 부작위의 구별기준

제18조는 부작위로 범한 죄에 대해서만 적용되므로 작위와 부작위의 구별이 중요한 의미를 갖는다. 그런데 이 구별이 쉽지 않다. 예컨대 기차의 전철수 甲이 기차충돌사고를 발생시켜 V를 살해하기 위해 만취해서 잠이 들었고, 결국 기차가 지나갈 때 차단기를 내리지 않아서 기차충돌사고가 발생하여 V가 사망한 경우, 甲의 행위는 만취해서 잠이 든 작위로 봐야하는가, 아니면 차단기를 내리지 않은 부작위로 봐야하는가. 또 의사가 산소호흡기로 연명하고 있는 환자에게서 산소호흡기를 떼어내서 그 환자가 사망한 경우, 의사의 행위는 산소호흡기를 떼어낸 작위로 봐야하는가, 아니면 치료를 하지 않은 부작위로 봐야하는가.

가. 학설

이에 관해 다툼이 있는데, 크게 존재론적(또는 자연과학적) 관점과 규범적 관점으로 구별할 수 있다. ㉮존재론적 관점에는 ⓐ신체거동설, ⓑ에너지투입설[93], ⓒ작위를 통한 부작위범

90) 오영근, 형법총론, 박영사, 2005, 16/43.
91) 하태훈, "부동산거래관계에 있어서 고지의무와 부작위에 의한 기망", 형사판례연구 [2], 1992, 207면 이하.
92) 이상돈, 형법강의, 법문사, 2010, 12/75-77.

설 등이 있다. 작위를 통한 부작위범설은 예컨대 의사의 치료중단(의사가 인공호흡기의 스위치를 내리는 경우)처럼 부작위범이 작위로도 이루어질 수 있다는 견해다.

㉯규범적 관점에는 ⓐ사회의미성설, ⓑ법익관련설(법익침해 및 위태화 관련성), ⓒ비난중점설(비난가능성의 중점), ⓓ작위범이 성립하지 않는 경우에 한해 부작위범의 성립을 검토하는 보충관계설, ⓔ의심이 있으면 작위로 추정하는 작위추정설, ⓕ위 견해들은 처벌필요성, 입증편리성 등과 같은 형사정책적 결정에 따른 부작위나 작위의 선택을 근거짓는 논증의 도구에 불과하고, 부작위범은 논증에 더 큰 어려움을 지므로 민주적 법치국가에서는 의심스러울 때에는 부작위범으로(in dubio pro imissio) 봐야한다는 부작위추정설[94]이 있다.

나. 판례

판례는 작위와 부작위의 구별에 관한 존재론적 관점을 따르고 있다고 볼 수 있는데,[95] 특히 신체거동설의 입장이라고 볼 수 있다. V의 처는 부작위에 의한 살인죄, 전문의 甲과 주치의 乙은 작위에 의한 살인방조범, 인턴의사 丙은 살인고의를 인정할 수 없다는 이유로 무죄라고 본 위 보라매병원사건에서 "행위자가 자신의 신체적 활동이나 물리적·화학적 작용(퇴원조치지시를 의미)을 통해 적극적으로 타인의 법익상황을 악화시킴으로써 결국 그 타인의 법익을 침해하기에 이르렀다면 (작위로 봐야하고), 작위에 의해 악화된 법익상황을 다시 돌이키지 아니한 점에 주목하여 이를 부작위범으로 볼 것은 아니며, 악화되기 이전의 법익상황이 그 행위자가 과거에 행한 또 다른 작위(치료를 의미)의 결과에 의해 유지되고 있었다 하여 달리 볼 이유가 없다"고 보았기 때문이다(2002도995). 1심은 甲과 乙을 부작위에 의한 살인죄의 정범으로 보았으나, 원심은 작위(퇴원조치)에 의한 살인방조범으로 본 것이고, 대법원이 이를 지지한 것이다. 대법원의 논리에 따르면 결국 甲과 乙은 처벌되지 않는 丙의 행위를 이용하여 처의 부작위에 의한 살인죄를 도왔다는 말이 된다. "그 행위자가 과거에 행한 또 다른 작위의 결과에 의해 유지되고 있었다 하여"는 쉽게 말하면 "작위의무의 이행 중 이었다"는 의미이다.

4. 진정부작위범과 부진정부작위범의 구별기준

93) 이석배, "형법상 이중적 의미를 가지는 행위의 작위·부작위 구별과 형사책임의 귀속", 형사법연구 25호(2006년 여름), 67면 이하.

94) 이상돈, 형법강의, 법문사, 2010, 12/32·33.

95) 이에 대한 평석으로는 이정원, "의학적 권고에 반한 퇴원으로 사망한 환자에 대한 형사책임", 비교형사법연구 6권 2호, 2004, 361면 이하.

부진정부작위범과 진정부작위범의 구별은 의미가 없다는 견해[96]도 있지만, 다수견해는 부진정부작위범에 대해서만 제18조가 적용된다고 본다. 이에 따르면 진정부작위범과 부진정부작위범의 구별이 중요한 의미를 갖는다. 그런데 이에 관해 다툼이 있다.

㉮형식설은 구성요건의 형식에 따라 진정부작위범과 부진정부작위범을 구별하는 입장이다. 구성요건에 "…하지 아니한 자"처럼 부작위가 실행행위로 명시된 경우만 진정부작위범이라고 보고, 퇴거불응죄가 이에 해당한다고 본다. 판례의 입장이다(2007도482전판). 형식설에 따르면 의료법의 진료거부죄[97]도 진정부작위범이다. 그런데 이 진료거부죄는 원칙적으로 폐지되어야한다는 견해[98]도 있다. 진료인수의무는 형법적 의무가 아니라 순수한 직업윤리적 의무에 불과하므로 이 의무위반을 형법으로 처벌하는 것은 옳지 않다는 것이다.

㉯실질설은 구성요건의 형식에 관계없이 진정부작위범은 법률이 요구하는 행위를 하지 않으면 곧 바로 성립하는 거동범(형식범)이고, 부진정부작위범은 여기에서 나아가 결과의 발생까지 필요로 하는 결과범(실질범)이라는 입장이다. 이에 따르면 18조는 결과의 발생을 구성요건으로 규정한 범죄에 대해서만 적용된다.

㉰종합설은 아래 이유로 형식설과 실질설 모두 문제가 있으므로 두 학설의 판단기준은 물론 부진정부작위범으로 다룰 필요성 등도 종합적으로 고려하여 판단하자는 입장이다.[99] 금지규범과 요구규범은 호환성이 있어서 형식설은 문제가 있다는 것이다. 또 우리의 응급의료에 관한 법률의 응급의료의무위반죄[100]는 거동범이지만 부작위와 일정한 결과(법익침해나 침해의 위험)와의 관련성이 요구되므로 실질설도 문제가 있다는 것이다. 예컨대 응급의료거부행위가 있더라도 응급의료 후 진료를 인수하는 의사의 치료의 유효성을 보존하는 것, 환자의 치료기회의 상실이라는 결과의 방지 등과의 관련성이 없을 수 있다는 것이다.

---

96) 배종대, 형법총론, 홍문사, 2005, 162/4; 오영근, 형법총론, 박영사, 2005, 16/15-20: 실질설도 형법의 규정형식에 따라 구분하는 입장이므로, 위 입장을 형식설과 실질설로 각각 표현하는 것은 옳지 않고, 모든 행위가 작위와 부작위로 이루어질 수 있다는 것이다.

97) 의료인은 진료나 조산 요청을 받으면 정당한 사유 없이 거부할 수 없고, 이를 위반하면 1년 이하 징역이나 500만원 이하 벌금으로 처벌된다(의료법 15조 1항, 89조).

98) 정현미, "의료법상 의사의 진료거부금지와 응급조치의무", 형사판례연구 [5], 박영사, 1997, 477면; 이상돈, 의료형법, 법문사, 1998, 69면 이하.

99) 이상돈, 형법강의, 법문사, 2010, 12/15-20.

100) 第60조(벌칙) ②다음 각호의 1에 해당하는 자는 3년 이하의 징역 또는 1천만원 이하의 벌금에 처한다.
1. 第6조第2항의 규정에 위반하여 응급의료를 거부 또는 기피한 응급의료종사자
第6조(응급의료의 거부금지 등) ②응급의료종사자는 업무 중에 응급의료를 요청 받거나 응급환자를 발견한 때에는 즉시 응급의료를 행하여야 하며 정당한 사유 없이 이를 거부하거나 기피하지 못한다.

V. 결과범과 인과관계

Q. 혈청에 의한 간기능검사로 환자의 간 상태를 정확히 파악하지 않고, 시진, 문진 등의 검사결과와 정확성이 떨어지는 소변에 의한 간검사 결과만을 믿고, 할로테인을 사용한 전신마취를 한 상태에서 난소종양절제수술을 시행하여 수술 후 22일 만에 환자가 급성전격성간염으로 인해 사망하였는데, 수술주관의사 甲과 마취담당의사 乙의 과실을 부정할 수 없고, 수술 후 시행한 피해자에 대한 혈액화학검사결과에서 간손상이 있었으므로 수술 전에도 간손상이 있은 것으로 추정할 수는 있지만, 수술 후 시행한 B형 간염바이러스 검사결과는 음성이어서 간기능 이상의 원인이 한국에서 가장 흔한 간염의 원인인 B형 간염바이러스에 의해 초래되었을 가능성은 배제할 수 있어서, 수술 전에 혈청에 의한 간기능검사를 하였다면 환자의 간기능에 이상이 있었다는 검사결과가 나왔으리라는 점이 증명되지(곧 확실하지) 않은 경우(약칭하여 할로테인마취사건), 甲과 乙을 처벌할 수 있는가?

Q. 자동차 운전자 甲이 열차건널목에서 도로교통법의 일단멈춤규정에 위반하여 열차건널목을 그대로 건너는 바람에 그 자동차가 열차좌측 모서리와 충돌하여 20여미터쯤 열차 진행방향으로 끌려가면서 튕겨나갔고 V는 타고 가던 자전거에서 내려 위 자동차 왼쪽에서 열차가 지나가기를 기다리고 있다가 위 충돌사고로 놀라 넘어지면서 상해를 입었다(약칭하여 놀라자빠진사건). 甲을 처벌할 수 있는가?

제17조 (인과관계) 어떤 행위라도 죄의 요소되는 위험발생에 연결되지 아니한 때에는 그 결과로 인하여 벌하지 아니한다.

제19조 (독립행위의 경합) 동시 또는 이시의 독립행위가 경합한 경우에 그 결과발생의 원인된 행위가 판명되지 아니한 때에는 각 행위를 미수범으로 처벌한다.

제263조 (동시범) 독립행위가 경합하여 상해의 결과를 발생하게 한 경우에 있어서 원인된 행위가 판명되지 아니한 때에는 공동정범의 예에 의한다.

1. 결과범과 인과관계

가. 결과범

결과범이란 결과의 발생을 필요로 하는 범죄형태를 가리킨다. 여기서 결과란 보호법익에 대한 침해 또는 구체적 위험을 말한다. 따라서 침해범과 구체적 위험범이 결과범이다. 살인죄나 과실치사죄가 이에 해당한다. 제17조에서 '위험'은 '결과'와 같은 개념이다.[101] 이에 견줘 거동범이란 구성요건에 규정된 행위를 하는 것만으로 성립하는 범죄를 말한다. 공무집행방해죄나 주거침입죄가 이에 해당한다.

101) 최근의 형법개정논의에서 '제13조(인과관계) 어떤 행위라도 죄의 요소되는 결과발생에 연결되지 아니한 때에는 그 결과로 인하여 벌하지 아니한다'라는 개정안이 나왔다(신양균, "형법총칙개정의 기본방향", 형사법연구 제22권 제4호 특집호, 2010 겨울, 27면).

형법에서 위험범은 침해범과 구별되는 개념으로서 법익침해에 대한 위험을 발생시킨 행위를 처벌할 경우를 가리키는 범죄개념이다. 판례는 위태범이라고도 부른다(2008도198). 위험범의 위험을 흔히 구체적 위험과 추상적 위험으로 구별해서 이해하고, 위험이 구성요건요소로 규정된 범죄[102]를 구체적 위험범이라고 이해한다. 더 나아가서 추상적 위험을 다시 위해로서의 위험(Danger)과 위해의 통계적 개연성, 곧 확률로서의 위험(Risk)으로 구별하여, 전자는 개인에게 귀속가능한 실제적인 위험이지만 후자는 그렇지 않은 위험으로서 환경형법과 같은 위험형법의 위험이라고 보는 견해[103]도 있다.

나. 인과관계

결과범의 경우에는 행위자가 결과에 대해 책임을 지려면 자신의 행위(고의행위, 과실행위)가 그 결과의 원인이어야 한다. 행위와 결과 사이의 이런 관계를 가리켜 인과관계라고 한다. 이는 결과범의 범죄성립의 객관적 구성요건요소이다.

2. 인과관계 흠결의 법적 효과

행위와 결과 사이에 인과관계가 인정되지 않으면 결과에 대한 책임을 지지 않는다. 결과범의 경우에 이런 인과관계가 인정되지 않으면 과실범은 성립할 수 없고, 고의범은 미수범 처벌규정이 있는 경우에 한하여 예외적으로 미수범만 성립할 수 있다.

인과관계가 밝혀지지 않은 경우도 원칙적으로 미수이다. 독립행위가 경합한 경우에 인과관계가 밝혀지지 않으면 제19조에 따라 각 행위를 미수범으로 처벌한다. 이처럼 경합하는 독립행위를 동시범(同時犯, Nebentäterschaft)이라고 한다.

그러나 甲, 乙, 丙 세 사람이 의사의 연락없이 각자 독립적으로 V에게 상해나 폭행을 하여 그 결과 V가 상해를 입었지만, 누구의 행위로 상해를 입은 것인지 밝혀지지 않은 경우는 제19조가 아니라 제263조에 따라 처리하여 甲, 乙, 丙 모두 상해기수죄나 폭행치상죄로 처벌한다. 제263조는 제19조에 대한 특례규정이기 때문이다. 제263조의 법적 성격을 두고 ㉮거증책임전환설, ㉯공모부분은 의사연락의 의제이고, 인과관계부분은 거증책임의 전환이라는 이원설,[104] ㉰책임원칙과 in dubio pro reo원칙에 어긋난다는 위헌설[105]이 대립한다.

---

102) 第166조 (일반건조물등에의 방화) ②자기 소유에 속하는 제1항의 물건을 소훼하여 공공의 위험을 발생하게 한 자는 7년 이하의 징역 또는 1천만원 이하의 벌금에 처한다.
제167조 (일반물건에의 방화) ①불을 놓아 전3조에 기재한 이외의 물건을 소훼하여 공공의 위험을 발생하게 한 자는 1년 이상 10년 이하의 징역에 처한다.

103) 이상돈, 형법강의, 법문사, 2010, 4/43.

3. 인과관계의 판단기준에 관한 학설

인과관계의 판단기준에 관한 학설로 조건설, 합법칙적 조건설, 상당인과관계설, 객관적 귀속이론 등이 있다. 조건설과 합법칙적 조건설은 자연과학적 관점에서 인과관계의 유무를 판단하는 이론인 반면, 상당인과관계설과 객관적 귀속이론은 인과관계를 결과의 귀속문제로 보고 규범적 관점에서 인과관계의 범위를 제한하는 이론이다.

가. 조건설

조건설은 전자(일정한 행위)가 없었더라면 후자(일정한 결과발생)도 없었을 것이라는 논리적 조건관계, 곧 '절대적 제약공식(conditio sine qua non)'이 성립하면 인과관계를 인정한다. 하나의 결과에 대한 모든 조건은 같은 가치를 가지므로 등가설(等價說)이라고도 한다. 조건설에 따르면 인과관계가 부당하게 확대되는, 예컨대 V에 대한 살인자의 부모와 V의 사망 사이에도 인과관계를 인정하는(살인자의 부모가 없었더라면 V의 사망도 없었을 것이므로) 문제가 있는 반면 거꾸로 아래 표와 같이 인과관계를 인정해야할 경우는 인과관계를 부정하는 불합리한 결과가 초래된다. 또 조건설은 부작위범의 인과관계를 인정하기 어렵다.

나. 합법칙적 조건설과 객관적 귀속이론

다수견해는 합법칙적 조건설에 따라 인과관계의 유무를 판단한 후에 객관적 귀속이론에 따라 인과관계의 범위를 제한하여 인과관계를 확정한다.

합법칙적 조건설(약칭하여 합법칙설)은 조건설의 절대적 제약공식이 아니라, '결과가 행위에 시간적으로 뒤따르면서 자연법칙에 부합하게, 곧 합법칙적으로 연관될 것'이라는 조건공식에 의해 인과관계의 유무를 판단한다. 아래 표에서 보듯이 합법칙적 조건설은 조건설의 문제점을 어느 정도 해결해주나, 비유형적 인과관계의 경우 인과관계를 인정해야하는 문제점이 있다. 또한 자연법칙적 지식은 충분하지 않다는 문제도 있다. 예컨대 흔히 담배가 폐암 등 질병을 유발하는 '일반적 · 통계적 · 확률적' 원인(위험[Risk]로 이해해도 무방)이 된다고 알고 있지만, 이런 경우 담배제조행위와 상해나 사망 사이에 구체적인 합법칙적 연관성을 인정하여 형법적 인과관계를 인정할지 다툼이 있다.

104) 신동운, 신형사소송법, 법문사, 2007, 882면.
105) 이상돈, 형법강의, 법문사, 2010, 11/127; 배종대 · 이상돈 · 정승환, 신형사소송법, 홍문사, 2009, 54/25.

인과관계 사례의 유형화		조건설	합법칙설
중첩적 · 누적적 인과관계: 독자적으로는 같은 결과를 가져올 수 없는 행위들이 결합하여 일정한 결과를 야기한 경우, 예컨대 甲과 乙이 V를 죽이기 위해 서로 모르는 채로 각각 치사량 미달의 0.5그램의 독약을 음료수에 넣어 치사량의 독약 1그램이 든 음료수를 V가 마시고 사망한 경우		○	○
가설적 · 단절된 인과관계: 결과에 영향을 미친 다양한 행위 중 실현되지 않은 가설적 행위가 있는 경우.		×	×
이중적 · 택일적 인과관계: 단독으로 동일한 결과를 야기할 수 있는 여러 개의 행위가 결합하여 일정한 결과를 발생시킨 경우, 예컨대 甲과 乙이 V를 죽이기 위해 서로 모르는 채 각각 치사량의 독약 1그램을 음료수에 넣어 V가 마시고 사망한 경우	문제되는 인과관계 사례	×	○
추월적 인과관계: 가설적 행위와 결과 사이에 현실적 행위가 개입한 경우, 예컨대 사형집행 전에 피해자의 어머니가 사형집행인보다 먼저 단추를 눌러 사형수를 사망하게 한 경우		×	○
경합적 인과관계: 甲과 乙이 친구 V에게 동시에 치사량의 독약을 탄 맥주잔을 권했는데, V가 甲이 준 맥주잔을 받아 마시고 사망한 경우		×	○
비유형적 인과관계: 결과를 실현할 수 없는 행위와 결과 사이에 다른 행위나 조건이 비유형적으로 개입하여 결과를 발생시킨 경우, 예컨대 甲이 V를 상해하였는데 병원으로 후송되는 과정에서 발생한 교통사고로 사망하거나 수술 도중에 의사의 치명적 실수나 병원화재로 사망한 경우		○	○

객관적 귀속의 기준에 따라 결과의 귀속 여부를 판단하는 이론이다. 객관적 귀속기준은 크게 3가지로 분류할 수 있다.[106] 첫째, 법적으로 허용되지 않는 위험을 창출한 경우는 객관적 귀속을 인정할 수 있다. 둘째, 법적으로 허용되지 않는 위험을 창출했더라도 그 위험이 실현되지 않은 경우에는 객관적 귀속을 인정할 수 없다. 셋째, 법적으로 허용되지 않는 위험이 실현됐을지라도 그 위험이 형법이 보호하는 영역 안에 있지 않으면 객관적 귀속을 인정할 수 없다.

다. 상당인과관계설

상당인과관계설은 행위와 결과 사이에 경험법칙을 따른 상당성이 인정되면 인과관계를 인정한다. 다수의 판례가 이 입장이지만, 객관적 귀속이론을 따르기도 한다. 다수견해가 택하는

106) 이상돈, 형법강의, 법문사, 2010, 11/77-114.

합법칙적 조건설과 객관적 귀속이론은 인과관계에 관한 규정을 두고 있지 않으면서 조건설을 택하고 있는 독일 형법에나 적합하다고 비판하면서, 실제로 상당인과관계설과 큰 차이가 없다고 보는 견해[107]도 있다.

여기서 상당성은 예견가능성 또는 개연성을 의미한다. 행위를 할 때 그 결과를 예견할 수 있었어야, 달리 말해 행위와 결과발생 사이에 고도의 가능성, 곧 개연성이 인정되어야 인과관계를 인정할 수 있다는 것이다. 상당성 여부를 판단할 때 고려하는 사정들에 따라서 상당인과관계설은 다시 ⓐ주관적 상당인과관계설(행위자가 행위 당시에 인식하였거나 예견할 수 있었던 사정), ⓑ객관적 상당인과관계설(행위 당시의 모든 사정을 제3자인 법관이 객관적으로 종합), ⓒ절충적 상당인과관계설(행위 당시의 행위자뿐만 아니라 일반인이 인식할 수 있었던 사정) 등으로 구별된다.

이처럼 상당인과관계설 내부에서 다시 견해대립이 있다는 것은, 상당성이란 개념이 불명확하는 것을 반증하는 것이다.

4. 인과관계에 관한 판례와 평가

가. 인과관계를 부정한 판례

(1) 합법적 대체행위사례

화물차 운전자 甲은 고속도로의 갓길에서 정차하여 있다가 주행 차로로 진입하는 과정에서 후방에서 3차로를 따라 진행하던 V의 승용차와 충돌하면서 그 충격으로 V가 사망하였는데, 甲은 3차로로 진입할 때 뒤쪽을 보지 않았지만, 후방주시의무를 다했다고 하더라도 정황상 사고가 발생하였을 가능성이 있는 경우, 판례는 甲이 후방을 잘 살펴 다른 차의 정상적인 통행에 장애를 주어서는 안 될 업무상 주의의무를 게을리 한 것과 V의 사망 사이에 인과관계가 없다고 본다(2009노9812). 객관적 귀속이론에 따르면 합법적 대체행위를 했더라도 결과가 발생했을 경우이다. 이를 합법적 대체행위이론 또는 객관적 귀속을 위해서는 과실과 결과 사이에 밀접한 연관관계를 요구한다는 점에서 주의의무 위반관련성이론이라고도 한다.[108]

(2) 할로테인마취사건

할로테인마취사건처럼 '합법적 대체행위, 곧 수술전에 혈청에 의한 간기능검사를 하였다면

107) 오영근, 형법총론, 박영사, 2005, 11/34·35.
108) 김성돈, 형법총론, 현암사, 2006, 545면 이하; 이재상, 형법총론, 박영사, 1996, 14/31.

환자의 간기능에 이상이 있다는 검사결과가 나왔다'라는 것이 확실하게 밝혀지지 경우 객관적 귀속을 인정할 것인지 여부를 두고 다툼이 있다. 우선 판례는 합법적 대체행위와 결과의 불발생의 증명책임은 검사에게 있다고 보고, 할로테인마취사건(90도694)과 선행 교통사고와 후행 교통사고 중 어느 쪽의 원인으로 피해자가 사망하였는지 분명하지 않은 사건(2005도8822) 모두 업무상과실치사죄를 부정한다. 무죄추정설[109]의 입장이다. 과실과 결과 사이에 합리적 의심(20% 이상)이 있는 경우이므로, 무죄추정원칙에서 도출되는 '의심스러운 경우에는 피고인의 이익으로(in dubio pro reo)'원칙에 따라 형사책임을 귀속시킬 수 없다는 것이다.

위험증대설은 주의의무위반으로 실현된 위험이 합법적 대체행위에 따른 허용된 위험보다 더 큰지가 불확실하고 단지 가능성이나 개연성 정도에 그칠지라도 합법적 대체행위, 곧 정상의 주의를 다하도록 하는 것이 형사정책적으로 옳으므로 객관적 귀속을 인정해야한다고 본다.[110] '의심스러운 경우에는 피고인의 이익으로' 원칙은 "간기능검사를 충실히 했다면 사망하지 않았을 것이다"라는 가정적 상황이 증명되지 않은 경우에 적용되는 것이 아니라 "간기능검사를 충실히 하지 않은 것-전신마취에 의한 개복수술-급성전격성간염에 의한 사망"이라는 현실적 인과과정에 의심이 있는 경우에 적용되는 것이고, 이런 가정적 상황의 경우에 결과의 귀속 여부는 형사정책적 가치판단의 문제라는 것이다.

절충설[111]은 주의의무위반행위가 행위객체에 상당한 정도로 위험을 증대시켰을 때에만 주의의무위반행위와 결과 사이에 인과관계를 인정한다.[112] 법익보호와 인권보장을 조화시켜야 한다는 것이 그 이유이다. 의료행위는 기본적으로 선을 행하는 행위이므로 할로테인마취사건은 무죄추정설이 옳지만, 인명경시의 교통문화를 지양하기 위해서 2005도8822사건은 위험증대설의 관점에서 업무상과실치사죄의 공동정범으로 보는 것이 옳다는 견해[113]도 절충설에 해당한다.

(3) 그 밖의 판례

甲이 V의 뺨을 한번 살짝 때리는 순간 평소의 허약상태에서 온 급격한 뇌압상승으로 V가 뒤로 넘어지면서 우측 측두골골절, 지주막하출혈 등을 입고 사망하였는데, V의 허약함은 알고 있었지만 두뇌의 특별 이상은 알지 못한 경우처럼 위험을 객관적으로 예견할 수 없었던

109) 김성돈, 형법총론, 현암사, 2006, 548면 이하; 이상돈, 법학입문, 박영사, 2007, 127면 이하; 이재상, 형법총론, 박영사, 1996, 11/49.
110) 신양균, "과실범에 있어서 의무위반과 결과의 관련", 형사판례연구[1], 박영사, 1993, 80면 이하.
111) 신동운교수는 이렇게 부르지만, 상당위험증대설로 부르기도 한다(김성돈, 형법총론, 현암사, 2006, 546면).
112) 신동운, 형법총론, 법문사, 2006, 236면.
113) 이상돈, 형법강의, 법문사, 2010, 219면 이하.

경우, 판례는 인과관계를 부정한다(78도1961).

어로작업 중인 항행유지선과 이를 피할 의무있는 피항선(避航船)[114]이 서로 충돌하였는데, 항행유지선이 견시의무를 소홀히 하였지만, 피항선이 항행유지선의 존재와 위치를 정확히 알고 있으면서 이를 피항하려다가 조선상 과실로 충돌한 경우, 항행유지선 조선자의 견시의무 소홀과 사고발생 사이에 상당인과관계가 없다(83도2746). 그 이유는 항행유지선 조선자가 견시의무를 다하여 미리 피항선의 근접을 발견하였더라도 충돌의 위험이 닥친 단계에서 스스로 방향변경 등의 방법으로 위험을 피할 도리가 없다는 것이다.

1999. 5. 13. 14:20경 S파도수영장 안 수심 80㎝ 지점에서 엎어진 상태로 있는 V를 친구들이 발견한 후 수영장 안전요원 甲은 5분 후에 발견했다. 14:55경 V를 수영장 밖으로 데리고 나와 인공호흡을 실시하자 음식물이 나왔다. 약 10분 후 119구급대가 도착하자 V를 병원으로 후송하였으나 15:16경 병원에 도착할 당시 V는 이미 사망한 상태였다. 수영장의 응급실 간호사는 지하 1층의 응급실에 대기하지 않고 지상 1층에 있는 방제실에서 컴퓨터 작업을 하고 있어서 V의 응급조치에 전혀 관여하지 못했다. V에 대한 사망진단서에 직접 사인은 심폐정지로 되어있으나 부검을 실시하지 않았기 때문에 그의 정확한 사인은 밝혀지지 않았는데, 의사는 익사하였을 가능성보다는 심장마비 또는 구토물에 의한 질식사일 가능성이 높다고 보았다. 판례(2001도6601)는 ⓐ응급조치를 잘못한 甲의 과실을 부정한다. 그 이유는 V가 수영장에서 물놀이 도중 심폐정지로 사망한 사실이 인정될 뿐이지, 사고 지점의 수심이 80㎝에 불과하여 물놀이로 인한 질식사나 심장마비의 위험이 없고, 甲이 응급조치를 계속했다면 사망하지 않았을 것이라는 것이 입증되지 않았다는 것이다. 또 ⓑ물놀이시설 및 안전요원의 관리 등의 업무를 총괄하는 팀장인 乙이 적정한 수의 안전요원을 배치하여 그들로 하여금 수영장을 면밀히 살펴 익사사고가 발생하지 않도록 해야 하고, 간호사를 배치하여 사고가 발생한 경우 즉각적인 구호조치가 가능하게 해야 하며, 사고를 당한 사람을 병원으로 이송하는 때에는 인명구조요원이나 간호사가 동승하여 구호조치를 계속하도록 지휘·감독하여 사고를 방지할 업무상 주의의무를 다하지 못한 과실도 부정한다. 乙의 과실 여부는 간호사의 응급실 대기 여부나 구급차 동승 여부가 아니라 甲이 사전에 응급조치교육을 제대로 받았는지, 사고 당시 응급조치를 적절히 했는지 여부이기 때문이라는 것이다. 원심은 이를 모두 인정하여 甲과 乙의 업무상 과실치사죄를 인정한다.

114) 뱃길에 있는 다른 배나 장애물을 피하는 배. 바지(barge)선: 주로 강과 운하 등에서 화물을 운반하기 위하여 만든, 바닥이 평평한 배인데, 일부 바지선은 스스로 추진되지 않으므로 예인선(tugboat)의 도움이 필요하다. 예인선(曳引船): 강력한 기관을 가지고 다른 배를 끌고 가는 배. 선단(船團): 어떤 일을 공동으로 하는 배의 무리

녹색등화에 따라 왕복 8차선의 간선도로를 직진하는 차량의 운전자가 제한속도를 초과하여 과속으로 진행한 잘못이 있었지만, 왕복 2차선의 접속도로에서 진행하여 오는 다른 차량의 운전자가 아예 허용되지 아니하는 좌회전을 감행하여 직진하는 자기 차량의 앞을 가로질러 진행하여 사고가 난 경우, 제한속도를 지켰더라면 충돌을 피할 수 있었다는 사정이 없는 한 과속행위와 교통사고 사이에 상당인과관계가 없다(98도1854).

한의사인 甲이 피해자에게 문진하여 과거 봉침을 맞고도 별다른 이상반응이 없었다는 답변을 듣고 알레르기 반응검사(skin test)를 생략한 채 환부인 목 부위에 봉침시술을 하였는데, 피해자가 위 시술 직후 구토, 발진, 협심증 등 아나필락시 쇼크반응을 나타내는 등 상해를 입은 경우, 판례는 알레르기 반응검사를 하지 않은 과실과 피해자의 상해 사이에 상당인과관계를 인정하기 어렵다고 본다(2010도10104). 그 이유는 甲에게 과거 알레르기 반응검사 및 약 12일 전 봉침시술에서도 이상반응이 없었던 피해자를 상대로 다시 알레르기 반응검사를 실시할 의무가 있다고 보기는 어렵고, 봉침시술에 투여한 봉독액의 양이 알레르기 반응검사에서 사용된 양과 비슷하며, 설령 그러한 의무가 있다고 하더라도 제반 사정에 비추어 甲이 봉침시술에 앞서 피해자에게 설명의무를 다하였다 하더라도 피해자가 반드시 봉침시술을 거부하였을 것이라고 볼 수 없다는 것이다.

야간에 고속도로에서 제한속도를 위반하여 고속버스를 추월한 직후 30-40m 전방에서 갑자기 무단횡단하는 사람에게 상해를 입힌 경우, 제한속도위반행위와 상해 사이(2000도2671).

나. 인과관계를 인정한 판례

판례는 앞의 놀라자빠진사건에서 甲의 과실과 V의 상해 사이에 상당인과관계를 인정한다(89도866). 객관적 귀속이론 중 '법적으로 허용되지 않는 위험이 실현됐을지라도 그 위험이 형법이 보호하는 영역 안에 있지 않으면 객관적 귀속을 인정할 수 없다'는 규범의 보호범위이론에 따르면 이 경우 객관적 귀속이 부정된다. 도로교통법의 일단멈춤규정의 목적은 예컨대 열차와의 충돌을 방지하는데 있지, 통행인이 놀라 상해를 입는 것까지 방지하는데 있는 것은 아니라는 것이다.[115]

연탄가스 중독환자가 퇴원시 자신의 병명을 물었으나 환자를 그 병명으로 진단, 치료한 의사 甲이 아무런 요양방법을 지도하여 주지 않아서 병명을 알지 못한 환자가 퇴원 즉시 처음 사고 난 방에서 다시 자다가 재차 연탄가스에 중독된 경우, 판례는 요양방법지도의무위반행위와 재중독이라는 상해 사이에 인과관계를 인정한다(90도2547). 그러나 객관적 귀속을 부정

115) 이상돈, 형법강의, 법문사, 2010, 11/106.

하여 업무상과실치상죄를 부정하는 견해도 있다. 그 이유로 재중독이라는 결과방지는 의료법의 요양방법지도의무[116]의 보호목적에 해당하지 않는다고 보는 견해[117]도 있고, 요양방법지도의무는 인정되지만 피해자인 환자가 자기위태화에 관여한 것이라고 보는 견해[118]도 있다.

임차인이 자신의 비용으로 설치·사용하던 가스설비의 주밸브만 잠근 채 휴즈콕크를 제거하고 아무런 조치 없이 이사를 간 후 가스공급을 개별적으로 차단할 수 있는 주밸브가 원인불상으로 열려져 가스가 유입되어 폭발사고가 발생하였는데 점화원인이 밝혀지지 않은 경우, 임차인의 과실과 가스폭발사고 사이(99도5086). 평균인의 관점에서 객관적으로 볼 때 충분히 예견가능하다는 것이다.

A병원 의사가 제왕절개수술로 분만 후 1시간 경과시 예견되는 환자의 대량출혈 증상을 조기에 발견하지 못하여 수혈과 B병원으로의 전원(轉院)을 지체하였는데, 환자가 B병원에 도착하였지만 A병원 의사로부터 충분한 설명을 받지 못한 B병원 의사가 수혈의 긴급성 판단을 그르쳐 대량출혈로 환자가 사망한 경우, A병원 의사가 예견된 대량출혈 증상을 조기에 발견하지 못하여 환자의 수혈지체를 야기한 과실과 환자의 사망 사이(2009도7070).

건축자재인 철판 수백 장의 운반을 의뢰한 자가 절단면이 날카롭고 무거운 철판을 묶기에 매우 부적합한 폴리에스터 끈을 사용하여 철판 묶음 작업을 하는 등의 과실로 철판 쏠림 현상이 발생했고, 이로 인해 철판을 차에서 내리는 과정에서 철판이 쏟아져 내려 화물차 운전자가 사망한 경우, 운반 의뢰인의 과실과 화물차 운전자의 사망 사이(2009도3219).

Ⅵ. 기출문제

문17. 고의(범의)에 대한 판례의 입장과 일치하지 않는 것은? 2006년 48회 사법시험

① 고의는 내심적 사실이므로 피고인이 이를 부정하는 경우에는 사물의 성질상 고의와 상당한 관련성이 있는 간접사실을 증명하는 방법에 의하여 입증할 수밖에 없다.

② 피고인에게 범행 당시 살인의 범의가 있었는지 여부는 피고인이 범행에 이르게 된 경위, 범행의 동기, 준비된 흉기의 유무·종류·용법, 공격의 부위와 반복성, 사망의 결과발생가능성 정도, 범행 후에 있어서의 결과회피행동의 유무 등 범행 전후의 객관적인 사정을 종합하여 판단한다.

③ 공무집행방해죄에 있어서의 범의는 상대방이 직무를 집행하는 공무원이라는 사실, 그리고

116) 제24조(요양방법 지도) 의료인은 환자나 환자의 보호자에게 요양방법이나 그 밖에 건강관리에 필요한 사항을 지도하여야 한다.

117) 김일수, "업무상과실치상에서 인과관계와 객관적 귀속", 고려대 판례연구 제5집, 1992. 1, 343면 이하.

118) 이상돈, 형법강의, 법문사, 2010, 11/109.

이에 대하여 폭행 또는 협박을 가한다는 사실에 대한 인식과 그 직무집행을 방해할 의사가 있어야 인정할 수 있다.

④ 기업의 경영자에게 배임의 고의가 있었는지 여부를 판단함에 있어서는 경영상 판단에 이르게 된 경위와 동기, 판단대상인 사업의 내용, 기업이 처한 경제적 상황, 손실발생의 개연성과 이익획득의 개연성 등 제반사정에 비추어 자기 또는 제3자가 재산상 이익을 취득한다는 인식과 본인에게 손해를 가한다는 인식하의 의도적 행위임이 인정되는 경우에 한하여 배임죄의 고의를 인정하는 엄격한 해석기준이 유지되어야 할 것이지만, 미필적 인식이 있었다면 고의성립을 인정할 수 있다.

⑤ 적성검사를 받지 않아 기존의 운전면허가 취소된 상태에서 자동차를 운전한 경우 운전자에게 무면허운전에 대한 고의가 있었는지 여부를 판단함에 있어 면허취소의 사유와 취소사유가 된 위법행위의 경중, 면허취소처분통지를 받지 못한 이유 등 제반사정을 두루 참작하여야 하는데, 적발당시 운전자가 소지하고 있던 운전면허증상에 적성검사기간과 경고문구가 기재되어 있었다는 사정은 중요한 간접증거이지만 그것만으로는 운전자에게 무면허운전에 대한 미필적 인식이 있었다고 보기 어렵다.

(정답) ③
(해설) ③×(94도1949: 직무집행을 방해할 의사는 필요하지 않다) ①○(2002도4229) ②○(2006도734) ④○(2007도6075) ⑤○(2004도6480)

문9.(배점 2) 다음 설명 중 옳지 않은 것은? (다툼이 있는 경우 판례에 의함) 2014년 56회 사법시험

① 진실한 객관적인 사실들에 근거하여 고소인이 피고소인의 주관적인 의사에 관하여 갖게 된 의심을 고소장에 기재하였을 경우에 법률 전문가가 아닌 일반인의 입장에서 볼 때 그와 같은 의심을 갖는 것이 충분히 합리적인 근거가 있다고 할지라도, 그 의심이 나중에 진실하지 않은 것으로 밝혀졌다면 고소인에게 무고의 미필적 고의가 인정된다.

② 운전면허증 앞면에 적성검사기간이 기재되어 있고, 뒷면 하단에 경고 문구가 있다는 점만으로 피고인이 정기적성검사 미필로 면허가 취소된 사실을 미필적으로나마 인식하였다고 추단하기 어렵다.

③ 공직선거법상 허위사실공표죄에서는 공표된 사실이 허위라는 것이 구성요건의 내용을 이루는 것이기 때문에, 행위자의 고의의 내용으로서 그 사항이 허위라는 것의 인식이 필요하나 어떠한 소문을 듣고 그 진실성에 강한 의문을 품고서도 공표한 경우에는 적어도 미필적 고의가 인정될 수 있다.

④ 장물죄에서 장물의 인식은 확정적 인식임을 요하지 않으며 장물일지도 모른다는 의심을 가지는 정도의 미필적 인식으로서 충분하다.

⑤ 청소년출입금지업소의 업주 및 종사자가 연령확인의무를 위배하여 연령확인을 위한 아무런

조치를 취하지 아니함으로써 청소년이 그 업소에 출입한 것이라면, 특별한 사정이 없는 한 업주 및 종사자에게 최소한 청소년보호법위반죄의 미필적 고의는 인정된다고 할 것이다.

(정답) ①

문30.(배점 2) 과실범의 불법구성요건요소로서 주의의무위반의 판단기준에 관한 주관설에 대한 설명으로 묶인 것은? 2012년 54회 사법시험

ㄱ. 행위자의 주의능력이 평균인 이상인 경우 행위자는 결과발생을 방지하기 위해 자신이 할 수 있는 모든 조치를 취할 의무가 있고, 이러한 의무의 불이행으로 인하여 결과가 발생한 경우 과실범의 불법이 인정된다.
ㄴ. 행위자의 주의능력이 평균인에 미달하여 자신의 능력을 모두 발휘하더라도 결과발생의 예견이 불가능하였다면 과실범의 불법이 배제된다.
ㄷ. 행위자의 특별한 주의능력은 원칙적으로 책임 단계에서 고려될 뿐이지만, 이 경우에도 행위자의 특별한 지식과 경험은 주의의무위반 여부의 판단에 고려될 수 있다.
ㄹ. 정당방위 상황에서 피공격자가 공격자의 주의의무위반 여부를 알기가 어려워져 정당방위권의 행사가 어려워진다는 단점이 있다.
ㅁ. 국민에게 일반적 주의의무를 부과하기 때문에 평등의 원칙과 형법의 보장적 기능에 기여한다.

① ㄱ, ㄷ ② ㄱ, ㄴ, ㄷ ③ ㄱ, ㄴ, ㄹ ④ ㄴ, ㄷ, ㄹ ⑤ ㄷ, ㄹ, ㅁ

(정답) ③
(해설) ㄱ: 주관설 ㄴ: 주관설, ㄷ: 객관설의 입장이다. 다만, 행위자의 특별한 지식과 경험도 고려할지 여부를 두고 다툼이 있다. ㄹ: 주관설, ㅁ: 객관설

문6. 과실범에 관한 설명 중 옳은 것은? (다툼이 있는 경우 판례에 의함) 2017년 변호사시험

① 의사 甲이 고령의 간경변증 환자 A에게 수술과정에서 출혈 등으로 신부전이 발생하여 생명이 위험할 수 있다는 점에 대하여 설명하지 아니하고 수술하던 도중 출혈 등으로 A가 사망한 경우, A가 당해 수술의 위험성을 충분히 인식하고 있어 甲이 설명의무를 다하였더라도 A가 수술을 거부하지 않았을 것으로 인정된다면 甲의 설명의무위반과 A의 사망 사이에 인과관계가 부정된다.
② 도급인이 수급인에게 공사의 시공이나 개별 작업에 관하여 구체적으로 지시·감독하였더라도, 법령에 의하여 도급인에게 구체적인 관리·감독의무가 부여되어 있지 않다면 도급인에게는 수급인의 업무와 관련하여 사고방지에 필요한 안전조치를 해야 할 주의의무가 없다.
③ 안전배려 내지 안전관리사무에 계속적으로 종사하지 않았더라도 건물의 소유자로서 건물을 비정기적으로 수리하거나 건물의 일부분을 임대한 자는 건물에 화재가 발생하는 것을 미리 막아야 할 업무상 주의의무를 부담한다.

④ 의료사고에서 의사의 과실을 인정하기 위한 요건과 판단기준은 한의사의 그것과 다르다.
⑤ 행정상의 단속을 주안으로 하는 법규의 위반행위는 과실범 처벌규정은 없으나 해석상 과실범도 벌할 뜻이 명확한 경우에도 형법의 원칙에 따라 고의가 있어야 벌할 수 있다.

(정답) ①
(해설) ①○(2014도11315)

문35.(배점 2) 과실범에 관한 설명 중 옳지 않은 것은? (다툼이 있는 경우 판례에 의함) 2014년 56회 사법시험

① 인턴이 응급실로 이송되어 온 환자를, 담당의사로부터 이송 도중 환자에 대한 앰부 배깅(ambu bagging)과 진정제 투여 업무만을 지시받고, 구급차에 태워 다른 병원으로 이송하던 중 산소통의 산소잔량을 체크하지 않아 산소 공급이 중단된 결과 환자가 폐부종 등으로 사망에 이르게 된 경우 특별한 사정이 없는 한 인턴에게 업무상 과실이 인정되지 않는다.
② 택시운전기사가 심야에 밀집된 주택 사이의 좁은 골목길이자 직각으로 구부러져 가파른 비탈길의 내리막에서 그다지 속도를 줄이지 않고 진행하다가 내리막에 누워 있던 피해자의 몸통 부위를 택시 바퀴로 역과하여 그 자리에서 사망에 이르게 한 경우 그에게 업무상 주의의무 위반을 인정할 수 없다.
③ 의사의 과실을 인정하려면 결과발생을 예견할 수 있고 또 회피할 수 있었음에도 이를 하지 못한 점이 인정되어야 하며, 의사의 과실 유무를 판단함에는 동일 업종에 종사하는 일반적 보통인의 주의정도를 표준으로 하여, 사고 당시의 일반적인 의학 수준과 의료 환경 및 조건 등을 고려하여야 한다.
④ 골프경기를 하던 중 골프공을 쳐서 아무도 예상하지 못한 자신의 등 뒤편으로 보내어 경기보조원에게 상해를 입힌 행위는 사회적 상당성의 범위를 벗어난 행위로서 과실치상죄가 성립한다.
⑤ A가 처음 찜질방에 들어갈 당시에는 목욕장의 정상적 이용이 곤란한 정도로 술이 취한 상태는 아니었지만 그 이후 후문으로 나가 술을 더 마신 다음 찜질방 직원 몰래 후문으로 다시 들어와 발한실에서 잠을 자다가 사망하였다면 찜질방 직원에게 업무상 과실이 인정되지는 않는다.

(정답) ②
(해설) ②×(2010도17506: 사고 당시 시각과 사고 당시 도로상황 등에 비추어 자동차 운전업무에 종사하는 자는 평소보다 더욱 속도를 줄이고 전방 좌우를 면밀히 주시하여 안전하게 운전함으로써 사고를 미연에 방지할 주의의무가 인정된다) ①○(2009도13959: 의료사고에서 의료종사자의 과실을 인정하기 위해서는 의료종사자가 결과발생을 예견할 수 있고 또 회피할 수 있었는데도 이를 예견하거나 회피하지 못한 과실이 인정되어야 하고, 그런 과실 유무를 판단할 때에는 같은 업무와 직무에 종사하는 보통인의 주의 정도를 표준으로 해야하고, 또 사고 당시의 일반적인 의학 수준과 의료 환경 및 조건, 의료행위의 특수성 등이 고려되어야 하는데, 이 사

건의 인턴에게는 산소통의 산소잔량을 확인할 주의의무가 있다고 보기는 어렵다) ④○(2008도6940).

문14. 과실범에 관한 설명 중 옳지 않은 것은? (다툼이 있는 경우에는 판례에 의함) 2013년 2회 변호사시험

① 피해자의 승낙은 과실범의 경우에 위법성조각사유가 되지 않는다.

② 신뢰의 원칙은 허용된 위험의 원리와 더불어 주의의무를 제한하는 기능을 수행하고 의사와 약사 사이는 물론이고 약사와 제약회사 사이에서도 적용될 수 있다.

③ 의료과오사건에서 의사의 과실 유무를 판단할 때에는 동일 업종에 종사하는 일반적 보통인의 주의정도를 표준으로 하고, 사고 당시의 일반적인 의학 수준과 의료환경 및 조건 등을 고려하여야 한다.

④ 주의의무의 판단기준에 관한 주관설에 따르면 행위자가 평균인 이하의 능력을 가졌기 때문에 결과발생을 예견할 가능성이 없었더라면 과실범의 불법은 부정될 수 있다.

⑤ 행정상의 단속을 주 내용으로 하는 법규라고 하더라도 명문규정이 있거나 해석상 과실범도 벌할 뜻이 명확한 경우를 제외하고는 형법의 원칙에 따라 고의가 있어야 벌할 수 있다.

(정답) ①
(해설) ①×(상해죄가 피해자의 승낙에 따라 정당화될 수 있으므로 상해죄보다 불법이 낮은 과실치상죄도 당연히 피해자의 승낙에 따라 정당화될 수 있다)

문6.(배점 2) 부작위범에 관한 설명 중 옳은 것을 모두 모은 것은? (다툼이 있는 경우에는 판례에 의함) 2009년 51회 사법시험

ㄱ. 형법 제18조에 의한 부작위범의 작위의무는 법령, 법률행위, 선행행위로 인한 경우는 물론 기타 신의성실의 원칙이나 사회상규 혹은 조리상 작위의무가 기대되는 경우에도 인정된다.
ㄴ. 부작위에 의한 과실범도 성립한다.
ㄷ. 부작위범에 대한 교사범은 보증인적 지위에 있는 자로 한정된다.
ㄹ. 부작위에 의한 방조범은 보증인적 지위에 있는 자로 한정된다.

① ㄱ, ㄷ ② ㄴ, ㄹ ③ ㄱ, ㄴ, ㄷ ④ ㄱ, ㄴ, ㄹ ⑤ ㄱ, ㄴ, ㄷ, ㄹ

(정답) ④
(해설) ㄱ:○(2003도4128), ㄴ:○(철도건널목 전철수가 차단기를 실수로 안 내려서 철도에 치여 사람이 사망한 경우), ㄷ:×(이른바 조카살인사건에서 삼촌을 교사한 사람은 보증인지위에 있을 필요가 없다), ㄹ:○(예컨대 부하직원의 배임행위를 알고도 모른 체하는 상급자)

문10. 부작위범에 관한 설명 중 옳은 것은? (다툼이 있는 경우에는 판례에 의함) 2012년 1회 변호사시험

① 신의성실의 원칙이나 사회상규 혹은 조리상 작위의무가 기대되는 경우에는 법적인 작위의

무가 인정되지 않는다.

② 법적인 작위의무를 지고 있는 자가 결과발생을 쉽게 방지할 수 있었음에도 불구하고 이를 방관한 채 그 의무를 이행하지 아니한 경우에, 그 부작위가 작위에 의한 법익침해와 동등한 형법적 가치가 있는 것이어서 그 범죄의 실행행위로 평가될 만한 것이라면, 부작위범으로 처벌할 수 있다.

③ 부작위에 의한 방조범은 성립하지 않는다.

④ 행위자가 자신의 신체적 활동이나 물리적·화학적 작용을 통하여 적극적으로 타인의 법익상황을 악화시킴으로써 결국 그 타인의 법익을 침해하기에 이르렀더라도 작위에 의하여 악화된 법익상황을 다시 돌이키지 아니한 이상 부작위범이 성립하는 것이 원칙이다.

⑤ 진정부작위범의 경우 다수의 부작위범에게 부여된 작위의무가 각각 다르더라도 각각의 작위의무에 위반되는 행위를 공동으로 하였다면 부작위범의 공동정범이 성립할 수 있다.

(정답) ②

문11. 부작위범에 관한 설명 중 옳은 것은? (다툼이 있는 경우에는 판례에 의함) 2014년 3회 변호사시험

① 생존가능성이 있는 환자를 보호자의 요구로 치료를 중단하고 퇴원을 지시하여 사망하게 한 의사의 경우에는 치료중단이라는 부분에 비난의 중점이 있기 때문에 부작위범으로 평가된다.

② 부진정 부작위범의 성립요건과 관련하여 보증인지위와 보증의무의 체계적 지위를 나누는 이분설에 따르면, 부작위 행위자의 보증의무에 관한 착오는 구성요건적 착오에 해당한다.

③ 미성년자를 유인하여 포박·감금한 자가 중간에 살해의 고의를 가지고 계속 방치하여 사망케 하였다면 감금 행위자에게도 보증인지위 내지 보증의무가 인정되어 부작위에 의한 살인죄의 성립을 인정하여야 한다.

④ 과실에 의한 교사와 방조가 모두 불가능하듯이, 부작위에 의한 교사와 방조도 모두 불가능하다.

⑤ 매매 대상 토지에 대하여 도시계획이 입안되어 협의 수용될 것을 알고 있는 매도인이 이러한 사실을 모르는 매수인에게 이 같은 사실을 고지하지 아니하고 매도하였더라도 매수인에게 소유권이전등기가 완료되었다면 부작위에 의한 사기죄가 성립하지 않는다.

(정답) ③

문38.(배점 2) 부작위범에 관한 설명 중 옳은 것은? (다툼이 있는 경우 판례에 의함) 2014년 56회 사법시험

① 행위자가 자신의 신체적 활동이나 물리적·화학적 작용을 통하여 타인의 법익 상황을 악화시킴으로써 결국 그 타인의 법익을 침해하기에 이르렀다면, 작위에 의하여 악화된 법익 상황을 다시 되돌이키지 아니하였으므로 부작위범으로 볼 것이다.

② 작위는 법적인 의무이어야 하고 단순한 도덕상 또는 종교상의 의무는 포함되지 않으므로, 사회상규 또는 조리상 작위의무가 기대된다고 하여 법적인 작위의무가 인정되는 것은 아니다.

③ 법무사법 제3조 제2항은 "법무사가 아닌 자는 법무사 또는 이와 비슷한 명칭을 사용하지 못한다."라고 규정하고 있는바, 법무사가 아닌 사람이 법무사로 소개되거나 호칭되는 데에도 불구하고 아무런 해명도 하지 않은 채 법무사 행세를 계속하면서 근저당권설정계약서를 작성하였더라도 본인이 스스로 자신을 법무사라고 하거나 법무사 명칭을 적극적으로 사용하지 않았다면 위 규정 위반죄를 인정할 수 없다.

④ 보험회사가 정한 약관에서 고지의무의 대상이 되는 질병을 앓고 있는 자가 자신의 질병에 대해 고지하지 않은 채 보험회사와 그 질병을 담보하는 보험계약을 체결한 후 그 질병의 발병을 사유로 보험금을 청구하였다면, 특별한 사정이 없는 한 보험회사가 그 사실을 알지 못한 데에 과실이 있다거나 고지의무위반을 이유로 보험계약을 해제할 수 있더라도 사기죄의 성립에 영향을 미치지 않는다.

⑤ 피해자가 임대차계약 당시 임차할 여관 건물에 관하여 법원의 경매개시결정에 따른 경매절차가 이미 진행 중인 사실을 알았더라면 그 건물에 관한 임대차계약을 체결하지 않았을 것임이 명백한 경우일지라도 피해자 스스로 그 건물에 관한 등기부를 확인 또는 열람하는 것이 가능하다면 임대인인 피고인은 피해자에게 이를 고지할 의무가 없다.

(정답) ④

문16. 부작위범에 관한 설명 중 옳은 것을 모두 고른 것은? (다툼이 있는 경우에는 판례에 의함) 2013년 2회 변호사시험

가. 하나의 행위가 작위범과 부작위범을 동시에 충족할 수는 없다.

나. 중고 자동차 매매를 하면서 자신의 할부금융회사에 대한 할부금 채무가 매수인에게 당연히 승계되는 것이 아니라는 이유로 그 할부금 채무의 존재를 매수인에게 고지하지 아니한 매도인에게는 부작위에 의한 사기죄가 성립하지 않는다.

다. 전담의사가 중환자실에서 인공호흡기를 부착하고 치료를 받던 환자의 처의 요청에 따라 치료를 중단하고 퇴원조치를 함으로써 귀가 후 수련의의 인공호흡기 제거로 환자가 사망한 경우, 전담의사에게 작위에 의한 살인방조죄가 성립한다.

라. 모텔 방에 투숙 중 담배를 피운 후 담뱃불을 제대로 끄지 않은 중대한 과실로 화재를 일으킨 투숙객에게도 화재를 소화할 의무가 있음에도 모텔 주인이나 다른 투숙객에게 아무 말 없이 도망쳐 나와 다른 투숙객이 사망했다면, 비록 소화하기는 쉽지 않았더라도 부작위에 의한 현주건조물방화치사죄가 성립한다.

마. 법무사가 아닌 사람이 법무사로 소개되거나 호칭되는 데도 자신이 법무사가 아니라는 사실을 밝히지 않은 채 법무사 행세를 계속하면서 근저당권설정계약서를 작성해 준 경우, 법무사가 아님을 밝힐 계약상 또는 조리상 법적 의무가 있기는 하나, 이는 법무사 명칭을 사칭하는 경우와 동등한 형법적 가치가 있다고 할 수 없으므로 부작위에 의한 법무사법위반죄(법무사명칭사용금지)

가 성립하지 않는다.

① 가, 다　　② 나, 다　　③ 라, 마　　④ 가, 나, 다　　⑤ 나, 다, 마

(정답) 게시된 답은 ②
(해설) "가"를 옳지 않은 지문으로 처리한 이유는 '어떤 행위가 작위범과 부작위범의 구성요건을 동시에 충족하는 경우 후자만 기소할 수 있다'는 판례(2005도4202)의 표현을 근거로 한 것이다. 그러나 이 판례의 취지는 '작위범과 부작위범이 경합하는 경우 법조경합이어서 부작위범은 성립할 수 없다'는 것인데, 이런 취지에 따르면 '어떤 행위가 작위범과 부작위범의 구성요건을 동시에 충족할 수 있다'라는 표현은 적절하지 않고, 판례의 취지에 따르면 오히려 "가"와 같은 표현이 옳다. 이런 방식의 출제는 판례의 취지를 생각하게 하는 것이 아니라 판례의 표현을 그대로 외우라는 것으로서 옳지 않다. 라:×(2009도12109: 이런 사정만으로는 화재를 용이하게 소화할 수 있었다고 보기 어렵기 때문이다)

문39.(배점 2) 위험범에 관한 설명 중 옳은 것을 모두 고른 것은? 2012년 54회 사법시험

ㄱ. 구체적 위험범에서의 위험은 구성요건표지이며 객관적 구성요건은 그 위험이 발생하였을 때 비로소 충족된다.
ㄴ. 구체적 위험범에서의 위험은 고의의 인식대상이다.
ㄷ. 중상해죄, 중유기죄, 중손괴죄, 중감금죄는 구성요건의 충족을 위해 구체적 위험의 발생을 요구하는 범죄이다.
ㄹ. 형법상 구체적 위험범은 고의범뿐만 아니라 과실범의 형태로도 존재한다.

① ㄱ, ㄴ　　② ㄱ, ㄹ　　③ ㄴ, ㄷ　　④ ㄱ, ㄴ, ㄹ　　⑤ ㄱ, ㄷ, ㄹ

(정답) ④
(해설) 중체포·감금죄는 체포·감금하여 가혹행위를 하는 범죄이다. 형법 제166조 제2항의 자기소유일반건조물방화죄는 '공공의 위험'을 구성요건으로 하며, 제170조 제2항이 이 죄의 과실범도 처벌한다.

문39. (배점 2) 인과관계에 관한 설명 중 옳지 않은 것은? 2007년 제49회 사법시험

① 상당인과관계설에 의할 경우에는 결과의 행위에 대한 귀속과 관련하여 객관적 귀속에 대한 평가가 필요 없지만, 합법칙적 조건설에 의할 경우에는 객관적 귀속에 대한 별도의 평가가 필요하다.
② 합법칙적 조건설에 의할 경우 이중인과관계·비유형적 인과관계에서는 행위와 결과 사이에 인과관계가 인정되지만, 추월적 인과관계에서는 제1행위와 결과 사이에 인과관계가 부정된다.
③ 인과관계중단론에 의하더라도 인과관계가 진행되는 중에 예기치 못한 우연한 자연현상이 개입하여 결과가 발생한 경우 인과관계가 중단되지 않는다.
④ 조건설에 의하면 인과관계의 인정범위가 지나치게 확장되고 심지어는 비유형적 인과관계에

있어서도 행위와 결과 사이에 인과관계가 인정된다.

⑤ 합법칙적 조건설은 전통적 조건설의 절대적 제약조건 대신에 앞의 행위와 뒤의 결과 사이에 합법칙적 연관성이 있어야 인과관계를 인정한다.

(정답) ③
(해설) ②○(이중인과관계는 甲과 乙이 치사량의 독약을 각각 넣은 물을 A가 마신 경우의 인과관계를 말한다), ③×(자연현상이 개입된 경우 인과관계가 부정된다)

문18. 인과관계 및 객관적 귀속이론에 대한 설명으로 옳지 않은 것은? 2008년 9급

① 조건설은 결과발생과 논리적 조건관계가 있는 모든 행위를 동등하게 결과에 대한 원인으로 인정한다.

② 합법칙적 조건설은 피해자의 잘못이 결합하여 결과가 발생된 경우에는 인과관계를 부정한다.

③ 상당인과관계설은 사실판단과 규범판단의 문제를 혼동하고 있다는 비판을 받고 있다.

④ 객관적 귀속이론은 인과관계가 인정되는 것을 전제로 하여 법적·규범적 관점에서 결과귀속의 범위를 구성요건단계에서 제한하려는 이론이다.

(정답) ②

문21.(배점 4) 〈사례〉의 경우와 인과관계 인정 여부의 판단이 동일한 것을 〈보기〉에서 모두 고른 것은? (다툼이 있는 경우에는 판례에 의함) 2013년 55회 사법시험

<사례>
A병원 의사가 제왕절개수술 과정에서 분만 후 1시간 경과시 예견되는 환자의 대량출혈 증상을 조기에 발견하지 못하여, 수혈과 B병원으로의 전원(轉院)을 지체하였는데, 환자가 B병원에 도착하였지만 A병원 의사로부터 충분한 설명을 받지 못한 B병원 의사가 수혈의 긴급성 판단을 그르쳐 대량출혈로 환자가 사망한 경우, A병원 의사가 예견된 대량출혈 증상을 조기에 발견하지 못하여 환자의 수혈지체를 야기한 과실과 환자의 사망 사이

<보기>
ㄱ. 임차인이 자신의 비용으로 설치·사용하던 가스설비의 주밸브만 잠근 채 휴즈콕크를 제거하고 아무런 조치 없이 이사를 간 후 가스공급을 개별적으로 차단할 수 있는 주밸브가 원인불상으로 열려져 가스가 유입되어 폭발사고가 발생하였는데 점화원인이 밝혀지지 않은 경우, 임차인의 과실과 가스폭발사고 사이
ㄴ. 건축자재인 철판 수백 장의 운반을 의뢰한 자가 절단면이 날카롭고 무거운 철판을 묶기에 매우 부적합한 폴리에스터 끈을 사용하여 철판 묶음 작업을 하는 등의 과실로 철판 쏠림 현상이 발생하였고, 이로 인해 철판을 차에서 내리는 과정에서 철판이 쏟아져 내려 화물차 운전자가 사망한 경우, 운반 의뢰인의 과실과 화물차 운전자의 사망 사이
ㄷ. 자동차 운전자의 과실로 열차 건널목을 그대로 건너는 바람에 자동차와 열차가 충돌하였는데

자동차 왼쪽에서 열차가 지나가기를 기다리고 있던 피해자가 위 충돌사고로 놀라 넘어져 상해를 입은 경우, 자동차 운전자의 과실과 피해자가 입은 상해 사이
ㄹ. 한의사가 피해자에게 문진하여 이전에도 여러 차례 봉침을 맞고도 별다른 이상반응이 없었다는 답변을 듣고 부작용에 대한 충분한 사전 설명 없이 환부에 봉침시술을 하였는데, 피해자가 위 시술 직후 쇼크반응을 나타내는 등 상해를 입은 경우, 한의사의 설명의무 위반과 피해자의 상해 사이

① ㄱ, ㄷ　② ㄱ, ㄹ　③ ㄴ, ㄷ　④ ㄴ, ㄹ　⑤ ㄱ, ㄴ, ㄷ　⑥ ㄱ, ㄴ, ㄷ, ㄹ

(정답) ⑤

문8.(배점 2) 인과관계에 관한 설명 중 옳지 않은 것은? (다툼이 있는 경우 판례에 의함) 2014년 56회 사법시험

① 甲은 주점 도우미인 A와의 윤락행위 도중 시비 끝에 A를 이불로 덮어씌우고 폭행한 후 이불 속에 들어 있는 A를 두고나가다가 우발적으로 탁자 위에 놓여 있던 A의 손가방 안에서 현금을 가져갔다면, 甲의 폭행행위와 현금 취득 사이에는 인과관계가 인정되지 않는다.
② 甲은 A의 뺨을 1회 때리고 오른손으로 목을 쳐 A로 하여금 뒤로 넘어지면서 머리를 아스팔트 바닥에 부딪히게 하여 두개골 골절, 외상성 지주막하 출혈 등의 상해를 가하였지만, A가 병원에서 입원치료를 받다가 합병증인 폐렴으로 인한 패혈증 등으로 사망한 경우 甲의 상해행위와 A의 사망 사이에는 인과관계가 인정된다.
③ 甲이 야간에 차량의 왕래가 빈번한 편도 2차선 도로에서 오토바이를 운전하다가 전방좌우의 주시를 게을리하여 그 도로를 무단횡단하던 A를 충격하여 A를 위 도로에 넘어지게 한 후 약 1분 동안 그대로 있게 하여 다른 사람이 운전하던 트럭이 도로 위에 넘어져 있던 A를 역과하여 사망하게 한 경우 甲의 행위와 A의 사망 사이에는 인과관계가 인정된다.
④ 甲이 주먹으로 A의 복부를 1회 강타하였는데, 이로 인하여 A는 장파열이 되어 병원에 입원하였다. 그런데 의사 乙의 과실에 의한 수술지연이 공동원인이 되어 A가 사망한 경우 甲의 상해행위와 A의 사망 사이에는 인과관계가 인정된다.
⑤ 甲은 乙의 임신 사실을 알고 수회에 걸쳐 낙태를 권유하였다가 거절당하였음에도 계속 乙에게 "출산 여부는 알아서 하되 아이에 대한 친권을 행사할 의사가 없다."라고 하면서 낙태할 병원을 물색해 주기도 하였다. 그 후 乙은 甲에게 알리지 않고 자신이 알아본 병원에서 낙태시술을 받았다면 甲의 낙태교사행위와 乙의 낙태행위 사이에는 인과관계가 인정되지 않는다.

(정답) ⑤
(해설) ⑤×(2012도2744: 낙태죄의 교사가 인정된다) ①○(2008도10308: 폭행에 의한 강도죄가 부정된다) ②○(93도3612) ③○(88도928) ④○(84도831)

4장 파생구성요건론

Ⅰ. 미수범

Q. 甲이 치매에 걸린 자신의 아버지 V를 살해할 의도로 칼로 찔렀다. 이를 발견한 어머니가 V를 병원으로 데리고 가서 V는 사망하지 않았다(약칭하여 존속살인미수사건). 甲에게 살인미수가 성립하는가?

Q. 甲이 장롱 안에 있는 옷가지에 불을 놓아 건물을 소훼하려 하였으나 불길이 치솟는 것을 보고 겁이 나서 물을 부어 불을 껐다(약칭하여 현주건조물방화사건). 방화죄의 중지미수인가, 아니면 장애미수인가?

Q. 보증금 3,000만원의 임대차계약을 체결한 임차인 甲은 임차건물에 거주하기는 하였으나 그의 처만이 전입신고를 마쳐서 甲 명의의 확정일자를 받아두지 못한 상황에서 임차목적물에 대한 경매절차가 개시되자 불안감을 느끼고 임대인에게 요구해 임대차계약서를 처의 명의로 변경하여 확정일자를 받아서 경매법원에 위 보증금에 대한 배당요구를 하여 처 명의로 1,200만원을 배당받았다(약칭하여 보증금사기불능범사건). 甲을 처벌할 수 있는가?

제25조 (미수범) ①범죄의 실행에 착수하여 행위를 종료하지 못하였거나 결과가 발생하지 아니한 때에는 미수범으로 처벌한다. ②미수범의 형은 기수범보다 감경할 수 있다.

제26조 (중지범) 범인이 자의로 실행에 착수한 행위를 중지하거나 그 행위로 인한 결과의 발생을 방지한 때에는 형을 감경 또는 면제한다.

제27조 (불능범) 실행의 수단 또는 대상의 착오로 인하여 결과의 발생이 불가능하더라도 위험성이 있는 때에는 처벌한다. 단 형을 감경 또는 면제할 수 있다.

제29조 (미수범의 처벌) 미수범을 처벌할 죄는 각 본조에 정한다.

1. 미수범의 개념과 유형

형법은 원칙적으로 기수만을 처벌한다. 이를 기수범이라고 한다. 예컨대 甲이 V의 살해행위에 착수하여 V가 사망해야 살인죄의 기수범이 성립할 수 있다. 그런데 형법에는 예외적으로 미수를 처벌하는 규정도 있다. 이를 미수범이라고 한다. 미수범은 예외적인 처벌규정이라고 할 수 있다. 미수란 범죄의 실행에 착수하여 ⓐ행위를 종료하지 못하였거나 ⓑ결과가 발생하지 않았거나 또는 ⓒ결과가 발생하였더라도 행위와 결과 사이에 인과관계가 인정되지 않는 경우를 말한다. 이런 미수행위를 처벌함으로써 가능한 한 사망이라는 결과가 발생하지 않도록, 달리 말해 살인죄의 보호법익인 생명이 침해되지 않도록 하려는 것이다. 법익을 침해할 구체적 위험이 있는 행위를 처벌함으로써, 형법의 법익보호원칙을 보다 충실하게 실현하기 위한 것이라고 할 수 있다. 과실범은 대부분 결과발생을 필요로 하므로 다수견해는 과실범의 미수범, 곧 과실미수는 인정할 수 없다고 본다.

이런 미수범에는 크게 (장애)미수범, 중지(미수)범, 불능(미수)범이 있다. 보호법익에 대한 위험을 발생시킨 미수범은 보호법익을 침해한 기수범에 견줘 불법이 낮다고 볼 수 있으므로 형법은 미수범은 기수범보다 가볍게 처벌할 수 있도록 하고 있다. 다만 어떤 형태의 미수범인가에 따라 그 정도에 차이가 있는데, (장애)미수범은 기수범보다 그 형을 감경할 수 있다. 중지미수는 필요적 감면사유이고, (처벌하는) 불능미수는 임의적 감면사유이다.

2. (장애)미수범

가. 개념

(장애)미수는 미수범의 가장 전형적인 형태로서, 미수범 가운데 중지(미수)도 불능(미수)도 아닌 경우를 말한다. 다시 말해 장애미수범과 중지미수범이나 불능미수범이 경합하는 경우 중지미수범이나 불능미수범만 성립한다. 장애미수범과 중지미수범이나 불능미수범은 그 불법이 양립할 수 없는 (입법목적에 따른) 법조경합에 해당한다고 봐야하기 때문이다.

나. 실행의 착수시기

어떤 형태의 미수범인가에 관계없이 모두 범죄의 '실행의 착수'를 전제로 한다. (장애)미수범, 중지(미수)범, 불능(미수)범 모두 미수범이기 때문이다. 따라서 범죄 '실행의 착수' 여부가 중요하다. 예컨대 살해를 위해 칼을 손에 잡는 순간으로 보는가, 아니면 그렇게 잡은 칼이 V의 몸에 닿았을 때로 보는가에 따라 미수범의 성부가 달라질 수 있기 때문이다. 이런 '실행의 착수' 시기를 개별 범죄의 구성요건별로 검토해야한다는 견해도 있지만, 다수견해는 일반적 기준을 모색하려고 하는데, 이에 관해 다툼이 있다. ㉮객관설, ㉯주관설, ㉰절충설(주관적 객관설, 개별적 객관설)이 있다.

(1) 객관설

이는 다시 형식적 객관설과 실질적 객관설로 구별된다. ⓐ형식적 객관설은 <u>구성요건해당행</u>

위를 개시한 때로 본다. 이에 따르면 구성요건해당행위의 전단계에 있는 행위에 대해서는 실행의 착수를 인정할 수 없다. 예컨대 절도죄의 경우 절도의사로 장롱의 문을 여는 정도로는 부족하고 재물을 손으로 잡았을 때 실행의 착수가 인정된다. 또 위 존속살인미수사건처럼 살해를 위해 휘두른 칼이 V의 몸에 닿았을 때 실행의 착수가 인정된다. 미수범의 범위를 가장 좁게 파악하므로 죄형법정주의와 법치국가 요청에 부합한다는 장점이 있다.

ⓑ실질적 객관설은 실질적으로 구성요건실현에 밀접한 행위를 하거나 보호법익에 대한 직접적 위험을 야기하였을 때, 예컨대 "자연적으로 보아 구성요건적 행위와 밀접하게 결합되어 있어서 그 구성요건의 본질적 요소로 보이는 행위가 있을 때(Frank)", "법익침해의 제1의 행위가 있었을 때"로 본다. 판례(86도2256)가 절도죄의 경우에 채택하고 있는 "밀접행위설"도 이 입장이다. 보호법익의 관점에서 실행의 착수시기를 정하기 때문에 구성요건해당행위의 전단계에 있는 행위에 대해서도 실행의 착수를 인정할 수 있다는 장점이 있다. 그러나 법익침해에 대한 직접적 위험을 야기 또는 법익침해의 밀접성이란 기준은 불명확하고, 행위자의 범죄의사를 전적으로 도외시하고 객관적 측면만 부각시켰다는 비판을 받는다.

⑵ 주관설

주관설은 범죄의사의 비약적 표동이 있을 때로 본다. 간첩죄에서 간첩이 국내에 잠입할 때 간첩행위의 실행의 착수가 있다고 본 판례가 이에 해당한다. 예비도 범죄의사의 표현이므로 예비와 미수의 구별이 명확하지 않고, 내부 의사에만 치중하므로 구성요건의 정형성을 무시하여 죄형법정주의를 침해할 우려가 있다는 비판을 받는다.

⑶ 절충설(주관적 객관설)

절충설은 독일 형법[119]의 입장으로, 행위자의 개별적 범죄계획에 따라(주관적 측면), 구성요건을 실현하는 행위가 직접적으로 개시된 때로 본다. 이때 '직접적으로'란 구성요건해당행위에 시간적·장소적으로 밀착될 때, 구성요건을 실현하기 위해 또 다른 본질적인 중간 단계의 행위가 더 이상 필요하지 않게 된 때를 의미한다.

예컨대 절도죄에서 절취할 재물을 물색하거나 이에 접근할 때가 이에 해당한다. 행위자의 개별적 범죄계획이 실질적 객관설을 제한하는 기능을 한다. 곧, 객관적으로 구성요건실현을 위한 직접적인 행위가 있더라도 행위자의 범죄계획과 무관한 것이면 실행의 착수로 인정되지 않는다. 절충설에 따르면 甲이 살해의 의사로 독약이 든 음식물을 피해자의 냉장고에 넣어둔

119) 제22조 (개념정의) 자신의 의사에 따라 구성요건의 실현을 위한 행위를 직접 개시한 자는 미수범이다.

경우, 피해자가 스스로 이 음식을 곧바로 꺼내먹고 죽을 것으로 생각하고 넣어 둔 것이면 실행의 착수가 인정되지만, 甲 자신이 이 음식을 꺼내 피해자에게 제공하려고 넣어 둔 것이면 실행의 착수가 부정된다.

3. 중지(미수)범

가. 개념

중지미수란 범인이 자의로 ⓐ실행에 착수한 행위를 중지하거나 ⓑ그 행위로 인한 결과의 발생을 방지한 경우를 말하여, 필요적 감면사유이다. 형법은 이를 중지범이라는 제목 아래 규정하고 있다.

실행에 착수하였으나 실행행위를 종료하지 않은 경우인 ⓐ를 착수미수라고 하고, 실행행위를 종료하였으나 결과가 발생하지 않은 경우인 ⓑ를 실행미수라고 한다. 이 구별은 실행미수는 결과가 발생하지 않도록 해야 중지미수가 된다는 점에 의미가 있다. 예컨대 치사량의 독약 10알로 살해하려는 계획에 따라 5알을 먹인 후 중지한 경우 착수미수인지, 실행미수인지 다툼이 있을 수 있다. ㉮주관설은 행위자의 의사에 따라 판단한다. 이에 따르면 착수미수이다. ㉯객관설은 행위자의 의사와는 무관하게 객관적으로 결과 발생의 가능성이 있는 행위가 있으면 실행행위는 종료된다고 본다. ㉰절충설(다수견해)은 행위자의 의사와 행위 당시의 객관적 사정을 종합하여 결과발생에 필요한 행위가 끝났다고 인정되는 때 실행행위가 종료된다고 본다.

나. 중지미수의 법적 성격

(1) 견해대립

중지미수의 법적 성격을 두고, 은사설(사면설), 보상설, 형사정책설(황금의 다리이론), 형벌목적설, 법률설 등의 대립이 있다. 법률설은 형법체계론에 내재하는 법률적 효과를 가지고 중지미수의 법적 성격을 파악하는 이론으로 중지미수가 불법이나 책임을 감경하거나 소멸시킨다는 견해이다.

그런데 은사설, 보상설, 형벌목적설, 법률설 등은 모두 중지미수를 '미수로 벌하지 않는다'는 독일 형법의 문언 때문에 등장한 이론으로서, 중지미수를 '필요적 감면'사유로 규정하고 있는 한국 형법의 해석에는 적합하지 않다는 견해[120]가 있다. 그 이유는 아래 표와 같이 독

120) 신동운, 형법총론, 법문사, 2006, 477면.

일 형법은 미수는 기수보다 가볍게 처벌하는 것을 원칙으로 하면서, 예외적으로 중지미수의 경우는 미수범 자체의 성립을 사후적으로 부정하는 형태이므로,[121] 중지미수의 성립을 전제로 그 형을 필요적으로 감경하거나 면제하는 한국 형법과는 차이가 있다는 것이다.

구별	장애미수	불능미수	중지(미수)
한국	임의적 감경	임의적 감면(불능범 불처벌)	필요적 감면
독일	임의적 감경(중지[범] 불처벌)	임의적 감면	불처벌

(2) 가중적 미수이론

가중적 미수이론은 살인행위를 중지하였으나 상해의 결과가 발생한 경우, 살인죄의 중지미수 외에 별도로 상해죄의 기수범이 성립한다고 보는 이론이다. '기수범적 중지미수' 또는 '경한 범죄 포함 불능범'이라고도 한다. 위 표에서 보듯이 이런 경우 한국 형법에서는 살인죄의 형을 감경하여 처벌할 수 있지만, 독일 형법에서는 살인죄의 중지[범]으로서 처벌할 수 없으므로, 이 이론이 중요한 의미가 있다. 이런 점에서 가벌적 중지미수이론이라고 할 수도 있다.

다. 불능(미수)의 중지(미수)

결과발생이 불가능한 경우에도 중지미수를 인정할 수 있는지 여부에 관해 다툼이 있다. 불능미수는 임의적 감면대상이지만, 중지미수는 필요적 감면대상이라는 점에서 이 다툼은 의미가 있다. ㉮다수견해는 이를 긍정한다. 자의로 중지했음에도 불구하고 결과발생이 불가능한 경우라는 이유로 중지의 혜택을 주지 않는 것은 형평에 어긋난다는 것이다.

그러나 ㉯부정하는 견해[122]도 있다. 그 이유는 독일 형법처럼 진지한 노력만으로도 중지를 인정하는 규정이 한국 형법에는 없고, 자의에 의한 중지일지라도 그것과 결과불발생 사이에 인과관계가 인정되지 않으면 중지미수를 인정하지 않는 것과 같은 취지로 처리해야 한다는 것이다.

---

121) 제24조 (중지) ①자의로 범죄의 계속 실행을 포기하거나 그 범죄의 기수를 방지한 자는 미수로 벌하지 아니한다. 범행이 중지자의 기여없이 기수에 이르지 아니한 경우에 중지자가 자의로 진지하게 그 기수를 방지하려고 노력한 때에는 벌하지 아니한다. ②수인이 범죄에 관여한 경우에 자의로 그 기수를 방지한 자는 미수로 벌하지 아니한다. 다만, 범행이 중지자의 기여없이 기수에 이르지 않거나 중지자의 이전의 행위분담과 관계없이 기수에 이른 때에는 범행의 기수를 방지하기 위한 자의적이고 진지한 노력이 있으면 그 중지자를 벌하지 아니한다.

122) 김성돈, 형법총론, 현암사, 2006, 503면.

라. 자의성의 판단기준

(1) 학설

㉮객관설은 외부적 사정에 의해 범죄를 완성하지 못한 경우는 장애미수이고, 내부적 동기로 인해 범죄를 완성시키지 못한 경우는 중지미수라고 한다. 예컨대 경찰관이 순찰을 돌기에 범행을 중지한 경우는 장애미수이고, 범행 순간에 기분이 언짢거나 겁이 나서 그만 둔 경우는 중지미수이다. 외부적 사정과 내부적 동기를 구별하기 어렵다는 비판을 받는다.

㉯주관설은 윤리적 동기(후회, 동정, 양심의 가책 등)에 의한 중지만이 중지미수이고, 그렇지 않으면 장애미수라고 본다. 자의성과 윤리성을 혼동한 것으로 자의성의 범위가 지나치게 축소된다는 비판을 받는다.

㉰절충설은 사회일반의 경험에 비추어 범죄 실행에 특별히 장애가 될 만한 사유가 없음에도 중지한 경우는 중지미수이고, 그렇지 않으면 장애미수로 본다. 곧, 상황이 불리하지 않은 상태에서 자율적으로 중지한 때에는 중지미수이고, 타율적으로 중지한 때에는 장애미수이다. 겁이 나거나 공포심에서 그만 두면 중지미수이고, 재물가치가 근소하여 그만 두면 장애미수이다. Frank공식("하려고 해도 할 수가 없어서" 그만 둔[못한] 때는 장애미수이고, "할 수는 있지만 하려고 하지 않아서" 그만 둔[안한] 때는 중지미수)도 이 입장이다.

㉱규범설은 범죄예방의 관점에서 행위자가 범죄의 위험성을 제거하였는지 여부를 기준으로 자의성 여부를 판단한다. 집행유예 중이라서 절도를 중지한 경우는 심리적 관점에서는 중지미수이나, 규범적 관점에서는 범행을 완전히 중지한 것이 아니어서 범죄예방의 관점에서 위험성이 제거되지 않았다고 판단할 수 있으므로, 장애미수에 해당된다. 우리의 경우 중지미수의 효과는 필요적 감면이므로, 처벌하지 않는 독일과 달리 엄격하게 해석할 필요가 없다는 비판을 받는다.

(2) 판례

(가) 자의성을 인정한 판례

甲이 V를 강간하려다 V가 다음번에 만나 친해지면 응해 주겠다는 취지의 간곡한 부탁으로 그 목적을 이루지 못한 후 V를 자신의 차에 태워 집에까지 데려다 준 경우(93도1851).

(나) 자의성을 부정한 판례

판례는 위 현주건조물방화사건을 비롯하여(97도957) 아래의 경우 자의성을 부정하여 장애미수라고 본다. 그 이유는 일반 사회통념상 범죄를 완수함에 장애가 되는 사정이 있다는 것이다.

범행 당일 미리 제보를 받은 세관직원들이 범행장소 주변에 잠복근무를 하면서 그들이 왔다 갔다 하는 것을 본 甲이 범행의 발각을 두려워한 나머지 자신이 분담하기로 한 실행행위에 이르지 못한 경우(85도2339).

甲, 乙, 丙이 강도행위를 하던 중 甲, 乙은 V를 강간하려고 작은 방으로 끌고 가 강간하려다 V가 수술한 지 얼마 안 되어 배가 아프다면서 애원하는 바람에 그 뜻을 이루지 못한 경우(92도917). V를 불쌍히 여겨서가 아니라 V의 신체조건상 강간을 하기에 지장이 있다고 본 것으로서, 이는 일반의 경험상 강간에 장애가 되는 외부적 사정에 의해 범행을 중지한 것에 불과하다는 것이다.

강도 甲이 강간하려고 하였으나 잠자던 V의 어린 딸이 잠에서 깨어 울고, 또 V가 시장에 간 남편이 곧 돌아온다고 하면서 임신 중이라고 말하자 도주한 경우(93도347).

甲이 V를 살해하려고 그의 목 부위와 왼쪽 가슴 부위를 칼로 수 회 찔렀으나 V의 가슴 부위에서 많은 피가 흘러나오는 것을 발견하고 겁을 먹고 그만 두는 바람에 미수에 그친 경우(99도640).

甲이 V에게 위조한 예금통장 사본 등을 보여주면서 외국회사에서 투자금을 받았다고 거짓말하며 자금 대여를 요청하였으나, V와 함께 그 입금 여부를 확인하기 위해 은행에 가던 중 은행 입구에서 차용을 포기하고 돌아간 경우(2011도10539).

4. 불능범과 불능미수범

가. 개념과 쟁점

형법 제27조의 제목은 불능범이지만, 판례는 ⓐ실행의 수단이나 대상의 착오로 결과의 발생이 불가능할지라도 위험성이 존재하지 않는 경우만을 불능범이라고 부르고 처벌하지 않는 반면, ⓑ위험성이 존재하는 경우는 불능미수라고 부르고 임의적 감경 또는 면제하여 처벌한다(83도2967; 2005도8105; 2007도3687). 이처럼 제27조 중 불능범의 경우에는 범죄불성립도 가능하다는 점에서 그 효과가 제26조의 중지미수범보다 강하다고 할 수 있고, 이런 점에서 형법은 미수범을 그 법적 효과가 약한 것부터 강한 순서로 배열한 것으로 볼 수 있다. 이처럼 불능미수의 구성요건은 '실행의 수단이나 대상의 착오로 인한 결과발생의 불가능'과 행위에 대한 '위험성의 존재' 두 가지이다. 그런데 두 요건이 어떤 면에서는 모순처럼 생각될 수 있다. 결과발생이 불가능하면 위험성이 없고, 결과발생이 가능해야 위험성이 있다고 볼 수도 있기 때문이다. 이것이 '결과발생 불가능'과 '위험성'의 관계와 의미 및 그 존부의 판단기준에 관한 논의가 치열하고, 이에 따라 어떤 행위를 결과발생이 가능한 장애미수로 봐야할지, 아니면 결과발생은 불가능하지만 위험성이 있는 불능미수로 봐야할지, 이것도 아니면 결과발생도 불가능하고 위험성도 없는 불능범으로 봐야할지 논란이 계속되는 이유이다.

앞의 중시미수에서 소개된 표에서 보듯이 독일 형법에는 이런 불능범 개념이 없고, 불능미수 개념만 있다. 마치 한국 형법의 판례가 임의적 감면이 되는 불능범은 불능미수라고 부르고 처벌하지 않는 불능범은 불능범이라고 각각 부르는 것이라면, 독일 형법은 처벌하지 않는 미수에 중지[범]이라는 이름을 붙이는 것으로 이해할 수 있다. 그런데 독일의 불능미수의 구성요건에는 우리와 달리 '위험성'이란 요건이 없다.[123] 그래서 독일처럼 불능미수를 반전(反轉)된 구성요건 착오라고 부르는 견해[124]에 반대하는 견해[125]도 있다. 일본 형법에는 위와 같은 불능범과 불능미수 개념 모두 없다. 미신(迷信)범은 주술이나 미신적인 방법으로 구성요건적 결과를 실현하려는 행위를 가리킨다. 미신범은 구성요건해당성이 부정된다는데 다툼이 없지만, 그 근거에 관해 고의결여설과 불능범설이 대립한다.

환상(幻想)범 또는 환각(幻覺)범은 반전된 금지착오로서, 자신의 행위가 법으로 금지된다고 생각했지만 현실은 이를 금지하고 있지 않는 경우로 불가벌이다. 예컨대 일본에서 오래 생활한 한국인이 일본 형법의 중혼죄처럼 한국에도 이런 죄가 있다고 생각하고 자신의 중혼행위가 이 죄에 해당한다고 생각하면서 중혼행위를 하는 경우다.

나. 실행의 수단이나 대상의 착오로 인한 결과발생의 불가능

(1) 장애미수와 구별

불능범이나 불능미수가 성립하려면 우선 실행의 수단이나 대상의 착오로 인해 구성요건적 결과의 발생이 불가능해야한다. 만일 이 요건을 충족하지 못하면 장애미수가 될 수 있을 뿐이다. 따라서 장애미수와 불능미수의 구별기준은 구성요건적 결과 발생의 가능성 여부인데, 이를 두고 견해의 대립이 있다.

판례는 요구르트 한 병마다 섞은 농약 1.6씨씨가 그 치사량에 약간 미달한다 하더라도 이를 마시는 경우 사망의 결과 발생의 가능성을 배제할 수는 없다고 본다(83도3331). 또 일정

123) 제23조 (미수의 가벌성) ③범행의 객체나 수단의 성질상 미수가 결코 기수에 이를 수 없음을 행위자가 현저한 무지로 인해 알지 못한 때에는 법원은 형을 면제하거나 재량에 의해 형을 감경할 수 있다.

124) 천진호, "불능미수범의 위험성 판단-해석상의 오류를 중심으로-", 비교형사법연구 창간호, 1999, 69면; 김성돈, 형법총론, 현암사, 2006, 473면; 김일수, 한국형법 I [총론 上], 박영사, 1996, 440면.

125) 오영근, "불능미수의 위험성", 한양대 법학논총 27집 4호, 2010, 8면의 각주2.

량 이상을 먹으면 죽을 수도 있는 '초우뿌리'나 '부자' 달인 물을 마시게 하였으나 토해서 사망하지 않은 경우, 판례는 용량과 체질에 따라 다르지만 부작용으로 인한 사망이라는 결과의 발생가능성을 배제할 수 없다는 이유로 불능범이 아니라 살인미수범라고 본다(2007도3687). 甲이 V소유 승용차의 브레이크호스를 잘라 브레이크액을 유출시켜 주된 제동기능을 완전히 상실시킴으로써 그 때문에 V가 그 자동차를 몰고 가다가 반대차선의 자동차와의 충돌을 피하기 위해 브레이크 페달을 밟았으나 전혀 제동이 되지 않아서 사이드브레이크를 잡아당김과 동시에 인도에 부딪치게 함으로써 겨우 위기를 모면한 경우도, 판례는 甲의 행위는 사망의 결과발생에 대한 위험성을 배제할 수 없으므로 살인미수죄를 구성한다고 본다(90도1149). 이들 판례 모두 참조조문에 27조가 있어서 불능미수를 인정한 것으로 볼 여지도 있지만, 판결문의 위 밑줄 친 부분과 같은 내용을 보면 모두 살인죄의 장애미수를 인정한 것으로 보는 것[126]이 옳다.

(2) 주체의 착오

불능(미수)범은 실행의 수단 또는 대상의 착오로 인해 결과가 불발생한 경우를 말한다. 불능(미수)범이 주체의 착오의 경우에도 적용되는지 다툼이 있다. 주체의 착오란, 신분범의 경우에 행위자가 자신도 신분자라고 착오한 경우이다. 예컨대 공무원이 아닌 甲이 자신이 공무원이라고 생각하고 뇌물을 받은 경우이다.

㉮불능미수설[127]은 불능미수의 형태인 '실행의 수단 또는 대상의 착오'는 예시규정이고, 위험성이 있으면 처벌해야한다는 것을 논거로 한다. ㉯불능범설의 논거는 아래와 같다. 독일은 미수범을 결과발생의 가능 여부를 불문하고 원칙적으로 처벌하지만 임의적 감경대상이고, 예외적으로 실행의 수단 또는 대상에 대한 중대한 착오로 인해 결과발생이 불가능한 경우를 불능미수라고 하고 임의적 감면대상으로 하고 있다. 따라서 독일의 불능미수규정은 형벌완화기능을 하므로, 이 규정의 확장해석은 유추해석이 아니다. 그러나 한국은 결과발생이 불가능한 경우는 불능범이라고 하고 처벌하지 않지만 실행의 수단 또는 대상의 착오로 결과발생이 불가능하지만 위험성 있는 경우는 불능미수로서 처벌하므로 불능미수규정은 형벌강화기능을 한다. 따라서 제27조를 주체의 착오의 경우에도 적용하여 불능미수로 보는 것은 확장해석으로서 유추라는 것이다.[128] ㉰환각범설[129]은 행위자의 생각에 기초한 미수론이 아니라 법적

126) 한상훈, "형법 제27조(불능범)에서 "결과발생의 불가능"과 "위험성" 표지의 구별기준", 형사법연구 20권 3호, 2008·가을, 100면 이하.
127) 박상기, 형법총론, 박영사, 2012, 384면 이하.
128) 오영근, 형법총론, 박영사, 2005, 31/11.
129) 김일수, 한국형법Ⅱ[총론 下], 박영사, 1996, 184면 이하.

근거가 명확한 신분범의 본질에서 출발해서 해결해야한다는 견해로, 신분은 객관적인 것으로서 행위자 자신의 생각으로는 결코 획득할 수 없다는 것이다.

다. 위험성의 존부의 판단기준

실행의 수단이나 대상의 착오로 인해 구성요건적 결과의 발생이 불가능한 경우에는 불능범인지, 아니면 불능미수인지 문제가 되는데, 그 구별기준은 위험성의 존부이다. 이에 관해 아래와 같이 견해의 대립이 있다.

(1) 학설

㈎ 위험성 요건 무의미설 = 비독자적 위험성 개념설

형법 제27조의 위험성은 별도로 규정할 필요가 없는 불능미수의 당연한 요건으로서 독자성이 없는 무의미한 문언이라는 견해[130]는 불능미수는 제16조의 금지착오의 유형으로서 책임영역에서 다루어야할 문제이고, 불가벌적 불능범은 언어유희로서 이론적 개념에 불과하다는 것이다. 그 이유는 위험하지 않아서 불가벌인 행위를 형법이 범죄로 규정할 수는 없으므로 '위험성'이라는 개념은 모든 범죄의 표지이고, 다만 위험성의 정도(양과 질)가 범죄마다 차이가 있을 뿐이라는 것이다.

불능범 또는 불능미수는 범죄실현의 불가능성을 전제로 하는데, 이는 곧 범죄실현의 구체적 위험성과 같고 불능미수는 구체적 위험은 없지만 추상적 위험 내지 인상설에 따른 법질서에 대한 위험성은 인정된다고 보는 견해[131]는 위 견해를 지지한다.

㈏ 객관설

절대적 불능·상대적 불능설(구객관설, 형식적 객관설)은 절대적 불능은 예컨대 설탕으로 살해하려고 하거나 사체를 살해하려고 하는 경우처럼 구성요건의 실현이 개념적으로 불가능한 경우이고, 상대적 불능은 예컨대 치사량 미달의 독약으로 살해하려고 한 경우와 같이 일반적으로는 구성요건의 실현이 가능하지만 특정한 경우에는 불가능한 경우로서, 절대적 불능은 불능범이지만 상대적 불능은 불능미수라고 본다.

법률적 불능·사실적 불능설은 프랑스학자들의 주장으로, 자기소유의 재물에 대한 절도와

130) 천진호, "불능미수범의 위험성 판단-해석상의 오류를 중심으로-", 비교형사법연구 창간호, 1999, 85면 이하와 89면.

131) 이정원, "불능미수에서 범죄실현의 불가능과 위험성", 형사정책연구 18권 4호, 2007·겨울호, 11면 이하. 특히 21면 이하.

같은 경우가 법률적 불능으로서 불능범이고, 그 밖의 경우가 사실적 불능으로서 불능미수라고 본다. 그런데 법률적 불능을 절대적 불능으로, 사실적 불능을 상대적 불능으로 이해하기도 하고, 법률적 불능을 구성요건의 흠결로, 사실적 불능을 단순한 사실의 흠결로 이해하기도 한다.

구체적 위험설(신객관설)은 행위 당시에 행위자가 인식한 사정과 일반인이 인식한 사정을 일반인의 관점에서 평가해서 위험성이 인정되는 경우는 불능미수라고 본다. 예컨대 명백히 사정거리 밖에 있는 자에 대해 사정거리 안에 있는 것으로 오인하고 총격한 경우는 불능범이라고 보는 반면, 치사량에 해당한다고 생각하고 살해하려 하였으나 치사량 미달의 독약이었던 경우는 불능미수라고 본다.

구체적 위험설은 행위 당시 행위자가 인식한 사정과 일반인이 인식한 사정이 일치하지 않는 경우에 어느 사정을 기초로 판단해야 하는지 불분명하다는 문제점을 안고 있으므로, 행위 당시 일반인이 인식한 사정만을 기초로 하여 일반인의 관점에서 위험성의 존부를 판단해야한다는 견해[132]도 있다.

강화된 구체적 위험설은 판단대상은 추상적 위험설과 동일하지만, 판단관점을 일반인이 아니라 과학적 일반인에 두는 견해[133]이다. 이런 엄격한 해석이 불능미수의 성립범위를 좁히려는 제27조의 입법취지에 부합하다는 게 그 이유이다.

(다) 주관설

주관설은 미수범의 처벌근거는 범죄의사의 표현에 있으므로 결과 발생이 객관적으로 불가능하더라도 위험성은 인정된다고 본다. 다만 미신범의 경우는 구성요건해당행위가 없으므로 예외적으로 불능범이라고 본다. 미신범을 불능미수로 포섭하지 않은 이유를 합리적으로 설명해 줄 수 없을 뿐만 아니라 행위자의 의사 이외에 객관적 요소를 고려하지 않으므로 미수범의 성립범위를 지나치게 넓힐 염려가 있다는 비판을 받는다.

(라) 절충설

추상적 위험설(주관적 위험설, 행위자위험설)은 행위 당시에 행위자가 인식한 사정을 일반인의 관점에서 평가해서 위험성이 인정되는 경우, 예컨대 설탕으로 당뇨병환자를 살해하려고 한 경우,[134] 권총에 탄환을 집어넣어가지고 사람을 쏘았는데, 그 탄환은 도저히 사람을 죽일

---

132) 오영근, 형법총론, 박영사, 2014, 343면 이하.
133) 신동운, 형법총론, 법문사, 2006, 512면 이하.
134) 단음식도 당뇨병의 (간접적인) 원인이 될 수 있지만, 당뇨병의 직접적인 원인은 혈당을 조절하는 췌장기능의

수 없는 불발탄인 것으로 밝혀진 경우, 독약으로 오인하고 설탕을 먹여 살해하려고 한 경우 등은 불능미수라고 본다. 행위자가 느끼는 위험이라는 점에서 행위자위험설, 또 행위자가 인식한 사정만 위험성 판단의 대상이 된다는 점에서 주관적 위험설이라고 하며, 그러한 위험을 구체적인 행위자가 아니라 추상화된 일반인의 관점에서 파악한다는 점에서 추상적 위험설이라고 한다. 행위자가 경솔하게 잘못 안 경우에도 그 사실만을 기초로 위험성을 판단해야 하므로 부당하다.

인상설은 독일의 다수견해로, 행위자의 법적대적 의사실행이 법적 평화를 교란하기에 충분한 사회심리적 인상을 줄 때 위험성이 인정된다고 본다.135) 독일 형법은 위험성을 불능미수의 요건으로 하지 않는다. 인상설은 미수범 일반의 처벌근거를 설명하는 것으로는 타당하지만, 불능미수의 전제조건인 위험성의 판단방법에 대해서는 아무런 답을 주지 못한다는 비판을 받는다.

(2) 위험성을 부정하여 불능범이라고 본 판례

판례는 위 보증금사기불능범사건에서 임차인 甲은 사기죄의 불능범이라고 본다(2001도6669). 그 이유는 주택임대차보호법(약칭하여 주임법)의 대항력은 실제 거주자(전입신고한 자)가 계약의 명의자로서 확정일자를 받아야 발생하지만, 이 사건의 甲은 대항력을 갖추지 못했다고 하더라도 주임법 8조를 근거로 소액임대차보증금에 대한 최우선변제권 행사로 배당금을 수령할 권리가 있으므로 경매법원이 실제의 임차인 甲을 처로 오인하여 배당결정을 하였더라도 이로써 재물의 편취라는 결과의 발생은 불가능하다는 것이다.

소송비용을 편취할 의사로 소송비용의 지급을 구하는 손해배상청구의 소를 제기한 경우, 판례는 사기죄의 불능범이라고 본다(2005도8105). 그 이유는 위험성 판단은 행위자가 행위당시에 인식한 사정을 객관적으로 일반인의 판단으로 보아 결과 발생의 가능성이 있느냐를 따져야 하는데, 민소법상 소송비용의 청구는 소송비용액 확정절차에 의하도록 규정하고 있으므로, 손해배상금 청구의 소 등으로 소송비용의 지급을 구하는 것은 소의 이익이 없는 부적법한 소로서 허용될 수 없어서, 이런 청구방법에 관한 법률적 지식을 가진 일반인의 판단으로 보아 결과 발생의 가능성이 없어서 위험성이 인정되지 않는다는 것이다.

사망한 자를 상대로 한 소송사기는 판례는 불능미수가 아니라 불능범이라고 본다(2000도1881; 87도852). 그 이유는 사망한 자에 대한 판결은 그 내용에 따른 효력이 생기지 않아서 상속인에게 그 효력이 미치지 않는다는 것이다.

손상이다.

135) 김일수, "소송사기의 불능과 불능미수: 대법원 1997년 7월 8일 선고 97도632판결", 법률신문 제2655호, 1997.

라. 여성으로 성전환수술을 받은 남성에 대한 성기 삽입

甲이 1995. 4. 24. 00:30 경 서울 소재 호텔 부근에서 호객행위를 하던 V를 승용차로 납치하여 골목길로 끌고 가서 폭행과 협박을 하여 V의 반항을 억압한 다음 차 안에서 성기를 V의 음부에 삽입하였는데, V는 여성으로 성전환수술을 받은 남성인 경우, 강간죄의 불능미수라는 견해[136]가 있다.

그러나 강간죄가 아니라 강제추행죄라는 것이 판례의 취지였다(96도791). 그 이유는 성전환여성은 ㉮성염색체의 구성, ㉯본래의 내·외부성기의 구조, ㉰수술 후에도 여성으로서 생식능력이 없는 점, ㉱사회일반인의 평가와 태도 등을 보면 남성이라고 봐야한다는 것이다. 그런데 성전환여성을 남성으로 보는 이 판결의 입장은 성전환여성의 호적정정 및 개명허가신청사건에서 2006년 변경되어(2004스42전결) 성전환여성도 여성으로 보게 되었고, 이 변경된 입장이 2009년 형사사건 대법원판결에서 나타난다(2009도3580). 한편 현재는 형법이 개정되어 강간죄의 객체가 여성에서 사람으로 바뀌었다.

Ⅱ. 예비·음모범

Q. 乙과 丙은 5천만원을 줄테니 V를 살해해달라는 甲의 제안에 대해 살해할 의사는 없이 V를 살해할 것처럼 속여서 돈을 받아낼 생각으로 승낙을 한 후 V를 살해하였다고 속여 甲으로부터 2천만원을 받았다(약칭하여 타인예비사건). 甲의 형사책임은?

Q. 甲이 2004. 6. 乙의 전화번호를 병역면제 브로커인 丙에게 알려주어 서로 연락할 수 있게 해주고 乙이 병역의무를 기피하거나 감면받을 목적으로, 2004. 7. 29. 병원의사에게 "몸이 피곤하고 손발이 붓고 뒷골이 빠근하고 소변이 탁하다."고 거짓말하면서 丙으로부터 건네받은 알부민과 자신의 손가락에서 뽑은 혈액을 혼합한 소변을 마치 정상적으로 채뇨한 것처럼 제출하여 신장에 이상이 있다는 내용의 진단을 받는 등 사위행위를 하게 함으로써 乙의 범행을 용이하게 하였지만 乙이 허위의 병사용진단서를 첨부한 병역처분변경원서를 제출하지 않았다(약칭하여 병역기피사건). 甲과 乙의 형사책임은?

> 第28조 (음모, 예비) 범죄의 음모 또는 예비행위가 실행의 착수에 이르지 아니한 때에는 법률에 특별한 규정이 없는 한 벌하지 아니한다.
> 第250조 (살인, 존속살해) ①사람을 살해한 자는 사형, 무기 또는 5년 이상의 징역에 처한다. ②자기 또는 배우자의 직계존속을 살해한 자는 사형, 무기 또는 7년 이상의 징역에 처한다.
> 第255조 (예비, 음모) 第250조와 第253조의 죄를 범할 목적으로 예비 또는 음모한 자는 10년 이하

136) 김일수, "합동강간치상죄의 불능미수-대법 1996. 6. 11, 96도791-", 고려대학교 판례연구 제8집, 1996. 9, 118면; 정현미, "성전환수술자의 강간죄의 객체 여부", 형사판례연구[6], 박영사, 1998, 181면.

의 징역에 처한다.

1. 예비 · 음모의 개념

범죄실행을 위한 준비행위(예컨대 살해를 위해 칼을 구입하여 날카롭게 하거나 계획함)가 범죄 '실행의 착수(예컨대 살해하려고 칼로 찌름)'로 이어지지 않는다면, 그런 준비행위는 원칙적으로 형법은 처벌하지 않지만, 예외적으로 처벌하는 경우가 있다. 이를 예비 · 음모범이라고 한다. 예비가 유형적 준비행위라면, 음모는 언어 등을 통한 무형적 준비행위다.

미수범처럼 법익을 침해할 위험이 있는 행위를 처벌하는 범죄이지만, 미수범은 그 위험이 구체적인 경우이고, 예비 · 음모범은 그 위험이 추상적인 경우이므로, 예비 · 음모범은 형법의 법익보호원칙을 더더욱 충실하게 실현하기 위한 범죄형태라고 할 수 있다. 법익침해의 추상적 위험을 통제할 필요성은 매우 특별히 중한 범죄, 예컨대 살인죄, 강도죄, 방화죄 등에 대해서만 인정되므로, 형법은 이런 범죄에 대해서만 예비 · 음모범을 두고 있다. 예비 · 음모범은 이런 죄들을 "범할 목적"을 요건으로 한다는 점에서 목적범이다. 2007. 5. 25. 공개된 한미자유무역협정 가운데 지적재산권(18장)과 관련한 이른바 캠코더조항(18.10조의 27항)[137]은 예비행위를 처벌할 수 있도록 한 것으로서 문제이다.

2. 예비 · 음모범의 성립요건

예비 · 음모범의 객관적 성립요건은 예비 · 음모행위의 존재이고, 주관적 성립요건은 이런 예비 · 음모행위에 대한 고의와 기본범죄를 저지를 목적의 존재이다.

가. 예비

판례는 살인예비죄가 성립하기 위해서는 살인죄를 범할 목적 외에도 살인의 준비에 관한 고의가 있어야 하고, 나아가 살인죄의 실현을 위한 준비행위가 있어야 하며, 물론 이것이 실행의 착수까지에는 이르지 않아야하는데, 여기서의 준비행위는 물적인 것에 한정되지 않고 특별한 정형이 있는 것도 아니지만, 단순히 범행의 의사 또는 계획만으로는 인정할 수 없고

137) 각 당사국은 공공 영화상영 시설에서 영화 또는 그 밖의 영상저작물의 실연으로부터 그러한 저작물 또는 그 일부를 전송하거나 복사하기 위하여 그러한 영화 또는 그 밖의 영상저작물의 저작권자 또는 저작인접권자의 허락 없이, 고의로 녹화장치를 사용하거나 사용하려고 시도하는 사람에 대해 형사절차가 적용되도록 규정한다.

객관적으로 보아서 살인죄의 실현에 실질적으로 기여할 수 있는 외적 행위를 필요로 한다고 보고, 앞의 타인예비사건에서 甲에게 형법 제255조의 살인예비죄를 인정한다(2009도7150). 그러나 다수견해는 타인예비는 예비행위가 될 수 없다고 본다.[138] 예비·음모행위는 범죄실행의 착수 이전 단계의 행위로서 엄격하게 해석할 필요가 있으므로 예비·음모죄의 요건인 '…의 죄를 범할 목적'은 자신이 **직접** '…의 죄를 **실행할** 목적'을 의미하는 이른바 '자기예비'에 한정해야하고, 만일 타인이 실행하는 범죄의 예비, 곧 타인예비를 인정하면 타인이 실행에 착수하기 전에는 타인예비자가 예비죄의 정범이 되었다가 타인이 실행에 착수한 이후에는 실행한 범죄의 공범이 되는 것인데, 이는 부당하다는 것이다. 그런데 다수견해가 타인예비를 부정한다고 해서 앞의 타인예비사건의 甲을 형법 제31조 제3항(실패한 교사)에 따라 살인죄의 예비·음모범으로 처벌하는 것까지 부정하는 것은 아니다.

북한과 범민족단합대회추진을 위한 예비회담을 위해 회합장소인 판문점 평화의 집으로 가던 중 그에 훨씬 못 미치는 검문소에서 경찰의 저지로 그 뜻을 이루지 못한 경우, 판례는 국가보안법의 회합죄[139]의 실행의 착수를 부정하여, 예비범이라고 본다(90도1217).

나. 음모

판례는 음모란 2인 이상의 자 사이에 성립한 범죄실행의 합의를 말하는 것으로, 이를 인정하기위해서는 단순히 범죄결심을 외부에 표시·전달하는 것만으로는 부족하고, 객관적으로 보아 특정한 범죄의 실행을 위한 준비행위라는 것이 명백히 인식되고, 그 합의에 실질적인 위험성이 인정될 때에 비로소 음모죄가 성립한다고 본다(99도3801).

3. 예비·음모행위의 범죄실행행위성 인정 여부와 관련 문제

가. 예비·음모행위의 범죄실행행위성 인정 여부

ⓐ예비·음모행위(예컨대 살해를 위해 칼을 준비하는 행위)를 기본범죄(살인죄)의 실행행위(예컨대 사람을 살해하려고 칼로 찌르는 행위)로 볼 수 없다는 것이 다수견해와 판례의 입장이다. 이처럼 예비·음모행위의 범죄실행행위성을 부정하는 것은 예비·음모범도 미수범처럼 기본범죄(기수범)와의 독자성이 부정된다고 보기 때문이다.

---

138) 예컨대 오영근, 형법총론, 박영사, 2012, 28/21.

139) 제8조(회합·통신등) ①국가의 존립·안전이나 자유민주적 기본질서를 위태롭게 한다는 정을 알면서 반국가단체의 구성원 또는 그 지령을 받은 자와 회합·통신 기타의 방법으로 연락을 한 자는 10년 이하의 징역에 처한다. 그런데 당시에는 이 회합죄의 예비·음모를 처벌하는 규정이 있었으나 현재는 없다.

ⓑ예비 · 음모범은 그 실행행위가 기본범죄(기수범)의 실행행위와는 차이가 있고, 법정형도 미수범과 달리 독자적으로 정하고 있다는 이유로, 미수범은 기본범죄(기수범)의 비독자적인 범죄이지만 예비 · 음모범은 독자적인 범죄라고 보는 견해[140]에 따르면, 예비 · 음모행위는 당연히 예비 · 음모범의 실행행위가 될 수 있다. 이 견해는 미수범, 예비 · 음모범을 모두 기본범죄(기수범)의 구성요건표지를 변형시켜서 만든 파생범죄로 보고, 이를 다시 비독자적인 경우(예컨대 존속살인죄, 미수범)와 독자적인 경우(예컨대 예비 · 음모범, 준사기죄)로 구별하고, 전자는 다시 구성요건을 변형시켜 법정형을 가중한 가중범죄(존속살인죄)와 법정형을 감경한 감경범죄(영아살해죄)로 구별한다.[141]

ⓐ예비 · 음모행위를 기본범죄의 실행행위로 볼 수 없다는 견해와 ⓑ예비 · 음모행위를 기본범죄(기수범)의 실행행위로 볼 수는 없지만 예비 · 음모범 그 자체의 실행행위로는 볼 수 있다는 견해의 대립은 아래에서 볼 논의에 영향을 미친다.

나. 예비 · 음모범에 대한 중지미수의 적용 여부

예비 · 음모범에 대해서도 중지미수 규정을 적용할 수 있는지 여부를 두고 다툼이 있다. 예컨대 실행의 착수 후에 중지미수의 혜택을 받으면 형벌의 면제를 받을 수 있는 반면 실행의 착수 이전인 예비 · 음모의 단계에서 행위를 중지한 경우는 그런 면제의 혜택을 받을 수 없다는 점에서 논의의 의미가 있다.

(1) 직접적용설과 유추적용설

예비 · 음모행위를 예비 · 음모범 그 자체의 실행행위로는 볼 수 있다는 견해에 따르면 예비 · 음모범에 대해서도 당연히 중지미수 규정을 직접적용할 수 있다.

예비 · 음모행위의 실행행위성을 인정할 수 없지만, 예비 · 음모범에 대해서도 중지미수규정을 유추적용하자는 입장도 있다. 이는 다시 ⓐ예컨대 일반이적죄(무기 또는 3년 이상 징역)처럼 예비의 형(2년 이상 30년 이하 징역)이 중지미수(1년 개월 이상 30년 이하 징역 또는 면제)의 형보다 중한 경우에 한해서 형의 균형상 중지미수의 규정을 준용하되, 필요적 감면의 대상형을 기수범의 법정형으로 하자는 제한적 유추적용설[142]과 ⓑ중지미수의 규정을 언제나 준용하며, 필요적 감면의 대상형도 기수범의 법정형이 아닌 예비죄의 법정형으로 하자는 전면적 유추적용설[143]로 나뉜다. 이에 따르면 살인기수범의 법정형(사형, 무기 또는 5년

140) 이상돈, 형법강의, 법문사, 2010, 478면.
141) 이상돈, 형법강의, 법문사, 2010, 96면 이하.
142) 이재상, 형법총론, 박영사, 2011, 28/47.

이상 징역) 가운데 5년 이상 징역을 선택하여 필요적 감면하면 2년 6개월 이상 징역 또는 형의 면제까지 가능하며, 살인예비죄의 법정형(10년 이하 징역)을 대상으로 필요적 감면하면 5년 이하 징역 또는 형의 면제까지 가능하다. ⓐ는 형의 불균형을 중요하게 고려하는 반면, ⓑ는 중지미수의 취지를 예비의 중지에도 논리일관하게 적용하려는 것이다.

중지미수규정이 아니라 필요적 감면되는 내란죄의 예비·음모범의 자수규정(90조 1항 단서)을 유추적용하자는 견해[144]도 있다.

⑵ 유추적용 부정설(판례)

예비·음모행위를 기본범죄의 실행행위로 볼 수 없다는 견해에 따르면 예비·음모범에 대해서는 중지미수 규정을 적용할 수 없다. 실행의 착수 전인 예비행위에 대해서는 중지미수의 개념을 인정할 여지가 없다는 것이다.[145]

판례도 이 입장이다(99도424). 甲이 관세포탈을 목적으로 수입물품의 수량과 가격이 낮게 기재된 계약서를 첨부하여 수입예정 물량 전부에 대한 과세가격 사전심사를 신청함으로써 과세가격을 허위로 신고하고 이에 따른 과세가격 사전심사서를 미리 받아 둔 행위는 관세포탈죄의 실현을 위한 외부적 준비행위인, 곧 예비에 해당하는데 그 후 실행에 착수하지 않은 경우, 중지미수규정을 유추적용할 수 없다고 본다.

다. 예비·음모범에 대한 방조범의 성부

甲이 금괴를 무면허수입할 목적으로 자금을 가지고 있었지만 실행에 착수하기 전에 잡혔는데, 그 자금의 마련에 乙이 도움을 준 것이 밝혀진 경우, 乙을 관세법의 밀수예비죄의 방조범으로 처벌할 수 있는지 여부를 두고 다툼이 있다.

예비행위도 실행행위로 볼 수 있다는 견해[146]는 이를 긍정한다. 그러나 판례는 이를 부정한다(79도2201). 그 이유는 ⓐ종범을 처벌하려면 정범이 범죄의 실행에 착수해야하므로, 정범이 예비의 단계에 그쳤다면 이에 가담하는 행위가 예비의 공동정범이 되는 경우를 제외하고는 종범으로 볼 수 없고, ⓑ범죄의 구성요건 개념상 예비죄의 실행행위는 무정형·무한정한 행위이고 종범의 행위도 무정형·무한정한 것이어서 예비죄의 종범을 인정하면 범죄구성요건의 부당한 유추 내지 확장해석을 가져올 수 있으며, 바로 이런 점 때문에 형법이 '특별한 규

143) 오영근, 형법총론, 박영사, 2005, 30/60.
144) 김일수, 한국형법Ⅱ[총론 下], 박영사, 1996, 214면.
145) 신동운, 형법총론, 법문사, 2006, 497면.
146) 이상돈, 형법강의, 법문사, 2010, 31/67.

정이 없는 한 예비·음모는 처벌할 수 없다'고 규정한 것이고, ⓒ따라서 형법각칙의 예비죄를 독립된 구성요건으로 보지 않는 것이 죄형법정주의에도 부합한다는 것이다(75도1549).

앞의 병역기피사건에서 판례는 甲을 乙의 병역법의 병역의무기피죄[147]의 방조범으로 처벌할 수 없다고 본다(2005도3065). 그 이유는 이 죄의 '사위행위(현재는 속임수)'란 병역의무를 감면 받을 조건에 해당하지 않거나 그런 신체적 상태가 아님에도 불구하고 병무행정당국을 기망하여 병역의무를 감면 받으려고 시도하는 행위로서, 도망·잠적 또는 신체손상에 상응하다고 할 정도로 병역의무의 이행을 면탈하고 병무행정의 적정성을 침해할 직접적인 위험이 있는 단계에 이르렀을 때에 비로소 사위행위에 착수한 것으로 볼 수 있는데, 乙의 행위는 그렇지 않다는 것이다. 왜냐하면 병역법 시행령 등 관련 규정에 의하면 현역병 입영대상자가 허위의 질환을 이유로 병역을 면제받고자 하는 경우 별도로 지방병무청장의 병역처분변경절차가 필수적인데 지정병원에서 발급한 병사용진단서는 병역처분변경사유를 소명하기 위한 하나의 참고자료에 불과하고, 적어도 사위의 방법으로 발급받은 허위 병사용진단서를 첨부한 병역처분변경원서를 지방병무청장에게 제출해야 직접적으로 병무행정당국에 대해 사위행위를 한 것으로 볼 수 있다는 것이다.

Ⅲ. 결과적 가중범

Q. 청산가리를 먹고 신음 중인 V를 본 甲이 보호의무가 있음에도 이를 방치한 결과 V가 사망하였지만 甲이 즉시 병원으로 후송했더라도 의학기술상 치료가 불가능하다는 것이 판명된 경우(약칭하여 청산가리사건), 甲에게 유기치사죄가 성립하는가?

Q. 甲이 치매에 걸린 자신의 아버지 V를 모시기 힘들어서 V를 살해할 생각을 하였다. 그래서 화재로 V가 사망한 것처럼 보이기 위해 V가 살고 있는 집의 가스관을 열어두고 자신은 밖으로 나와 불을 질러서 결국 V가 사망하였다. 甲에게 성립하는 죄는 무엇인가?

Q. 甲이 날치기 수법으로 가방을 탈취하면서 가방을 놓지 않고 버티는 V를 5m 가량 끌고 가다 가방을 빼앗아 달아나던 중 아파트경비업체 직원에게 붙잡혔고, 이 과정에서 V가 무릎 등에 상해를 입은 경우(약칭하여 날치기사건), 甲에게 성립하는 죄는 강도치상죄의 미수인가, 기수인가?

제15조 (사실의 착오) ②결과로 인하여 형이 중할 죄에 있어서 그 결과의 발생을 예견할 수 없었을 때에는 중한 죄로 벌하지 아니한다.

147) 86조(도망·신체손상 등) 병역의무를 기피하거나 감면받을 목적으로 도망가거나 행방을 감춘 경우 또는 신체를 손상하거나 속임수를 쓴 사람은 1년 이상 5년 이하의 징역에 처한다.

1. 진정결과적 가중범

가. 개념

예컨대 다치게만 할 생각으로 야구방망이로 옆구리를 때렸는데 사망한 경우처럼 신체만 상해하려다가 사망에 이르게 하는 일은 흔히 발생할 수 있으므로 그 처벌을 무겁게 하는 것이 옳다는 견해도 있다. '사람의 신체를 상해하여 사망에 이르게 한 경우'에 성립하는 상해치사죄(259조 1항)는 이를 반영한 것이다. 상해치사죄의 법정형(3년 이상 유기징역)은 상해죄(7년 이하 징역, 10년 이하 자격정지 또는 1천만원 이하 벌금)와 과실치사죄(2년 이하 금고 또는 700만원 이하 벌금)의 상상적 또는 실체적 경합에 의한 처단형보다 무겁다. 이처럼 고의의 기본범죄와 중한 결과에 대한 과실의 결합형태로 구성요건을 만들고 그 법정형을 무겁게 한 범죄를 결과적 가중범이라고 한다.

형법은 사실의 착오라는 제목 아래 제15조 제2항에서 규정하고 있지만, 1992년 형법개정안은 결과적 가중범이라는 제목 아래 별개의 조문으로 하고 있다.[148]

나. 성립요건

상해행위자가 피해자의 사망을 예견할 수 없었던 경우에도 무겁게 처벌하는 것은 책임원칙에 어긋난다. 그래서 제15조 제2항은 중한 결과에 대한 예견가능성, 곧 '과실'이 있는 경우에만 무겁게 처벌하도록 한 것이다. 물론 고의행위와 중한 결과 사이에 인과관계도 인정되어야 한다. 따라서 진정결과적 가중범의 성립요건은 ①고의에 의한 기본범죄, ②중한 결과에 대한 과실범, ③이 둘 사이에 인과관계 3가지이다.

강간을 당한 피해자가 자신의 집에 돌아가 수치심과 장래에 대한 절망감 등으로 인해 음독자살한 경우, 판례는 강간치사죄(제301조의2)를 부정한다(82도1446). 그 이유는 자살행위가 바로 강간행위로 인해 생긴 당연의 결과라고 볼 수 없어서 강간행위와 자살 사이에 인과관계를 인정할 수는 없다는 것이다.

다. 판례

(1) 진정결과적 가중범의 성립을 인정한 판례

4일 가량 물조차 제대로 마시지 못하고 잠도 자지 않아서 거의 탈진 상태에 이른 정신병

---

148) 제14조 (결과적 가중범) 결과로 인하여 형이 무거운 범죄에 있어서 그 결과의 발생에 대하여 과실이 없는 때에는 무거운 범죄로 벌하지 아니한다.

자의 손과 발을 17시간 이상 묶어 두고 좁은 차량 속에서 움직이지 못하게 감금한 결과, 묶인 부위의 혈액 순환에 장애가 발생하여 혈전이 형성되고 그 혈전이 폐동맥을 막아 사망에 이른 경우, 감금치사죄[149]가 성립한다(2002도4315).

甲이 주먹으로 V의 복부를 1회 강타하여 장파열로 인한 복막염으로 사망한 경우, 甲의 행위가 사망의 유력한 원인이라면 의사의 수술지연 등 과실도 사망의 원인일지라도 甲에게 폭행치사죄[150]가 성립한다(84도831).

甲이 V의 멱살을 잡아 흔들고 주먹으로 가슴과 얼굴을 1회씩 구타하고 멱살을 붙들고 넘어뜨리는 등 신체 여러 부위에 표피박탈, 피하출혈 등의 외상이 생길 정도로 심하게 폭행을 하여 평소에 심장질환을 앓고 있던 V의 심장에 더욱 부담을 주어 나쁜 영향을 초래하도록 하였다면, V의 사망원인은 관상동맥부전과 허혈성심근경색 등일지라도 甲에게 폭행치사죄가 성립한다(89도556).

⑵ 진정결과적 가중범의 성립을 부정한 판례

위 청산가리사건에서 판례는 甲의 유기행위와 V의 사망 사이에는 상당인과관계가 없다는 이유로 甲에 대한 유기치사죄의 성립을 부정한다(67도1151).

甲의 폭행으로 고혈압환자인 V가 뇌실질내 혈종의 상해를 입은 경우, 판례는 상해를 예견할 수 없다는 이유로 폭행치상죄의 성립을 부정한다(81도1811).

甲은 여성 V와 술을 마신 후 만취한 V를 02:00경 여관 209호실로 강제로 데리고 들어간 후 화장실에 가 있던 중 V가 정신을 차려 출입문을 열고 그 여관 1층 복도까지 도망가자 끌고 와 V를 1회 간음하고, 03:30경 甲이 V의 반항을 억압하고 다시 간음하려 하자 V가 이를 모면하기 위해 甲을 밀어내면서 그에게 마실 물을 떠달라고 말하여 甲이 잠시 방밖으로 나간 사이에 V가 방문을 안에서 잠그고 구내전화를 통해 여관종업원에게 구조요청까지 한 상황에서, V가 甲의 방문 흔들며 부수고 들어올 기세에 겁을 먹고 강간을 모면하기 위해 3층에서 창문을 넘어 탈출하다가 상해를 입은 경우, 판례는 상해의 예견가능성 없다는 이유로 원심과 달리 강간치상죄의 성립을 부정한다(85도1537).

149) 제281조 (체포·감금등의 치사상) ①제276조 내지 제280조의 죄를 범하여 사람을 상해에 이르게 한 때에는 1년 이상의 유기징역에 처한다. 사망에 이르게 한 때에는 3년 이상의 유기징역에 처한다.

150) 제262조 (폭행치사상) 전2조의 죄를 범하여 사람을 사상에 이르게 한 때에는 제257조 내지 제259조의 예에 의한다. 제260조 (폭행, 존속폭행) ①사람의 신체에 대하여 폭행을 가한 자는 2년 이하의 징역, 500만원 이하의 벌금, 구류 또는 과료에 처한다. ②자기 또는 배우자의 직계존속에 대하여 제1항의 죄를 범한 때에는 5년 이하의 징역 또는 700만원 이하의 벌금에 처한다. ③제1항 및 제2항의 죄는 피해자의 명시한 의사에 반하여 공소를 제기할 수 없다. 제261조 (특수폭행) 단체 또는 다중의 위력을 보이거나 위험한 물건을 휴대하여 제260조 제1항 또는 제2항의 죄를 범한 때에는 5년 이하의 징역 또는 1천만원 이하의 벌금에 처한다.

甲이 캬바레에서 만나 함께 춤을 추면서 알게 된 V를 여관으로 유인한 후 강간하기로 마음먹고, 1991. 8. 11. 01:15경 여관 4층의 509호실에 V를 데리고 들어가서 방문을 걸어 잠그고 "너 나가면 죽이겠다. 내가 육사출신인데 너 하나 못이기겠느냐"고 협박하면서 강간하려고 하다가, V가 반항하여 그 뜻을 이루지 못하고, 이어 甲이 소변을 보기 위해 위 여관방의 화장실에 가면서 V가 도망을 가지 못하도록 그의 핸드백을 목에 걸고 가자 V는 그 곳에 계속 있으면 강간당할 것이라는 위협을 느끼고 위 여관방의 유리창을 통해 창문 밖으로 뛰어내려서 전치 약 24주간의 상해를 입은 경우, 대법원은 원심과 달리 강간치상죄의 성립을 부정한다(92도3229). 그 이유는 V는 甲과 만나 함께 놀다가 큰 저항 없이 여관방에 함께 들어갔고, 강간을 시도하면서 한 폭행·협박의 정도가 강간의 수단으로는 비교적 경미하였으며, V가 여관방 창문을 통해 아래로 뛰어내릴 당시에는 甲이 소변을 보기 위해 화장실에 가있는 때이어서 V가 일단 급박한 위해상태에서 벗어나 있었을 뿐 아니라, 무엇보다도 4층에 위치한 위 방에서 밖으로 뛰어내리면 크게 다치거나 심지어는 생명을 잃는 수도 있다는 점을 고려하면 甲에게 <u>상해에 대한 예견가능성을 인정할 수 없다</u>는 것이다.

라. 구별개념

(1) 부진정결과적 가중범

부진정결과적 가중범이란 결과적 가중범 중에서 중한 결과에 대해 과실이 있는 경우뿐만 아니라 고의가 있는 경우도 인정되는 경우를 말한다. 본래의 결과적 가중범을 진정결과적 가중범이라고 한다.

다수견해와 판례는 부진정결과적 가중범 개념을 인정한다. 그 목적은 처벌의 불합리를 해소하려는데 있다. 만일 이를 부정하면 예컨대 살인의 고의를 가지고 현주건조물에 방화해서 사람이 사망한 경우(A) 현주건조물방화죄(무기 또는 3년 이상 징역)와 살인죄의 상상적 경합을 인정하여 처단형이 살인죄의 법정형인 '사형, 무기 또는 5년 이상 징역'이 되는데, 이는 현주건조물방화치사죄[151]의 법정형인 '사형, 무기 또는 7년 이상 징역'보다 낮은 것이어서, '고의와 고의'가 결합된 범죄가 '고의와 과실'이 결합된 범죄보다 그 불법이 낮은 것으로 평가되는 모순이 발생하기 때문이다. 따라서 이런 경우(A) 다수견해와 판례는 현주건조물방화치사죄를 인정한다(82도2341). 그런데 만일 법정형을 '사형 또는 무기징역'으로 하는 현주건조

151) 제164조 (현주건조물등에의 방화) ①불을 놓아 사람이 주거로 사용하거나 사람이 현존하는 건조물, 기차, 전차, 자동차, 선박, 항공기 또는 광갱을 소훼한 자는 무기 또는 3년 이상의 징역에 처한다. ②제1항의 죄를 범하여 사람을 상해에 이르게 한 때에는 무기 또는 5년 이상의 징역에 처한다. 사망에 이르게 한 때에는 사형, 무기 또는 7년 이상의 징역에 처한다.

물방화살인죄(현주건조물방화죄[고의범]+살인죄[고의범])를 신설하면, 현주건조물방화치사죄를 부진정결과적 가중범으로 해석할 필요가 없어진다. 다만 판례는 아래 강간치사죄(90도670)처럼 처벌의 불합리가 발생하지 않는 경우도 부진정결과적 가중범으로 보기도 한다.

그러나 부진정결과적 가중범 개념은 부정하는 것이 옳다. 이런 해석은 피고인에게 불리한 유추로서, 입법으로 해결할 문제이기 때문이다. 또한 이런 해석의 필요성은 현주건조물방화치사죄의 법정형을 지나치게 무겁게 규정했기 때문에 발생한 것이다. 현주건조물방화치사죄의 법정형은 '사형, 무기 또는 7년 이상 징역'인 반면, 현주건조물일수치사죄[152]의 법정형은 '무기 또는 7년 이상 징역'으로서 '사형'이 없다.

(2) 과실의 결과적 가중범

과실의 결과적 가중범이란 기본범죄가 과실인 결과적 가중범을 말한다. 독일 형법의 실화치사죄(제309조)가 이에 해당한다.

과실의 결과적 가중범이 한국 형법전에는 없지만, 개별형법에는 있다. 운전하다 실수로 행인을 치고 상해를 입힌 뒤 도주하였는데, 그 후 피해자가 사망한 경우에 성립하는 특가법의 대인사고후미조치도주운전죄가 이에 해당한다. 이 죄는 업무상 과실치상죄와 과실치사죄의 결합범인데, 사망에 대해 고의가 있는 경우에도 성립하므로 과실의 부진정결과적 가중범이라는 것이다.[153]

건설산업기본법의 업무상과실교량등파괴치사상죄(94조 2항)는 과실에 의한 진정결과적 가중범이라고 할 수 있다.

2. 부진정결과적 가중범의 죄수 및 경합

부진정결과적 가중범을 인정할 경우, 이 죄와 중한 결과에 대한 고의범 사이의 죄수 및 경합관계에 관해 다툼이 있다.

가. 상상적 경합설

152) 제177조 (현주건조물등에의 일수) ①물을 넘겨 사람이 주거에 사용하거나 사람이 현존하는 건조물, 기차, 전차, 자동차, 선박, 항공기 또는 광갱을 침해한 자는 무기 또는 3년 이상의 징역에 처한다. ②제1항의 죄를 범하여 사람을 상해에 이르게 한 때에는 무기 또는 5년 이상의 징역에 처한다. 사망에 이르게 한 때에는 무기 또는 7년 이상의 징역에 처한다.
제182조 (미수범) **제177조** 내지 제179조 제1항의 미수범은 처벌한다.

153) 이상돈, 형법강의, 법문사, 2010, 10/29 · 30.

상상적 경합설은 부진정결과적 가중범은 중한 결과에 대한 고의범의 인정을 전제로 나타나는 예외적인 현상이므로 중한 결과에 대한 고의범의 불법평가를 유지시켜야한다는 입장이다.[154] 이에 따라 부진정결과적 가중범과 중한 결과에 대한 고의범의 상상적 경합을 인정해야한다고 본다.

나. 법조경합설: 부진정결과적 가중범설

부진정결과적 가중범설은 상상적 경합설은 중한 결과에 대한 고의를 이중 평가한 것이어서, 이중평가금지원칙에 어긋나므로 부진정결과적 가중범만 인정해야한다는 입장이다.[155]

다. 판례: 절충설

판례는 두 죄의 법정형을 비교하여 ⓐ중한 결과에 대한 고의범의 법정형이 부진정결과적 가중범의 법정형보다 무거우면 두 죄의 상상적 경합을 인정하고(96도485), ⓑ그렇지 않으면, 곧 동일하거나(2008도7311) 부진정결과적 가중범의 법정형이 중한 결과에 대한 고의범의 법정형보다 무거우면 법조경합의 특별관계에 해당하여 부진정결과적 가중범만 성립한다고 본다.

甲이 1995. 8. 7. 03:15경 자신의 집 안방에서 잠을 자고 있던 자신의 아버지와 동생을 살해하기 위해 그 곳에 있던 두루마리 화장지를 말아 장롱 뒷면에 나 있는 구멍을 통해 장롱 안으로 집어넣은 다음, 1회용 라이터로 화장지에 불을 붙여 장롱으로 불이 번지자 그 곳을 빠져 나와서, 아버지와 동생은 연기로 인해 질식사하고 건조물은 소훼된 경우, 판례는 동생에 대해서는 현주건조물방화치사죄만 성립하고, 아버지에 대해서는 존속살해죄(당시는 법정형이 사형 또는 무기징역이었는데, 1995. 12. 29. 제5057호로 개정되면서 여기에 7년 이상 징역이 추가된 것이고, 이것이 현재까지 유지되고 있는 것임)와 현주건조물방화치사죄가 성립하며 두 죄는 상상적 경합이라고 보았다(96도485). 현재도 존속살인죄의 법정형이 무겁다고 볼 수 있나. '사형, 무기 또는 7년 이상 징역'은 두 죄에 공통된 법정형이지만, 존속살인죄의 경우에는 제256조에 따라 '10년 이하 자격정지'를 병과할 수 있기 때문이다. 그런데 이런 차이 때문에 현행 형법에서 존속에 대한 현주건조물방화살인의 경우 종전 판례처럼 판단할지, 현주건조물방화치사죄만 인정할지 다툼이 있을 수 있다.

---

154) 김성돈, 형법총론, 현암사, 2006, 565면; 신동운, 형법총론, 법문사, 2006, 248면; 이재상, 형법총론, 박영사, 1996, 15/7.

155) 오영근, 형법총론, 박영사, 2005, 13/17.

3. 결과적 가중범의 미수의 성부

가. 논의의 2가지 전제

(1) 첫째 전제: 결과적 가중범의 미수범 처벌규정의 존재

결과적 가중범의 미수의 성부에 관한 논의는 이를 처벌하는 규정의 존재를 전제로 한다. 따라서 예컨대 강간은 미수에 그쳤으나 치상의 결과가 발생한 경우 강간치상죄의 미수가 성립할 수 있는지 논의하기는 어렵다. 형법의 강간치상죄(제301조)의 미수범처벌규정은 없기 때문이다. 판례도 甲男의 성기가 피해여성의 성기에 들어가지는 않았지만 그를 협박하여 억지로 성교하려다가 1주일의 치료가 필요한 좌둔부 찰과상을 입힌 경우, 강간치상죄의 기수를 인정한다(84도1209). 다만 강간치상죄를 인정하면서도 강간이 미수에 그친 점을 작량감경규정(53조)을 적용하여 양형에 반영하자는 견해[156]가 있다.

甲男이 1994. 5. 29. 04:55경 여성 V를 칼날 길이 13cm 가량의 과도를 이용하여 강간하려고 하였으나 미수에 그치고, 약 6주간 치료가 필요한 상해를 입힌 경우, 판례는 성폭법 9조 위반죄가 아니라고 본다(95도94). 그 이유는 성폭법 제9조 제1항의 죄의 주체는 '제6조의 죄를 범한 자'로 한정되고 같은 법 제6조 제1항의 미수범까지 여기에 포함되는 것은 아니라는 것이다. 그런데 이 후 성폭법 제9조의 '…의 죄를 범한 자'에 제6조의 미수범도 포함한다는 규정이 신설된다.[157] 헌재는 주거침입 후 강간미수 후 상해를 입힌 자와 주거침입 후 강간기수 후 상해를 입힌 자에 대해 동일한 법정형을 적용하는 것(성폭법 제9조)은, 평등원칙에 어긋나지 않는다고 본다(2008헌바84). 그 이유는 강간죄의 미수범은 그 불법과 피해의 정도가 기수범에 견줘 결코 무시할 수 없다는 것이다. 이런 성폭법의 강간치상죄의 미수범 처벌규정의 존재를 부정하는 견해[158]도 있지만, 인정할 수 있다고 본다.[159] 현행 성폭법의 조

156) 이상돈, 형법강의, 법문사, 2010, 10/86.

157) 아래는 2010. 4. 15. 성폭법 개정 이전 조문으로, 제6조는 현행 제4조에, 제9조는 현행 제8조에 해당한다. 성폭법 제6조 (특수강간등) ①흉기 기타 위험한 물건을 휴대하거나 2인 이상이 합동하여 형법 제297조(강간)의 죄를 범한 자는 무기 또는 5년 이상의 징역에 처한다.
성폭법(일부개정 1995. 1. 5 법률 제4933호) 제9조 (강간등 상해·치상) ①제6조의 죄를 범한 자가 사람을 상해하거나 상해에 이르게 한 때에는 무기 또는 7년 이상의 징역에 처한다.
성폭법(일부개정 2008. 6. 13 법률 제9110호) 제9조 (강간등 상해·치상) ① 제5조 제1항, 제6조, 제8조의2 또는 제12조(제5조 제1항, 제6조 또는 제8조의2의 미수범만 해당한다)의 죄를 범한 자가 사람을 상해하거나 상해에 이르게 한 때에는 무기징역 또는 7년 이상의 징역에 처한다.
제12조 (미수범) 제5조 내지 제10조 및 제14조의2의 미수범은 처벌한다.

158) 이상돈, 형법강의, 법문사, 2010, §10/82.

159) 손동권, "결과적 가중범에서의 기본범죄유형-「성폭력범죄의 처벌 및 피해자보호 등에 관한 법률」에 관한 입법론을 중심으로-", 형사정책 제20권 제1호, 2008, 111면.

문형식은 '강간치상죄는 강간이 미수인지 기수인지에 관계없이 성립하지만, 미수인 경우에는 강간치상죄의 미수범이 성립한다'는 논리로 이해할 수 있기 때문이다.

(2) 둘째 전제: 부진정결과적 가중범의 미수의 3가지 유형의 존재

진정결과적 가중범은 기본범죄의 고의범과 중한 결과에 대한 과실범의 결합범이므로 기본범죄는 미수에 그쳤으나 중한 결과가 발생한 경우 미수를 인정할 것인지만 논의하면 된다. 그러나 부진정결과적 가중범은 기본범죄의 고의범과 중한 결과의 고의범의 결합범이므로 이론적으로는 ㉮기본범죄는 미수이나 중한 결과가 발생한 경우, ㉯기본범죄는 기수이나 중한 결과가 발생하지 않아서 미수인 경우, ㉰기본범죄도 미수이고 중한 결과도 발생하지 않은 경우 3가지 유형이 있을 수 있으므로, 부진정결과적 가중범의 경우는 ㉮의 경우는 물론 ㉯와 ㉰의 경우도 미수의 성부를 논의할 수 있다.

그런데 결과적 가중범은 중한 결과의 발생을 요건으로 하므로 ㉯와 ㉰와 같이 중한 결과가 발생하지 않은 경우는 이미 결과적 가중범이 될 수 없다. 부진정결과적 가중범은 중한 결과의 발생을 전제로 한 개념이기 때문이다. 따라서 부진정결과적 가중범의 미수를 인정하는 견해는 ㉯와 ㉰의 경우 현주건조물일수치상죄의 미수를 논의할 때는 현주건조물일수치상죄가 아니라 **현주건조물일수상해죄**의 미수의 성부를 논의한다.[160)]

나. 진정결과적 가중범의 미수의 성부

진정결과적 가중범인 강도치사·상죄(제342조)의 경우 미수범 처벌규정이 있는 것으로 볼 수 있다.

(1) 긍정설

긍정설은 기본범죄는 미수에 그쳤으나 과실로 상해가 발생한 경우 강도치상죄의 미수를 인정할 수 있다고 본다. 그 이유는 ⓐ예컨대 강도치상죄·강도치사죄·해상강도치상죄·해상강도치사죄(제342조), 인질치상죄·인질치사죄(324조의5)는 미수범 처벌규정을 둔 것이라고 볼 수 있고, ⓑ강도치상죄의 기수가 아니라 강도치상죄의 미수범으로 처벌하는 것이 '책임은 불법에 상응해야한다'는 책임원칙에 부합한다는 것이다.[161)]

(2) 부정설(판례)

160) 손동권, 앞의 논문, 120면; 오영근, 형법총론, 박영사, 2005, 13/40.
161) 김일수, 새로 쓴 형법총론, 박영사, 1996, 458면

그러나 다수견해는 이런 미수범처벌규정은 강도상해죄처럼 두 개의 고의가 결합된 범죄에만 적용된다고 보아서 진정결과적 가중범의 미수를 부정한다. 그 논거로 ⓐ강도치상죄에 미수범처벌규정을 둔 것이라고 해석하는 것은 강간치상죄의 미수범처벌규정을 두지 않은 것과 통일성이 없다는 것을 들기도 하지만,[162] ⓑ이런 점은 양형에서 고려하면 충분하다고 하면서 한국 형법은 독일 형법과 차이가 있다는 점을 들기도 한다.[163] 곧 독일 형법은 한국 형법의 부진정결과적 가중범을 명문으로 인정하면서 결과적 가중범을 고의범의 일종으로 다루고 있고,[164] 또 범죄를 중죄와 경죄로 구별한 뒤 중죄의 미수는 원칙적으로 처벌하지만 경죄의 미수는 개별규정이 있는 경우에만 예외적으로 처벌하므로[165] 독일 형법에서는 미수는 처벌의 완화를 의미하는 반면, 한국 형법에서 미수는 예외적으로 처벌함으로 미수는 처벌의 확장을 의미한다는 것이다.

판례도 진정결과적 가중범의 미수를 부정한다. 위 날치기사건에서 판례는 337조의 강도치상죄라고 본다(2007도7601). 원심은 절도죄와 상해죄의 경합범을 인정한다.

다. 부진정결과적 가중범의 미수의 성부

현주건조물일수치사죄는 부진정결과적 가중범으로 볼 필요가 없지만, 현주건조물일수치상죄는 부진정결과적 가중범으로 볼 필요가 있고, 이 현주건조물일수치상죄에는 미수범 처벌규정이 존재하는 것으로 볼 수 있다는 견해[166]가 있다.

(1) 긍정설

현주건조물일수죄의 조문체계상 기본범죄의 기수이고 중한 결과의 고의범은 미수인 경우, 곧 ⓓ의 경우만 논의대상이 되며, 이 경우만 **현주건조물일수상해죄**의 미수를 인정할 수 있다고 보는 견해[167]도 있다. 그 이유는 제177조 제2항의 현주건조물일수치상죄는 그 주체를 "제

---

162) 오영근, 형법총론, 박영사, 2005, 13/37.
163) 신동운, 형법총론, 법문사, 2006, 526면 이하.
164) 제18조 (중한 범죄결과에 대한 가중처벌) 법률이 행위의 특별한 결과에 대해 보다 중한 형을 규정하고 있는 때에는 그 결과에 관하여 적어도 과실이 인정되는 경우에 한해 그 중한 형으로 정범 또는 공범을 처벌한다.
제11조 (사람 및 물건의 개념) ②행위에 대해서는 고의를 요하나 이로 인해 야기된 특별한 결과는 과실만으로도 충분한 법적 구성요건을 실현한 경우 그 행위는 이 법에서 말하는 고의행위로 본다.
165) 제23조 (미수의 가벌성) ①중죄의 미수는 언제나, 경죄의 미수는 법률에 명문의 규정이 있는 경우에 한하여 이를 벌한다. ②미수는 기수의 범죄보다 가볍게 벌할 수 있다.
제12조 (중죄 및 경죄) ①중죄는 법정형의 하한이 1년 이상의 자유형으로 규정되어 있는 위법행위를 말한다. ②경죄는 법정형의 하한이 제1항 보다 가벼운 자유형 또는 벌금형으로 규정되어 있는 위법행위를 말한다.
166) 손동권, 앞의 논문, 121면; 오영근, 형법총론, 박영사, 2005, 13/40.
167) 오영근, 형법총론, 박영사, 2005, 13/40.

1항의 죄를 범하여"라고 하여 현주건조물일수죄의 기수범에 한정하고 있다는 것이다.

이와 달리 " … 죄를 범하여"는 범죄의 실행행위를 한 것으로 봐서 기수뿐만 아니라 미수도 포함하여 해석할 수 있으므로, 기본범죄는 미수이나 중한 결과가 발생한 ㉮의 경우는 현주건조물일수치상죄의 기수이고, 기본범죄는 기수이나 중한 결과가 발생하지 않은 ㉯의 경우와 기본범죄도 미수이고 중한 결과도 발생하지 않은 ㉰의 경우는 **현주건조물일수상해죄**의 미수라는 견해[168]도 있다.

(2) 부정설

부정설은 그 논거로 현주건조물일수치사상죄의 미수범 처벌규정은 현주건조물방화치사상죄나 교통방해치사상죄에는 미수범 처벌규정이 없는 것과 체계상 부합하지 않다는 것을 들기[169]도 하고, 한국 형법에서 결과적 가중범은 중한 결과의 발생을 전제로 한 과실범이므로 이런 중한 결과의 발생을 전제로 하지 않는 미수범과는 어울릴 수 없고, 부진정결과적 가중범은 처벌을 무겁게 하기 위한 예외적 개념인데 다시 이런 개념을 두고 처벌을 가볍게 하기 위해서 미수의 성부를 논하는 것은 모순이라고 지적하기[170]도 한다.

Ⅳ. 기출문제

문34.(배점 2) 실행의 착수에 관한 견해인 〈보기 1〉과, 이에 대한 내용 또는 비판인 〈보기 2〉를 올바르게 연결한 것은? 2008년 50회 사법시험

<보기 1>
가. 법률에 기술된 구성요건에 해당하는 정형적인 행위 또는 적어도 구성요건에 해당한다고 볼 수 있는 행위의 일부를 실현하였을 때에 실행의 착수가 있다.
나. 행위자의 전체적 범행계획에 비추어 볼 때 행위가 당해 구성요건에 의하여 보호되는 법익에 대한 직접적인 위험을 발생시키는 행위로 볼 수 있을 때에 실행의 착수가 있다.
다. 보호법익에 대한 직접적 위험 또는 법익침해에 대한 밀접한 행위가 있으면 실행의 착수가 있다.

<보기 2>
A. 판단자의 자의가 개입될 여지가 있고, 행위자의 내심상태를 고려함이 없이 행위의 의미를 파악한다는 것은 불가능하다는 비판이 제기된다.
B. 이 견해에 의하면 외형적으로는 동일한 행위라도 행위자의 범행계획에 따라 의미가 달라질 수

168) 손동권, 앞의 논문, 117면과 121면 이하.
169) 이재상, 형법총론, 박영사, 2010, 27/46.
170) 신동운, 형법총론, 법문사, 2006, 528면.

있다.
C. 행위자의 내심만 고려하기 때문에 미수의 성립 범위가 지나치게 확대될 위험이 있다.
D. 실행의 착수를 인정하는 시점이 지나치게 늦어지기 때문에 예비행위의 영역이 넓게 확대되어 처벌의 공백이 생길 수 있다는 문제점이 있다.

① 가 - A, 나 - B, 다 - D ② 가 - A, 나 - C, 다 - D ③ 가 - B, 나 - C, 다 - A
④ 가 - C, 나 - A, 다 - D ⑤ 가 - C, 나 - B, 다 - A ⑥ 가 - D, 나 - A, 다 - C
⑦ 가 - D, 나 - B, 다 - A ⑧ 가 - D, 나 - B, 다 - C

(정답) ⑦
(해설) 가: 형식적 객관설, 나: 주관적 객관설, 다: 실질적 객관설

문40.(배점 3) ( )속의 범죄에 관한 실행의 착수를 인정할 수 있는 것(○)과 이를 인정할 수 없는 것(×)을 올바르게 조합한 것은? (다툼이 있는 경우에는 판례에 의함) 2011년 53회 사법시험

ㄱ. 야간에 손전등과 노끈을 이용하여 도로에 주차된 차량의 문을 열고 현금을 훔치기로 마음먹고, 차량의 문이 잠겨 있는지 확인하기 위해 양손으로 운전석 문의 손잡이를 잡고 열려고 하던 중 경찰관에게 발각된 경우 (절도죄)
ㄴ. 아파트 신축공사 현장 안에 있는 건축자재를 훔칠 생각으로 공범과 함께 위 공사현장 안으로 들어간 후 창문을 통하여 신축 중인 아파트의 지하실 안쪽을 살피다가 발각된 경우 (특수절도죄)
ㄷ. 부동산을 매도하여 제1차 매수인에게 계약금과 중도금을 받은 매도인이 동 부동산을 제2차 매수인에게 매도하고 계약금을 받은 경우 (배임죄)
ㄹ. 장해보상지급청구권자에게 보상금을 찾아주겠다고 거짓말을 하여 그 청구권자를 보상금 지급기관까지 유인한 경우 (사기죄)
ㅁ. 방화의 의사로 뿌린 휘발유가 인화성이 강한 상태로 주택주변과 피해자의 몸에 적지 않게 살포되어 있는 사정을 알면서도 라이터를 켜 불꽃을 일으킴으로써 피해자의 몸에 불이 붙었으나, 곧바로 진화되어 불이 방화 목적물인 주택 자체에 옮겨 붙지는 않은 경우 (현주건조물방화죄)

① ㄱ(×), ㄴ(×), ㄷ(○), ㄹ(×), ㅁ(○) ② ㄱ(○), ㄴ(×), ㄷ(×), ㄹ(○), ㅁ(○)
③ ㄱ(○), ㄴ(○), ㄷ(○), ㄹ(×), ㅁ(×) ④ ㄱ(×), ㄴ(×), ㄷ(×), ㄹ(×), ㅁ(○)
⑤ ㄱ(○), ㄴ(○), ㄷ(○), ㄹ(○), ㅁ(×) ⑥ ㄱ(○), ㄴ(×), ㄷ(×), ㄹ(×), ㅁ(○)
⑦ ㄱ(×), ㄴ(○), ㄷ(×), ㄹ(○), ㅁ(×) ⑧ ㄱ(○), ㄴ(×), ㄷ(○), ㄹ(×), ㅁ(○)

(정답) ⑥
(해설) ㄴ:×(2009도14554: 지하실에까지 침입하였다거나 훔치려고 했던 건축자재인 동파이프를 발견하고 그에 접근한 것은 아니므로) ㄷ:×(2002도7134: 매수인에게 중도금까지 받아야 등기이전에 협력할 의무가 발생하므로 제2차 매수인에게 중도금까지 받아야 실행의 착수가 인정된다) ㅁ:○(2001도6641: 방화목적물이나 그 매개물에 불이 붙었으므로)

문28.(배점 2) 다음 <보기>의 설명 중 옳지 않은 것을 모두 고른 것은? (다툼이 있는 경우에는 판례에 의함) 2012년 54회 사법시험

> **<보기>**
> ㄱ. 甲이 주택가를 배회하며 절도범행 대상을 물색할 당시 발각될 경우에 대비하여 체포를 면탈할 목적으로 칼과 테이프 등을 휴대하고 있었다면 甲은 강도예비죄로 처벌된다.
> ㄴ. 甲이 乙의 강도예비행위를 공동으로 행할 의사로 가공하였더라도 甲은 물론 乙도 강도의 실행에 착수하지 아니하였다면 甲을 강도예비죄의 공동정범으로 처벌할 수 없다.
> ㄷ. 甲이 A를 살해하기 위하여 乙과 丙 등을 고용하면서 그들에게 범행 대가의 지급을 약속한 경우, 그러한 약속은 살인죄의 실현에 실질적으로 기여할 수 있는 외적 행위로 볼 수 없기 때문에 甲을 살인예비죄로 처벌할 수 없다.
> ㄹ. 乙이 행사할 목적으로 통용하는 대한민국의 화폐를 위조하기 위한 예비행위를 하면서, 甲이 부주의로 놓아둔 도구를 乙이 이용하였더라도 甲을 통화위조예비죄의 방조범으로 처벌할 수 없다.

① ㄱ, ㄷ　② ㄴ, ㄹ　③ ㄱ, ㄴ, ㄷ　④ ㄱ, ㄴ, ㄹ　⑤ ㄴ, ㄷ, ㄹ

(정답) ③
(해설) ㄱ:×(2004도6432: 준강도의 예비죄는 없다) ㄴ:× ㄷ:× ㄹ:○(방조는 과실로 할 수는 없을 뿐만 아니라 방조범은 정범의 실행착수를 전제로 하므로 예비죄의 방조는 성립할 수 없다)

문15. 다음은 중지미수와 장애미수의 구별기준에 관한 학설 <보기 1>과 그 학설의 내용 또는 그에 대한 비판 <보기 2>이다. 그 연결이 올바른 것은? 2006년 48회 사법시험

> **<보기 1>**
> 가. 외부적 사정과 내부적 동기로 구별하여 외부적 사정에 의하여 범죄가 완성되지 않은 경우는 장애미수이고, 그렇지 않은 경우는 중지미수이다.
> 나. 후회, 동정 기타 윤리적 동기에 의하여 중지한 경우는 중지미수이고, 그렇지 않은 경우는 장애미수이다.
> 다. 할 수 있었음에도 불구하고 하기를 원하지 않아서 중지한 때는 중지미수이고, 하려고 하였지만 할 수가 없어서 중지한 때는 장애미수이다.
> 라. 사회통념상 범죄수행에 장애가 될 만한 사유가 있는 경우는 장애미수이지만, 그러한 사유가 없음에도 불구하고 자기의사에 의하여 중지한 때에는 중지미수이다.
> 마. 범행을 중지하게 된 내심적 태도를 규범적 관점에서 평가하여 합법성으로의 회귀 또는 법의 궤도로의 회귀라고 볼 수 있으면 중지미수이다.
>
> **<보기 2>**
> A. 이 견해는 자의성과 윤리성을 혼동하고 있으며 자의성을 인정하는 범위가 지나치게 협소하다는 비판을 받고 있다.
> B. 이 견해에 따르면 범행당일 미리 제보를 받은 세관직원들이 범행장소 주변에 잠복근무를 하고 있어 그들이 왔다갔다 하는 것을 보고 범행이 발각될 것을 두려워한 나머지 범행을 중도에 포

기한 경우에는 중지미수가 성립하지 않는다. C. 이 견해는 더 나은 범행의 기회를 잡기 위해 중지한 경우에는 중지미수가 성립하지 않는다고 본다. D. 이 견해에 대해서는 자의성과 가능성을 혼동하고 있으며 해석에 따라서는 자의성의 범위가 부당하게 확대된다는 비판이 가해진다. E. 이 견해는 강제적 장애사유가 없음에도 불구하고 자율적 동기에 의하여 중지한 때에는 자의성이 인정되지만 범인의 의사와 관계없이 사태를 현저히 불리하게 만든 장애사유 때문에 타율적으로 중지한 때에는 자의성이 인정되지 않는다고 본다.

① 가-E, 나-B, 다-D, 라-C, 마-A ② 가-B, 나-A, 다-D, 라-E, 마-C
③ 가-B, 나-A, 다-C, 라-E, 마-D ④ 가-E, 나-C, 다-A, 라-B, 마-D
⑤ 가-B, 나-D, 다-E, 라-A, 마-C

(정답) ②
(해설) 가: 객관설, 나: 주관설, 다: 절충설, 라: 판례, 마: 규범설

문12. 다음 중 중지미수가 인정되는 것은? (다툼이 있는 경우 판례에 의함) 2011년 7급

① 마약을 제조하려고 하였으나 제조상에 어려움이 있고 판로가 마땅치 않으며, 발각의 두려움과 함께 공범이 포악하여 마음에 들지 않는다는 이유로 제조를 단념한 경우
② 대마 2상자를 사가지고 돌아오다 이 장사를 다시 하면 내 인생을 망치게 된다는 생각이 들어 이를 불태운 경우
③ 피해자를 강간하려다가 다음번에 친해지면 응해주겠다는 간곡한 부탁으로 인하여 강간행위를 중지한 경우
④ 방화후 불길이 치솟는 것을 보고 겁이 나서 물을 부어 불을 끈 경우

(정답) ③

문22.(배점 3) 다음은 이른바 불능미수의 중지미수에 관한 설명이다. (가)~(라)에 들어갈 말을 〈보기〉에서 골라 순서대로 배열한 것으로서 옳은 것은? 2012년 54회 사법시험

(가) 경우와 같이 (나) 때에 중지미수의 성립을 인정할 수 있느냐에 대해 견해가 대립한다. 소극설은 (다)는 점을 이유로 이를 부정하는데 반하여, 적극설은 (라)는 점을 이유로 이를 긍정한다.
<보기> A. 소매치기가 지갑을 훔치려고 피해자의 양복 안으로 손을 넣었으나 주머니가 찢어져 비어있다는 것을 알고 이미 다른 소매치기가 지갑을 절취하였다고 생각하여 범행을 그만 둔 B. 일정량 이상을 먹으면 죽을 수도 있으나 치사량에 현저히 미달하는 초우뿌리나 부자 달인 물을 치사량에 해당하는 것으로 오인하고 피해자에게 마시게 한 후 곧 후회하고 피해자로 하여금 토하게 한 (위험성은 인정되는 것으로 전제함) C. 결과발생이 처음부터 불가능하였으나 행위자가 이를 모르고 자의로 중단하거나 결과방지를 위하

여 진지하게 노력한
D. 행위 당시에 이미 결과발생이 불가능하다는 사실을 알고 스스로 실행행위를 그만 둔
E. 중지미수 규정을 적용하지 않는다면 발생이 가능한 결과를 자의로 중단하거나 적극적으로 방지한 경우와 비교하여 형의 불균형이 생긴다
F. 행위자의 자의에 의한 중단이나 적극적인 방지행위에 의하여 결과가 발생하지 않은 것이 아니라 결과발생이 처음부터 불가능하였다

	(가)	(나)	(다)	(라)
①	A	C	E	F
②	A	D	F	E
③	A	D	E	F
④	B	C	F	E
⑤	B	C	E	F
⑥	B	D	F	E

(정답) ④
(해설) 불능미수의 중지미수를 인정하는 다수견해는 자의로 중지했음에도 불구하고 결과발생이 불가능한 경우라는 이유로 중지의 혜택을 주지 않는 것은 형평에 어긋난다는 것을 그 이유로 든다. 이를 ㉮부정하는 견해는 독일 형법처럼 진지한 노력만으로도 중지를 인정하는 규정이 한국 형법에는 없고, 자의에 의한 중지일지라도 그것과 결과불발생 사이에 인과관계가 인정되지 않으면 중지미수를 인정하지 않는 것과 같은 취지로 처리해야 한다는 것을 그 이유로 든다.

문3.(배점 2) 〈보기1〉은 불능범과 불능미수를 구별하는 기준인 「형법」 제27조의 위험성에 관한 학생들의 주장이고, 〈보기2〉는 사례이다. 〈보기2〉의 사례를 〈보기1〉의 각각의 주장에 따라 판단할 경우, 다음 연결 중 살인죄의 불능범인 것은? 2015년 사법시험

<보기1>
o 학생A : 행위자에게 범죄를 실현하려는 의사가 있고 이를 표현하는 행위가 있으면 위험성을 인정해야 한다.
o 학생B : 위험성의 유무를 행위 당시에 일반인이 인식할 수 있었던 사정만을 기초로 일반인의 관점에서 판단해야 한다.
o 학생C : 위험성의 유무를 행위 당시에 행위자가 인식한 사실만을 기초로 일반인의 관점에서 판단해야 한다.

<보기2>
ㄱ. 甲은 설탕을 독약으로 오인하고 乙을 살해하기 위해 설탕을 먹였다. 乙은 죽지 않았다.
ㄴ. 甲은 乙을 살해하기 위해 독약을 준비하여 치사량에 해당한다고 생각하고 乙에게 먹였으나 치사량에 조금 미달하여 乙이 죽지 않았다.
ㄷ. 甲은 乙을 공기총으로 살해하기로 마음먹고 乙이 착탄거리 안에 있다고 생각하고 총을 발사하였는데, 누가 보더라도 乙은 공기총의 착탄거리 밖에 있음을 쉽게 알 수 있었다.

① 학생A-ㄱ ② 학생B-ㄴ ③ 학생C-ㄴ ④ 학생B-ㄷ ⑤ 학생C-ㄱ

(정답) ④

문32.(배점 2) 다음 학생 중 가벌적 불능미수 또는 불가벌적 불능범에 대하여 올바르게 설명하고 있는 학생을 모두 고른 것은?(다툼이 있는 경우에는 판례에 의함) 2008년 50회 사법시험

보미 : 가벌적 불능미수란 구성요건요소가 존재하지 아니함에도 불구하고 이를 존재한다고 착오한 경우라는 점에서 반전된 금지착오의 형태라고 볼 수 있다.
현정 : 가벌적 불능미수의 판단 기준에 관한 추상적 위험설에 의하면 위험성 판단은 행위자가 행위 당시에 인식한 사정을 기초로 이것이 객관적으로 일반인의 판단으로 보아 결과 발생의 가능성이 있느냐를 따져야 한다.
영준 : 소송비용을 편취할 의사로 소송비용의 지급을 구하는 손해배상청구의 소를 제기한 경우에는 사기죄의 불가벌적 불능범에 해당된다.
혜미 : 결과발생이 처음부터 불가능한 것을 알면서 행위자가 이를 실행한 경우, 위험성이 있다고 인정되면 가벌적 불능미수가 성립한다.
창수 : 일정량 이상을 먹으면 사람이 죽을 수도 있는 약초인 '부자' 달인 물을 마시게 하여 피해자를 살해하려다 미수에 그친 행위는 불가벌적 불능범이 아닌 살인미수죄에 해당한다.

① 영준, 창수 ② 보미, 현정, 영준 ③ 현정, 영준, 창수
④ 현정, 혜미, 창수 ⑤ 보미, 현정, 영준, 창수 ⑥ 현정, 영준, 혜미, 창수

(정답) ③
(해설) 현정:○ 영준:○(2005도8105) 창수:○(2007도3687) 보미:×(반전된 사실의 착오이다) 혜미:× (고의는 기수의 고의이어야 하는데, 미수의 고의이므로 불가벌이다)

문21. (배점 2) 불능미수에 관한 다음 설명 중 옳지 않은 것은? (다툼이 있는 경우에는 판례에 의함) 2010년 52회 사법시험

① 사망한지 얼마 되지 않은 사람을 살아있는 사람으로 오인하고 살해할 의사로 총을 발사한 경우 구객관설에 따르면 불능범이다.
② 치사량에 해당한다고 생각하고 살해하려 하였으나 치사량 미달의 독약이었던 경우 구체적 위험설에 따르면 불능범이다.
③ 설탕으로도 사람을 죽일 수 있다고 생각하고 설탕을 먹인 경우 주관설에 따르면 불능미수이다.
④ 독약으로 오인하고 설탕을 먹여 살해하려고 한 경우 추상적 위험설에 따르면 불능미수이다.
⑤ 소송비용을 편취할 의사로 소송비용의 지급을 구하는 손해배상청구의 소를 제기한 경우 사기죄의 불능범에 해당한다.

(정답) ②
(해설) ⑤○(2005도8105)

문19.(배점 2) 미수범에 관한 설명 중 옳지 않은 것은? (다툼이 있는 경우에는 판례에 의함) 2011년 제53회 사법시험

① 공범자 중 1인의 자의에 의한 중지에 의해 실제로 결과가 방지된 경우에 중지하지 않은 다른 공범자에 대해서는 장애미수의 규정이 적용된다.

② 중지미수의 자의성 여부에 관한 판례의 태도에 따르면 행위자의 중지가 일반사회통념상 범죄를 완수함에 장애가 되는 사정에 의한 것이 아니라고 평가될 수 있으면 자의성이 인정될 수 있다.

③ 불능미수의 위험성 판단에 관한 추상적 위험설과 구체적 위험설은 그 판단 자료로서 일반인이 인식할 수 있었던 사정을 포함시키는지의 여부에 따라 차이가 있다.

④ 불능미수의 위험성 판단과 관련하여 행위자가 인식한 사정과 일반인이 인식할 수 있었던 사정이 일치하지 않는 경우에 어느 사정을 기초로 판단할 것인지가 명확하지 않다는 비판을 받고 있는 견해에 의하면, 명백히 사정거리 밖에 있는 자에 대해 사정거리 안에 있는 것으로 오인하고 총격한 경우에 위험성이 부정된다.

⑤ 실탄 세 발이 든 총으로 피해자를 살해하기 위해 첫 발을 쏘았으나 총알이 빗나가자 다시 쏠 수 있었음에도 불구하고 그 이후의 사격행위를 포기한 경우, 중지한 시점의 행위자의 생각을 기준으로 종료미수(실행미수)와 미종료미수(착수미수)를 구별하는 견해에 의하면 실행행위는 종료된 것이 된다.

(정답) ⑤
(해설) 착수미수는 착수 후 실행행위의 미종료를, 실행미수는 실행행위의 종료 후 결과의 미발생을 각각 의미한다.

문39.(배점 3) 예비죄에 관한 설명 중 옳은 것을 모두 고른 것은? (다툼이 있는 경우에는 판례에 의함) 2013년 55회 사법시험

ㄱ. 과실에 의한 예비나 과실범의 예비는 불가벌이다.
ㄴ. 예비단계에서 방조에 그친 경우, 정범이 실행에 착수하였더라도 불가벌이다.
ㄷ. 예비죄의 공동정범은 불가벌이다.
ㄹ. 예비죄의 방조범은 불가벌이다.

① ㄱ ② ㄱ, ㄹ ③ ㄴ, ㄷ ④ ㄷ, ㄹ ⑤ ㄱ, ㄴ, ㄹ

(정답) ②

문14. 예비와 미수에 관한 설명 중 옳은 것은? (다툼이 있는 경우에는 판례에 의함) 2014년 3회 변호사시험

① 예비죄에 대해서는 공동정범만 인정될 수 있고 방조범은 성립될 수 없다.

② 예비와 미수는 각각 형법각칙에 처벌규정이 있는 경우에만 처벌할 수 있지만, 구체적인 법정형까지 규정될 필요는 없다.

③ 일반적으로 공범이 자신의 행위를 중지한 것만으로는 중지미수가 성립하지 않지만, 다른 공범 또는 정범의 행위를 중단시키기 위하거나 결과 발생을 저지하기 위한 진지한 노력이 있었을 경우에는 비록 결과가 발생하였다고 할지라도 그 공범에게는 예외적으로 중지미수가 성립될 수 있다.

④ 불능미수는 행위자가 결과발생이 불가능하다는 것을 알면서 실행에 착수하여 결과는 발생하지 않았지만 위험성이 있는 경우에 성립한다.

⑤ 피고인이 신고하지 않은 외화 400만 엔이 들어 있는 휴대용 가방을 보안검색대에 올려놓거나 이를 휴대하고 통과하지 않더라도 공항 내에서 탑승을 기다리고 있던 중에 체포된 경우라면 이미 외국환거래법이 규정한 국외반출죄의 실행의 착수는 인정된다.

(정답) ①
(해설) ⑤×(2000도4298: 휴대용가방을 보안검색대에 올려놓거나 이를 휴대하고 통과하는 때에 비로소 국외반출죄의 실행의 착수가 인정된다)

문2. 예비와 미수에 관한 설명 중 옳은 것을 모두 고른 것은? (다툼이 있는 경우 판례에 의함) 2015년 4회 변호사시험

ㄱ. 미수범은 구성요건의 객관적 요소가 하나라도 충족되지 아니한 때에 성립하는 것으로, 현행법상 고의범은 물론이고 과실범에 대해서도 성립될 수 있다.
ㄴ. 공동정범 중 1인이 자의로 범행을 중지하였다 하더라도 다른 공범자들의 실행행위를 중지시키지 아니하거나 결과발생을 방지하지 아니한 이상 중지범을 인정할 수 없다.
ㄷ. 중지범은 범죄 실행의 착수 이후의 개념이므로 예비·음모죄에 대하여는 중지범을 인정할 수 없다.
ㄹ. 길가에 세워져 있는 자동차 안의 금품을 절취하기 위하여 준비한 손전등으로 유리창을 통해 자동차의 내부를 비추어 보다가 발각되었다면, 절도죄의 실행의 착수를 인정하기 어려워 절도미수죄로 처벌할 수 없으나 절도예비죄로는 처벌할 수 있다.

①ㄱ, ㄴ ②ㄴ, ㄷ ③ㄷ, ㄹ ④ㄱ, ㄴ, ㄹ ⑤ㄴ, ㄷ, ㄹ

(정답) ②

문13.(배점 2) 甲의 행위에 대해 형법상 예비·음모죄로 처벌할 수 없는 것은? (다툼이 있는 경우 판례에 의함) 2014년 56회 사법시험

① 甲이 강도 의사로, 범행대상의 집 설계도를 제공하면서 乙과 침입경로 등 강도방법을 구체적으로 모의한 행위

② 자신을 죽여달라는 친구의 부탁을 받고 甲이, 독약을 준비하였다가 버린 행위

③ 甲이 사람을 살해하기 위해 乙을 고용하여 대금지급을 약속하는 등 모의한 행위

④ 甲이 통행인으로부터 현금을 강취하려고 범행도구인 칼을 휴대하고 심야에 인적이 드문 주택가를 배회한 행위

⑤ 甲이 통화를 위조하여 행사할 목적으로 위조에 필요한 용지와 옵셋트 인쇄기를 준비하고, 진정한 한국은행권 일만 원권을 사진 찍어 그 필름 원판 7매와 이를 확대하여 현상한 인화지를 준비한 행위

(정답) ②
(해설) 촉탁승낙살인죄나 자살교사방조죄의 예비음모범 처벌규정은 없다.

문10.(배점 2) 결과적 가중범에 관한 설명 중 옳지 않은 것은? (다툼이 있는 경우에는 판례에 의함) 2011년 53회 사법시험

① 친구를 살해할 의도로 친구가 살고 있는 집을 방화하여 그를 사망하게 한 경우 현주건조물방화치사죄는 살인죄에 대하여 특별관계에 있으므로 현주건조물방화치사죄만 성립한다.

② 상해 후 피해자가 졸도하자 죽은 것으로 오인하고 자살로 위장하기 위해 베란다 아래로 떨어뜨림으로써 사망의 결과를 발생하게 한 경우 상해치사죄가 성립한다.

③ 피해자의 신체 여러 부위에 심하게 폭행을 가함으로써 피해자의 심장에 악영향을 초래하여 피해자를 심근경색 등으로 사망하게 하였더라도 피해자가 평소에 심장질환을 앓고 있던 경우라면 폭행치사죄가 성립하지 아니한다.

④ 진정결과적 가중범이 성립하려면 기본범죄행위와 중한 결과발생 사이에 인과관계가 있어야 할 뿐 아니라 중한 결과발생에 대한 행위자의 예견가능성도 인정되어야 한다.

⑤ 「성폭력범죄의 처벌 등에 관한 특례법」의 특수강간치상죄에 있어서 상해의 결과가 발생한 이상 특수강간이 미수에 그쳤더라도 특수강간치상죄의 기수범이 된다.

(정답) ③
(해설) ③×(89도556) ⑤○(주거침입 후 강간미수 후 상해를 입힌 자와 주거침입 후 강간기수 후 상해를 입힌 자에 대해 동일한 법정형을 적용하는 것[성폭법 제9조]은, 평등원칙에 어긋나지 않는다고 본다[2008헌바84]).

문12.(배점 2) 결과적 가중범에 관한 설명 중 옳지 않은 것을 모두 고른 것은? (다툼이 있는 경우 판례에 의함) 2014년 56회 사법시험

ㄱ. 기본 범죄와 중한 결과 사이에 인과관계가 인정된다면, 중한 결과에 대한 예견 가능성이 없는 경우라도 결과적 가중범으로 처벌할 수 있다.
ㄴ. 결과적 가중범의 공동정범이 성립하기 위해서는 중한 결과 발생에 직접 가담하지 않은 행위자에게도 그 결과 발생에 대한 예견가능성이 있어야 한다.
ㄷ. 부진정 결과적 가중범에 있어서는 결과적 가중범이 중한 결과의 고의범에 대하여 특별관계에 있으므로 중한 결과의 고의범의 법정형이 결과적 가중범의 법정형보다 높은 경우에도 결과적

가중범만 성립하고 고의범에 대해서 별도로 죄가 성립하지 않는다.
ㄹ. 甲과 乙이 공동하여 A를 폭행하자 A는 당구장 3층에 있는 화장실에 숨었고 이런 A를 다시 폭행하려고 甲은 화장실 문 앞에서 지켜 서 있고, 乙은 당구큐대로 화장실 문을 내려쳐 부수자 위협을 느낀 A가 화장실 창문 밖으로 숨으려다가 실족하여 떨어짐으로써 사망한 경우에 甲과 乙에게는 폭행치사죄의 공동정범이 성립된다.
ㅁ. 甲은 자신이 운영하는 주점에 손님으로 와서 3일 동안 식사는 한 끼도 하지 않은 채 계속해서 술을 마시고 만취한 A를 추운 날씨에 난방이 제대로 되지 아니한 주점 내 소파에서 잠을 자는 것을 방치하여 A가 저체온증 등으로 사망한 경우, 甲에게는 계약상 부조의무가 없으므로 A의 사망에 대해 유기치사죄의 성립이 부정된다.

① ㄱ, ㅁ ② ㄴ, ㅁ ③ ㄱ, ㄷ, ㄹ ④ ㄱ, ㄷ, ㅁ ⑤ ㄴ, ㄹ, ㅁ

(정답) ④
(해설) ㅁ:×(2011도12302: A에게 생명 또는 신체에 대한 위해가 발생하지 않도록 필요한 조치를 강구해야 할 계약상의 부조의무가 甲에게 있으므로 유기치사죄가 인정된다)

문1. 결과적 가중범에 관련된 설명 중에서 옳은 것은? (다툼이 있는 경우에는 판례에 의함) 2014년 3회 변호사시험

① 부진정 결과적 가중범은 중한 결과를 야기하는 기본범죄가 고의범인 경우뿐만 아니라 과실범인 경우에도 인정되는 개념이다.
② 피해자를 고의로 살해하기 위해 몽둥이로 내리치자 피해자는 이를 맞고 졸도하였을 뿐인데, 피해자가 죽은 것으로 착각하고 자살로 위장하기 위해 베란다 아래로 떨어뜨려 죽게 한 경우에 일련의 행위를 포괄적으로 파악하여 결과적 가중범의 성립을 인정할 수 있다.
③ 성폭력범죄의 처벌 등에 관한 특례법이 규정하고 있는 특수강간치상죄와 관련하여 특수강간이 미수인 상태에서 그 기회에 과실로 상해의 중한 결과가 발생한 경우 결과적 가중범의 미수가 인정될 수 없기 때문에 특수강간미수와 과실치상죄의 상상적 경합으로 처리되어야 한다.
④ 교사자가 피교사자에게 대하여 상해를 교사하였는데 피교사자가 이를 넘어 살인을 실행한 경우, 교사자에게 피해자의 사망이라는 결과에 대하여 과실 내지 예견가능성이 있는 때에는 상해치사죄의 교사범으로서의 죄책을 지울 수 있다.
⑤ 결과적 가중범의 공동정범이 성립하기 위해서는 기본범죄를 공모할 것을 요하지는 않으나, 중한 결과를 공동으로 할 의사는 필요하므로 중한 결과를 공동으로 할 의사가 없는 자는 기본범죄의 죄책만 진다.

(정답) ④

문3. 다음 설명 중 옳지 않은 것은? (다툼이 있는 경우 판례에 의함) 2015년 4회 변호사시험

① 결과적 가중범은 중한 결과가 발생하여야 성립되는 범죄이므로 「형법」에는 결과적 가중범의 미수를 처벌하는 규정을 두고 있지 않다.
② 부진정결과적 가중범에서 고의로 중한 결과를 발생하게 한 행위가 별도의 구성요건에 해당하고 그 고의범의 법정형이 결과적 가중범의 법정형보다 더 무거운 경우에는 고의범과 결과적 가중범이 상상적 경합관계에 있지만, 고의범의 법정형이 더 무겁지 않은 경우에는 결과적 가중범만 성립한다.
③ 여러 사람이 공동하여 상해의 범의로 범행 중 그중 한 사람이 중한 상해를 가하여 피해자가 사망에 이르게 된 경우 나머지 사람들도 사망의 결과를 예견할 수 있는 때에는 상해치사의 죄책을 진다.
④ 결과적 가중범의 기본범죄가 미수에 그친 경우에도 중한 결과가 발생하면 결과적 가중범의 기수가 성립한다.
⑤ 「형법」 제30조의 '공동하여 죄를 범한 때'의 '죄'는 고의범이건 과실범이건 불문한다고 해석하여야 할 것이므로, 2인이상이 서로의 의사연락 아래 어떠한 과실행위를 하여 범죄결과가 발생한 경우 과실범의 공동정범이 성립한다.

(정답) ①

5장 위법성조각사유론

Ⅰ. 정당방위

Q. V와 그의 남편이 甲의 집에 찾아와 甲이 V의 자식에 관해 헛소문을 퍼뜨렸다며 먼저 甲의 멱살을 잡고 밀어 넘어뜨리고 배 위에 올라타 주먹으로 팔, 얼굴 등을 폭행하였고, V의 남편도 이에 가세하여 甲의 얼굴에 침을 뱉으며 발로 밟아 폭행하자, 연로한 탓에 힘에 부쳐 달리 피할 방법이 없던 甲은 이를 방어하기 위해 V의 팔을 잡아 비틀고, 다리를 물어서 V에게 오른쪽 팔목과 대퇴부 뒤쪽에 멍이 들게 하여 약 2주간 치료가 필요한 상해를 입혔다(약칭하여 소극적 방어사건). 甲을 처벌할 수 있는가?

> 제21조 (정당방위) ①자기 또는 타인의 법익에 대한 현재의 부당한 침해를 방위하기 위한 행위는 상당한 이유가 있는 때에는 벌하지 아니한다.
> ②방위행위가 그 정도를 초과한 때에는 정황에 의하여 그 형을 감경 또는 면제할 수 있다.
> ③전항의 경우에 그 행위가 야간 기타 불안스러운 상태 하에서 공포, 경악, 흥분 또는 당황으로 인한 때에는 벌하지 아니한다.

1. 정당방위의 성립요건

가. 자기 또는 타인의 법익에 대한 현재의 부당한 침해

사회적 법익과 국가적 법익은 원칙적으로는 안 되지만, 예외적으로 국가적 법익의 경우 예컨대 국가기밀을 탐지하여 막 휴전선을 넘어 월북하려는 사람을 폭력적으로 저지하거나 그 문서를 빼앗는 것은 정당방위라는 견해[171]가 있다. 이와 달리 이런 예외조차 인정할 수 없다는 견해[172]도 있다. 정당방위는 개인적 법익에 한정된다는 것이다.

부당한 침해이면 충분하고 유책할 필요는 없으므로, 형사미성년자나 정신병자 등 책임능력이 없는 자의 공격에 대해서도 정당방위가 가능하다.

침해의 현재성이 인정되어야한다. 절취 후 도주 중인 경우는 침해의 현재성이 인정되며, 피해자가 이런 사람을 추격하여 체포하는 행위는 정당방위이지, 아래에서 볼 자구행위가 아니다. 그런데 예방적 정당방위론도 있다. 과거에서 현재에 이르기까지 계속적·반복적 부당한

171) 신동운, 형법총론, 법문사, 2006, 269면 이하; 이재상, 형법총론, 1996, 17/16.
172) 김성돈, 형법총론, 현암사, 2006, 287면; 오영근, 형법총론, 박영사, 2005, 19/38.

침해가 있어왔기 때문에 장래의 부당한 침해가 확실히 예상되는 경우와 같이 침해의 현재성이 부정되는 경우, 예컨대 가정에서 지속적인 폭행을 일삼아온 아버지에 대해 방어행위를 한 경우에도 정당방위를 유추적용하자는 독일의 Suppert의 주장이다. 그런데 폭처법 제8조[173]는 현재성 요건을 완화하여 예방을 위한 정당방위도 인정하고 있다.

나. 방위하기 위한 행위(방위행위)

방위행위의 대상은 공격행위자의 법익을 침해하는 것이어야 하고, 이와 무관한 제3자의 법익을 침해해서는 안 된다. 이 점에서 공격적 긴급피난과 차이가 있다.

판례는 위 소극적 방어사건에서 甲의 행위는 정당방위라고 본다(99도3377). 그 이유는 겉으로는 서로 격투를 하는 것처럼 보일지라도 실제로는 한쪽 당사자가 일방적으로 불법한 공격을 하고 상대방은 이런 불법한 공격으로부터 자신을 보호하고 이를 벗어나기 위한 저항수단으로 유형력을 행사한 것이면, 그 행위는 적극적인 반격이 아니라 소극적인 방어라는 것이다. 판례는 싸움은 방위행위이자 공격행위이므로 원칙적으로 정당방위나 과잉방위가 인정되지 않지만(95도2945; 92도1329), 싸움 도중 상대방이 갑자기 예상 이외의 과도한 공격으로 나오는 경우는 예외적으로 정당방위가 인정된다(68도370)고 본다.

판례는 경찰관이 A지역에서 시간적·장소적으로 근접하지 않은 B지역의 집회·시위에 참가하기 위하여 출발 또는 이동하는 행위를 함부로 제지하는 것, 예컨대 서울에서 개최될 예정인 집회에 참가하기 위해 광주에서 상경하려고 출발·이동하는 것을 경찰관이 제지한 행위는, 경찰관직무집행법(약칭하여 경직법)[174]에 근거한 '행정상 즉시강제'의 범위를 명백히 넘은 것이므로 적법한 직무집행이 아니며, 따라서 이에 대한 정당방위가 허용되지만, 이런 경찰관들에게 PVC파이프를 휘두르거나 진압방패와 채증장비를 빼앗는 등의 폭행을 한 것은 정당방위가 아니라고 본다(2009도2114). 그 이유는 소극적인 방어행위를 넘어서 공격의 의사를 포함하여 이루어진 것이고, 그 수단과 방법의 상당성도 부정된다는 것이다.

甲이 경찰관의 불심검문을 받아 운전면허증을 교부한 후 경찰관이 그 운전면허증을 곧바로 돌려주지 않자 화가 나서 경찰관에게 큰 소리로 욕설을 하였는데, 경찰관은 모욕죄의 현

173) 제8조 (정당방위등) ①폭처법에 규정된 죄를 범한 자가 흉기 기타 위험한 물건 등으로 사람에게 위해를 가하거나 가하려 할 때 이를 **예방** 또는 방위하기 위하여 한 행위는 벌하지 아니한다. ②제1항의 경우에 방위행위가 그 정도를 초과한 때에는 그 형을 감경한다. ③제2항의 경우에 그 행위가 야간 기타 불안스러운 상태 하에서 공포·경악·흥분 또는 당황으로 인한 때에는 벌하지 아니한다.

174) 제6조 (범죄의 예방과 제지) ① 경찰관은 범죄행위가 목전에 행하여지려고 하고 있다고 인정될 때에는 이를 예방하기 위하여 관계인에게 필요한 경고를 발하고, 그 행위로 인하여 인명·신체에 위해를 미치거나 재산에 중대한 손해를 끼칠 우려가 있어 긴급을 요하는 경우에는 그 행위를 제지할 수 있다.

행범으로 체포하겠다고 고지한 후 甲의 오른쪽 어깨를 붙잡자 반항하면서 경찰관에게 상해를 가한 경우, 판례는 경찰관이 甲을 체포한 행위는 아래 이유로 적법한 공무집행이라고 볼 수 없으므로 甲의 행위는 불법체포로 인한 신체에 대한 현재의 부당한 침해에서 벗어나기 위한 정당방위로서 공무집행방해죄와 상해죄가 성립하지 않는다고 본다(2011도3682). 그 이유는 경찰관의 불심검문에 응하여 이미 운전면허증을 교부한 상태이고, 경찰관뿐 아니라 인근 주민도 욕설을 직접 들었으므로 甲이 도망하거나 증거를 인멸할 염려가 있다고 보기는 어려워서 현행범 체포의 요건을 갖추지 못했고, 甲의 모욕 범행은 불심검문에 항의하는 과정에서 저지른 일시적, 우발적인 행위로서 사안 자체가 경미할 뿐 아니라, 피해자인 경찰관이 범행현장에서 즉시 범인을 체포할 급박한 사정이 있다고 보기도 어렵다는 것이다.

다. 상당한 이유(상당성)

침해행위를 격퇴하기 위한 유일한 수단 내지 최후수단일 필요가 없다. 곧 보충성 원칙이 적용되지 않는다. 또 방위행위에 의해 보호되는 법익과 침해되는 법익 사이에 균형이 유지될 필요도 없다. 곧 이익균형의 원칙도 적용되지 않는다.

甲이 V의 강간을 피하기 위해 V의 혀를 절단한 경우, 甲의 상해행위에 대해 판례는 상당성을 인정하여 정당방위라고 본다(89도358).

2. 과잉방위

정당방위가 그 정도를 초과한 경우를 말한다. 곧 정당방위의 다른 요건은 모두 갖추고 '상당한 이유'라는 요건은 충족하지 못한 경우이다. 과잉방위는 '정황'에 따라 형을 감경 또는 면제할 수 있고(임의적 감면사유), 야간 기타 불안스러운 상태에서 공포, 경악, 흥분 또는 당황으로 인한 경우는 벌하지 않는다.

甲의 오빠 V가 야간에 칼을 들고 심각한 술주정과 행패를 부려 어머니와 동생의 생명에 대한 위험이 잇달아 발생하자 甲이 V에게 달려들어 두 손으로 그의 목을 조르던 중 의도하지 않게 V가 사망에 이른 경우, 판례는 처벌할 수 없는 과잉방위라고 본다(86도1862). 그 이유는 甲의 행위는 어머니와 동생의 생명, 신체에 대한 현재의 부당한 침해를 방위하기 위한 것이지만 상당성을 결여한 행위로서 과잉방위에 해당하나, 당시 야간에 흉포한 성격에 술까지 취한 V가 식칼을 들고 甲을 포함한 가족들의 생명, 신체를 위협하는 불의의 행패와 폭행을 하여 온 불안스러운 상태에서 공포, 경악, 흥분 또는 당황 등으로 말미암아 범한 것으로 봐야한다는 것이다. 그러나 이혼소송을 제기 중이고 별거하는 남편 V가 부인 甲을 찾아와 재결합을 요구하면서 가위로 폭행하고 변태적 성행위를 강요하자 격분한 甲이 미리 준비해 둔 칼로 V의 복부를 1회 찔렀고, 이로 인해 V가 사망에 이른 경우, 판례는 상해치사죄가 성립하며 정당방위나 과잉방위를 인정할 수 없다고 본다(2001도1089). 그 이유는 남편의 폭행·협박의 정도에 비추어 甲의 행위는 자신을 보호하기 위한 방위행위로서의 한도를 넘어선 것이어서 사회통념상 용인할 수 없다는 것이다. 이에 대해서는 과잉방위를 인정하거나 아니면 과잉방위 인정 여부를 결정짓는 상당성 여부를 판단했어야한다는 비판[175]이 있다.

Ⅱ. 긴급피난

Q. 아파트 입주자대표회의 회장 甲이 다수 입주민들의 민원에 따라 위성방송 수신을 방해하는 케이블TV방송의 시험방송 송출을 중단시키기 위해 케이블TV방송에 시험방송 송출을 중단해달라는 요청도 해보지 않은 채 시험방송이 송출된 지 약 1시간 30여 분 만에 곧바로 케이블TV방송의 방송안테나를 절단하도록 지시하였다(약칭하여 방송안테나절단사건). 甲을 처벌할 수 있는가?

> 제22조 (긴급피난) ①자기 또는 타인의 법익에 대한 현재의 위난을 피하기 위한 행위는 상당한 이유가 있는 때에는 벌하지 아니한다.
> ②위난을 피하지 못할 책임이 있는 자에 대하여는 전항의 규정을 적용하지 아니한다.
> ③전조 제2항과 제3항의 규정은 본조에 준용한다.

1. (정당화적) 긴급피난의 성립요건

가. 자기 또는 타인의 법익에 대한 현재의 위난

사회적·국가적 법익을 위한 긴급피난은 원칙적으로 가능하다는 견해도 있지만, 이와 달리 사회적·국가적 법익을 위한 정당방위는 원칙적으로 부정하면서 긴급피난은 인정하는 것은 모순이라는 견해[176]도 있다. 마치 예컨대 국가기밀을 누설하려는 사람의 입을 강제로 막는 행위는 정당방위로서 위법성이 조각될 수 없다고 보면서 그 사람의 말을 듣게 될 사람의 귀를 막는 행위는 긴급피난으로서 위법성이 조각된다고 보는 것과 같다는 것이다.

위험상태가 오랫동안 계속, 반복되어 앞으로도 같은 침해가 예상되는 이른바 '계속적 위난' 또는 '지속적 위험'도 현재의 위난이라고 보는 견해도 있다.

175) 김성돈, 형법총론, 현암사, 2006, 304면; 오영근, 형법총론, 박영사, 2005, 336면의 각주1; 최석윤, "정당방위의 사회윤리적 제한", 이재상교수화갑기념논문집Ⅰ, 박영사, 2003, 318면.
176) 오영근, 형법총론, 박영사, 2005, 20/17.

甲이 잠을 자고 있는 V(女)를 간음하기 위해 몸에 손을 대는 순간 V가 놀라 소리치자, V의 입을 왼손으로 막고 오른손으로 하의를 벗겼는데, 그러던 중 V가 甲의 손가락을 깨물며 반항하자 손가락이 끊어질 것과 같은 통증을 느낀 甲이 깨물린 자기 손가락을 비틀어 빼는 과정에서 V의 치아 1개가 부러지게 된 경우, 판례는 강간치상죄가 성립한다고 본다(94도2781). 그 이유는 이 상해는 자신이 저지른 강간 중에 발생한 것이고, 손가락을 비틀어 뺀 행위는 자초위난으로서 긴급피난행위로 볼 수는 없다는 것이다.

나. 피하기 위한 행위(피난행위)

정당방위와 달리 피난행위는 위난과 무관한 제3자에 대해서도 인정되는데, 이를 공격적 긴급피난이라고 한다. 예컨대 출산의 고통으로 인해 사망 위험에 놓인 아내를 살리기 위해 남편이 위난과 무관하게 과속을 하여 도로교통법을 위반한 경우이다.

이와 달리 위난을 발생시킨 자에 대한 피난행위를 방어적 긴급피난이라고 한다. 예컨대 멀리서 날아오는 총알을 피하기 위해 V가 급히 몸을 돌리면서 쓰러지지 않기 위해 그 옆에 있던 甲을 잡으려는 상황에서 甲은 넘어지면 다칠 것 같아 V를 밀쳐서 상해를 입힌 경우이다. 이는 현재의 위난을 유발한 V에 대해 甲이 V를 밀치는 피난행위를 한 것으로 볼 수 있다.

다. 상당한 이유(상당성)

판례는 상당성이 인정되려면, ㉮피난행위가 위난에 처한 법익을 보호하기 위한 유일한 수단이어야 하고(보충성원칙), ㉯피해자에게 가장 경미한 손해를 주는 방법을 택하여야 하며(최소침해원칙), ㉰피난행위에 의해 보전되는 이익은 이로 인해 침해되는 이익보다 우월해야 하고(우월한 이익원칙), ㉱피난행위 그 자체가 사회윤리나 법질서 전체의 정신에 비추어 적합한 수단일 것(적합성원칙) 등의 요건을 갖추어야 한다고 본다(2005도9396).

위 방송안테나절단사건에서 아파트 입주자대표회의 회장 甲의 행위는 판례는 업무방해죄의 구성요건에 해당하며 보충성원칙에 어긋난다는 이유로 긴급피난이 아니라고 본다(2005도9396).

2. 과잉피난

과잉피난이란 긴급피난의 다른 요건은 모두 갖추고 '상당한 이유'라는 요건은 충족하지 못한 경우이다. 과잉피난은 '정황'에 따라 형을 감경 또는 면제할 수 있다(임의적 감면사유). 야간 기타 불안스러운 상태에서 공포, 경악, 흥분 또는 당황으로 인해 과잉피난이 된 경우는 책임조각적 과잉피난(2014도2477)으로서 벌하지 않는다.

3. (작위)의무의 충돌

추운 겨울 강물에 빠져 허우적대는 노모(老母)와 어린 아들을 아버지가 발견하고, 모두를 구조할 수 없는, 이른바 (작위)의무의 충돌 상황에서 어린 아들만 구해냈고 노모는 익사한 경우, 아버지를 처벌할 수 없다면, 그 이론적 근거가 무엇인지를 두고 다툼이 있다.

먼저 ㉮법으로부터 자유로운 영역설이 있다. ㉯구성요건해당성부정설은 일반적 행위가능성은 있지만, 개별적 행위가능성은 부정해야한다는 것을 근거로 든다.[177] ㉰위법성조각설(정당화설)은 법규범의 수범자(受範者)는 사람이지 결코 운명이 아니기 때문에 한 가지 의무의 불이행은 법질서에 저촉되는 행위가 아니라는 입장으로, 그 구체적 근거를 두고 긴급피난설[178]과 사회상규설[179]이 대립한다. ㉱책임조각설(면책설)은 위법성 여부를 의무주체의 자의적 선택에 따르는 것은 법질서가 인간생명을 포기하는 것이고, '불가능에 대해서는 아무도 의무를 질 수 없다(imposibilium nulla obligatio)'는 원칙은 의무이행이 객관적으로 불가능한 경우에만 적용되는 것이지 이행가능한 다수의 규범명령이 아주 극단적인 예외적 충돌상황으로 인해 '동시에' 이행하기 불가능한 경우에는 적용되지 않는다는 것을 이유로 든다.[180] 그 근거는 제22조로 본다. 여기에는 전제가 있다. 제22조를 이분설 또는 이원설의 입장에서 해석해야하는데, 이분설은 긴급피난을 정당화적 긴급피난과 면책적 긴급피난으로 구별한다. 이분설은 예컨대 날아오는 총알을 피하기 위해 甲이 자신의 옆에 있던 V의 가방을 총알을 향해 던져서 총알의 방향을 바꾼 경우 甲이 V의 가방을 손괴한 행위는 정당화적 긴급피난인 반면, 날아오는 총알에 甲이 V를 대신 밀어서 V가 맞게 해서 V가 사망한 경우 甲이 V를 사망하게 한 행위는 면책적 긴급피난이라고 이해하는 입장이다.

177) 류인모, "의무의 충돌과 부작위범의 행위가능성", 형사법연구 제12호, 1999, 111면 이하.

178) 이재상, 형법총론, 박영사, 1996, 224면 이하.

179) 김일수, 한국형법 I [총론 上], 박영사, 1996, 630면 이하.

180) 배종대, "기대가능성이론의 발전", 형사법연구 제18호, 2002, 89면; 하태훈, "초법규적 면책사유로서의 의무의 충돌", 죽헌 박양빈교수 화갑기념논문집, 법문사, 1996, 690면.

Ⅲ. 자구행위

Q. 甲이 인근 상가의 통행로로 이용되고 있는 토지에 철주와 철망을 설치하고 포장된 아스팔트를 걷어냄으로써 통행로로 이용하지 못하게 하였지만 甲이 그 토지의 사실상 지배권자이다. 甲을 처벌할 수 있는가?

> 제23조 (자구행위) ①법정절차에 의하여 청구권을 보전하기 불능한 경우에 그 청구권의 실행불능 또는 현저한 실행곤란을 피하기 위한 행위는 상당한 이유가 있는 때에는 벌하지 아니한다.
> ②전항의 행위가 그 정도를 초과한 때에는 정황에 의하여 형을 감경 또는 면제할 수 있다.

1. 자구행위의 성립요건

자구행위가 성립하려면 ㉮법정절차에 따라 청구권을 보전하는 것이 불가능한 상황이어야 하고, ㉯그런 청구권의 실행이 불가능해지거나 현저히 곤란해지는 것을 피하기 위한 행위이어야 하며, ㉰상당한 이유가 있어야한다.

가. 법정절차에 따른 청구권의 보전이 불가능한 상황

여기서의 청구권은 보전이 가능한 것이어야 하므로, 원상회복이 불가능한 생명, 신체, 자유, 명예 등의 권리는 이에 해당하지 않는다. 또한 정당방위나 긴급피난과 달리 타인의 청구권은 이에 해당하지 않고, 자신의 청구권에 한정된다. 청구권의 행사 여부는 본인에게 달려있다고 봐야하기 때문이다. 자구행위는 과거에 발생한 침해를 전제로 한다고 봐야하므로, 현재의 침해, 예컨대 현장에서 절도범인을 추적하여 절도물을 탈환한 경우는 자구행위가 아니라 정당방위이다.

판례는 위 甲의 행위는 일반교통방해죄의 구성요건에 해당하고 자구행위가 아니라고 본다(2007도7717). 그 이유는 토지의 소유권을 방해하는 사람들에 대한 방해배제 등 청구권을 보전하는 것이 불가능하거나 현저하게 곤란한 상황이라고 볼 수 없다는 것이다.

甲이 V가 운영하는 회사로 들어가는 진입로를 폐쇄하여 V에 대한 업무방해죄의 구성요건에 해당하는 경우, 甲이 진입로의 토지소유권자로서 그 토지의 인도 등을 구할 권리가 있다 하더라도 판례는 자구행위가 아니라고 본다(2006도4328).

주민들이 농기계 등으로 그 주변의 농경지나 임야에 통행하기 위해 이용하는 도로에 甲이 깊이 1m 정도의 구덩이를 파서 일반교통방해죄의 구성요건에 해당하는 경우, 그 도로가 甲 자신의 소유일지라도 판례는 자구행위가 아니라고 본다(2006도9418).

나. 그런 청구권의 실행의 불가능 또는 현저한 곤란을 피하기 위한 행위

자구행위는 청구권의 실행불능을 피하기 위한 행위이지 청구권의 만족을 얻기 위한 행위는 아니다. 따라서 예컨대 무전숙박후 도주하는 손님을 체포하여 시계를 빼앗아 매각하고 그 대금을 숙박비의 변제로 충당한 경우는 자구행위가 아니다.

甲이 그의 채무자인 V가 부도를 낸 다음날 새벽에 V의 승낙을 받지 않은 채 관리종업원이 있음에도 불구하고 V의 가구점의 시정장치를 쇠톱으로 절단하고 그곳에 침입하여 V의 가구들을 화물차에 싣고 가 다른 장소에 옮겨 놓아 특수절도죄의 구성요건에 해당하는 경우, 그 목적이 V에 대한 물품대금 채권을 다른 채권자들보다 우선적으로 확보하는데 있었다할지라도 판례는 자구행위가 아니라고 본다(2005도8081).

甲이 야간에 채무자인 V의 폐쇄된 화랑의 베니어판 문을 미리 준비한 드라이버로 뜯어내고 V의 물건을 몰래 가지고 나와서 특수절도죄의 구성요건에 해당하는 경우, 甲이 V에게 석고를 납품한 대금을 받지 못하고 있던 중 V가 화랑을 폐쇄하고 도주하자 그런 행위를 한 것일지라도 판례는 자구행위가 아니라고 본다(84도2582).

2. 과잉자구행위

자구행위가 상당성을 흠결한 경우(과잉자구행위)는 정황에 따라 형을 감경 또는 면제할 수 있다.

Ⅳ. 피해자의 승낙(에 의한 행위)

Q. 산부인과 전문의 수련 중인 의사 甲이 피해자 V가 자궁외임신을 한 것인데도 자궁근종으로 오진하고 이에 근거하여 의학에 대한 전문지식이 없는 V에게 자궁적출술의 불가피성만을 설명하고 V로부터 수술승낙을 받아 수술하였다(약칭하여 자궁외임신사건). 甲을 처벌할 수 있는가?

제24조 (피해자의 승낙) 처분할 수 있는 자의 승낙에 의하여 그 법익을 훼손한 행위는 법률에 특별한 규정이 없는 한 벌하지 아니한다.

1. 피해자의 승낙과 법률의 특별한 규정

가. 피해자의 승낙과 무관하게 성립하는 범죄

피해자의 승낙의 유무에 관계없이 처벌되는 범죄행위가 있는데, 13세미만자 간음·유사간음·추행죄(제305조), 피구금부녀간음죄(제303조 제2항), 아동혹사죄(제274조), 군형법[181]의 신체손상죄가 이에 해당한다.

나. 피해자의 승낙이 위법성만을 감소시키는 경우

피해자의 승낙이 단지 행위의 위법성만을 감소시키는 경우도 있다. 살인죄(사형, 무기, 5년 이상 징역)보다 법정형이 낮은 촉탁·승낙살인죄(1년 이상 10년 이하 징역), 부동의낙태죄(3년 이하 징역)보다 법정형이 낮은 동의낙태죄 또는 촉탁·승낙낙태죄(1년 이하 징역 또는 200만원 이하 벌금[의사가 아닌 경우], 2년 이하 징역[의사인 경우])가 이에 해당한다.

2. 피해자의 양해(諒解)

가. 개념

1950년대 독일 형법학자 Geerds는 피해자의 동의를 양해와 승낙으로 구별하여, 양해는 처음부터 구성요건해당성을 발생시킬 수 없는 구성요건해당성배제사유[182]인 반면, 승낙은 위법성조각사유라고 보았다. 그런데 이것이 폭행죄에 관한 동의가 양해도 있고, 승낙도 있다는 것을 의미하는 것이 아니라, 구성요건의 성질상 피해자의 동의를 승낙이 아니라 양해로 봐야하는 경우도 있다는 것을 의미한다.

한국의 다수견해는 이를 수용하여 절도죄, 주거침입죄 등에 대한 피해자의 동의는 양해로, 폭행죄, 업무방해죄 등에 대한 피해자의 동의는 승낙으로 이해한다.[183] 이와 달리 양해와 승낙을 구별하지 않고 모두 구성요건해당성배제사유로 보거나[184]과 모두 위법성조각사유로 보기도[185] 한다. 피해자의 양해와 승낙을 구별하는 것은 착오와 관련해서 의미가 있다(자세한 내용은 아래 착오론에서 설명).

---

181) 제41조 (근무기피목적의 사술) ①근무를 기피할 목적으로 신체를 상해한 자는 다음의 구별에 의하여 처벌한다.
1. 적전인 경우에는 사형, 무기 또는 5년 이상의 징역에 처한다.
2. 기타의 경우에는 3년 이하의 징역에 처한다.

182) 이는 100원짜리 사탕을 훔친 경우 구성요건해당성이 인정되지만 사소침해원칙(Geringfügigkeitsprinzip)에 따라 구성요건해당성이 조각되는 것과 차이가 있다는 견해: 이상돈, 형법강의, 법문사, 2010, 17/64.

183) 예컨대 신동운, 형법총론(제2판), 법문사, 2006, 308면; 오영근, 형법총론, 박영사, 2005, 22/10. 다만, 강간죄의 경우는 폭행·협박이 수반된 성교, 곧 새디즘이므로 피해자의 승낙으로 보고, 만일 비동의간음죄가 입법화된다면 이 경우는 피해자의 양해라고 봐야한다는 견해: 이상돈, 형법강의, 법문사, 2010, 17/75.

184) 김일수·서보학, 새로 쓴 형법총론(제10판), 박영사, 2004, 253면

185) 배종대, 형법총론(제7판), 홍문사, 2004, 75/1.

나. 피해자의 양해의 유효성 여부

양해가 착오나 위계 또는 기망에 의한 경우, 사회상규에 위배되는 경우, 내심에만 존재하는 경우, 그 양해가 모두 유효한지를 두고, 견해가 대립한다. ㉮규범적 성격을 갖는 승낙과 달리 양해는 사실적 성격을 가지므로 모두 유효하다고 봐야한다는 입장과 ㉯사회상규에 위배되는 양해는 유효하지만 양해도 사전에 표시되어야하고, 착오나 위계 또는 기망에 의한 양해는 효력이 없다는 입장이 있다. 예컨대 전기검침원이라고 속이고 주거에 들어간 경우에 주거침입죄가 성립하는지 여부를 두고, ㉮후자처럼 양해이건 승낙이건 진정한 것이어야 한다는 입장은 주거침입죄를 인정하지만, ㉯전자처럼 양해는 구성요건해당성배제사유이고, 착오에 의한 것이어도 유효하다는 입장은 주거침입죄를 부정한다.

3. 피해자의 추정적 승낙과 사후승낙

추정적 승낙이란 피해자가 현실적으로 승낙하지는 않았지만 행위 당시의 객관적 사정을 종합하여 그가 틀림없이 승낙했을 것이라고 볼 수 있는 경우이다. 이를 신뢰하고 행위를 하는 경우, 예컨대 정신을 잃고 쓰러져있는 응급환자를 현실적 승낙을 받지 않고 수술한 경우, 위법성조각의 근거를 두고 긴급피난설, 피해자의 승낙설, 사무관리설, 독자적 위법성 조각사유설 등이 대립한다.

범행을 한 이후에 이루어진 승낙, 곧 사후승낙에 의해서는 위법성이 조각되지 않는다. 사후승낙은 양형요소에 불과하다.

4. 피해자의 승낙에 관한 판례

가. 개인적 법익에 관한 범죄

판례는 성폭법의 카메라등이용촬영죄[186]에서 '촬영(물)'은 피해자의 승낙을 받은 경우는 포함되지 않는다고 해석하여 여기서의 승낙은 구성요건해당성배제사유로 본다(2009도7973. 同旨: 2010도6668).

甲이 V와 공모하여 보험사기를 목적으로 V에게 상해를 입힌 경우, 판례는 甲의 상해는 V

186) 제14조의2(카메라등 이용촬영) ① 카메라 기타 이와 유사한 기능을 갖춘 기계장치를 이용하여 성적 욕망 또는 수치심을 유발할 수 있는 타인의 신체를 그 의사에 반하여 촬영하거나 그 촬영물을 반포·판매·임대 또는 공연히 전시·상영한 자는 5년 이하의 징역 또는 1천만원 이하의 벌금에 처한다.

의 승낙으로 위법성이 조각되는 것은 아니라고 본다(2008도9606). 그 이유는 피해자의 승낙으로 위법성이 조각되려면, 그 승낙이 개인적 법익에 대한 것으로서 법률상 이를 처분할 수 있는 사람의 승낙이어야 할 뿐만 아니라 윤리적·도덕적으로 사회상규에 반하는 것이 아니어야하는데, V의 승낙은 위법한 목적에 이용하기 위한 것이라는 것이다.

판례는 위 자궁외임신사건에서 V의 승낙은 부정확 또는 불충분한 설명을 근거로 이루어진 것이라는 이유로 무효이고 업무상과실치상죄가 성립한다고 본다(92도2345).

판례는 甲이 V가 사용 중인 공중화장실의 용변 칸에 노크하였는데, V가 남편으로 오인하고 용변 칸 문을 열자 강간할 의도로 용변 칸에 들어간 경우, V의 명시적·묵시적 승낙을 인정할 수 없다는 이유로 주거침입죄라고 본다(2003도1256).

예금주인 현금카드 소유자를 협박하여 갈취한 카드로 현금자동지급기에서 현금을 인출한 경우, 판례는 공갈죄 외에 절도죄는 성립하지 않는다고 본다(2007도1375). 그 이유는 예금인출 행위는 하자 있는 의사표시이기는 하지만 피해자의 승낙에 따른 것이고, 피해자가 그 승낙의 의사표시를 취소하기까지는 현금카드를 적법, 유효하게 사용할 수 있으므로, 은행으로서도 피해자의 지급정지 신청이 없는 한 그의 의사에 따라 그의 계산으로 적법하게 예금을 지급할 수밖에 없다는 것이다. 이와 달리 강취한 현금카드로 현금자동지급기에서 예금을 인출한 경우, 판례는 강도죄와 절도죄가 모두 성립한다고 본다(2007도1375). 그 이유는 현금카드의 사용에 관한 승낙의 의사표시가 없다는 것이다.

나. 사회적 법익에 관한 범죄

그런데 공문서의 작성권자가 직접 서명하지 않고 甲에게 지시하여 자기의 서명을 흉내 내어 공문서의 결재란에 대신 서명하게 한 경우, 판례는 甲의 행위는 작성권자의 지시 또는 "승낙"에 의한 것으로서 공문서위조죄의 "구성요건해당성이 조각"된다고 본다(82도1426). 이는 공문서에 대한 공공의 신뢰와 같은 사회적 법익도 피해자의 승낙의 대상이 될 수 있고, 또 공문서위조죄의 경우 피해자의 승낙은 양해라고 본 것이다. 또한 판례는 사문서의 경우 명시적·묵시적·추정적 승낙이 인정되면 "위·변조죄에 해당하지 않는다"고 하고 있다(2002도235. 同旨: 97도183). 사문서의 경우 피해자의 승낙은 양해를 의미하지 않는다고 볼 여지도 있지만, 적어도 공문서의 경우와 동일한 법적 효과를 부여하는 것이 옳으므로, 사문서의 경우도 피해자의 승낙은 양해를 의미한다고 본다.

그러나 사문서위조나 공정증서원본불실기재가 성립한 후에 피해자의 동의 또는 추인이 있는 경우, 그 사정은 이미 성립한 범죄의 성립에 영향이 없다(2007도2714).

한편 판례는 甲이 자신의 아버지 F로부터 F소유 부동산 매매에 관한 권한 일체를 위임받아 이를 매도하였는데, 그 후 F가 갑자기 사망하자 소유권 이전에 사용할 목적으로 F가 자신에게 인감증명서 발급을 위임한다는 취지의 인감증명 위임장을 작성하여 주민센터 담당직원에게 제출한 사건에서, 사망자 명의의 사문서위조죄는 사망한 명의자의 승낙이 추정된다고 해서 그 성립이 부정되지 않는다고 본다(2011도6223). 그 이유는 F의 사망으로 포괄적인 명의사용의 근거가 되는 위임관계 내지 포괄적인 대리관계는 종료된 것으로 봐야하므로 더 이상 F의 명의를 사용할 수 없다는 것이다.

Ⅴ. 정당행위

Q. 甲은 남편이 다른 여자와 주택에 들어가는 것을 보고 간통현장을 확보하기 위해 근처의 파출소에 가서 경찰관에게 동행을 요구하였으나 고소가 되지 않았다는 이유로 동행을 거절당하자 집 현관문을 노크하였고, 이에 남편의 상간자가 "잠깐만요" 하면서 자신의 남편의 신발을 감추고 문을 열어주자, 들어서며 욕설을 하면서 사진촬영을 하였다(약칭하여 간통사건). 甲을 처벌할 수 있는가?

> 제20조 (정당행위) 법령에 의한 행위 또는 업무로 인한 행위 기타 사회상규에 위배되지 아니하는 행위는 벌하지 아니한다.

1. 법령에 의한 행위

여기에는 ㉮공무원의 직무집행행위(ⓐ법령에 의한 직무집행행위, ⓑ상관의 명령에 의한 직무집행행위), ㉯징계행위, ㉰사인의 현행범체포행위, ㉱노동쟁의행위, ㉲그 밖의 법령에 의한 행위(ⓐ모자보건법의 인공임신중절수술, ⓑ전염병예방법 4조의 의사 등의 전염병신고의무[187]에 따른 비밀누설, ⓒ한국마사회법 제6조의 마권발매) 등이 있다.

가. 상관의 위법한 명령에 따른 행위

187) 제4조 (의사등의 신고) ①의사 또는 한의사가 전염병환자등 또는 예방접종후 이상반응자를 진단하였거나 의사가 그 시체를 검안하였을 때에는 전염병환자등·예방접종후 이상반응자 또는 그 동거인에게 보건복지가족부장관이 고시하는 소독방법과 전염방지의 방법을 지시하고, 제1군·제2군·제4군전염병 및 제3군의 탄저와 예방접종후 이상반응의 경우에는 즉시로, 탄저를 제외한 제3군 및 지정전염병의 경우에는 7일 이내에 전염병환자등·예방접종후 이상반응자 또는 그 시체의 소재지를 관할하는 보건소장에게 그 성명, 연령, 성별, 기타 사항을 신고하여야 한다. ②제1항의 규정에 의한 진단기준, 의사 또는 한의사가 신고하여야 할 전염병환자등과 예방접종후 이상반응자의 범위, 신고절차등에 관하여 필요한 사항은 보건복지가족부령으로 정한다.
제56조 (벌칙) 다음의 각호의 1에 해당하는 자는 200만원 이하의 벌금에 처한다.
1. 제4조 또는 제6조의 규정에 의한 신고 또는 보고를 게을리하거나 허위의 신고를 한 의사 또는 한의사

판례는 예컨대 12·12군사반란과 5·18내란의 목적을 가진 甲의 지시에 따라 乙이 병력을 이끌고 가서 육군참모총장을 체포한 행위, 곧 상관의 위법한 명령에 따른 행위는, 정당행위가 아니라고 본다(96도3376전판).

나. 체벌

학교장에게 징계 및 지도권한을 부여하고 있는[188] 현행 초·중등교육법령[189]은 교육상 불가피한 경우에는 예외적으로 직접체벌을 허용했던 종전[190]과 달리 명시적으로 직접체벌(도구나 신체를 이용해 신체적 고통을 주는 것)을 금지하면서 간접체벌(예컨대 교실 뒤 서 있기, 운동장 뛰기 등)만 허용하고 있다.[191]

판례는 교사는 학교장의 위임을 받아 징계 및 지도권한을 행사할 수 있다고 보면서도 체벌행위 당시의 상황, 동기, 수단, 방법 등에 비추어 사회통념상 객관적 타당성을 갖추어야만 정당행위로 볼 수 있다고 본다. 이에 따라 여자중학교 체육교사 겸 태권도 지도교사인 甲이 교실 밖 공개된 장소에서 학생지도를 명분으로 여학생들을 폭행·모욕하는 것(2001도5380), 또 교사가 초등학교 5학년생을 징계하기 위해 지휘봉으로 엉덩이와 허리를 때려 6주간의 치료가 필요한 상해를 입힌 것(90도1456) 모두 정당행위가 아니라고 본다.

2. 사회상규에 위배되지 않는 행위

가. 개념

추상적이고 막연한 일반적·포괄적 위법성조각사유이다. 따라서 다른 위법성조각사유를 검토한 후에 보충적으로 검토해야한다. 독일이나 일본 형법에는 존재하지 않는다. 사회상규라는 개념을 최초로 사용한 학자는 가인 김병로 선생이라고[192] 한다.

---

188) 초·중등교육법 제18조 (학생의 징계) ①학교의 장은 교육상 필요한 때에는 법령 및 학칙이 정하는 바에 의하여 학생을 징계하거나 기타의 방법으로 지도할 수 있다. 다만, 의무교육과정에 있는 학생을 퇴학시킬 수 없다.

189) 개정초·중등교육법 시행령(2011. 3. 18) 제31조(학생의 징계 등) ⑧학교의 장은 법 제18조제1항 본문에 따라 지도를 할 때에는 학칙으로 정하는 바에 따라 <u>훈육·훈계</u> 등의 방법으로 하되, <u>도구, 신체 등을 이용하여 학생의 신체에 고통을 가하는 방법</u>을 사용해서는 아니 된다.

190) 초·중등교육법 시행령 제31조 (학생의 징계 등) ⑦학교의 장은 법 제18조제1항 본문의 규정에 의한 지도를 하는 때에는 <u>교육상 불가피한 경우를 제외</u>하고는 학생에게 <u>신체적 고통</u>을 가하지 아니하는 훈육·훈계등의 방법으로 행하여야 한다.

191) 종전 초·중등교육법령에 따르면 도구를 이용한 직접체벌만 허용되고 간접체벌도 금지된다면서 종전 초·중등교육법령을 오히려 의미있게 보는 견해: 윤용규, "체벌논의에 대한 반성적 고찰: 체벌법규의 해석을 중심으로", 형사정책연구 제23권 제3호, 2012·가을, 189면.

192) 신동운, 형법총론, 법문사, 2006, 255면.

사회적 상당성은 Welzel이 구성요건해당성배제사유를 설명하면서 도입한 개념으로 '역사적으로 생성된 사회생활의 질서 안에 있는 행위'는 사회적으로 상당한 행위로서 구성요건해당성이 배제된다고 한다.

나. 판례

판례는 '사회상규에 위배되지 않는 행위'란 법질서 전체의 정신이나 그 배후에 놓여 있는 사회윤리 내지 사회통념에 비춰 용인될 수 있는 행위를 말하는데, 어떤 행위가 이런 행위인지는 구체적인 사정 아래서 합목적적, 합리적으로 고찰하여 개별적으로 판단해야 하지만, 이것이 인정되려면 ㉮그 행위의 동기나 목적의 정당성, ㉯행위의 수단이나 방법의 상당성, ㉰보호이익과 침해이익 사이의 법익균형성, ㉱긴급성, ㉲그 행위 외에 다른 수단이나 방법이 없다는 보충성 등의 요건을 갖추어야 한다고 본다(2003도3000). 이에 따라 판례는 위 간통사건에서 甲의 주거침입죄는 정당행위에 해당하지 않는다고 본다(2003도3000).

(1) 사회상규성을 부정한 경우

의사인 甲이 모발이식시술을 하기 위해서 환자 A의 뒷머리부분에서 모낭을 채취한 후 간호조무사인 乙로 하여금 식모기(植毛機)를 이용하여 A의 앞머리부위 진피층까지 찔러 넣는 방법으로 모낭삽입시술을 하도록 한 경우, 乙의 행위는 진료보조행위의 범위를 벗어난 무면허의료행위로서 정당행위에 해당하지 않으며, 甲에게도 무면허의료죄가 성립한다(2005도8317).

종교적 기도행위를 마치 의료적으로 효과가 있는 치료행위인 양 내세워 환자를 끌어들인 다음, 통상의 일반적인 안수기도의 방식과 정도를 벗어나 환자의 신체에 비정상적이거나 과도한 유형력을 행사하고 신체의 자유를 과도하게 제압하여 그 결과 환자의 신체에 상해까지 입힌 경우도, 판례는 정당행위가 아니라고 본다(2008도2695).

안기부(현 국가정보원) 직원인 甲은 1997년 대선 직전 정치권에 제공할 대선자금과 검찰간부들에게 줄 속칭 '떡값' 액수 등을 논의하는 대기업 임원 L과 중앙일간지 회장 H 사이의 전화통화를 불법감청하고, 이 녹음테이프와 녹취보고서(일명 X파일)를 이용해 해당기업으로부터 금품을 요구하다가 여의치 않자 신문기자인 乙에게 건네주었다. 乙의 보도가능성을 알게 된 L과 H는 법원으로부터 보도금지가처분결정을 받아냈지만, 乙은 공익성 있다고 보고 불법감청테이프에 담긴 내용의 일부를 실명과 원음으로 보도하였다(이른바 삼성X파일사건). 판례는 乙의 통비법위반행위에 대해 사회상규성을 부정한다(2006도8839전판). 이 사건에서는 언론보도의 자유가 통신비밀보호보다 우월하지 않다고 본 것이다.

(2) 사회상규성을 인정한 경우

그러나 신문기자 甲이 취재에 응하지 않으면 자신이 조사한 대로 보도하겠다고 V에게 말하자, V가 甲을 협박죄로 고소한 사건에서, 판례는 甲의 행위는 일상적인 업무에 속한다는 이유로 사회상규성을 인정한다(2011도639).

V(남, 57세)가 술에 만취하여 아무런 연고도 없는 가정주부 甲의 집에 들어가 유리창을 깨고 아무데나 소변을 보는 등 행패를 부리고 나가자, 甲은 유리창 값을 받으러 V를 뒤따라 가며 그 어깨를 붙잡았으나, 상스러운 욕설을 계속하므로 더 이상 참지 못하고 잡고 있던 손으로 V의 어깨부분을 밀치자 술에 취해 비틀거리던 V가 몸을 제대로 가누지 못하고 앞으로 넘어져 그 곳 시멘트의 돌처럼 솟아 있는 곳에 이마를 부딪쳐 1차성 쇼크로 사망한 경우, 판례는 폭행치사죄를 부정한다(92도37). 그 이유는 甲의 행위는 V의 부당한 행패를 저지하기 위한 본능적인 소극적 방어행위에 지나지 않아서 사회통념상 용인될 수 있는 정도의 상당성이 있으므로 정당행위에 해당한다는 것이다.

방송국 시사프로그램을 시청한 후 방송국 홈페이지의 시청자의견란에 작성·게시한 글 중 "그렇게 소중한 자식을 범법행위의 변명의 방패로 쓰시다니 정말 대단하십니다."는 등의 표현에 대해서도 판례는 모욕죄를 부정한다(2003도3972). 그 이유는 방송국 홈페이지의 시청자의견란에 작성·게시한 글은 이미 방송된 프로그램에 나타난 기본적인 사실을 전제로 한 뒤, 그 사실관계나 이를 둘러싼 문제에 관한 자신의 판단과 이런 경우에 피해자가 택한 태도와 주장한 내용이 합당한가 하는 점에 대해 자신의 의견을 말하고, 피해자에게 자신의 의견에 대한 반박이나 반론을 구하면서, 자신의 판단과 의견의 타당함을 강조하는 과정에서 부분적으로 그런 표현을 사용한 것으로서 사회상규에 위배되지 않는다는 것이다.

수지침 시술행위가 의료법이 금지하고 있는 무면허의료행위일지라도 판례는 위법성이 조각될 수 있다고 본다(98도2389). 그 이유는 <u>수지침</u>은 시술부위나 시술방법 등이 예로부터 동양의학으로 전래되어 내려오는 <u>체침</u>의 경우와 현저한 차이가 있고, 일반인들의 인식도 이에 대한 관용의 입장에 기울어져 있으며, 이런 사정과 함께 시술자의 시술의 동기, 목적, 방법, 횟수, 시술에 대한 지식수준, 시술경력, 피시술자의 나이, 체질, 건강상태, 시술행위로 인한 부작용 내지 위험발생 가능성 등을 종합적으로 고려하여 구체적인 경우에 개별적으로 보아 법질서 전체의 정신이나 그 배후에 놓여 있는 사회윤리 내지 사회통념에 비추어 용인될 수 있는 행위에 해당한다고 인정되면 사회상규에 위배되지 않는 행위라는 것이다.

컴퓨터 관련 솔루션 개발업체의 대표이사 甲은, 영업차장으로 근무하던 V가 회사의 정보를 빼돌린다는 소문을 확인할 목적으로 직원들을 시켜서 V가 사용하던 개인용 컴퓨터의 하드디스크(비밀번호가 설정되어 있음)를 떼어낸 뒤 이를 다른 컴퓨터에 연결하여 파일검색을 하였고, 이를 통해 V의 메신저 대화내용과 이메일 등을 출력한 경우, 판례는 전자기록등내용탐지죄(316조 2항)는 정당행위라고 본다(2007도6243). 그 이유는 회사의 유지·존속 및 손해방지를 위한 감독자의 행위로서 사회상규에 반하지 않는다는 것이다.

판례는 시위 방법의 하나로 행한 '삼보일배 행진'은 도로교통법이 금지하는 '도로에서 교통에 방해되는 방법으로 눕거나 앉거나 서있는 행위'에 해당하지만 사회상규에 반하지 않는 정당행위라고 본다(2009도11395).

Ⅵ. 기출문제

문36.(배점 2) 정당방위에 관한 다음 설명 중 옳은 것을 모두 고른 것은? (다툼이 있는 경우에는 판례에 의함) 2010년 52회 사법시험

가. 외관상 서로 싸움을 하는 것처럼 보이지만 실제로는 한쪽 당사자가 일방적으로 불법한 공격을 하는 경우 상대방의 방어행위가 불법한 공격으로부터 자신을 보호하고 이를 벗어나기 위한 것으로 소극적인 방어의 한도를 벗어나지 않는 한 정당방위에 해당한다.
나. 절도범이 물건을 훔쳐서 도망가는 것을 발견하고 제3자가 현장에서 그를 추격하여 체포하는 행위는 정당방위가 될 수 있다.
다. 침해행위에 대하여 자기의 법익침해를 방위하기 위한 부득이한 행위가 아니고, 그 침해행위에서 벗어난 후 분풀이 목적에서 나온 공격행위는 정당방위에 해당하지 않는다.
라. 절취해 온 물건을 점유하여 사용하고 있는 사람이라도 그 물건을 훔쳐가려는 제3자에 대해서 정당방위를 할 수 있다.
마. 임대차 기간이 만료되었다 하더라도 임차인이 가옥을 명도하지 않고 있던 중에 임대인이 강제로 침입하는 행위에 대해서 임차인은 정당방위를 할 수 있다.

① 가, 나, 다 ② 가, 나, 다, 라 ③ 가, 나, 다, 라, 마 ④ 가, 나, 마 ⑤ 나, 다, 마

(정답) ③
(해설) 가:○(99도3377), 나:○(절도가 기수에 이르렀더라도 종료 전까지는 정당방위가 가능하므로), 다:○(96도141: 정당방위는 방어행위인데, 이러한 행위는 공격행위이므로), 라와 마:○(이러한 불법적 점유나 권리도 형법의 보호법익이 될 수 있으므로)

문19. 다음은 정당방위에 관한 설명이다. 옳은 것(○)과 옳지 않은 것(×)을 올바르게 조합한 것은?(다툼이 있는 경우에는 판례에 의함) 2005년 47회 사법시험

ㄱ. 정당방위의 성립요건으로서의 방어행위에는 순수한 수비적 방어뿐 아니라 적극적 반격을 포함하는 반격방어의 형태도 포함되나, 그 방어행위는 자기 또는 타인의 법익침해를 방위하기 위한

행위로서 상당한 이유가 있어야 한다.
ㄴ. 甲과 乙이 공동으로 인적이 드문 심야에 혼자 귀가중인 丙女에게 뒤에서 느닷없이 달려들어 양팔을 붙잡고 어두운 골목길로 끌고 들어가 담벽에 쓰러뜨린 후 甲이 음부를 만지며 반항하는 丙女의 옆구리를 무릎으로 차고 억지로 키스를 하므로 丙女가 정조와 신체를 지키려는 일념에서 엉겁결에 甲의 혀를 깨물어 설(舌)절단상을 입혔다면 丙女의 범행은 자기의 신체에 대한 현재의 부당한 침해에서 벗어나려고 한 행위이지만 그 정도를 초과하여 정당방위에 해당한다고 볼 수 없다.
ㄷ. 甲 소유의 밤나무 단지에서 乙이 밤 18개를 푸대에 주워 담는 것을 본 甲이 그 푸대를 빼앗으려다 반항하는 乙의 뺨과 팔목을 때려 상처를 입힌 경우 甲의 그러한 행위는 乙의 절취행위를 방지하기 위한 것으로서 정당방위에 해당한다.
ㄹ. 경찰관의 행위가 적법한 공무집행을 벗어나 불법하게 체포한 것으로 볼 수밖에 없다면, 그 체포를 면하려고 반항하는 과정에서 경찰관에게 상해를 가한 것은 불법체포로 인한 신체에 대한 현재의 부당한 침해에서 벗어나기 위한 행위로서 정당방위에 해당한다.
ㅁ. 이혼소송중인 남편이 별거중인 처를 찾아와 가위로 폭행하고 변태적 성행위를 강요하는 데에 격분하여 처가 칼로 남편의 복부를 찔러 사망에 이르게 한 경우, 그 행위는 방위행위로서의 한도를 넘어선 것으로 사회통념상 용인될 수 없으므로 정당방위나 과잉방위에 해당하지 않는다.

① ㄱ(○), ㄴ(×), ㄷ(○), ㄹ(○), ㅁ(○) ② ㄱ(×), ㄴ(○), ㄷ(×), ㄹ(○), ㅁ(○)
③ ㄱ(○), ㄴ(×), ㄷ(×), ㄹ(○), ㅁ(○) ④ ㄱ(○), ㄴ(○), ㄷ(○), ㄹ(×), ㅁ(×)
⑤ ㄱ(○), ㄴ(○), ㄷ(×), ㄹ(○), ㅁ(×)

(정답) ③
(해설) ㄱ:○(92도2540), ㄴ:×(89도358), ㄷ:×(84도1611), ㄹ:○(2006도2732), ㅁ:○(2001도1089)

문10.(배점 2) 다음 사례에 대한 설명으로 옳지 않은 것은? (다툼이 있는 경우에는 판례에 의함) 2012년 54회 사법시험

Ⅰ. 甲은 남편 A로부터 20여 년에 걸친 구타와 학대를 견디다 못해 이혼소송을 제기한 후 별거하던 중, 어느 날 A가 甲을 찾아와 폭행·협박하여 강제로 성관계를 가진 후 A가 잠이 들자 甲은 더 이상 참을 수 없다고 생각하고 A를 식칼로 살해하였다.
Ⅱ. 乙은 의붓아버지인 B로부터 12살 때부터 10여 년 동안 계속적으로 성관계를 강요받아 왔다. 더 이상 견디지 못한 乙은 남자친구와 공모하여 잠을 자고 있는 B를 살해하였다.

① 정당방위의 성립요건으로서 침해의 현재성 여부는 피침해자의 주관적 사정에 따라 결정되어야 하므로 甲이 A로부터 폭력이나 학대에 시달려 왔다면 자신의 법익에 대한 현재의 침해가 인정된다.
② B의 성관계 강요가 이후에도 반복될 염려가 있었다면 범행 당시 乙의 신체나 자유 등에 대한 현재의 부당한 침해상태가 있다고 볼 여지가 있다.
③ 침해의 현재성이 인정되지 않는다면 정당방위(제21조 제1항)는 물론 과잉방위(같은 조 제2

항) 및 이를 전제로 한 야간 등 과잉방위(같은 조 제3항)도 인정되지 않는다.

④ 정당방위의 성립요건으로서의 방어행위에는 수비적 방어만이 아니라 적극적 반격도 포함되므로 乙의 범행이 적극적 반격의 형태로 행해졌다는 이유만으로 정당방위를 부정할 수 없다.

⑤ 甲과 乙이 평소 A와 B로부터 지속적인 폭행이나 학대를 당하면서 형성된 만성적인 외상 후 스트레스 장애나 우울증, 충동조절장애 등으로 사물을 변별하거나 의사를 결정할 능력이 미약한 상태에서 행위하였다고 인정되면 심신미약으로 형을 감경하여야 한다.

(정답) ①

문26.(배점 2) 긴급피난에 관한 설명 중 옳은 것은? (다툼이 있는 경우 판례에 의함) 2014년 56회 사법시험

① 긴급피난의 본질에 관하여 위법성조각설을 따를 경우 긴급피난에 대한 정당방위나 긴급피난이 모두 가능하다.

② 의사 甲이 수혈 없이는 살 수 없는 응급환자 A를 구조하기 위하여 A와 혈액형이 동일한 환자 B의 동의를 받지 아니하고 강제채혈을 한 경우 긴급피난의 상당성 요건 중 보충성의 원칙과 관련되어 문제된다.

③ 긴급피난을 '정 대 정(正 對 正)'의 관계라고 말하는 것은 '방어적 긴급피난'의 경우 피난자의 정당화된 행위와 위난과 관계없이 침해되는 제3자의 법익과의 관계를 염두에 두었기 때문이다.

④ 제한적 종속형식을 전제로 한 경우 긴급피난을 위법성조각사유로 이해하는 입장에 따르면 긴급피난행위를 한 자에 대한 교사범의 성립은 인정될 수 없다.

⑤ 특정 후보자에 대한 「공직선거 및 선거부정방지법」에 의한 선거운동 제한규정을 위반한 낙선운동은 시민불복종운동이므로 긴급피난의 요건을 갖춘 행위로 볼 수 있다.

(정답) ④
(해설) ②강제채혈은 상당성 요건 중 적합성원칙이 문제된다고 본다. ③공격적 긴급피난이 위난과 관계없는 제3자의 법익을 침해하는 것이다.

문13. (배점 3) 정당방위와 긴급피난에 관한 설명 중 옳은 것(O)과 옳지 않은 것(×)을 바르게 표시한 것은? 2009년 51회 사법시험

ㄱ. 긴급피난에 있어서 위난의 현재성과 정당방위에 있어서 침해의 현재성의 성립범위는 동일하나, 보호될 수 있는 법익에는 차이가 있다.
ㄴ. 정당화적 긴급피난에서 피난행위는 위법성이 조각되는 행위이므로 이에 대하여는 정당방위와 긴급피난이 허용되지 않는다.
ㄷ. 허술하게 묶여있던 이웃집 맹견이 달려나와 甲의 애완견을 물려고 하여 몽둥이로 후려쳐 다치게 한 행위는 정당방위로 평가될 수 없다.

ㄹ. 이웃집 사람의 사주를 받은 맹견이 달려나와 甲의 애완견을 물려고 하여 몽둥이로 후려쳐 다치게 한 행위는 정당방위에 해당한다.
ㅁ. 의사 甲이 진료환자 乙이 에이즈 환자임을 알고 乙의 처에게 알려준 행위는 긴급피난에 해당하나, 사회의 성풍속을 해치는 음란영화의 상영을 저지하기 위하여 영화관의 전선을 절단한 행위는 정당방위에 해당하지 않는다.

① ㄱ(×), ㄴ(×), ㄷ(○), ㄹ(○), ㅁ(○)
② ㄱ(×), ㄴ(○), ㄷ(○), ㄹ(×), ㅁ(×)
③ ㄱ(×), ㄴ(×), ㄷ(×), ㄹ(○), ㅁ(○)
④ ㄱ(○), ㄴ(○), ㄷ(×), ㄹ(×), ㅁ(○)
⑤ ㄱ(○), ㄴ(○), ㄷ(○), ㄹ(×), ㅁ(○)

(정답) ①, ③
(해설) ㄱ:×(다수견해는 긴급피난의 현재성의 범위가 정당방위의 그것보다 더 넓고, 긴급피난의 경우에는 국가적·사회적 법익의 침해에 대해서도 가능하다고 본다. 이와 달리 긴급피난과 정당방위 모두 현재성의 범위와 가능한 보호법익이 차이가 없다는 견해도 있다) ㄴ:×(정당화적 긴급피난에 대한 정당방위는 안 되지만, 긴급피난은 가능하다) ㄷ:△(동물의 침해에 대한 정당방위가 가능한지 여부에 대해 사람의 사주를 받은 경우에만 가능하다는 견해[A]도 있고, 관리 소홀처럼 사람의 과실이 개입된 경우에도 가능하다는 견해[B]도 있다. ㄷ은 A에 따르면 [○]이지만, B에 따르면 [×]이다) ㄹ:○ ㅁ:○

문22.(배점 2) 피해자의 승낙에 관한 설명 중 옳지 않은 것은? (다툼이 있는 경우에는 판례에 의함) 2013년 55회 사법시험

① 사문서를 작성·수정할 당시 명의자의 현실적인 승낙은 없었지만 행위 당시의 모든 객관적 사정을 종합하여 명의자가 행위 당시 그 사실을 알았다면 당연히 승낙했을 것이라고 추정되는 경우 사문서위·변조죄가 성립하지 않는다.
② 피고인이 피해자가 사용 중인 공중화장실의 용변칸에 노크하여 남편으로 오인한 피해자가 용변칸 문을 열자 강간할 의도로 용변칸에 들어간 경우 주거침입죄가 성립하고 피해자의 명시적 또는 묵시적 승낙을 인정할 수 없다.
③ 의사의 진단상의 과오가 없었으면 당연히 설명받았을 내용을 설명받지 못한 피해자로부터 의사가 수술승낙을 받았다면 위 승낙은 부정확 또는 불충분한 설명을 근거로 이루어진 것으로서 수술의 위법성을 조각할 유효한 승낙이라고 볼 수 없다.
④ 사자 명의로 된 약속어음을 작성함에 있어 사망자의 처로부터 사망자의 인장을 교부받아 생존 당시 작성한 것처럼 약속어음의 발행일자를 그 명의자의 생존 중의 일자로 소급하여 작성한 때에는 발행명의인의 추정적 승낙이 있었다고 볼 수 없다.
⑤ 피고인이 피해자와 공모하여 교통사고를 가장하여 보험금을 편취할 목적으로 피해자에게 상해를 가하였다 하더라도 피해자의 명시적 승낙이 있었던 이상 피고인의 행위는 피해자의 승낙에 의하여 위법성이 조각된다.

(정답) ⑤
(해설) ④○(2010도1025: 처는 사망자의 상속인에 불과하므로 처의 승낙 내지 동의를 사망자의 승낙 내지 동의로 볼 수는 없다)

문18. 다음 설명 중 옳지 않은 것은? (다툼이 있는 경우에는 판례에 의함) 2012년 1회 변호사시험

① 고의에 의한 방위행위가 위법성이 조각되기 위해서는 정당방위상황뿐 아니라 행위자에게 방위의사도 인정되어야 한다.
② 피해자의 승낙에 의한 행위가 위법성이 조각되기 위해서는 그 승낙이 유효해야 할 뿐 아니라 그 승낙에 기한 행위가 사회상규에 위배되지 아니한 경우이어야 한다.
③ 추정적 승낙이란 피해자의 현실적인 승낙이 없었다고 하더라도 행위 당시의 모든 객관적 사정에 비추어 볼 때 만일 피해자가 행위의 내용을 알았더라면 당연히 승낙하였을 것으로 예견되는 경우를 말한다.
④ 정당방위의 성립요건으로서의 방어행위는 순수한 수비적 방어뿐만 아니라 적극적 반격을 포함하는 반격방어의 형태도 포함된다.
⑤ 자구행위가 그 정도를 초과하더라도 야간 기타 불안스러운 상태하에서 공포·경악·흥분·당황으로 인한 경우에는 벌하지 아니한다.

(정답) ⑤
(해설) ①다수견해의 입장이다. ⑤와 같은 규정은 정당방위와 긴급피난의 경우에만 있다

문29.(배점 2) 위법성조각사유에 관한 설명 중 옳지 않은 것은? (다툼이 있는 경우 판례에 의함) 2014년 56회 사법시험

① 책임설에 따를 때, 법률의 착오에 기한 행위가 그 오인에 정당한 이유가 있어 벌하지 아니하는 경우에는 그 행위에 대하여 정당방위가 허용되지 않는다.
② 자구행위가 그 정도를 초과한 때에는 정황에 의하여 형을 감면할 수 있다.
③ 과실범 처벌규정이 없는 과실행위에 대하여도 정당방위가 가능하다.
④ 청구권자로부터 자구행위의 실행을 위임받은 자는 그 청구권자를 위하여 자구행위를 할 수 있다.
⑤ 문서명의인이 이미 사망하였는데 문서명의인이 생존하고 있다는 점이 문서의 중요한 내용을 이루거나 그 점을 전제로 문서가 작성되었다면, 사망한 명의자의 승낙이 추정된다는 이유로 사문서위조죄의 성립을 부정할 수는 없다.

(정답) ①
(해설) ⑤○(2011도6223) ④를 인정하는 견해도 있지만, 논란의 여지가 있다.

문15. 위법성조각사유에 관한 설명 중 옳지 않은 것은? (다툼이 있는 경우에는 판례에 의함) 2014년 3회 변호사시험

① 인근 상가의 통행로로 이용되고 있는 토지의 사실상 지배권자가 위 토지에 철주와 철망을 설치하고 포장된 아스팔트를 걷어냄으로써 통행로로 이용하지 못하게 한 경우 자구행위에 해당하지 않는다.

② 甲이 자신의 부(父) 乙에게서 乙 소유의 부동산 매매에 관한 권한 일체를 위임받아 이를 매도하였는데, 그 후 乙이 갑자기 사망하자 소유권 이전에 사용할 목적으로 乙이 甲에게 인감증명서 발급을 위임한다는 취지의 인감증명 위임장을 작성한 경우 乙의 추정적 승낙이 인정되므로 사문서위조죄가 성립하지 않는다.

③ 자신의 남편과 甲이 불륜을 저지른 것으로 의심한 乙이 이를 따지기 위해 乙의 아들 등과 함께 甲의 집 안으로 들어와 서로 합세하여 甲을 구타하자, 그로부터 벗어나기 위해 손을 휘저으며 발버둥치는 과정에서 乙에게 상해를 가한 甲의 행위는 위법성이 조각된다.

④ 가해자의 행위가 피해자의 부당한 공격을 방위하기 위한 것이라기보다는 서로 공격할 의사로 싸우다가 먼저 공격을 받고 이에 대항하여 가해하게 된 경우, 그 가해행위는 방어행위인 동시에 공격행위의 성격을 가지므로 정당방위라고 볼 수 없다.

⑤ 선박의 이동에도 새로운 공유수면점용허가가 있어야 하고 휴지선을 이동하는 데는 예인선이 따로 필요한 관계로 비용이 많이 들어 다른 해상으로 이동을 하지 못하고 있는 사이에 태풍을 만나게 되고, 그와 같은 위급한 상황에서 선박과 선원들의 안전을 위한 조치를 취한 결과 인근 양식장에 피해를 준 경우 긴급피난에 해당한다.

(정답) ②
(해설) ②×(2011도6223)

문33.(배점 2) 정당행위에 관한 설명 중 옳은 것(○)과 옳지 않은 것(×)을 올바르게 조합한 것은? (다툼이 있는 경우 판례에 의함) 2014년 56회 사법시험

ㄱ. 노동쟁의는 특별한 사정이 없는 한 그 절차에 있어 조정절차를 거쳐야 하는 것이지만, 이는 반드시 노동위원회가 조정결정을 한 뒤에 쟁의행위를 하여야만 그 절차가 정당한 것은 아니라고 할 것이고, 노동조합이 노동위원회에 노동쟁의 조정신청을 하여 조정절차가 마쳐지거나 조정이 종료되지 아니한 채 조정기간이 끝나면 조정절차를 거친 것으로서 쟁의행위를 할 수 있다.

ㄴ. 신문기자인 피고인이 고소인에게 2회에 걸쳐 증여세 포탈에 대한 취재를 요구하면서 이에 응하지 않으면 자신이 취재한 내용대로 보도하겠다고 말하여 협박한 경우는 사회상규에 반하는 행위로 위법성이 조각되지 않는다.

ㄷ. 불법 감청·녹음 등에 관여하지 아니한 언론기관이, 그 통신 또는 대화의 내용이 불법 감청·녹음 등에 의하여 수집된 것이라는 사정을 알면서도 이를 보도하여 공개하는 행위는 형법 제20조의 정당행위로 인정될 수 없다.

ㄹ. 시위 방법으로 신고되지 않은 '삼보일배' 행진은 그 장소, 형태, 내용, 방법과 결과 등에 비추어

시위의 목적 달성에 필요한 합리적인 범위에서 사회통념상 용인될 수 있는 다소의 피해를 발생시켰다고 하더라도 정당행위로 인정될 수 있다.

ㅁ. 자격기본법에 의한 민간자격관리자로부터 대체의학자격증을 수여받은 자가 사업자등록을 한 후 침술원을 개설하여 면허 또는 자격 없이 침술행위를 하는 것은 의료법상 무면허 의료행위로서 처벌되어야 하나, 그 침술행위가 광범위하고 보편화된 민간요법이고 그 시술로 인한 위험이 적다면 사회상규에 위배되는 행위에 해당한다고 보기 어렵다.

ㅂ. 분쟁이 있던 옆집 사람이 야간에 술에 만취된 채 시비를 하여 거실로 들어오려 하므로 이를 제지하여 밀어내는 과정에서 2주간의 치료가 필요한 요부좌상을 입힌 피고인의 행위는 정당행위이다.

① ㄱ(×), ㄴ(○), ㄷ(×), ㄹ(×), ㅁ(○), ㅂ(×)
② ㄱ(○), ㄴ(×), ㄷ(×), ㄹ(○), ㅁ(×), ㅂ(○)
③ ㄱ(○), ㄴ(×), ㄷ(○), ㄹ(○), ㅁ(×), ㅂ(○)
④ ㄱ(×), ㄴ(○), ㄷ(×), ㄹ(○), ㅁ(○), ㅂ(×)
⑤ ㄱ(○), ㄴ(○), ㄷ(○), ㄹ(×), ㅁ(×), ㅂ(○)

(정답) 게시된 답은 ②이나 ③이 옳음

(해설) ㄷ:○(이른바 삼성X파일사건으로서 기자의 행위는 통비법위반행위로서 정당행위에 해당하지 않는다고 2006도8839전판은 보고 있다. 다만 '언론기관이 불법감청물을 취득하면서 위법한 방법을 사용하거나 적극적·주도적으로 관여하지 않고, 보도가 필요한 부분에 한정하는 등 통신비밀침해가 최소화되도록 보도하면 정당행위로 볼 여지가 있다'는 판결취지를 근거로 이 지문을 틀린 것으로 처리하려면 '인정될 수 없다'라는 문구 앞에 '언제나'라는 말을 넣는 것이 옳다)
ㅁ:×(2003도939: 침술행위가 광범위하고 보편화된 민간요법이고 그 시술로 인한 위험성이 적다는 사정만으로 바로 사회상규에 위배되지 않는 행위로 볼 수 없고, 다만 개별적인 경우에 그 침술행위의 위험성의 정도, 일반인들의 시각, 시술자의 시술의 동기, 목적, 방법, 횟수, 시술에 대한 지식수준, 시술경력, 피시술자의 나이, 체질, 건강상태, 시술행위로 인한 부작용 내지 위험발생 가능성 등을 종합적으로 고려하여 법질서 전체의 정신이나 그 배후에 놓여 있는 사회윤리 내지 사회통념에 비추어 용인될 수 있는 행위에 해당한다고 인정되는 경우에만 사회상규에 위배되지 않는 행위로서 위법성이 조각된다)

문17.(배점 2) 정당방위와 정당행위에 관한 설명 중 옳지 않은 것은? (다툼이 있는 경우 판례에 의함) 2015년 사법시험

① 甲은 아들이 타인이 보는 자리에서 인륜상 용납할 수 없는 폭언을 하면서 식칼을 들고 대들어 주위에서 식칼을 뺏는 동안 문 밖으로 피신했다. 그러나 아들이 계속 쫓아와 폭행하려 하자 甲이 아들의 후두부를 주먹으로 1회 강타하여 이로 인해 아들이 돌이 있는 지면에 넘어져 즉석에서 사망하게 되었다면, 甲의 행위는 정당방위에 해당한다.

② 집행관 甲이 강제집행을 하기 위해 채무자의 주거에 들어가려 하였으나, 채무자의 아들인 A가 집행력 있는 판결정본과 신분증을 확인하고도 甲을 밀쳐내며 못 들어오게 하자 이를

배제하고 안으로 들어가는 과정에서 A를 떠밀면서 몸싸움을 하게 되어 A에게 전치 2주의 두부타박상을 입혔다면, 甲의 상해행위는 통상의 사회통념상 허용될 수 있는 상당성이 있는 행위라고 볼 수 없다.

③ 甲은 야간에 술에 취한 자가 자신이 운전 중인 차량에 뛰어들어 함부로 타려 하자 이에 항의하면서 주취자와 몸싸움을 하게 되었다. 주취자가 甲의 바지춤을 잡아당겨 바지가 찢어졌으며 甲을 잡아끌고 가다 넘어져, 甲이 주취자의 배 위쪽에서 그의 양 손목을 잡아 약 3분가량 눌렀다면, 이러한 甲의 행위는 정당방위에 해당한다.

④ 의사 甲이 모발이식시술을 하면서 모발이식시술에 관하여 어느 정도 지식을 지닌 간호조무사로 하여금 모발이식용 기기로 모발을 삽입하는 행위를 하도록 한 채 별반 관여를 하지 않았다면, 甲의 행위는 정당행위에 해당하지 않는다.

⑤ 사용자 甲의 회사에서 정리해고된 乙이 적법하게 단행된 직장폐쇄기간 중 일방적으로 업무에 복귀하겠다고 하면서 甲의 퇴거요구에 불응한 채 계속해서 사업장 내로 진입을 시도하자 甲이 이에 대응하여 乙을 폭행·협박한 행위는 정당방위에 해당한다.

(정답) ②
(해설) ②×(93도875) ①○(73도2401) ③○(99도943) ④○(2005도8317) ⑤○(2004도7218)

6장 책임조각사유론

구성요건해당성이 인정되고 위법성조각사유가 부존재하는 행위일지라도 책임조각사유가 존재하면 범죄가 성립하지 않는다. 구성요건해당성이 위법성을 추정하는 것처럼 위법성은 책임을 추정하지만, 책임조각사유는 이렇게 추정된 책임을 배제시키는 것이다. 형법은 ㉮책임무능력, ㉯강요된 행위, ㉰위법성의 착오 3가지를 책임조각사유로 규정하고 있다. 이들 경우에는 "왜 그런 행위를 했어, 넌 혼나야 해"라고 말하면서 행위자를 비난할 수 없다고 본 것이다. 차이가 있다면 책임무능력과 위법성의 착오는 위법성의 인식능력을 전제로 위법성의 인식이 결여된 경우인 반면, 강요된 행위는 위법성의 인식이 있는 경우라고 할 수 있다. 여기서는 책임무능력과 강요된 행위만 보고, 위법성의 착오는 착오론에서 본다.

Ⅰ. 책임무능력과 한정책임능력 및 원인에서 자유로운 행위

Q. 甲은 성폭법의 13세미만자강간죄로 징역 5년을 선고받고 복역한 후 그 형의 집행을 종료하였으나 출소 후에도 다시 십여 차례에 걸쳐 13세 미만의 아이들을 강간하였다. 정신감정결과 甲의 범행전력, 범행 내용 및 횟수 등에 비추어 볼 때, 甲은 이 사건 범행 당시 소아기호증으로 인하여 범행의 충동을 억제하지 못하고 범행에 이르게 된 것으로 나타났다. 甲을 처벌할 수 있는가?

제9조 (형사미성년자) 14세 되지 아니한 자의 행위는 벌하지 아니한다.

제10조 (심신장애인) ①심신장애로 인하여 사물을 변별할 능력이 없거나 의사를 결정할 능력이 없는 자의 행위는 벌하지 아니한다. ②심신장애로 인하여 전항의 능력이 미약한 자의 행위는 형을 감경한다. ③위험의 발생을 예견하고 자의로 심신장애를 야기한 자의 행위에는 전2항의 규정을 적용하지 아니한다.

제11조 (농아자) 농아자의 행위는 형을 감경한다.

1. 책임무능력과 한정책임능력

가. 개념

책임무능력자란 책임능력이 없는 사람을 말한다. 책임능력이란 사물변별능력과 의사결정능력을 모두 가진 상태를 말한다. 범죄행위를 할 당시 형사미성년자는 언제나 형벌을 받지 않는다. 제9조가 만14세 미만자는 책임능력이 없다고 간주하고 있기 때문이다. 민사미성년자는 만19세 미만자로 2011년 2월 18일 개정되었다. 소년법의 소년은 만10세 이상 만19세 미만의 사람이다.

형법은 심신미약자나 농아자를 한정책임능력자로 보고 그 형을 감경한다. 농아(聾啞)자란 듣지도 못하고 말하지도 못하는 사람을 말한다.

나. 판단기준

(1) 판례의 입장

심신장애의 유무 및 정도의 판단은 법률적 판단으로서 반드시 전문감정인의 의견에 기속되어야 하는 것은 아니고, 정신분열증의 종류와 정도, 범행의 동기, 경위, 수단과 태양, 범행 전후의 피고인의 행동, 반성의 정도 등 여러 사정을 종합하여 법원이 독자적으로 판단할 수 있다(98도3812).

심신장애는 정신병 또는 비정상적 정신상태와 같은 정신적 장애가 있는 외에 이와 같은 정신적 장애로 말미암아 사물에 대한 변별능력이나 그에 따른 행위통제능력이 결여 또는 감소되었음을 요하므로, 정신적 장애가 있는 자라고 하여도 범행 당시 정상적인 사물변별능력과 행위통제능력이 있었다면 심신장애로 볼 수 없다(92도1425). 정신질환이 있다고 하더라도 그러한 사정만으로는 심신장애에 해당한다고 볼 수 없고, 다만 그 증상이 매우 심각하여 원래 의미의 정신병이 있는 사람과 동등하다고 평가할 수 있거나, 다른 심신장애사유와 경합된 경우 등에는 심신장애를 인정할 여지가 있다(94도3163).

원칙적으로 충동조절장애와 같은 성격적 결함은 심신장애에 해당하지 않지만, 그것이 매우 심각하여 원래 의미의 정신병을 가진 사람과 동등하다고 평가할 수 있는 경우에는 그로 인한 범행은 심신장애로 인한 범행으로 보아야 한다(2002도1541; 2008도9867).

소아기호증과 같은 질환이 있다는 사정 그 자체만으로는 심신장애에 해당하지 않는다고 봐야 하고, 심신장애 여부는 행위시를 기준으로 판단해야하며, 특단의 사정이 없는 한 성격적 결함을 가진 자에 대해 자신의 충동을 억제하고 법을 준수하도록 요구하는 것이 기대할 수 없는 행위를 요구하는 것은 아니다(2006도7900). 무생물인 옷 등을 성적 각성과 희열의 자극제로 믿고 성적 흥분을 고취시키는 데 쓰는 '성주물성애증'이라는 정신질환이 있다는 사정만으로 절도 범행에 대한 심신장애에 해당한다고 볼 수 없다(2012도12689).

⑵ 평가

온라인으로 제공되는 99도693판결요지에 "피고인에게 우울증 기타 정신병이 있고 특히 생리도벽이 발동하여 절도 범행을 저지른 의심이 든다는 이유로 전문가에게 피고인의 정신상태를 감정시키는 등의 방법으로 심신장애 여부를 심리하여야 한다는 사례"라는 표현이 나온다. 그런데 이 99도693판결은 충동조절장애와 같은 성격적 결함이라 할지라도 그것이 매우 심각하여 원래의 의미의 정신병을 가진 사람과 동등하다고 평가할 수 있는 경우에는 그로 인한 절도 범행은 심신장애로 인한 범행으로 보아야 하고, 또 피고인도 심신장애 주장을 하고 있으므로 심신장애 여부를 판단해야하는데, 이를 하지 않는 것은 심리미진이라는 판결이다. 곧 범행 당시 심신장애 상태였다는 의심이 들면 심리를 해야 한다는 판결이지, 심신장애 여부를 판단할 때 반드시 전문가의 감정을 거쳐야한다는 판결이 아니다. 판결요지 정리를 잘못한 것 같다. 위 98도3812판결도 심신장애의 유무 및 정도의 판단은 법률적 판단으로서 반드시 전문감정인의 의견에 기속되어야 하는 것은 아니고, 여러 사정을 종합하여 법원이 독자적으로 판단할 수 있다고 하고 있다.

결국 심신장애 여부에 관한 판례의 입장은 아래와 같이 정리할 수 있다. 충동조절장애나 소아기호증, '성주물성애증', 우울증 등의 정신질환과 정신병을 구별하고, 정신질환이 있다고 바로 심신장애자로 인정되는 것이 아니라 법관이 그 행위자가 사물변별능력과 의사결정능력 둘 중 하나라도 없는 것으로 판단해야 심신장애자로 인정된다. 이때 정신과 의사 등 전문가의 감정을 반드시 받아야하는 것은 아니며, 또 받더라도 법관이 그 의견에 구속되지 않고, 다만 심신장애 여부가 문제되는 사안임에도 불구하고 법관이 이에 대한 판단을 하지 않으면 심리미진으로서 위법이다.

2. 원인에서 자유로운 행위(Actio libera in causa)와 제10조 제3항

가. 사례

甲은 치매에 걸린 아버지 V를 모시고 사는데, 시간이 갈수록 모시기 힘들었다. 그래서 V를 죽여야겠다고 생각했지만, 맨 정신으로는 그럴 수가 없고, 술에 취하면 할 수 있을 것 같아서 만취하여 책임무능력이 된 상태에서 V를 살해하였다. 甲의 행위가 V에 대한 살인죄의 구성요건해당성과 위법성이 인정될지라도 책임을 인정하는데 어려움이 있다. 행위를 할 때 甲은 책임무능력상태이기 때문이다.

나. 원인에서 자유로운 행위와 그 처벌의 이론적 근거

이런 난점을 독일은 원인에서 자유로운 행위(원인이 자유로운 행위, 원인행위책임범)라는 관습법적 원칙으로 해결한다. 다만 이런 행위를 처벌하는 이론적 근거에 관해서는 아래와 같이 견해의 대립이 있다. 그러나 예컨대 甲이 평소 V에게 쌓인 불만을 잠시 동안이라도 잊고 싶어서 만취했는데 그 상태에서 V를 살해한 경우는 이 원칙을 적용하기 어렵다. 만취상태와 살인행위 사이에 연관성을 찾기 어렵기 때문이다. 이에 대비하여 독일 형법은 완전명정죄[193]를 두고 있다.

원인에서 자유로운 행위를 처벌하는 이론적 근거에 관한 논의는 독일에서 온 것이다. ㉮책임무능력상태에 빠지게 한 행위, 곧 원인설정행위에 있다는 견해(구성요건모델론)는 원인설정행위를 자기가 실현하고자 하는 범죄의 실행행위로 평가할 수 있다고 본다.[194] 행위와 책임능력의 동시존재원칙에 충실한 이론(일치설)으로서 간접정범과 구조가 유사하다고 본다. 간접정범은 타인을 도구로 이용한 것인 반면, 원인에서 자유로운 행위는 책임무능상태에 있는 자기 자신을 이용한 거라는 거다. 따라서 간접정범의 실행행위가 이용행위(원인설정행위)인 것처럼 원인에서 자유로운 행위도 책임능력있는 상태에서의 원인설정행위를 실행행위로 봐야한다는 것이다. 원인설정행위가 곧 실행행위라는 것이다. 이는 독일 형법에나 적합한 이론이라고 비판을 하는 견해[195]가 있다. 독일 형법은 '행위와 책임능력의 동시존재 원칙'을 명시적으로 규정하고 있고,[196] 원인설정행위를 구성요건화한 완전명정죄를 두고 있으므로, 독일의 다수견해는 원인설정행위에 의미를 둔다는 것이다.

㉯현대 심층심리학은 의식상태나 무의식상태와 구별되는 '반무의식(penumbra)상태'도 있음을 밝혀냈으므로 심신장애상태일지라도 반무의식상태로 볼 수 있다면, 그런 상태에서 한

193) 제323a조 (완전명정) ①고의 또는 과실로 알코올 음료나 기타 명정제를 복용하여 명정상태에 빠진 자가 그 상태에서 위법행위를 범하고 명정상태로 인하여 책임능력이 없다는 이유 또는 책임무능력의 여지를 배제할 수 없다는 이유로 행위자를 처벌할 수 없는 경우에는 5년 이하의 자유형 또는 벌금형에 처한다. ②그 형량은 명정상태에서 범하여진 행위에 대해 가해지는 형량의 범위를 넘을 수 없다.

194) 김일수, 한국형법Ⅱ[총론 下], 박영사, 1996, 59면 이하.

195) 신동운, 형법총론, 법문사, 2006, 367면 이하.

196) 제20조 (정신장애로 인한 책임무능력) 행위를 할 때 병적 정신장애, 심한 의식장애, 정신박약 또는 중한 정신변성으로 인하여 행위의 불법을 인식하거나 이러한 인식에 따라서 행위할 능력이 없는 자는 책임없이 행위한 것이다.

행위는 처벌할 수 있다는 견해[197]도 있다. 따라서 이 견해는 반무의식상태의 행위이면 원칙적으로 심신장애상태에서의 행위일지라도 실행행위성을 인정할 수 있다고 본다.

㉰원인설정행위와 심신장애상태에서 한 행위의 결합에 있다고 보는 견해(책임모델론)는 원인에서 자유로운 행위는 책임능력과 행위의 동시존재원칙의 예외로서(예외설), 원인에서 자유로운 행위에서 실행행위는 책임무능력상태에서 한 행위라고 본다. 독일과 달리 한국 형법은 제10조 제1항과 제2항에서 원칙적으로 책임능력이 없는 자의 행위는 처벌하지 않지만, 그 행위가 예외적으로 자의로 만든 책임능력 없는 상태에서 이루어진 경우는 예외적으로 제10조 제3항에 따라 처벌하는 조문구조로 볼 수 있으므로, 입법자가 이 견해를 채택했다는 것이다.[198] 행위자에게 책임을 물을 수 있는 것은 원인설정행위시에 '자유로웠다'는 점에 있다고 한다. 실행행위는 비록 책임무능력상태에서 한 것이지만 행위자는 원인행위시에 책임능력을 갖추고 자의로 자기 자신을 책임무능력상태에 빠뜨렸고, 또 그런 원인설정행위는 책임무능력상태에서 한 행위와 불가분의 관계에 있기 때문에 책임이 있다고 본다. 책임무능력상태에서 한 행위를 실행행위로 보나, 책임비난은 그 이전의 원인설정행위에서 찾는다. 책임비난의 대상이 앞당겨진 것이다.

다. 제10조 제3항의 의미와 적용범위

한국 형법은 원인에서 자유로운 행위를 10조 3항에 따라 처벌한다. 독일과 일본에는 이런 규정이 없다. 따라서 한국에서는 원인에서 자유로운 행위로 처벌하는 이론적 근거에 관한 논의보다는 제10조 제3항의 의미와 적용범위에 관한 논의가 더 의미가 있다.

(1) 한정책임능력상태

한국 형법 제10조 제3항은 한정책임능력상태로 설정하는 경우도 예상하고 있다. 이에 따라 V를 살해할 의사를 가지고 범행을 공모한 후에 대마초를 흡연하고, 이로 인해 심신미약상태에서 살해한 경우, 판례는 책임감경을 할 수 없다고 본다(96도857). 그 이유는 대마초 흡연시에 이미 범행을 예견하고도 자의로 심신미약상태를 야기하여 제10조 제3항에 해당한다는 것이다.

그러나 한정책임능력상태는 통제가 불가능한 상태가 아니고, 또 독일의 논의에서도 다수견해는 원인에서 자유로운 행위는 책임무능력상태를 전제로 한 개념으로 이해하므로 한정책임능력상태로 만들고 그 상태에서 범죄행위를 하는 경우는 제10조 제3항을 적용하지 않는 것

197) 유기천, 형법학, 일조각, 1980, 138면 이하.
198) 신동운, 형법총론, 법문사, 2006, 367면.

이 옳다는 견해[199]도 있다.

(2) "예견"의 의미

다수견해는 "예견"의 의미를 실제로 "예견한 경우"(고의에 의한 원인에서 자유로운 행위) 뿐만 아니라 "예견가능한 경우"(과실에 의한 원인에서 자유로운 행위)도 포함하는 것으로 본다. 판례도 자동차를 가지고 술집에 가서 술을 마셔서 만취한 甲은 자동차로 운전하여 귀가하다 행인 V를 친 후, 의식을 잃고 쓰러진 V를 길 옆 수풀에 옮겨서 버리고 그 옆 차안에서 잠이 들었고, V는 계속된 출혈로 사망한 경우, 제10조 제3항을 적용하여 특가법의 대인사고후미조치도주치사죄에 대한 책임을 감경할 수 없다고 본다(92도999. 同旨: 2007도4484).[200] 그 이유는 제10조 제3항은 ⓐ고의에 의한 원인에서 자유로운 행위는 물론 ⓑ과실에 의한 원인에서 자유로운 행위도 포함하는데, 술을 마시면서 "교통사고를 일으킬 위험성"을 "예견할 수 있었다"는 것이다.

그러나 과실에 의한 원인에서 자유로운 행위는 과실범과 구조가 동일하므로 이를 별도로 인정할 필요가 없다는 견해[201]도 있다.

(3) "위험발생"의 의미

다수견해는 "위험발생"을 '특정한 범죄구성요건의 실현'으로 본다. 이에 따르면 甲은 V를 살해하기로 마음먹었으나 용기가 나지 않아 술에 취한 상태에서 살해하기로 마음먹고 술을 마셨는데, 만취상태가 된 甲은 양심의 가책을 느껴 V의 살해를 포기하고 집으로 가는 도중에 술에 취한 나머지 가게 앞에 누워 있는 노숙자를 마네킹으로 오인하고 발로 차 상해를 입힌 경우, 상해에 대해 제10조 제3항이 적용되지 않는다.

이와 달리 "위험발생"을 원인설정행위를 할 때 '원인설정행위에 전형적으로 수반되는 법익침해의 가능성'으로 보는 견해[202]도 있으며, 위 판례(92도999)는 이 견해를 따른 것으로 본다.

(4) "자의로"의 의미

---

199) 신동일, "원인에 있어서의 자유로운 '행위'", 형사정책연구 제9권 제4호, 1998 · 겨울호, 198면 이하.

200) 대법원은 특가법의 대인사고후미조치도주운전죄에 대한 책임감경은 부정하지만 이 죄에 대한 위헌결정(90헌바24)에 따라 이 죄의 성립을 부정한다. 이는 이 교재의 앞에서 설명하고 있는 비례성원칙 중 균형성 부분 참조.

201) 전지연, "원인에서 자유로운 행위", 한림법학 FORUM 제3권, 1993, 110면.

202) 신동운, 형법총론, 법문사, 2006, 378면 이하.

㉮고의한정설[203]도 있지만, ㉯과실포함설이 다수견해이다. 입법자가 '자의로'라는 표현을 쓴 것은 원인설정행위에 대해서는, 실행행위에 대해서나 적합한 고의나 과실과 같은 개념을 사용할 수 없기 때문이라고 보고, 원인행위에 대해서도 고의나 과실이라는 표현을 사용하는 학계의 관행을 존중한다면, '자의로'에는 당연히 과실도 포함된다고 본다.[204] ㉰자기의사설은 고의나 과실과 관계없는 외부적 강요에 의하지 않고 '자기 의사에 의해서'의 의미로 보는 입장[205]이다.

3. 책임의 근거: 도의적 책임론과 사회적 책임론

가. 도의적 책임론

도의적 책임론은 책임을 '자유의사를 가진 자가 자신의 행위가 형벌을 받아야하는 범죄임을 알고 있고, 따라서 그 행위를 하지 않고 다른 적법행위를 할 수 있었음에도 불구하고 그런 범죄를 저지른데 대한 도의적 비난'으로 이해한다(의사비결정론). 도의적 책임론에 따르면 책임능력은 자유의사를 가진 행위자가 자기 행위가 불법인지 여부를 판단하고 이런 판단에 따라 행위를 조종할 수 있는 능력을 의미한다. 형법 제10조 제1항이 책임능력을 사물변별능력과 의사결정능력을 모두 가진 상태로 규정한 것은 책임의 근거를 인간의 자유의사에 둔 도의적 책임론에 따른 것이다. 자유의사에 따라 행위한 것이므로 행위자는 자신이 한 행위에 대해 마땅히 책임을 져야한다는 것이다.

이 이론에 따르면 자유의사가 없는 자에게는 형벌이 아닌 보안처분이 부과되어야하고, 따라서 형벌과 보안처분은 본질적으로 다르다. 대체가 허용되지 않는다. 인간을 이성적 존재로 파악하는 추상적 인간관에 기초를 둔 고전학파의 입장이고, 행위자보다 행위에 중점을 두는 객관주의 책임론이다.

그러나 자유의사의 존재는 과학적으로 증명하기 어렵고, 심지어 이는 망상에 불과하다는 주장[206]도 있다.

나. 사회적 책임론

도의적 책임론은 자유의사를 가진 합리적 인간상을 전제로 하여 인간은 형벌을 받아야하

203) 오영근, 형법총론, 박영사, 2005, 24/37.
204) 신동운, 형법총론, 법문사, 2006, 372면 이하.
205) 김일수, 한국형법Ⅱ[총론 下], 박영사, 1996, 59면 이하.
206) 김성돈, "뇌과학과 형사책임의 새로운 지평", 형사법연구 제22권 제4호, 2010 겨울, 128면 이하.

는 범죄행위를 하기보다는 적법행위를 할 것이고, 따라서 범죄는 감소할 것이라고 생각했다. 그러나 범죄는 감소하지 않았다. 그래서 등장한 이론이 사회적 책임론이다.

사회적 책임론은 인간의 자유의사를 부정하면서 인간의 의사와 행위는 개인의 유전적 소질과 사회적 환경에 따라 결정된다고 본다. 책임의 근거를 소질과 환경에 따라 결정된 행위자의 반사회적 성격에 둔다. 책임은 사회방위 차원에서 지는 것이다. 이 이론에 따르면 책임능력은 사회적 위험성이 있는 자가 형사제재를 받을 수 있는 능력에 불과하다. 사회적 위험성이 있다면, 도의적 책임론에 따른 책임능력이 있는지 여부와 관계없이 형벌이나 보안처분을 받아야하지만, 책임능력자에게는 형벌이 보다 합목적적이므로 형벌을 주는 것이고, 책임무능력자에게는 사회방위를 위해 보안처분을 주는 것이다. 따라서 형벌과 보안처분은 본질적으로 합목적성이라는 양적 차이에 불과하고 양자 사이에 대체도 허용된다. 구체적 인간관에 기초를 둔 근대학파의 입장이고, 행위보다 행위자에 중점을 둔 주관주의 책임론이다.

사회적 책임론은 죄형법정주의원칙을 무력화시킬 수 있다는 큰 약점을 지니고 있다. 경미한 범죄를 저질렀어도 사회적 위험성이 크다면 무거운 형사제재를 받을 수 있기 때문이다. 그래서 나치만행의 이론적 기초도 되었다. 그러나 형법에 영향도 주었다. 행위자의 생물학적·심리학적 특성을 반영한 책임무능력, 형사미성년자, 농아자 등의 규정이 그 예이다. 또 사회적 책임론은 보안처분을 형사제재수단으로 활용할 수 있게 해주었다.

Ⅱ. 강요된 행위

Q. 甲은 중병에 걸려 거동이 불편한 남편을 열심히 돌봐왔는데도, 남편은 甲이 옆집 남자 V와 간통을 했다고 오해하고 V에 대한 질투심으로 V를 처벌받게 하고 싶었다. 그래서 남편은 아내 甲이 V로부터 강간을 당했다고 신고하지 않으면 음식도 거부하고 죽어버리겠다고 하였다. 甲은 윤리적 비난을 피하기 위해 어쩔 수 없이 남편의 뜻에 따라 V를 무고할 수밖에 없었다. 甲을 처벌할 수 있는가?

> 제12조 (강요된 행위) 저항할 수 없는 폭력이나 자기 또는 친족의 생명 신체에 대한 위해를 방어할 방법이 없는 협박에 의하여 강요된 행위는 벌하지 아니한다.

1. 성립요건과 판례

가. 저항할 수 없는 폭력

판례는 저항할 수 없는 폭력을 심리적 의미에서 육체적으로 행위를 절대적으로 하지 않을 수 없게 하는 경우와 윤리적 의미에서 강압된 경우를 포함한다고 본다(2007도3306). 이에 따라 V와의 간통을 오해받은 아내는 결국 남편의 구타와 폭력에 못 이겨 V가 자신을 강간했다고 무고한 경우, 아내의 무고행위는 제12조에 해당한다고 본다(83도2276). 여기서 '윤리적'이란 간통의 의심 때문에 감당해야할 윤리적 비난을 피하기 위해 남편의 강요에 따라 V를 무고했다는 것을 의미한다.

결국 여기서의 폭력은 심리적·윤리적으로 강제된 폭력을 의미한다. 따라서 예컨대 甲이 강한 힘으로 乙의 팔을 잡은 다음 그 팔을 휘둘러 乙의 손으로 V의 얼굴을 때린 경우처럼 육체적으로 강제된 乙의 행위와 같은 절대적 폭력은 제외된다.

나. 자기 또는 친족의 생명·신체에 대한 위해를 방어할 방법이 없는 협박

또한 여기서 협박은 공포심을 불러일으킬 정도의 해악을 고지하는 것을 말하고, 위해는 법익이 침해될 위험이 있는 상태를 말한다. 판례는 여기서의 협박이 반드시 유형적이어야 하는 것은 아니라고 본다(69도94). 이에 따라 甲이 북한의 지배에 있는 해역에서 어로작업을 하다가 납치되어 가서 북한의 활동을 찬양하고, 북한구성원의 물음에 대해 알고 있는 사실을 답변하였으며, 북한으로부터 물품을 받는 등의 국가보안법위반행위를 한 경우, 甲의 행위는 강요된 행위라고 본다.

다. 강요된 행위

강요란 다른 사람이 피강요자의 자유로운 의사결정을 하지 못하게 하면서 특정한 행위를 하게 하는 것을 말한다(2007도3306; 83도2276). 판례는 성장교육과정을 통해 형성된 내재적인 관념이나 확신으로 인해 행위자 스스로의 의사결정이 사실상 강제된 이른바 KAL기 폭파사건의 경우는 강요된 행위에 해당하지 않는다고 본다(89도1670).

라. 강요된 행위에 관한 판례

판례는 차기 지방선거에 입후보할 의사가 있는 甲이 지역신문사 대표 및 편집국장의 요구에 의하여 여론조사비용 명목의 돈을 교부한 경우, 이는 공직선거법이 금지하는 기부행위로서 12조의 강요된 행위에 해당하지 않는다고 본다(2010도10451).

구속력있는 상관의 위법한 명령에 따른 행위도 책임이 조각된다고 보는 견해도 있지만, 판례는 국가정보원과 같은 엄격한 상명하복관계에 있는 조직일지라도 상관의 위법한 명령에 따른 행위를 강요된 행위로서 적법행위에 대한 기대가능성이 없다고 보지는 않는다(99도636.

同旨: 2007도1373). 그 이유는 하관은 상관의 불법한 직무명령에 따를 의무가 없다는 것이다.

2. 책임의 본질: 도의적 책임론과 규범적 책임론 및 예방적 책임론

가. 규범적 책임론

기대가능성을 책임요소로 보는 입장을 규범적 책임론이라고 한다. 기대가능성이란 '타행위가능성'으로서 행위자에게 불법행위가 아니라 적법행위를 할 것을 기대할 수 있다는 것을 의미한다. 규범적 책임론은 이런 기대가능성이 없으면 행위자를 비난할 수 없다고 보는 것이다. 달리 말해 기대가능성은 비난가능성, 곧 책임의 전제가 된다는 것이다. 이런 기대가능성을 배경으로 규범적 책임론의 관점에서 만들어진 조문이 바로 제12조의 강요된 행위이다. 강요된 행위의 경우에는 적법행위의 기대가능성이 없다고 본 것이다.

'책임을 비난'이라고 파악한 Beling에게서 싹을 보인 규범적 책임론은 Frank의 의해 시작되어 Goldschmidt와 Freudenthal를 거쳐 Eb. Schmidt가 완성시킨 이론이다.[207] 신고전적 형법체계론이 처음 이를 채택했지만, 그 이후 나온 형법체계론도 이를 수용한다. 각 형법체계론 마다 책임요소에 차이가 있다.

나. 심리적 책임론

그러나 처음부터 이런 기대가능성을 책임요소로 보았던 것은 아니다. 그 이전에는 책임을 행위에 대한 행위자의 주관적·심리적 상태로 보았다. 구성요건에 해당하는 위법한 행위에 대한 인식이 있으면 그런 행위를 한 사람에게는 책임을 인정할 수 있다고 본 것이다. 행위에 대한 행위자의 심리상태를 책임의 요소로 본다는 점에서 심리적 책임론이다. 규범적 책임론은 책임을 규범적 평가라고 본 반면 심리적 책임론은 책임을 심리적 실체라고 본 것이다. 그런데 심리적 책임론에 따르면 ①인식없는 과실(예컨대 마부[馬夫]가 조는 사이에 마차가 사람을 충격한 경우)에 대해서는 책임을 인정할 수 없고, 거꾸로 ②예컨대 자신이 살기 위해 타인을 살해하는 경우는 책임을 인정해야하는 문제가 있다. 규범적 책임론은 인식없는 과실에 대해 왜 책임을 지는지 설명하고, 또 고의행위이지만 적법행위에 대한 기대가능성이 없어서 책임이 조각되는 경우를 설명하기 위해 등장한 이론이라고 할 수 있다. 심리적 책임론은 고전적 형법체계론의 책임론이다.

---

207) 송희식, "형사책임의 시니피에(Signifié)", 동아법학 43호, 2009, 70면 이하; 김완섭, "고의와 불법의식과의 관계-책임론의 발전과 관련하여-", 순천향사회과학연구 논문집, 1999, 174면 이하.

다. 예방적(기능적) 책임론

도의적 책임론이 전제 하고 있는 '의사자유', 그리고 규범적 책임론의 '타행위가능성'은 형이상학적 허구라고 비판하면서 등장한 이론이다. 책임의 본질을 예방에 둔다. 특별예방, 소극적 일반예방, 적극적 일반예방이 달성될 수 있을 때 책임이 인정되고 그렇지 않으면 부정된다.

그러나 예방적 책임론은 책임판단과 양형판단을 구별하지 않은 것이라는 비판을 받는다. 또한 Jakobs처럼 책임을 적극적 일반예방으로 이해하면 처벌받는 시민은 예방의 도구로 전락하게 되고, 또 적극적 일반예방을 극단적으로 추구하면 책임이 과도해질 위험성이 있다. 이를 피하기 위해 Roxin은 '책임(A)'을 예방적 관점에서 제한한다. 곧 '책임(A)'이 인정되더라도 예방의 필요성이 없는 때에는 '책임(B)'이 탈락된다고 본다. Roxin은 앞의 '책임(A)'을 '규범적 감응가능성'으로, 뒤의 '책임(B)' 개념을 '답책성' 또는 '벌책성'으로 각각 파악한다. Roxin의 벌책성론은 책임조각사유를 책임무능력이나 위법성의 착오는 이로 인해 애당초 책임이 성립하지 않는 책임배제사유와 일단 성립한 책임을 소멸시키거나 감소시키는 면책사유로 구별한다.[208] 이에 따르면 인육사건처럼 기대가능성이 없어서 책임이 조각되는 이른바 면책적 긴급피난은 예방의 필요성이 없어서 벌책성이 부정되는 면책사유에 해당한다.

3. 기대가능성 이론[209]

Q. 2005. 1. 16. 히말라야 촐라체 북벽(6440m) 등정에 성공한 甲(70㎏)과 乙(78㎏)은 이른바 '자일파티(한 줄로 몸을 연결한 등반 등료)' 로서 산을 내려오던 중 乙이 23m 아래 크레바스(빙하의 갈라진 틈새)에 빠져서, 두 사람은 자일 하나에 생명을 의지한 채 필사적으로 버티다가 9일 만에 구출되었다(약칭하여 조난사건). 만일 甲이 자일을 끊었다면 국가는 甲을 살인죄로 처벌할 수 있는가? 甲에게 기대가능성이 없다는 이유로 처벌할 수 없다면, 그런 기대가능성의 형법적 근거는 무엇인가?

가. 기대가능성 이론의 인정 여부

이런 경우 기대가능성 이론을 적용하여 甲이 자일을 끊지 않고 버텨서 乙을 살릴 것을 甲에게 기대할 수 없다는 이유로 甲을 처벌할 수 없다는 견해도 있다. 이는 기대가능성을 독자

208) 이런 구별에 따르는 견해: 이상돈, 형법강의, 법문사, 2010, 448면.

209) 기대가능성이론은 독일에서도 점차 쇠퇴하였고, 면책적 긴급피난은 예방적 책임론의 주제로 흡수되었으나 한국에서는 기대가능성이론이 판례에서도 여전히 가치가 있다고 평가하는 견해: 송희식, "기대가능성의 시니피앙-기대가능성이론의 언어학적 접근-", 한양법학 20권 1집, 2009. 2, 132면.

적인 책임요소로 인정하자는 입장이다.

이는 다시 다음 두 견해로 구별된다. 먼저 기대가능성을 ㉮독립된 책임요소로 보는 견해(책임의 적극적 요소설)는 기대가능성을 책임조건(고의, 과실), 책임능력과 같은 위치에 있는 독립된 책임요소라고 본다. 검사가 입증책임이나 입증의 부담을 지도록 하는 것이 피고인에게 유리하다는 것이 그 이유이다.[210] 이와 달리 ㉯책임조각설(책임의 소극적 요소설)은 기대가능성은 책임의 적극적인 요소가 아니라 책임조건과 책임능력이 존재하면 원칙적으로 책임이 인정되고, 기대가능성이 없을 때만 예외적으로 책임이 조각될 뿐이라고 한다. 현실적으로 기대가능성의 충족여부를 개별 사안마다 심사하기 불가능하다는 것이 그 이유이다.[211]

나. 기대가능성의 판단기준

기대가능성 여부의 판단기준과 관련 ㉮행위자표준설은 행위 당시에 행위자가 처했던 구체적 사정에서 행위자의 능력을 표준으로 기대가능성 여부를 판단해야 한다고 본다. ㉯평균인표준설은 행위 당시의 구체적 사정에서 행위자 대신에 사회의 평균인을 기준으로 해야 한다고 본다. 판례의 입장이다. ㉰국가표준설은 적법행위를 기대하는 쪽인 국가가 법질서를 지배하는 국가이념에 따라 기대가능성 여부를 판단해야 한다는 입장이다.

기대가능성 여부의 판단은 '타행위가능성'의 주체, 곧 행위자와 '기대'의 주체를 분리해서 해야 하고, '기대'의 수준은 사회적 기대를 반영한다고 보는 입장[212]은 기대가능성 사례를 3가지 범주로 구별한다. 한계상황, 통념적 기대, 인간적 연약함.

다. 기대불가능성: 면책적 긴급피난설 & 초법규적 책임조각사유설

기대가능성을 책임조각사유로 보고, 위 조난사건에서 甲을 처벌하지 않을 경우 어떤 조문을 적용할 것인지 다툼이 있다.

㉮책임을 조각시키는 면책적 긴급피난을 인정하고, 이것과 위법성을 조각시키는 정당화적 긴급피난과 구별하여, 제22조의 긴급피난을 정당화적 긴급피난과 면책적 긴급피난으로 2가지로 이해하는 입장(이분설, 이원설, 면책적 긴급피난설)은 제22조를 적용한다. 긴급피난의 3번째 요건인 '상당성'을 기대가능성의 의미도 가진 것으로 해석한 것이다.[213] 이원설은 제22조가 기대불가능성에 따른 면책적 긴급피난도 규정한 것이라고 해석하므로, 초법규적 책임조각

210) 오영근, 형법총론, 박영사, 2005, 25/8.
211) 김성돈, 형법총론, 현암사, 2006, 443면 이하.
212) 송희식, "기대가능성의 시니피앙", 한양법학 20권 1집, 2009. 2, 144면 이하.
213) 예컨대 신동운, 형법총론, 법문사, 2006, 427면.

사유를 별도로 인정할 필요가 없다. 초법규적 책임조각사유를 인정하면 형법의 보장적 기능을 약화시킬 위험이 있으므로 부당하다는 것이 그 이유다. 초법규적으로 형법차원을 넘어서려면 상위의 법률인 헌법으로부터 규범적 타당성에 대한 근거가 도출되어야 하는데, 헌법에 명문규정이 있는 것도 아니고 헌법적으로 근거지우려는 시도도 보이지 않는다. 기대불가능성은 책임개념에 대한 명백한 내용과 기준을 제시하는 것이 아니므로 경우에 따라 법적용의 형평성을 잃게 되어 책임주의를 침해하게 된다. 과실범과 부작위범의 경우는 기대불가능성이 책임조각사유가 될 수 있어도 고의작위범의 경우는 특히 실정형법의 규정을 떠나서 책임을 조각시킬 수 없다. 고의작위범의 경우 기대불가능성은 책임귀속의 구성원칙이라기보다는 책임의 범위와 한계를 명백히 해 주는 '규제적 법원칙'으로 파악한다.

이와 달리 ㈏제22조의 긴급피난은 정당화적 긴급피난만 의미한다고 보는 입장(일원설, 위법성조각설, 초법규적 책임조각사유설)은 기대불가능성을 원인으로 한 초법규적 책임조각사유를 인정하고, 甲은 이에 근거해서 책임이 조각된다고 본다. 이 설은 예컨대 독일의 면책적 긴급피난과 같은 규정을 우리는 두고 있지 않아서 책임조각규정이 불충분하므로 초법규적 책임조각사유를 인정하여 구체적 타당성을 얻을 필요가 있다고 보는 것이다.[214]

라. 판례

(1) 기대가능성 이론의 인정 여부와 그 판단기준 및 형법체계상 지위

판례도 기대가능성 이론을 인정하는데, 기대가능성 유무는 양심적 병역거부사건에서 보듯이 행위 당시의 구체적 상황 아래 행위자 대신에 사회적 평균인을 두고 평균인의 관점에서 판단해야한다고 보고(2004도2965전판).

그런데 판례는 양심적 병역거부사건에서 보듯 기대가능성 이론을 병역법위반죄의 구성요건[215] 중 '정당한 이유'를 판단할 때 사용하는 방식으로 대체로 구성요건해당성 여부를 판단할 때 고려하지만, 기대가능성을 부정한 아래의 근로기준법 위반사건에서 보듯이 명시적으로 (초법규적) 책임조각사유로 보기도 한다.

(2) 기대가능성을 인정하여 처벌한 판례

판례는 양심적 병역거부사건에서 양심적 병역거부자의 양심상의 결정이 적법행위로 나아갈

214) 김성돈, 형법총론, 현암사, 2006, 446면 이하.

215) 제88조(입영의 기피 등) ① 현역입영 또는 소집 통지서(모집에 의한 입영 통지서를 포함한다)를 받은 사람이 정당한 사유 없이 입영일이나 소집기일부터 다음 각 호의 기간이 지나도 입영하지 아니하거나 소집에 응하지 아니한 경우에는 3년 이하의 징역에 처한다.

동기의 형성을 강하게 압박할 것이라고 보이기는 하지만 그렇다고 하여 그가 적법행위를 하는 것이 실제로 전혀 불가능하다고 할 수는 없다고 본다(2004도2965전판.[216] 同旨: 2014도4915).

식품위생법에 따른 식품접객업(일반음식점영업)의 신고요건을 갖추었지만 당해 건축물이 건축법의 허가를 받지 않은 무허가건물이라는 이유로 그 영업신고의 접수가 거부되었음에도 불구하고, 그 이후에도 (무신고)영업행위가 계속된 경우, 판례는 그 행위가 사회상규에 반하지 않거나 적법행위에 대한 기대가능성이 부정된다고 볼 수 없다고 본다(2008도6829). 그 이유는 식품위생법이 건축법에 대해 배타적 관계에 있는 것은 아니고, 영업장소가 건축법의 무허가건물이라면 일반음식점 영업에 대한 신고가 적법하다고 볼 수 없으며, 그 이전에도 같은 무신고영업행위로 형사처벌까지 받았다는 것이다.

(3) 기대가능성을 부정하여 불처벌한 판례

사용자가 기업이 불황이라는 사유만을 이유로 하여 임금이나 퇴직금을 지급하지 않거나 체불하는 것은 근로기준법이 허용하지 않지만, 사용자가 모든 성의와 노력을 다했어도 임금의 체불이나 미불을 방지할 수 없었다는 것이 사회통념상 긍정할 정도가 되어 사용자에게 더 이상의 적법행위를 기대할 수 없다거나, 사용자가 퇴직금 지급을 위해 최선의 노력을 다하였으나 경영부진으로 인한 자금사정 등으로 도저히 지급기일 내에 퇴직금을 지급할 수 없었다는 등의 불가피한 사정이 인정되는 경우에는 그러한 사유는 근로기준법의 금품청산의무 위반죄의 책임조각사유로 된다(2001도204; 2002도5679).

수학여행을 온 대학교 3학년생 34명이 지도교수의 인솔 아래 甲이 경영하는 나이트클럽에 찾아와 단체입장을 원하므로 그들 중 일부만의 학생증을 제시받아 확인하여 보니 그들이 모두 같은 대학교 같은 학과 소속의 3학년 학생들로서 성년자임이 틀림없어 나머지 학생들의 연령을 개별적, 기계적으로 일일이 증명서로 확인하지 않고 그들의 단체입장을 허용하였는데

---

216) [대법관 이강국의 반대의견] 甲에게 병역법상의 형벌법규의 기속력이 미치지 않는다고 할 수는 없겠지만, 그렇다고 하여 절대적이고도 진지한 종교적 양심의 결정에 따라 병역의무를 거부한 甲에게 국가의 가장 강력한 제재 수단인 형벌을 가하게 된다면 그것은, 甲의 인간으로서의 존엄성을 심각하게 침해하는 결과가 될 것이고 형벌 부과의 주요 근거인 행위자의 책임과의 균형적인 비례관계를 과도하게 일탈한 과잉조치가 될 것이며, 또한 甲에 대한 형벌은 그 정도에 상관없이 범죄에 대한 응징과 예방, 甲의 교육 등 그 어떠한 관점에서도 형벌의 본래적 목적을 충족할 수 없음이 명백해 보이고, 특히 보편적 가치관을 반영한 집총병역의무와 종교적 양심의 명령 사이의 갈등으로 인한 심각한 정신적 압박 상황에서 절박하고도 무조건적인 종교적 양심의 명령에 따른 甲에게는 실정 병역법에 합치하는 적법한 행위를 할 가능성을 기대하기가 매우 어렵다고 보인다. 따라서 甲과 같은 경우에는 국가의 형벌권이 한 발 양보함으로써 개인의 양심의 자유가 보다 더 존중되고 보장되도록 하는 것이 상당하다 할 것이어서 甲에게는 범죄의 성립요건인 책임성을 인정할 수 없다고 보아야 하고, 이러한 점에서 甲에게는 병역법 제88조 제1항의 적용을 배제할 '정당한 사유'가 존재한다.

그들 중에는 미성년자 1인이 있었던 경우, 판례는 甲이 단체입장하는 위 학생들이 모두 성년자일 것으로 믿은 데에는 정당한 이유가 있고, 이런 상황에서 甲이 위 학생들 중에 미성년자가 섞여 있을지도 모른다는 것을 예상하여 그들의 증명서를 일일이 확인할 것을 요구하는 것은 사회통념상 기대가능성이 없다고 본다(86도874).

입학시험에 응시한 수험생이 자기 자신이 부정한 방법으로 탐지한 것이 아니고 우연한 기회에 미리 출제될 시험문제를 알게 되어 그에 대한 답을 암기하였는데, 그 암기한 답에 해당된 문제가 출제되어 암기한 답을 그 입학시험 답안지에 기재한 경우, 판례는 위계에 의한 업무방해죄의 성립이 부정된다고 본다(65도1164). 그 이유는 암기한 답을 답안지에 기재해서는 안 된다는 것을 그 수험생에게 기대한다는 것은 보통의 경우 도저히 불가능하다는 것이다.

4. 형법체계론

형법체계론라는 말은 흔히 말하는 범죄체계론 또는 범죄론체계와 그 의미가 같다. 그럼에도 불구하고 형법체계라는 말을 쓰는 것은 범죄체계론이라는 말은 '범죄를 체계적으로 저지르는 방법에 관한 이론'으로 오해할 수 있고, '범죄론체계'라는 말은 '범죄이론 전부의 체계'라는 단순한 도면과 같은 의미로 이해될 수도 있다는 생각 때문이다. 형법체계란 말은 심재우 교수의 '형법체계상 고의의 위치'라는 문언에서 찾은 것이다.[217]

가. 3단계 형법체계론과 2단계 형법체계론

(1) 3단계 형법체계론의 인식근거설

(가) 범죄 개념

(실질적 의미의) 형법의 범죄의 '구성요건해당성이 인정되고, 위법성조각사유가 부존재하며 책임조각사유도 부존재하는 행위'를 가리켜 범죄라고 한다. 이는 형식적으로 범죄를 정의한 것이므로, 형식적 범죄 개념이라고 한다. 이에 견줘 실질적 범죄 개념은 범죄를 내용적으로 파악한 것으로서, 흔히 '사회에 유해한 행위', '법익침해행위', '중대한 일탈행위' 등으로 정의할 수 있다. 이는 어떤 행위를 범죄화할 것인지 여부를 결정할 때 의미를 가질 수 있지만 실질적인 의미를 갖기 어렵다.

217) 심재우, "목적적 행위론의 책임개념에 대한 비판", 고시연구 1977. 3, 60면.

㈏ 범죄의 성립요건과 판단방식

이런 형식적 범죄 개념은 3단계 형법체계론에 따른 것으로서, 이는 곧 범죄의 성립요건을 구성요건해당성, 위법성, 책임 3가지로 이해한 것이다. 3단계 형법체계론은 대체로 대륙법계 형사실무가 따르고 있다. 1992년 형법개정안은 이 순서로 규정하고 있지만, 현행 형법은 '책임-구성요건-위법성'의 순서로 규정하고 있다. 각 요건의 판단방식에 차이가 있다. 구성요건이 적극적이라면, 위법성과 책임은 소극적이다. 곧 구성요건해당성은 그것의 존재를 인정하는 것인 반면, 위법성과 책임은 그것의 부존재를 인정하는 것이다. 그래서 어떤 행위가 범죄로 성립되려면, 그 행위가 첫째, 구성요건에 해당하고, 둘째, 위법성조각사유가 부존재하며, 셋째, 책임조각사유가 부존재해야 한다.

㈐ 인식근거설

3단계 형법체계론은 구성요건해당성을 위법성의 인식근거로 본다. 구성요건해당행위는 원칙적으로 위법하고 예외적으로 합법이라고 보는 것이다. 예컨대 산 너머에 연기가 피어오르는 것을 보고, 먼저 '불이야'라고 외치고(곧 위법성을 추정), 실제 연기가 나는 곳에 가서 연기의 원인을 파악하여 밥을 하느라 연기가 난 것이면 '불이 아니다'라고 판단(위법성조각)하는 방식으로 이해하는 입장이다. 이에 따르면 구성요건은 불법징표구성요건을 의미한다. Beling의 이런 구성요건 개념은 Mayer가 완성시킨다. 인식근거설에 따르면 위법성조각사유에 해당하는 행위는 구성요건에 해당하지만 허용되는 행위이다.

다수견해는 위법성(Rechtswidrigkeit)은 구성요건해당행위가 전체 법규범에 어긋난다는 판단을 의미하는 관계적·질적 개념이고, 불법(Unrecht)은 실체적·양적 개념이라고 본다. 예컨대 살인과 절도 모두 위법하지만, 살인의 불법이 절도의 불법보다 크다고 표현해야한다는 것이다. 이와 달리 이는 독일의 논의이며, 위법성과 불법을 구별하지 않는 우리의 현실에는 맞지 않다고 보는 견해[218]도 있다. 예컨대 우리는 흔히 불법주차라는 말을 쓰는데, 여기서 불법은 위법의 의미라는 것이다.

⑵ 2단계 형법체계론의 존재근거설

2단계 형법체계론은 소극적 구성요건표지이론[219]이 세운 형법체계로, 위법성조각사유를 소

218) 오영근, 형법총론, 박영사, 2012, 8/26.
219) Merkel이 1889년 쓴 저서에서 주창한 이래 Frank, Löffler, Radbruch 등에 의해 계승되어 Engisch, Arthur Kaufmann, Lang-Hinrichsen, Roxin, Maihofer 등이 지지한 이론이다(심재우, "소극적 구성요건 개념", 고시연구, 1986. 4, 73면).

극적 구성요건요소로 파악한 후 이것과 구성요건해당성을 하나로 묶어서 불법으로 파악한다. Roxin은 이를 총체적 불법구성요건이라고 불러서,[220] 3단계 형법체계론의 불법구성요건과 구별한다. 이어 책임조각사유의 부존재를 검토하여 범죄의 성립 여부를 판단한다. 그래서 불법·책임이원론으로도 불린다. 이 이론에 따르면 위법성조각사유에 관한 착오는 곧 총체적 불법구성요건의 착오이고, 따라서 구성요건 착오이다.

2단계 형법체계론은 구성요건해당성을 위법성의 존재근거로 본다. 구성요건해당행위는 언제나 위법하다고 보는 것이다. 예컨대 산 너머에 연기가 피어오르면, 바로 '불이야'라고 외치지 않고, 실제 그 곳에 가서 연기의 원인을 파악하여 불이 난 것을 확인한 후에야 비로소 '불이야'라고 외치는(위법하다) 방식으로 이해한다. 구성요건과 위법성은 완전히 일치하며, 평가의 객체는 언제나 객체의 평가와 함께한다. 이에 따르면 구성요건은 가치개념이 된다. 존재근거설에 따르면 위법성조각사유에 해당하는 행위는 처음부터 구성요건해당성이 부정되는 행위이다.

나. 행위론과 형법체계론

행위론은 독일 형법의 역사에서 '고전적 형법체계론-신고전적 형법체계론-목적적 형법체계론-합일태적 형법체계론'으로 이어지는 형법체계론의 기초가 된다. 행위론은 작위와 부작위, 고의행위와 과실행위 등 다양한 형태의 행위를 포괄할 수 있는 행위 개념을 만들고, 범죄의 성립요건의 첫 번째인 구성요건해당성 판단의 대상이 되는 행위와 그렇지 않은 행위를 구별하는데 목적을 둔 논의이다. 그러나 행위론은 이에 대해 만족할만한 성과를 거두지는 못했다.

행위론에는 행위를 ⓐ인간의 정신작용에서 비롯된 신체동작이라고 보는 인과적 행위론, ⓑ인간의 목적적 조종활동이라고 보는 목적적 행위론, ⓒ사회적으로 의미있는 인간의 행동이라고 보는 사회적 행위론, ⓓ소극적 행위론[221], ⓔ인격적 행위론[222], ⓕ기능적 행위론[223] 등 다양한 견해가 있고, 심지어 이런 논의가 무의미하다는 행위개념부인론 또는 행위론무용론[224]도 있다. 인과적 행위론에 따르면 예컨대 사람이 모기를 죽이는 것도 구성요건해당성

---

220) 심재우, "소극적 구성요건개념", 고시연구, 1986. 4, 86면 이하.

221) 독일의 Kahrs가 처음 주장한 이론으로, 행위는 회피할 수 있었음에도 불구하고 회피하지 않은 것이라고 파악하는 이론이다(김일수 한국형법 I [총론 上], 박영사, 1996, 259면 이하). 작위는 부작위의 부작위라는 점에서 부작위와 공통된 속성을 갖는다는 것이다.

222) 김일수, 한국형법 I [총론 上], 박영사, 1996, 264면 이하. 행위를 인간의 인격이 발현된 행동으로 보는 이론이다.

223) 신동운, 형법총론, 법문사, 2006, 82면. 행위론의 절대성을 부정하고 형법의 법리규명에 유용한 도구라고 보는 이론으로, 행위개념은 분류기능, 정의기능, 종합기능, 한계설정기능 4가지를 충족해야 한다는 이론이다.

224) 오영근, 형법총론, 박영사, 2005, 7/4.

판단의 대상이 되는 행위이지만, 사회적 행위론에 따르면 그렇지 않다. 또 예컨대 깊이 잠이 든 상태에서 옆에서 자던 사람을 발로 차는 것은 목적적 행위론에 따르면 구성요건해당성 판단의 대상이 되는 행위가 아니지만, 사회적 행위론에 따르면 그렇지 않을 수 있다.

인과적 행위론은 고전적 형법체계론과 신고전적 형법체계론의 기초가 된다. 독일의 형법학자 Welzel이 주장한 목적적 행위론은 목적적 형법체계론의 기초가 된다. 주관적 요소인 고의를 구성요건해당성의 문제로 파악했다는 점에서 그 이전의 인과적 행위론과 큰 차이가 있다. 곧 고의를 책임의 형식이 아니라 행위의 형식으로 파악한 것이다. 사회적 행위론은 종합적 형법체계론의 기초가 된다.

다. 형법체계론의 역사

예컨대 고의나 과실 또는 위법성의 인식 등이 범죄성립의 3가지 요건 중 어디에 위치하는지는 형법체계론에 따라 차이가 있는데, 아래와 같이 역사적인 변천이 있었다.

(1) 고전적 형법체계론과 신고전적 형법체계론

고전적 형법체계론은 외부적·객관적인 것은 모두 불법으로, 내부적·주관적인 것은 모두 책임으로 각각 분류하였던 초창기 범죄론이다. 따라서 고전적 형법체계론에 따르면 고의가 책임에 위치한다.

신고전적 형법체계론에 따르면 고전적 형법체계론처럼 고의가 책임에 위치하고, 그 고의는 위법성의 인식도 포함하나, 고전적 형법체계론과 달리 앞서 말했듯이 기대가능성 개념을 채택하여 책임에 위치시킨다. Graf zu Dohna는 신고전적 형법체계론의 이런 규범적 책임개념은 함께 있을 수 없는 두 사물, 곧 평가의 대상과 대상에 대한 평가를 혼합한 개념이라고 비판하면서 순수한 규범적 책임론을 주장한다. 고의는 가치판단의 객체는 될 수 있어도 가치판단 그 자체는 될 수 없다는 것이다. 고의와 같은 심리적 요소는 책임요소가 될 수 없고, 기대가능성만을 책임요소로 봐야 한다는 것이다. 이는 Graf zu Dohna가 범죄체계를 크게 평가의 객체와 객체의 평가로 구별한 후, 전자는 다시 객관적인 것(작위, 부작위)과 주관적인 것(고의)으로, 후자는 다시 객관적 평가(위법성)와 주관적 평가(책임)로 각각 구별하여 이해했기 때문이다. 결국 Graf zu Dohna에 의해 고의가 책임개념에서 배제된 것이다.

(2) 목적적 형법체계론

Welzel은 목적적 행위론를 주장하면서 Graf zu Dohna에 의해 책임개념에서 밀려난 고의를 주관적 구성요건요소로 파악하고, 고의에서 분리된 위법성의 인식은 책임개념에 그대로 두지만, 위법성의 인식은 행위자를 비난하는 대상, 곧 평가의 객체가 아니라 행위자를 비난하는 이유로 이해한다. 어쨌든 위법성의 인식이 고의와 분리되어 독자적인 책임요소로 자리를 잡게 된 것이다.

순수한 규범적 책임론에 따르면 ⓐ책임능력을 책임조건으로 하여 ⓑ심리적 요소 중 위법성의 인식, ⓒ기대가능성이 책임요소를 이루고,[225] 책임능력과 위법성의 인식이 인정되면 기대가능성 여부가 판단된다. 따라서 이 이론에 따르더라도 위법성의 인식이라는 심리적 요소는 여전히 책임개념에 남는다. 김성돈교수는 이 점을 두고 순수한 규범적 책임론이 아니라고 비판을 하면서, 고의의 이중적 지위를 인정하는 신고전적·목적적(종합적, 합일태적) 형법체계론의 규범적 책임론과 이를 부정하는 목적적 행위론에 입각한 순수한 규범적 책임론의 다툼의 대상은 고의나 위법성의 인식과 같은 심리적 요소를 책임개념을 이루는 요소로 볼 것인지의 문제라고 분석하고, 고의나 위법성의 인식과 같은 심리적 요소는 모두 책임개념에서 배제시켜 책임개념을 순수한 가치판단개념으로 만들어서 그 평가를 책임을 조각시키는 소극적 성질을 갖도록 하는 것이 옳다고 본다.[226] 그 이유는 책임고의와 같은 적극적 요소를 인정하면 사건마다 일일이 이를 확인하는 것도 불가능하고, 또 이는 형법이 책임평가를 소극적인 것으로 규정하고 있는 것과도 맞지 않다는 것이다. 이에 따르면 책임고의란 개념을 인정할 필요가 없고, 위법성의 불인식은 책임비난을 탈락시키는 의미를 갖는데 불과해진다.

(3) 신고전적·목적적(종합적, 합일태적) 형법체계론

사회적 행위론자이자 소극적 구성요건표지론자인 심재우교수는 순수한 규범적 책임개념에 대해 규범적 평가의 대상이 책임개념 자체에 있는 것이 아니라 '불법'에만 존재하고 있어서 책임개념의 공허해진다고 비판한다.[227] Maihofer는 이를 두고 평가의 대상이 '타인의 머리 속'에 있는 것이라고 빗대어 표현한다.[228]

신고전적·목적적(종합적, 합일태적) 형법체계론은 고의의 이중적 기능을 인정한다. 고의가 범죄행위의 방향을 설정하면서 행위반가치의 성질(구성요건고의)을 가짐과 동시에 이런 행위에 나타난 법적대적 심리상태, 곧 심정반가치의 성질(책임고의)도 갖는다는 것이다. 이에 따르면 책임은 본질은 규범적 판단이고, 책임고의는 이런 규범적 판단의 대상이 된다. 이에 따

225) 정성근/박광민, 형법총론, 삼지원, 2005, 297면.
226) 김성돈, 형법총론, 현암사, 2006, 378면.
227) 심재우, "목적적 행위론의 책임개념에 대한 비판", 고시연구 1977. 3, 52면 이하.
228) 김일수, 한국형법Ⅱ[총론 下], 박영사, 1996, 46면.

르면 ⓐ책임능력을 책임조건으로 하여 ⓑ심리적 요소(책임고의와 위법성의 인식), ⓒ이에 대한 가치판단(기대가능성)이 책임요소를 이룬다. 결국 책임요소에 평가의 객체와 객체에 대한 평가가 함께 있게 된다.

Ⅲ. 기출문제

문12.(배점 2) 책임능력에 관한 설명 중 옳은 것은? (다툼이 있는 경우에는 판례에 의함) 2013년 55회 사법시험

① 형사미성년자라도 사물변별능력 또는 의사결정능력이 결여되어야 책임능력이 부정된다.
② 단순한 충동조절장애와 같은 성격적 결함은 원칙적으로 심신장애에 해당하지 않는다.
③ 농아자는 청각기능과 발음기능 모두에 장애가 있는 한정책임능력자로서 임의적으로 형을 감경할 수 있다.
④ 행위자에게 정신적 장애가 있는 경우에는 범행 당시 정상적인 사물변별능력과 행위통제능력이 있었다고 하더라도 형법 제10조의 심신장애가 인정된다.
⑤ 법원이 형법 제10조에 규정된 심신장애의 유무 및 정도를 판단하는 것은 법률적 판단이지만, 반드시 전문감정인의 의견에 기속되어야 한다.

(정답) ②

문9. 형법 제10조의 심신장애자에 대한 설명으로 옳지 않은 것은? (다툼이 있는 경우에는 판례에 의함) 2013년 7급

① 정신적 장애가 있는 자라도 범행 당시 정상적인 사물변별능력과 행위통제능력을 가지고 있었다면 심신장애자로 볼 수 없다.
② 소아기호증이 있다는 사정 자체만으로는 심신장애에 해당되지 않는다.
③ 우울증 기타 정신병이 있는 피고인이 특히 생리도벽으로 절도범행을 저지른 의심이 들 경우에 법원은 전문가의 감정을 구하지 않고 그 심신장애 여부를 심리할 수 있다.
④ 충동조절장애의 정도가 매우 심각하여 원래적 의미의 정신병을 가진 사람과 동등하다고 평가될 수 있는 경우는 심신장애에 해당한다.

(정답) 게시된 정답은 ③
(해설) 이처럼 ③을 정답으로 처리한 것은 온라인으로 제공되는 99도693판결요지에 "피고인에게 우울증 기타 정신병이 있고 특히 생리도벽이 발동하여 절도 범행을 저지른 의심이 든다는 이유로 전문가에게 피고인의 정신상태를 감정시키는 등의 방법으로 심신장애 여부를 심리하여야 한다는 사례"라는 표현 때문으로 생각한다. 그런데 이 99도693판결은 충동조절장애와 같은 성격적 결함이라 할지라도 그것이 매우 심각하여 원래의 의미의 정신병을 가진 사람과 동등하다고 평가할 수 있는 경우에는 그로 인한 절도 범행은 심신장애로 인한 범행으로 보아야 하고, 또 피고인도 심신장애 주장을 하고 있으므로 심신장애 여부를 판단해야하는데, 이를 하지 않는 것은

심리미진이라는 판결이다. 또 98도3812판결은 심신장애의 유무 및 정도의 판단은 법률적 판단으로서 반드시 전문감정인의 의견에 기속되어야 하는 것은 아니고, 여러 사정을 종합하여 법원이 독자적으로 판단할 수 있다고 하고 있다. 따라서 판례의 입장은 '심신장애가 의심되는 상황에서는 심신장애 여부를 판단해야하는데, 반드시 전문가의 의견을 구하거나 이에 기속되어야하는 것은 아니라는 것'으로 봐야한다.

문4.(배점 2) 책임에 관한 설명 중 옳은 것(○)과 옳지 않은 것(×)을 올바르게 조합한 것은? (다툼이 있는 경우 판례에 의함) 2014년 56회 사법시험

ㄱ. 정신적 장애가 있는 자라고 하여도 범행 당시 정상적인 사물변별능력이나 행위통제능력이 있었다면 심신장애로 볼 수 없다.
ㄴ. 피고인이 생리기간 중에 심각한 충동조절장애에 빠져 절도범행을 저지른 것으로 의심이 되는 경우라도 전문가에게 피고인의 정신상태를 감정시키는 등의 방법으로 심신장애 여부를 심리하여야 하는 것은 아니다.
ㄷ. 광역시의회 의원이 선거구민들에게 의정보고서를 배부하기에 앞서 관할 선거관리위원회 소속 공무원들에게 자문을 구하고 그들의 지적에 따라 수정한 의정보고서를 배부한 경우는 형법 제16조에 해당하여 벌할 수 없다.
ㄹ. 선서한 증인이 증언거부권을 포기하고 허위의 진술을 하였다면 증언거부권의 고지와 상관없이 위증죄가 성립한다.
ㅁ. 소년법의 적용을 받으려면 심판시에 19세 미만이어야 한다.

① ㄱ(○), ㄴ(×), ㄷ(×), ㄹ(×), ㅁ(○)
② ㄱ(×), ㄴ(○), ㄷ(○), ㄹ(×), ㅁ(×)
③ ㄱ(○), ㄴ(×), ㄷ(×), ㄹ(○), ㅁ(○)
④ ㄱ(○), ㄴ(×), ㄷ(○), ㄹ(×), ㅁ(○)
⑤ ㄱ(○), ㄴ(○), ㄷ(○), ㄹ(○), ㅁ(×)

(정답) 게시된 정답은 ④
(해설) 그러나 정답이 없다고 본다. 먼저 ㄱ은 옳지 않기 때문이다. 사물변별능력과 행위통제능력이 모두 있어야 심신장애가 아니다. 또한 ㄴ의 의미가 분명하지 않지만 앞의 문제에서 보았듯이 99도693판결을 심신장애 여부가 의심되면 어떤 방법으로든 심리해야한다는 것으로 이해하면 그 판결의 취지와 다르다. ㅁ:○(2000도2704: 소년은 심판의 조건이므로 범행시뿐만 아니라 심판시까지 계속되어야 한다고 보아야하므로, 소년인지 여부의 판단은 원칙적으로 심판시, 곧 사실심 판결 선고시를 기준으로 해야 한다)

문14. 다음 사례에 관한 설명 중 옳은 것을 모두 고른 것은? (다툼이 있는 경우 판례에 의함) 2015년 4회 변호사시험

[사례 1] 甲은 유치원생인 여자아이 앞에서 공연음란행위를 하였다.
[사례 2] 甲은 타인의 집에 들어가 여자의 속옷을 절취하였다.

ㄱ. [사례 1]에서 甲에게 소아기호증과 같은 질환이 있었던 경우, 그 자체만으로는 형의 감면사유

인 심신장애에 해당하지 아니하지만, 그 증상이 매우 심각하여 원래 의미의 정신병이 있는 사람과 동등하다고 평가할 수 있는 경우에는 심신장애를 인정할 여지가 있다.
ㄴ. [사례 2]에서 甲에게 무생물인 옷 등을 성적 각성과 희열의 자극제로 믿고 이를 성적 흥분을 고취시키는 데 쓰는 성주물성애증이라는 정신질환이 있었던 경우, 그러한 사정만으로는 심신장애에 해당한다고 볼 수 없지만, 다른 심신장애사유와 경합된 경우에는 심신장애를 인정할 여지가 있다.
ㄷ. [사례 1], [사례 2]에서 甲에게 생물학적으로 보아 정신병, 정신박약 등과 같은 심신장애가 있는 경우, 또는 심리학적으로 보아 사물에 대한 판별능력과 그에 따른 행위통제능력이 결여되거나 감소된 경우 중에서 어느 하나에 해당하면 「형법」 제10조(심신장애자) 제1항 내지 제2항이 적용된다.

①ㄱ ②ㄱ, ㄴ ③ㄱ, ㄷ ④ㄴ, ㄷ ⑤ㄱ, ㄴ, ㄷ

(정답) ②

문11. '원인에 있어서 자유로운 행위'에 대한 설명으로 옳지 않은 것은?(다툼이 있는 경우 판례에 의함) 2011년 7급

① 우리 형법은 독일 형법과 달리 '원인에 있어서 자유로운 행위'에 관해 명문의 규정을 두고 있다.
② 판례는 과실에 의한 '원인에 있어서 자유로운 행위'도 인정하고 있다.
③ 작위에 의한 '원인에 있어서 자유로운 행위'는 인정될 수 있어도 부작위에 의한 '원인에 있어서 자유로운 행위'는 인정될 수 없다.
④ '원인에 있어서 자유로운 행위'를 한 경우 행위자의 책임이 감경 또는 조각되지 않는다.

(정답) ③
(해설) ③×('부작위에 의한 원인에서 자유로운 행위'의 예로 전철수가 자의로 만취해 잠들어서 차단기를 내리지 않아서 사고를 낸 경우를 들 수 있다)

문17. 원인에 있어서 자유로운 행위의 가벌성 근거에 관한 견해 〈보기1〉과 그 내용 〈보기2〉 및 이에 대한 비판 〈보기3〉이 바르게 연결된 것은? 2014년 3회 변호사시험

<보기1>
가. 가벌성의 근거를 원인설정행위 자체에서 찾는 견해
나. 가벌성의 근거를 원인설정행위와 실행행위의 불가분적 관련에서 찾는 견해
다. 가벌성의 근거를 책임능력 결함상태에서의 실행행위에서 찾는 견해
<보기2>
A. 책임능력 결함상태에서 구성요건 해당행위를 시작한 때에 실행의 착수가 있는 것으로 본다.
B. 일종의 '반무의식상태'에서 실행행위가 이루어지는 한 그 주관적 요소를 인정할 수 있다.
C. 원인에 있어서 자유로운 행위를 자신을 책임능력 없는 도구로 이용하는 간접정범으로 이해한다.

<보기3>
a. 행위와 책임의 동시존재 원칙의 예외를 인정하는 결과가 되어 책임주의에 반할 위험이 있다.
b. 실행의 착수에 구성요건적 행위정형성이 결여되어 죄형법정주의에 반할 위험이 있다.
c. 대부분의 경우에 행위자의 책임능력이 인정되어 법적 안정성을 해하는 결과를 초래한다.

① 가-A-a, 나-B-b, 다-C-c
② 가-B-b, 나-A-c, 다-C-a
③ 가-B-c, 나-A-a, 다-C-b
④ 가-C-b, 나-A-a, 다-B-c
⑤ 가-C-a, 나-A-b, 다-B-c

(정답) ④

문21.(배점 3) 다음 사례에 대하여 〈보기〉의 견해에 따른 결론으로 옳은 것은? 2012년 54회 사법시험

甲은 A를 살해하기로 마음먹고 乙에게 A의 살해를 부탁하였다. 이를 승낙한 乙은 맨 정신으로는 A를 살해할 용기가 나지 않아 술에 취한 상태에서 A를 살해하기로 마음먹고 술을 마셨다. 만취상태가 된 乙은 양심의 가책을 느껴 A의 살해를 포기하고 집으로 가는 도중에 술에 취한 나머지 가게 앞에 누워 있는 노숙자 B를 마네킹으로 오인하고 발로 차 상해를 입혔다.

<보기>
Ⅰ. 원인에 있어서 자유로운 행위에 대한 가벌성과 관련하여 원인설정행위가 실행행위 또는 그 착수행위이며, 심신장애상태에서의 행위는 원인행위에 기인한 결과에 지나지 않는다고 보는 견해
Ⅱ. 원인에 있어서 자유로운 행위에 대한 가벌성과 관련하여 원인설정행위와 심신장애상태에서의 실행행위의 불가분적 연관에서 책임의 근거를 인정하는 견해
Ⅲ. 과실에 의한 원인에 있어서 자유로운 행위는 위험발생을 예견할 수 있었음에도 자의로 심신장애를 야기하여 고의 혹은 과실의 결과실현행위를 한 경우가 아니라, 구성요건적 결과를 예견하였으나 자의로 심신장애를 야기하고 결과실현행위가 과실범인 경우를 의미한다는 견해
Ⅳ. 형법 제10조 제3항에서 규정하고 있는 '자의로 심신장애를 야기한 자'는 예견한 구성요건적 결과를 실현하기 위해 고의로 심신장애를 야기한 자를 의미한다고 보는 견해

① Ⅰ에 의하면 乙에게는 A에 대한 살인예비죄가 성립한다.
② Ⅱ에 의하면 乙에게 실행의 착수가 인정되어 甲에게는 살인미수죄의 교사범이 성립한다.
③ 판례는 Ⅲ을 취하고 있고, 이에 따르면 B의 상해에 대해 乙에게 형법 제10조 제3항을 적용한 형사책임을 물을 수 있다.
④ Ⅳ에 의하면 B의 상해에 대하여 乙에게 형법 제10조 제3항을 적용한 상해죄의 책임을 물을 수 없다.
⑤ Ⅱ에 따를 때 판례에 의하면 乙에게는 A에 대한 살인예비죄의 중지미수범이 성립한다.

(정답) ④
(해설) ④○('상해'라는 구성요건의 실현을 예견하지 않은 상태에서 고의가 아니라 과실로 상해를 입

힌 것이므로) ③×(판례는 '특정한 구성요건의 실현'에 대한 예견이 아니라 '법익침해'에 대한 예견이나 예견가능성으로 보는 입장에 가깝다[92도999]) ⑤×(판례는 예비행위의 중지미수를 인정하지 않는다[99도424])

문8. 책임의 근거 또는 본질에 대한 설명 중 옳지 않은 것은? 2013년 3회 변호사시험

① 사회적 책임론에 따르면, 책임의 근거는 행위자의 반사회적 성격에 있으므로 사회생활을 하고 있는 책임무능력자에 대하여도 사회방위를 위해 보안처분을 가하여야 한다. 이러한 의미에서 책임능력은 형벌능력을 의미한다.

② 심리적 책임론에 따르면, 책임의 본질은 결과에 대한 인식과 의사인 고의 또는 결과를 인식하지 못한 과실에 있으며, 범죄 성립의 모든 객관적·외적 요소는 구성요건과 위법성단계에, 주관적·내적 요소는 책임단계에 배치한다.

③ 도의적 책임론은 형사책임의 근거를 행위자의 자유의사에서 찾으며, 가벌성 판단에서 행위보다 행위자에 중점을 두는 주관주의 책임론의 입장이다.

④ 기능적 책임론에 따르면, 책임의 내용은 형벌의 목적, 특히 일반예방의 목적에 따라 결정되어야 하며, 책임은 예방의 필요성을 한계로 하고 예방의 필요성도 책임형벌을 제한함으로써 책임과 예방의 상호제한적 기능을 인정한다.

⑤ 규범적 책임론에 따르면, 책임의 구성요소는 행위자의 감정세계와 구성요건에 해당하는 결과 사이의 심리적 결합이 아니라 행위자의 적법행위가 요구되었음에도 불구하고 위법행위를 하였다는 환경의 평가에 있으므로, 책임은 구성요건에 해당하는 불법행위에 대한 비난가능성이다.

(정답) ③
(해설) ③×(도의적 책임론은 행위자보다 행위에 중점을 두는 객관주의 책임론이다)

문36.(배점 3) 책임론에 관한 다음 기술 중 옳지 않은 것을 모두 고른 것은? 2008년 50회 사법시험

ㄱ. 기능적 책임론에 대해서는, 형벌목적의 고려는 형벌론에서 충분히 이루어 질 수 있으므로 이를 책임판단에서 검토할 특별한 이유가 없다는 비판이 제기된다.
ㄴ. 심리적 책임론에 대해서는, 강요된 행위의 경우 책임을 조각시키거나 배제시키는 것에 대한 설득력 있는 해결을 할 수 없다는 비판이 제기된다.
ㄷ. 사회적 책임론에 대해서는, 타행위가능성은 사회에 필요한 허구라는 비판이 제기된다.
ㄹ. 순수한 규범적 책임론에 대해서는, 책임평가의 대상과 그 대상의 평가를 일치시킨다는 점에서 체계 모순에 빠져 있다는 비판이 제기된다.

① ㄴ ② ㄷ ③ ㄱ, ㄴ ④ ㄴ, ㄷ ⑤ ㄷ, ㄹ ⑥ ㄱ, ㄴ, ㄷ ⑦ ㄴ, ㄷ, ㄹ

(정답) ⑤
(해설) ㄷ:×(규범적 책임론은 다른 적법행위를 할 수 있었음에도 불구하고 범죄를 저지른데 대한 비난으로 책임을 이해한다. 그런데 이런 다른 적법행위의 가능성은 행위자 개인으로부터 도출된 것이 아니라 사회적 관계에서 그 행위자를 규범적으로 비난하기 위한 도구일 뿐이라는 비판[Hassmer]이 있다) ㄹ:×(목적적 행위론에 기초한 순수한 규범적 책임론에 따르면 고의·과실은 평가의 객체로서 불법구성요건에 해당하고, 이에 대한 평가, 곧 비난가능성은 책임에 위치하여, 책임개념에 평가만 있고, 그 대상은 존재하지 않는다. 그래서 책임개념이 공허하다는 비판을 받는다. 그러나 고의의 이중적 지위를 인정하는 이른바 합일태적 형법체계론은 책임고의[평가의 객체]와 이에 대한 평가, 곧 비난가능성 모두 책임단계에 둔다)

문31.(배점 2) 형법 제12조의 강요된 행위와 관련하여 다음 설명 중 옳지 않은 것은? (다툼이 있는 경우에는 판례에 의함) 2010년 52회 사법시험

① 강요된 행위는 강제상태 하에서는 행위자에게 적법행위의 기대가능성이 없다는 것을 이유로 책임조각을 인정하는 규정이다.

② 폭력을 그 정도에 따라 '절대적 폭력'과 '강제적 폭력'으로 구분하는 경우에 제12조의 폭력에 '절대적 폭력'은 포함되지 않는다.

③ 제12조의 폭력은 심리적 의미에 있어서 육체적으로 어떤 행위를 절대적으로 하지 아니할 수 없게 하는 경우만을 의미하며 윤리적 의미에 있어서 강압된 경우는 포함되지 않는다.

④ 제12조의 협박은 '사람에게 외포심을 일으키게 할 의사로 위해를 가할 것을 고지하는 것'을 말하며, 협박은 반드시 명시적·외형적으로 행해질 것을 요하지 않는다.

⑤ 성장교육과정을 통하여 형성된 내재적인 관념 내지 확신으로 인하여 행위자의 의사결정이 사실상 강제되는 경우에는 강요된 행위가 될 수 없다.

(정답) ③
(해설) ③×(2007도3306; 83도2276[남편이 아내와의 간통을 의심을 하는 남자를 아내가 무고하지 않으면 아내의 성윤리가 문제 있다고 외부에 말하겠다고 하는 경우]), ④○(69도94)

문4. 기대가능성에 관한 설명 중 옳지 않은 것은? (다툼이 있는 경우에는 판례에 의함) 2012년 1회 변호사시험

① 적법행위에 대한 기대가능성이 없으면 책임을 물을 수 없다는 것이 규범적 책임론의 입장이다.

② 양심적 병역거부자의 경우 적법행위에 대한 기대가능성이 인정될 수 있다.

③ 자신의 강도상해 범행을 일관되게 부인하였으나 유죄판결이 확정된 자는, 별건으로 기소된 공범의 형사사건에서 자신의 범행사실을 사실대로 진술할 기대가능성이 없기 때문에 위증죄가 성립하지 않는다.

④ 형법 제12조(강요된 행위)는 적법행위의 기대가능성이 없으므로 책임조각이 인정되는 규정이라고 할 수 있다.

⑤ 적법행위의 기대가능성 유무는 행위 당시의 구체적 상황하에 행위자 대신에 사회적 평균인

을 두고 이 평균인의 관점에서 판단하여야 한다.

(정답) ③

(해설) ③×(2005도10101: 진술거부권은 결코 적극적으로 허위의 진술을 할 권리를 보장하는 취지는 아니고, 이미 유죄의 확정판결을 받은 경우에는 일사부재리원칙에 의해 다시 처벌되지 않으므로 증언을 거부할 수 없고, 사실대로의 진술 즉 자신의 범행을 시인하는 진술을 기대할 수 있다). 이와 달리 원심은 공범이 공동피고인으로 함께 재판을 받는 경우, 그 공동피고인에게는 증언거부권이 인정되어 위증죄로부터의 탈출구가 마련되어 있는 만큼 적법행위의 기대가능성이 없다고 할 수 없으므로, 증인 선서를 한 공동피고인이 증언거부권을 포기하고 허위의 진술을 한 이상 위증죄의 처벌을 면할 수 없지만(86도1724), 이 사건의 경우 피고인은 공범이기는 하나 강도상해죄로 이미 유죄판결이 확정된 상태이어서 공동피고인의 경우와는 달리 증언거부권이 인정되지 않으므로(형소법 제148조에 규정하고 있는 '유죄판결을 받을 사실이 발로될 염려가 있는 경우' 등에 해당되지 않음), 피고인으로서는 공범으로 별건 기소된 다른 공범의 피고사건에 증인으로 채택되어 소환된 이상 증언을 거부할 수는 없고, 위증죄로부터의 탈출구가 마련되어 있지 않은 피고인에게 그동안의 일관된 진술을 뒤엎고 확정된 유죄판결에서 판시하고 있는 자신의 범죄사실을 시인하는 증언을 하는 것을 기대할 수 없다고 본다.

문35.(배점 2) 범죄체계의 각 요건의 특징을 나열한 것으로서 옳은 것(○)과 옳지 않은 것(×)을 올바르게 조합한 것은? (다툼이 있는 경우에는 판례에 의함) 2013년 55회 사법시험

ㄱ. 책임조각사유는 소극적 구성요건표지이론에 따를 때에도 구성요건요소가 되지 않는다.
ㄴ. 하나 이상의 위법성조각사유는 서로 경합될 수 있다.
ㄷ. 기대불가능성을 근거로 책임이 조각되는 것은 법률문언으로 명시되어 있지 않은 경우에도 인정될 수 있다.
ㄹ. 구성요건해당성 및 다른 범죄성립요건 심사에서 평가되어야 할 요소를 앞질러 판단하고 있다는 비판을 받는 행위론은 인과적 행위론이다.

① ㄱ(○), ㄴ(○), ㄷ(○), ㄹ(×)　　② ㄱ(×), ㄴ(○), ㄷ(○), ㄹ(×)
③ ㄱ(○), ㄴ(○), ㄷ(○), ㄹ(○)　　④ ㄱ(×), ㄴ(×), ㄷ(○), ㄹ(○)
⑤ ㄱ(○), ㄴ(×), ㄷ(×), ㄹ(×)

(정답) ①

문2.(배점 2) 다음 설명 중 옳지 않은 것은? (다툼이 있는 경우에는 판례에 의함) 2012년 54회 사법시험

① 甲이 피해자와 공모하여 교통사고를 가장하여 보험금을 편취할 목적으로 피해자에게 상해를 가하였다면 피해자의 승낙이 있었다고 하더라도 이는 위법한 목적에 이용하기 위한 것이므로 피해자의 승낙에 의하여 甲의 상해죄의 위법성이 조각된다고 할 수 없다.

② 자기무고는 무고죄의 구성요건에 해당하지 아니하나, 피무고자의 교사하에 제3자가 피무고자에 대한 허위의 사실을 공무소에 신고한 경우에는 피무고자도 무고죄의 교사범의 죄책을

진다.

③ 위법성조각사유로서의 피해자의 승낙은 법익침해 이전에 표시되어야 하며 법익침해시까지 계속되어야 한다. 따라서 사후승낙은 위법성을 조각하지 않는다.

④ 친족의 생명에 대한 위해를 방어할 방법이 없는 협박에 의하여 강요된 행위는 적법행위에 대한 기대가능성이 없거나 현저히 낮기 때문에 책임이 조각되거나 그 형이 감경된다.

⑤ 의료인일지라도 의료인 아닌 자의 의료행위에 공모하여 가공하면 의료법에서 규정하는 무면허의료행위의 공동정범이 성립한다.

(정답) ④

(해설) 제12조 (강요된 행위) 저항할 수 없는 폭력이나 자기 또는 친족의 생명 신체에 대한 위해를 방어할 방법이 없는 협박에 의하여 강요된 행위는 벌하지 아니한다.

7장 착오론

착오(錯誤)란 행위자 인식과 객관적 현실의 불일치를 말한다. 형법은 착오를 사실의 착오와 법률의 착오로 구별하여, 그 효과에 차이를 두고 있다. 사실의 착오의 경우 고의를 부정하여 고의범으로 처벌하지 않고 과실이 인정되고 과실범처벌규정이 인정되는 경우에만 과실범으로 처벌한다(제13조, 제15조 제1항). 이와 달리 법률의 착오의 경우는 고의를 부정하지 않고 정당한 이유가 있는 때에만 책임을 조각시켜 처벌하지 않고 있다(제16조). 예컨대 배우자 있는 사람인지 모르고 간통한 경우가 사실의 착오라면, 배우자 있는 사람인지는 알았지만 간통이 나쁜 짓인지 모르고 간통한 경우는 법률의 착오라고 할 수 있다. 허용상황의 착오를 두 착오 중 어떤 착오로 볼 것인지 다툼이 심하다.

Ⅰ. 사실의 착오: 구성요건 착오

Q. 甲이 V와 그의 처를 살해할 의사로 농약을 숭늉그릇에 넣고 V의 식당에 놓아두었는데, 이를 알지 못한 V의 딸이 마시고 사망하였다(약칭하여 숭늉사건). 甲을 V의 딸에 대한 살인죄로 처벌할 수 있는가?

Q. 甲이, 정신지체자인 자신의 처에게 V가 젖을 달라고 하면서 희롱하자 V를 구타하면서 순간적으로 살인의 고의로 몽둥이로 후려쳤고, 그가 정신을 잃고 축 늘어지자 사망한 것으로 알고 사체를 파묻어 증거를 인멸할 목적으로 그 곳에서 150m 떨어진 개울가로 끌고 가 삽으로 웅덩이를 파고 묻었는데, 실제로는 맞아 죽은 것이 아니라 웅덩이에서 질식해서 죽었다(이른바 개괄적 고의사례). 甲의 행위는 살인죄의 기수인가?

제15조 (사실의 착오) ①특별히 중한 죄가 되는 사실을 인식하지 못한 행위는 중한 죄로 벌하지 아니한다.

1. 개념

사실의 착오란 제13조의 고의의 인식대상인 '범죄성립요건인 사실'을 인식하지 못한 경우이다. 그런데 흔히 이 사실을 구성요건에 해당하는 사실로 이해해서 구성요건 착오라고 부른다. 1992년 형법개정안은 조문의 제목을 구성요건 착오로 규정하고 있다.[229] '사실의 착오'라는 말은 목적적 행위론이 고의를 구성요건단계로 옮겨놓기 이전에 사용하던 개념으로, 이 당시에는 형법의 착오를 사실의 착오와 법률의 착오로 구별했다.

구성요건 착오의 대상이 사실적 구성요건요소일수도 있고, 규범적 구성요건요소일 수도 있으므로, 사실의 착오와 구성요건 착오는 구별해야한다는 견해[230]도 있다. 그런데 여기의 사실은 구성요건에 해당하는 사정 또는 상황을 의미한다. 자신의 행위가 구성요건에 해당하는 상황에 놓여있다는 그런 사실을 아는 것을 말한다. 행위의 당위적 의미를 인식하는 것이 아니라 존재론적 의미를 인식하는 것을 말한다. 독일 형법 제16조는 범행상황의 착오(Irrtum über Tatumstände)라는 제목 아래 제1항에서 범행을 저지를 때 구성요건에 해당하는 상황을 인식하지 못한 자는 고의로 행위한 것이 아니라고 규정하고 있다.

2. 유형

구성요건 착오는 크게 ⓐ인식한 것과 실현된 것 모두 구성요건해당성이 인정되는 유형, ⓑ구성요건해당성에 대한 인식이 없지만 현실적으로 구성요건해당성이 인정되는 유형, ⓒ구성요건해당성에 대한 인식이 있지만 현실적으로 구성요건해당성이 부정되는 유형 3가지로 구별할 수 있다. 이에 따라 그 효과에 차이가 있다.

먼저 구성요건해당성에 대한 인식이 없지만 현실적으로 구성요건해당성이 인정되는 유형(ⓑ)은 인식한 범죄에 대한 고의범을 인정할 수 없고, 발생한 범죄에 대한 과실범 처벌규정이 있고, 과실이 인정되는 경우에 한해 과실범이 성립할 수 있다.

구성요건해당성에 대한 인식이 있지만 현실적으로 구성요건해당성이 부정되는 유형(ⓒ)은 예컨대 죽은 여성을 실신해서 쓰러져있는 것으로 잘못 알고 간음한 경우로 제27조에 따라 준강간죄의 불능범이나 불능미수의 성립이 문제된다.

인식한 것과 실현된 것 모두 구성요건해당성이 인정되는 유형(ⓐ)은 아래 3에서 본다.

3. 인식한 것과 실현된 것 모두 구성요건해당성이 인정되는 유형

이 유형은 다시 아래와 같이 ㉠제15조 제1항의 적용이 문제되는 경우, ㉡주관적 요소의 인정 여부가 문제되는 경우, ㉢고의의 특정성이 문제되는 경우 3가지로 구별된다.

---

229) 제12조 (구성요건의 착오) ①범죄의 구성요건인 사실을 알지 못하고 한 행위는 고의범으로 처벌하지 아니한다. ②무거운 범죄가 되는 사실을 알지 못하고 한 행위는 무거운 범죄로 벌하지 아니한다.

230) 신동운, 형법총론, 법문사, 2006, 199면.

가. 제15조 제1항의 적용이 문제되는 경우

甲은 친구의 아버지를 살해하려고 했는데, 자신의 아버지를 살해한 경우는 제15조 제1항에 따라 보통살인죄(제250조 제1항)의 고의기수이다. 또 죽은 사람인 줄 알고 허위사실을 적시하여 명예를 훼손했지만, 생존한 사람인 경우도 같은 취지에서 제15조 제1항에 따라 사자(死者) 명예훼손죄(제308조)가 성립한다.

촉탁살인의 의사로 보통살인죄를 범한 경우 촉탁살인죄가 성립하는 이유를 두고, ㉮제15조 제1항이 적용되기 때문이라는 견해[231]와 ㉯책임감경요건이므로 행위자의 인식에 따라 처벌해야하기 때문이라는 견해가 대립한다.

나. 주관적 요소의 인정 여부가 문제되는 경우: 착오로 인해 주관적 요소를 갖게 된 경우

산모 甲은 자기가 분만한 아이 V가 자신의 남편의 아이가 아니라고 생각하고 치욕을 은폐하기 위해 분만 직후 살해한 경우는 자신의 남편의 아이임을 인식하지 못하였다는 이유로 살인죄나 영아살해죄의 고의를 부정할 수는 없다. V가 사람 가운데 영아살해죄의 객체인 자신이 '분만한 영아'임은 인식한 것이므로 V라는 특정한 대상에 대한 인식은 있다고 봐야하기 때문이다. 예컨대 V를 다른 산모가 분만한 X와 혼동한 것이거나 독약이 든 우유병을 착각하여 이를 V가 아니라 X에게 먹인 경우처럼 고의의 특정성을 인정하는데 문제가 있다고 볼 수는 없다.

이는 영아살해죄의 주관적 요소인 '치욕을 은폐할 목적'을 인정할 수 있을지 여부가 문제되는 경우이다. 목적도 고의와 같은 주관적 요소이지만 별개의 요소이므로 목적이 고의의 대상이 될 수 없고, 두 요소의 인정 여부는 개별적으로 판단해야할 문제이다. 이런 목적의 충족 여부에 따라 살인죄나 영아살해죄가 성립한다. 이런 고의나 목적 같은 주관적 요소의 존부는 행위자의 주관적 인식만을 기준으로 판단해야한다고 보는 견해[232]는 위 경우 영아살해죄를 인정한다. 행위자가 착오에 빠져 그런 목적을 갖게 되었다고 해서 그런 인식(목적)을 부정할 수는 없다고 본 것이다.

다. 고의의 특정성이 문제되는 경우

고의는 특정적이어야 한다. A라는 사람을 살해한다는 인식이 있어야 A에 대한 살인죄의 고의를 인정할 수 있다. 따라서 예컨대 A를 살해할 의도로 총을 쏘았는데 의도와 달리 그

231) 김일수, 한국형법 I [총론 上], 박영사, 1996, 424면.
232) 김일수, 한국형법 I [총론 上], 박영사, 1996, 425면; 이상돈, 형법강의, 법문사, 2010, 8/21.

옆에 있는 B가 맞고 사망한 경우, 고의의 특정성이 문제된다. 이런 경우 고의의 특정성을 엄격하게 유지하여 A에 대한 살인미수와 B에 대한 과실치사의 상상적 경합을 인정하는 입장도 있을 수 있지만, 이런 정도의 인식의 불일치는 무시하고(달리 말해 고의의 특정성을 완화하여) A에 대한 살인고의를 B에 대한 것으로 전용(轉用)하여 B에 대한 살인죄만 인정하는 입장도 있다. 구체적 부합설, 법정적 부합설, 추상적 부합설 등은 바로 이에 관한 학설이다. 이는 아래 4에서 본다.

4. 고의의 특정성을 완화할 것인지 여부가 문제되는 경우

가. 객체의 착오와 방법의 착오

(1) 개념

첫째, 예컨대 사람 A로 알고 총을 쏘았는데 사람 B인 경우는, 객체의 착오이면서 구체적 사실의 착오라고 한다. 여기서 객체의 착오란 구성요건 착오의 대상이 구성요건요소 가운데 객체인 경우를 말한다. 또 구체적 사실의 착오란 구성요건 착오의 정도가 구체적인 경우로, 흔히 인식한 구성요건과 실현한 구성요건이 동일 또는 동종인 경우를 말한다. 이에 견줘 추상적 사실의 착오란 구성요건 착오의 정도가 추상적인 경우로, 인식한 구성요건과 실현한 구성요건이 서로 다른 경우를 말한다.

둘째, 예컨대 사람 A를 향해 총을 겨누었는데 총알이 빗나가서 사람 B를 맞혀 죽인 경우는, 방법의 착오이면서 구체적 사실의 착오라고 한다. 방법의 착오란 구성요건 착오의 대상이 구성요건적 행위의 방법인 경우로, 타격의 착오 또는 타격의 실패라고도 한다.

셋째, 예컨대 동물인 줄 알고 총을 쏘았는데 사람이 맞고 사망한 경우는, 객체의 착오이면서 추상적 사실의 착오라고 한다.

넷째, 예컨대 동물을 향해 총을 겨누었는데 총알이 빗나가서 사람이 맞고 사망한 경우는, 방법의 착오이면서 추상적 사실의 착오라고 한다.

(2) 학설

구체적 부합설은 인식한 구성요건해당성과 실현한 구성요건해당성이 구체적으로 부합하는 경우에만 고의의 전용을 인정하는 입장이다.

법정적 부합설은 인식한 구성요건해당성과 실현한 구성요건해당성이 법정적으로 부합하는 경우에만 고의의 전용을 인정하는 입장으로, 법정적 부합설은 다시 '법정적 부합' 여부를 판단하는 기준에 따라 구성요건을 기준으로 하는 구성요건부합설과 죄질을 기준으로 하는 죄질부합설로 구별된다. 예컨대 타인의 재물인 줄 알고 훔쳤는데 점유이탈물인 경우 구성요건부합설은 절도불능미수로 보지만, 죄질부합설은 점유이탈물횡령죄로 본다.

아래 표는 이런 학설에 따라 위 착오가 어떻게 해결되는지 정리한 것이다.

<table>
<tr><th colspan="2">구분</th><th>구체적 (사실의) 착오</th><th>추상적 (사실의) 착오</th></tr>
<tr><td rowspan="2">구체적 부합설</td><td>객체의 착오</td><td>발생한 죄의 고의기수</td><td>인식한 죄의 미수와 발생한 죄의 과실의 상경</td></tr>
<tr><td>방법의 착오</td><td colspan="2">인식한 죄의 미수와 발생한 죄의 과실의 상상적 경합</td></tr>
<tr><td rowspan="2">법정적 부합설</td><td>객체의 착오</td><td rowspan="2">발생한 죄의 고의기수</td><td rowspan="2">인식한 죄의 미수와 발생한 죄의 과실의 상경</td></tr>
<tr><td>방법의 착오</td></tr>
</table>

(3) 판례

판례는 숭늉사건에서 甲에 대해 V의 딸에 대한 살인죄를 인정한다(68도884). 또한 판례는 甲이 V를 향해 살의를 갖고 소나무 몽둥이를 양손에 집어 들고 힘껏 후려쳐서 피를 흘리며 마당에 고꾸라졌고, 이어 V의 등에 업힌 1세된 조카의 머리부분을 위 몽둥이로 내리쳐 현장에서 그 조카가 두개골절 및 뇌좌상으로 사망하였지만, 그 조카에 대해서는 살인고의가 없었던 경우도, V의 조카에 대한 살인죄를 인정한다(83도2813).

나. 인과관계의 착오

(1) 교각사례

예컨대 甲이 V를 강물에 익사시키려고 다리 밑으로 던졌는데, V가 다리에 머리를 부딪쳐 사망한 경우, 다수견해는 인과과정의 본질적 또는 중요부분의 착오라고 할 수 없다는 이유로 살인죄의 기수를 인정한다.

(2) 개괄적 고의사례

개괄적 고의사례에서 판례는 甲에게 살인죄의 기수를 인정한다(88도650[233]). 그러나 이런 고의기수설도 있지만, 미수범설 또는 미수범과 과실범의 경합범설과 절충설도 있다.

㉮고의기수설은 다시 개괄적 고의설, 인과관계의 착오설, 객관적 귀속설[234]로 구별된다. ⓐ

233) 신동운, 신 판례백선 형법총론, 경세원, 2009, 240면 이하.
234) 김일수, 한국형법 I [총론 上], 박영사, 1996, 439면.

개괄적 고의설은 행위자의 1행위와 2행위를 개괄하는 단일한 고의를 인정함으로써 고의 성립을 인정하는 견해로 일명 베버의 개괄적 고의라고도 한다. 고의는 원칙적으로 특정된 고의이지 개괄적 고의는 인정할 수 없고, 결과발생 당시에는 행위자에게는 고의가 존재하지 않는다는 난점이 있다. ⓑ인과관계의 착오설은 개괄적 고의사례를 인과관계의 착오의 한 형태로 보아 행위자가 인식한 인과과정과 결과가 실현된 인과과정 사이에 본질적인 차이가 없으면 고의기수범으로 처벌하고, 차이가 있으면 인식한 죄의 미수와 발생한 죄의 과실의 경합범으로 처리하는 다수견해이다.[235] 인과과정의 상위가 일반적인 생활경험법칙에 비추어 예견가능한 범위 내에 속하는지, 그리고 양자를 법적으로 동일하게 평가할 수 있는지에 따라서 본질적 차이 여부를 따진다.

㉯미수범설 또는 미수범과 과실범의 경합범설은 고의는 행위시에 있어야 하므로 발생한 결과의 미수가 성립하고, 경우에 따라 과실과의 실체적 경합이라는 입장이다.

㉰절충설은 행위자가 계획한 2행위의 의미를 기준으로, 곧, 실행행위의 종료시점을 기준으로 1행위를 종료한 것으로 보아야하는 경우에는 미수범과 과실범의 경합범설을 따르고, 1행위로 종료하지 않고 2행위로 연결한 것으로 보아야하는 경우는 고의기수설을 따르는 입장이다.[236]

(3) 낙산비치호텔사건

甲이 1993. 10. 3. 01:50경 V와 함께 낙산비치호텔에 투숙한 후 손으로 V의 뺨을 때리고 어깨를 잡아 밀치며 V의 머리를 부딪치게 하고 바닥에 넘어진 V의 우측 가슴 부위를 때리고 밟아서 V에게 상해를 입혔는데, V가 바닥에 쓰러진 채 정신을 잃고 빈사상태에 빠지자, V가 사망한 것으로 오인하고 이런 행위를 은폐하려고 V가 자살한 것처럼 가장하기 위해 V를 베란다로 옮겨 베란다 밑 약 13미터 아래의 바닥으로 떨어뜨렸고 그 충격으로 V가 현장에서 사망한 경우, 판례는 상해치사죄라고 본다(94도2361).

판례가 상해할 때 사망의 결과를 예견하지 못한 과실과 사망한 것으로 알고 베란다 아래로 떨어뜨린 과실을 묶어서 하나의 과실, 이른바 개괄적 과실을 인정한 것으로 볼 수 있다는 견해[237]도 있다. 그러나 이와 달리 이런 사건은 진정한 개괄적 과실[238]과는 구별되고, 흔히

235) 예컨대 신동운, 형법총론, 법문사, 2006, 217면 이하.

236) 김성돈, 형법총론, 현암사, 2006, 240면; 오영근, "사건진행과정에 대한 착오", 한양대 법학논총, 1994, 34면 이하.

237) 장영민, "개괄적 과실(culpa generalis)?", 형사판례연구[6], 박영사, 1998, 66면.

238) 운전 중 과실로 사람을 친 후(곧 치상의 제1과실) 피해자가 사망한 것으로 알고 교통사고를 은폐할 목적으로 그 피해자를 물에 빠뜨렸는데 익사(곧 치사의 제2과실)한 경우(이른바 과실의 결과적 가중범).

결과적 가중범의 인과관계 또는 객관적 귀속의 문제로 해결해야하는데, 이에 따르면 상해와 사망 사이에 직접성을 인정할 수 있는지 여부가 문제가 되고, 이에 관해서는 다툼이 있을 수 있으며 상해치사죄의 성립을 부정하면 상해죄, 과실치사죄, 사체손괴죄의 불능미수가 문제된다고 보는 견해[239]도 있다.

Ⅱ. 법률의 착오: 위법성의 착오

Q. 간통죄가 헌법재판소에서 위헌결정을 받아서 효력이 없어졌음에도 불구하고 甲은 이를 모르고 간통하였다. 甲을 처벌할 수 있는가?

Q. 乙은 타인의 새장 속의 새를 날려 보내는 행위는 손괴죄에서 말하는 '손괴 또는 은닉 기타 방법으로 효용을 침해하는 행위'에 해당하지 않는다고 생각하고 새를 날려 보냈다. 乙을 처벌할 수 있는가?

Q. 소속 중대장의 당번병 丙이 근무시간 중은 물론 근무시간 후에도 밤늦게까지 수시로 영외에 있는 중대장의 관사에 머물면서 집안일을 도와주고 그 자녀들을 보살피며 중대장 또는 그 처의 심부름을 관사를 떠나서까지 하면서 시키는 일을 해왔는데, 사건 당일 중대장의 지시에 따라 관사를 지키고 있던 중 중대장과 함께 외출 나갔던 그 처로부터 24:00경 비가 오고 밤이 늦어 혼자 귀가할 수 없으니 관사로부터 1.5㎞ 가량 떨어진 지점까지 우산을 들고 마중을 나오라는 연락을 받고 당번병으로서 당연히 해야 할 일로 생각하고 중대장의 직접적인 허가 없이 그 지점까지 나가 중대장의 처를 마중하여 그 다음날 01:00경 귀가하였다(약칭하여 당번병사건). 丙을 처벌할 수 있는가?

제16조 (법률의 착오) 자기의 행위가 법령에 의하여 죄가 되지 아니하는 것으로 오인한 행위는 그 오인에 정당한 이유가 있는 때에 한하여 벌하지 아니한다.

1. 개념

제16조의 제목은 법률의 착오이지만 "자기의 행위가 법령에 의하여 죄가 되지 아니하는"은 '일반적으로 범죄가 되는 행위이지만 자신의 행위는 법령이 허용하고 있다는'으로 문리해석해야 하고, 따라서 아래에서 볼 간접적 법률의 착오, 곧 허용규범과 관련한 착오만을 의미하므로 입법적 개선이 필요하다는 견해[240]도 있다. 그러나 다수견해는 허용규범은 물론 금지규범에 관한 위법성의 착오로 본다.

구성요건 착오가 행위상황에 대한 불인식이라면 위법성의 착오는 행위에 대한 위법성의

239) 조상제, "개괄적 과실(culpa generalis)사례의 결과귀속", 형사판례연구[10], 박영사, 2002, 76면 이하.
240) 김성돈, 형법총론, 현암사, 2006, 420면 이하.

불인식이라고 할 수 있다. 법률의 착오를 독일 형법은 금지착오라고 한다. 거꾸로 군인이 아닌 사람이 처벌규정이 있는 것으로 알고 동성애[241]를 한 경우처럼, 적법행위를 금지된 불법행위로 잘못 안 경우는 반전된 금지착오로서, 환상범 또는 환각범이라고 하며 처벌할 수 없다. 이는 흔히 반전된 구성요건 착오로 불리는 불능범 또는 불능미수와 구별된다.

2. 위법성의 인식의 내용: 위법성의 인식과 불법인식의 구별

위법성의 인식과 불법인식을 구별하지 않는 견해[242]도 있지만, 불법인식은 금지의 실질인 불법에 관한 인식으로서 어떤 행위가 사회윤리적으로 금지된 나쁜 행위라는 것을 인식하는 것을 말하는 반면, 위법성의 인식은 금지의 형식인 위법에 관한 인식으로서 어떤 행위가 법률이 금지하고 있음을 알고 그 행위가 그 법률에 위반된다는 점을 인식하는 것을 말한다는 이유로 이를 구별하는 견해[243]도 있다. 범죄를 흔히 형사범이나 형법범 또는 자연범으로 불리는 "그 자체 범죄인 것"과 흔히 행정범으로 불리는 "단순히 금지되기 때문에 범죄인 것"으로 나눈다면, "법률의 부지(不知)는 용서받지 못한다"는 법원칙[244]에 따라 전자의 경우에는 불법인식이 인정될 여지가 높지만, 후자의 경우에는 위법성의 인식이 부정될 여지가 높고, 또 전자의 경우는 법률을 몰라도 불법인식을 가질 수 있지만, 후자의 경우는 법률을 알아야만 비로소 위법성의 인식을 가질 수 있다.

위법성의 인식과 불법인식은 구별하는 것이 옳다고 본다. 위법성의 인식은 자신의 행위가 전체 법질서에 위반한다는 인식이 아니라 형법에 반한다는 인식이기 때문이다.[245] 위법성의 인식을 이처럼 파악하는 것이 죄형법정주의에 부합하고, 또 이것이 제16조의 "자기의 행위가 법령에 의하여 죄가 되지 아니하는"의 해석에도 부합한다. 이에 따르면 자신의 행위가 불법한지는 알았더라도 형법이 금지 또는 허용하고 있다는 점에 대한 인식이 없을 수도 있다.

3. 유형

241) 군형법 제92조의6(추행) 제1조 제1항부터 제3항까지에 규정된 사람에 대하여 항문성교나 그 밖의 추행을 한 사람은 2년 이하의 징역에 처한다.

242) 김일수, 한국형법Ⅱ[총론 下], 박영사, 1996, 69면; 신동운, 형법총론, 법문사, 2006, 387면 이하와 402면.

243) 심재우, "위법성조각사유의 전제사실에 관한 착오", 판례연구, 고려대학교 법학연구원, 1994, 33면 이하.

244) 이는 로마법에서 유래한다고 흔히 알려져 있으나 사실은 아리스토텔레스의 "법률의 부지는 용서받지 못하나 사실의 부지는 용서받는다"는 말에서 유래한 것이라고 한다(김영환, "법률의 부지의 형법해석학적 문제점", 지송 이재상교수 화갑기념논문집Ⅰ, 박영사, 2002, 478면).

245) 이상돈, 형법강의, 법문사, 2010, 21/20; 차용석, "위법성의 인식, 위법성의 착오", 고시연구, 1994,

법률의 착오의 유형은 흔히 금지규범과 관련하여 위법성의 인식이 없는 직접적 법률의 착오(금지규범의 착오)와 허용규범(곧 위법성조각사유)과 관련하여 위법성의 인식이 없는 간접적 법률의 착오(허용규범의 착오)로 구별한다.

가. 직접적 법률의 착오(금지규범의 착오)

㉮법률의 부지는 금지규범의 존재에 관한 착오로 금지규범 그 자체를 모른 경우이다. 예컨대 건축법상 허가대상인 줄 모르고 허가 없이 근린생활시설을 교회로 용도변경하여 사용하는 경우이다.

㉯효력의 착오는 금지규범의 효력에 관한 착오로 금지규범의 존재는 알고 있었으나 그 규범이 무효라고 잘못 생각한 경우이다. 예컨대 헌법상 양심의 자유가 보장되기 때문에 병역법상 입대거부를 처벌하는 규정은 무효라고 생각하고 입대를 거부한 경우이다.

㉰금지규범에 관한 포섭의 착오는 금지규범을 잘못 해석함으로써 자기 행위가 법적으로 금지되어있지 않다고 잘못 생각한 경우이다. 예컨대 타인의 자동차 타이어의 바람을 빼는 행위는 타이어를 손괴하는 행위가 아니므로 손괴죄에 해당하지 않는다고 오인하고 타이어의 바람을 뺀 경우이다.

나. 간접적 법률의 착오(허용규범의 착오)

㉮허용규범의 착오는 위법성조각사유의 존재에 관한 착오이다. 예컨대 계속적 치료가 필요한 환자를 의사가 자신의 의학적 충고에 반하는 환자의 의사에 따라 퇴원시키는 것[246]도 위법성조각사유의 하나라고 착각하고 치료를 중단하거나 환자의 동의가 없어도 수술할 권한이 있다고 믿고 의사가 환자를 수술한 경우이다.

㉯허용한계의 착오는 위법성조각사유의 요건 또는 한계에 관한 착오이다. 예컨대 과거의 침해나 절도범에 대한 살인행위도 정당방위로서 허용된다고 착각하고 살해하거나 강도현장에서 범인을 체포하는 경우에는 사인(私人)도 그를 추적하여 타인의 주거에 들어가서라도 체포할 수 있다고 생각하고 타인의 주거에 무단으로 들어간 경우이다.

㉰허용포섭의 착오는 허용규범을 잘못 해석함으로써 자기 행위가 법적으로 허용되어있다고 착각한 경우이다. 예컨대 명예훼손죄의 위법성조각사유의 요건인 '공공의 이익'에는 공직의 윤리성이나 도덕성도 포함된다고 보고 특정 공무원의 간통사실을 아파트게시판에 게시한 경우이다.

246) 미국법은 DAMA(discharge against medical advice)를 합법적인 행위로 인정하고 있다.

4. 효과

법률의 착오 또는 위법성의 착오의 효과는 위법성의 인식을 고의의 요소로 볼 것인지 아니면 독자적인 책임요소로 볼 것인지 여부에 따라 달라진다. 고의설과 책임설의 대립이 이에 관한 것이다. 제16조는 책임설에 따라 규정한 것이다.

가. 학설

(1) 모든 법률의 착오를 고의의 문제로 보는 입장: 고의설

고의설은 고의를 책임요소로 보면서, 위법성의 인식을 고의의 요소로 보는 인과적 행위론에 따른 형법체계론(고전적 형법체계론과 신고전적 형법체계론)에서 주장된 견해로, 여기서의 고의는 책임에 위치하므로 책임고의이다.

고의설은 엄격고의설과 제한고의설로 구별된다. 엄격고의설은 위법성의 현실적 인식이 없으면 책임고의를 조각하지만, 불인식에 과실이 있고 과실범 처벌규정이 있으면 과실범이 성립한다는 견해다.[247] 이에 따르면 법률의 착오와 사실의 착오는 차이가 없으므로, 착오의 형법적 효과가 행위자의 주관적 인식에 지나치게 좌우된다는 문제가 있고, 또한 위법성의 현실적 인식이 없다고 봐야하는 확신범이나 상습범의 경우에 고의가 부정된다.

제한고의설은 엄격고의설의 문제점을 완화시키기 위해 등장한 학설로, 예컨대 아래의 학설이 이에 해당한다. ⓐMayer가 주장한 위법성의 인식가능성설은 위법성의 불인식에 과실이 있다고 하더라도 위법성의 인식가능성만 인정되면 고의를 인정한다. 이에 따르면 위법성의 인식가능성도 없어야 고의는 조각되고 과실범이 문제된다.[248] ⓑ법과실준고의설은 위법성의 불인식에 과실이 있으면 고의에 준해서 처벌한다.

(2) 법률의 착오를 책임의 문제로 보는 입장: 책임설

책임설은 고의설의 한계를 근본적으로 해결하려는 학설로, 고의에서 위법성의 인식을 분리하여 위법성의 인식을 독자적인 책임요소로 보는 견해이다. 이 학설의 영향을 받아서 형법의 착오를 구성요건 착오와 금지착오로 구별하게 된다. 이 학설은 구성요건 착오와 허용상황의 착오는 내용적으로 차이가 있다고 본다. 범행상황을 인식하지 못한 사람과 범행상황은 인식했지만 자신의 행위는 허용된다고 인식한 사람은 다르다는 것이다.

247) 정영석, 형법총론, 법문사, 1983, 200면 이하.
248) 정성근, 형법총론, 법지사, 1998, 387면 이하.

아래에서 보듯이 허용상황의 착오를 위법성의 착오로 볼 것인지, 구성요건 착오로 볼 것인지 다툼이 있지만, 그 밖의 법률의 착오의 경우에는 착오의 회피가능성(또는 위법성의 인식가능성)이 **없으면** 책임을 조각하고, 그런 가능성이 **있으면** 책임을 감경한다고 본다.

⑶ 제16조의 의미

독일 형법 제17조는 금지착오가 회피가능성이 전혀 없는 때에는 책임을 조각하고, 회피가능성이 있는 때에는 형을 감경할 수 있도록 하고 있다. 이는 책임설을 입법화한 것이다. 그러나 한국 형법 제16조는 위법성의 착오에 '정당한 이유'가 있는 때에 한하여 벌하지 않는다고 규정하고 있어서 그 의미를 두고 다툼이 있다.

유기천교수는 제한고의설 중 위법성의 인식가능성설을 따르면서 형법 제16조는 이를 입법한 것이라고 본다.[249] 그런데 형법 제16조의 의미는 문언에 충실하게 법률의 착오에 '정당한 이유'가 있는 때에는 학설의 대립에 관계없이 책임을 조각하고, '정당한 이유'가 인정되지 않는 때에 비로소 학설이 의미를 갖는다고 봐야한다는 견해[250]도 있다. 다수견해는 독일 형법 제17조의 의미로 해석한다.

'정당한 이유'의 의미를, ㉮다수견해는 독일처럼 회피가능성의 의미로 본다. 이와 달리 ㉯정당한 이유와 회피가능성을 다른 의미로 이해하여 회피가능성이 있는 경우에도 정당한 이유를 인정할 수 있다고 보는 견해[251]도 있다. 그 이유는 독일처럼 정당한 이유를 회피가능성으로 이해하면, 그 전제가 되는 위법성의 인식능력은 사물변별능력과 같아지게 되는 문제가 생긴다는 것이다.[252] 그런데 독일 판례는 양심적 심사의무와 조회의무를 다한 경우에는 회피가능성이 없는 때로 본다. ㉰법률의 착오를 '형법규범의 정보화 실패'로 정의하고, 그 책임을 개인에게 귀속시킬 것인지, 아니면 국가에게 귀속시킬 것인지의 문제로 보는 귀속이론[253]도 있다. 이 이론은 민주적 법치국가에서 시민은 사회적 통합의 핵심이 되는 법규범(형법규범)을 인지(인식 → 내면화 → 준수)할 의무가 있는데, 이 의무의 범위는 비례성원칙에 따라 이행이 기대가능한 범위에서 설정되어야한다는 것을 전제로 한다.

나. 판례

판례는 단순한 법률의 부지는 제16조에 해당하지 않고, 제16조는 '일반적으로 범죄가 되는

249) 유기천, 형법학, 일조각, 1980, 228면과 230면.
250) 유기천, 형법학, 일조각, 1980, 231면; 오영근, 형법총론, 박영사, 2005, 456면.
251) 김성돈, 형법총론, 현암사, 2006, 428면 이하; 오영근, 형법총론, 박영사, 2005, 26/38.
252) 김성돈, 형법총론, 현암사, 2006, 428면 이하.
253) 이상돈, 형법강의, 법문사, 2010, 441면 이하.

경우이지만 자기의 특수한 경우에는 법령에 의하여 허용된 행위로서 죄가 되지 않는다고 잘못 인식한 경우'로서 이런 그릇 인식에 정당한 이유가 있는 경우에는 벌하지 않는다는 취지이며(2009도13868; 2003도6282; 2001도4077; 2000도3051; 2000도2943; 85도25), 정당한 이유가 있는지 여부는 행위자에게 자기 행위의 위법의 가능성에 대해 심사숙고하거나 조회할 수 있는 계기가 있어 자신의 지적능력을 다하여 이를 회피하기 위한 진지한 노력을 다하였더라면 스스로의 행위에 대해 위법성을 인식할 수 있는 가능성이 있었음에도 이를 다하지 못한 결과 자기 행위의 위법성을 인식하지 못한 것인지 여부에 따라 판단해야하고, 이런 위법성의 인식에 필요한 노력의 정도는 구체적인 행위정황과 행위자 개인의 인식능력 그리고 행위자가 속한 사회집단에 따라 달리 평가되어야 한다(2005도3717; 2008도8607)고 보면서, '정당한 이유'를 극히 제한하여 인정한다. 그런데 이런 태도는 "단순히 금지되기 때문에 범죄인 것"이 빠르게 증가하는 현대사회에 부합하지 않는다.

판례는 당번병사건에서 丙은 군형법의 무단이탈죄[254]가 아니라고 본다(86도1406). 그 이유는 당번병의 관사이탈 행위는 중대장의 직접적인 허가를 받지 않은 것이라고 하더라도 당번병으로서의 그 임무범위 안에 속하는 일로 오인하고 한 행위로서 그 오인에 정당한 이유가 있어 위법성이 없다고 볼 수 있다는 것이다.

5. 고의의 형법체계상 지위와 고의의 (인식)대상 및 과실의 형법체계상 지위

가. 고의의 형법체계상 지위와 고의의 (인식)대상

(1) 고의의 형법체계상 지위

이처럼 고의가 범죄성립요건 가운데 어디에 위치하는지를 두고 역사적으로 다툼이 있어왔다. 달리 말해 고의가 구성요건요소인지, 책임요소인지, 아니면 구성요건요소이자 책임요소인지 견해대립이 있었다.

고전적 형법체계론과 신고전적 형법체계론은 범죄의 객관적 요소들은 불법을 구성하고, 주관적 요소들은 책임을 구성한다고 파악하여 고의를 책임요소로 보았다. 책임고의라고 할 수 있다.

목적적 형법체계론은 범죄를 목적적 조종활동의 결과라고 파악하여 고의를 구성요건요소로 보았는데, 이런 고의를 가리켜 구성요건고의라고 한다.

---

254) 第79조(무단 이탈) 허가 없이 근무장소 또는 지정장소를 일시적으로 이탈하거나 지정한 시간까지 지정한 장소에 도달하지 못한 사람은 1년 이하의 징역이나 금고 또는 300만원 이하의 벌금에 처한다.

종합적 형법체계론은 앞의 형법체계론의 입장을 모두 수용하여 고의는 구성요건요소이자 책임요소로 보는데, 구성요건고의는 행위불법(반가치)적 성질이고, 책임고의는 심정반가치적 성질이며, 구성요건고의는 책임고의를 추정한다고 본다.[255] 이를 가리켜 고의의 이중적 지위라고 한다. 고의가 이중적 지위를 갖는다는 의미는 먼저 예컨대 甲의 행위로 V가 사망한 경우, 甲이 그 행위를 고의로 한 것인지, 아니면 과실로 한 것인지에 따라 살인죄의 구성요건에 해당하는지, 아니면 과실치사죄의 구성요건에 해당하는지가 달라지며, 곧 구성요건단계에서 문제되고, 이에 따라 불법에 차이가 있다. 다음으로 고의행위인지, 아니면 과실행위인지에 따라 행위자에 대한 비난의 정도도 달라지므로 고의 여부는 책임단계에서도 의미를 갖는다는 것이다.[256] 쉽게 말하면 甲이 V의 발을 밟은 경우, 먼저 "일부러 그런 것인지, 아니면 실수로 그런 것인지" 따진 후에 "왜 그랬어"하면서 그렇게 하게 된 사정을 따져 그에 상응하여 행위자를 비난한다는 것이다. 결국 고전적 형법체계론과 신고전적 형법체계론은 고의를 후자의 의미, 곧 비난가능성의 문제로만 파악한 것이고, 목적적 형법체계론은 전자의 의미, 곧 고의범의 구성요건을 충족하는지의 문제로만 파악한 것이다.

⑵ 고의의 (인식)대상

고의의 내상인 제13조의 "죄의 성립요소인 사실"의 의미를 두고 다툼이 있다. 먼저 ㉮다수견해는 객관적 구성요건요소, 곧 행위의 주체, 객체, 방법, 결과, 인과관계 등으로 본다. 이를 흔히 구성요건고의라고 부른다.

㉯소극적 구성요건표지이론은 객관적 구성요건요소뿐만 아니라 위법성조각사유가 부존재한다는 사실도 포함한다고 보며, 이런 고의를 흔히 불법고의라고 부른다.[257]

㉰역사적으로 불법도 고의의 인식대상으로 본 입장도 있었다. 고의를 불법의식도 포함하는 개념으로 이해한 것이다. 예컨대 총으로 사람을 살해하려고 하는 경우 객체가 사람이고, 총을 쏘면 그 사람이 죽을 수 있고, 이런 살해행위가 사회윤리적으로 나쁘다는 인식이 있어야 고의를 인정할 수 있다고 파악한 것이다. 이런 고의를 불법고의라고 부르기도 한다.[258] 형법체

---

255) 구성요건이 위법성을 추정하는 것과 달리, 구성요건고의는 책임고의를 추정할 수 없다는 견해(Haft, AT, 102면)도 있다. 그 이유는 구성요건은 잠정적 불법판단이고 위법성은 확정적 불법판단으로서 모두 전체법질서의 관점에서 판단하는 것인데, 구성요건고의는 쉽게 말해 행위자가 자신의 행위가 무엇인지를 인식하는 것이고, 책임고의는 행위자가 그런 행위를 하게 된 심리적 상태를 가리키는 것으로서, 구성요건고의와 책임고의는 판단의 관점을 달리한다는 것이다. 곧 구성요건고의는 전체법질서의 관점에서 판단하는 것이지만, 책임고의는 행위자의 관점에서 판단한다는 것이다.

256) 오영근, 형법총론, 박영사, 2012, 12/38.

257) 문채규, "소극적 구성요건표지이론을 위한 변론", 형사법연구 제12호, 1999, 84면 이하. 이상돈교수도 13조의 고의를 불법고의로 이해한다(이상돈, 형법강의, 법문사, 2010, 8/23).

계론 가운데 고전적 형법체계론과 신고전적 형법체계론이 이에 해당한다.

나. 과실의 형법체계상 지위

(1) 과실의 형법체계상 지위와 개방적 구성요건

과실의 형법체계상 지위와 관련하여 책임요소설(구과실론), 위법요소설, 구성요건요소설(신과실론), 구성요건요소이자 책임요소라는 견해의 대립이 있다. 위법요소설은 Welzel의 개방적 구성요건에 배경을 둔 것으로서, 과실의 위법성은 구성요건해당성이 추정할 수 없고 과실 자체의 위법성 여부를 적극적 판단해야한다는 이유로 과실은 위법요소라고 보는 입장이다. 예컨대 甲의 의료행위로 V가 사망한 경우 과실범의 구성요건해당성은 인정되지만, 그 행위가 만일 정상의 주의의무를 다한 것이면 위법하지 않다고 보는 것이다.

Welzel은 구성요건을 폐쇄적 구성요건과 개방적 구성요건으로 구별했다. 폐쇄적 구성요건은 불법유형을 남김없이 규정하고 있는 구성요건인 반면, 개방적 구성요건은 법관이 불법유형을 보충해야하는 구성요건으로서, 과실범의 '정상의 주의태만'이나 부작위범의 '작위의무' 등이 개방적 구성요건에 해당한다는 것이다. 따라서 부작위범이나 과실범의 경우에는 구성요건이 위법성을 완전히 추정할 수 없고, 위법성 여부를 적극적으로 판단해야한다는 것이다. 곧 부작위범이나 과실범의 경우는 위법성 판단이 추정된 위법성을 조각시키는 소극적 의미를 갖는 것이 아니라 구성요건이 부족하게 추정한 위법성을 완전하게 채우는 적극적 의미를 갖는다. 이 주장에 대해서는 구성요건을 전형적인 불법을 유형화 또는 정형화한 것으로 이해하는 한 모든 구성요건은 폐쇄적이라는 비판,[259] 개방적 구성요건은 규범적 구성요건요소로 이해하는 것이 옳다는 비판[260]이 있다. 그러나 구성요건은 모두 불확실한 의미를 가지므로 사안에 따라 달리 해석될 수 있는 개방적인 성질을 갖는다고 보는 입장[261]도 있다.

(2) 과실의 판단기준과 관련성

과실의 판단기준에 관한 객관설은 과실을 객관적 과실과 주관적 과실로 이분화하여 전자는 구성요건요소로, 후자는 책임요소로 각각 이해함으로써 과실범의 경우에는 주관적 구성요건요소가 존재하지 않는 책임요소설의 입장에 뿌리를 두고 있다. 책임요소설을 흔히 이중적

258) 심재우, "위법성조각사유의 전제사실에 관한 착오", 판례연구, 고려대학교 법학연구원, 1994, 29면 이하.

259) 김일수, 한국형법 I [총론 上], 박영사, 1996, 294면; 심재우, "위법성조각사유의 전제사실에 관한 착오", 판례연구, 고려대학교 법학연구소, 1994, 35면 이하.

260) 이형국, 형법총론, 법문사, 2007, 79면.

261) 이상돈, 형법강의, 법문사, 2010, 6/25.

지위설 또는 이중적 기능설로 부르지만,[262] 이는 적절하지 않다고 본다. 이 입장은 과실범을 고의범과는 다른 체계로 파악하므로, 여기서 말하는 이중적 지위와 고의의 이중적 지위와는 그 의미가 다르기 때문이다. 이중적 지위설은 고의범의 경우는 고의를 주관적 구성요건요소로 파악하면서 이중적 지위를 인정하는 것인 반면, 과실범의 경우에는 주관적 구성요건요소가 존재하지 않고, 주관적 과실을 책임요소로 본 것이다. 달리 말해 이중적 지위설에 따르면 고의는 주관적 구성요건요소이자 책임요소인 반면, 과실은 구성요건단계에서는 객관적 과실의 의미를 갖지만 책임단계에서는 주관적 과실의 의미를 갖는다.

이와 달리 과실의 판단기준에 관한 주관설은 책임요소설이 말하는 객관적 과실은 고의범과 과실범 모두에 인정되는 객관적 귀속의 한 척도로서 객관적 구성요건에 해당한다고 보고, 과실은 주관적 과실로만 파악하는 구성요건요소설의 입장에 뿌리를 두고 있다. 구성요건요소설은 고의가 주관적 구성요건요소인 것처럼 과실도 주관적 구성요건요소로 보려는 것이고, 또 마치 고의를 객관적 고의와 주관적 고의로 구별하지 않는 것처럼 과실도 객관적 과실과 주관적 과실로 구별할 필요가 없다고 보려는 것이다.[263]

Ⅲ. 허용상황의 착오(예컨대 오상방위)

Q. 경비병인 甲은 초소근무 중 다음번 초소로 근무를 해야 할 V와 교대시간이 늦었다는 이유로 언쟁을 하다가 甲이 V를 구타하여 코피가 나자, V는 코피를 닦으며 흥분하여 "월남에서는 사람하나 죽인 것은 파리를 죽인 것이나 같았다. 너 하나 못 죽일 줄 아느냐" 라고 하면서 V는 소지하고 있던 소총을 甲의 등 뒤에 겨누며 실탄을 장전하는 등 발사할 듯이 위협을 하자 甲은 당황하여 먼저 V를 죽이지 않으면 위험하다고 느끼고 뒤로 돌아서면서 소지하고 있던 소총을 V의 복부를 향해 발사하여 V를 사망하게 하였다(약칭하여 경비병사건). 甲을 처벌할 수 있는가?

1. 개념

흔히 위법성조각사유의 전제사실에 관한 착오로 불리는 허용상황의 착오[264]는 객관적으로

262) 예컨대 오영근, 로스쿨 형법, 박영사, 2009, 42면.

263) 구성요건요소설은 다시 주관적 과실의 체계적 지위와 관련 고의처럼 이중적 지위를 인정하는 견해(김일수, 한국형법Ⅱ[총론 下], 박영사, 1996, 388면 이하; 조상제, "형법상 과실의 체계적 정서", 고시계 1998/9, 51면 이하)와 주관적 구성요건요소로만 파악하는 견해(김성돈, 형법총론, 성균관대학교 출판부, 2009, 479면 이하)로 구별할 수 있다.

264) 허용구성요건착오라고도 하지만, 이는 위법성조각사유의 요건에 관한 착오로 오해될 수 있으므로(오영근, 형법총론, 박영사, 2005, 26/50), 허용상황의 착오라는 표현을 쓴다.

허용상황이 존재하지 않는 데도 불구하고 주관적으로 존재하는 것으로 착각한 경우이다. 오상방위, 오상피난, 오상자구행위 등이 이에 해당한다. 예컨대 헌재 결정에서 문제된 아래 사건에서 甲의 폭행행위를 말한다. 김밥집 주변에 서있던 甲은 그 김밥집주인이 앞서 뛰어가는 학생 2명을 쫓아가며 "계산을 하고 가야지"라고 하는 말을 듣고, 15미터 가량 뒤쫓아 가 부근에 있던 V의 멱살을 잡고 약 10~15미터 가량 끌고 와 폭행을 하였는데, 그 V는 무전취식을 하고 도망가던 학생이 아니었다.[265)]

허용상황의 착오의 효과를 명시적으로 규정한 국가[266)]도 있지만, 한국 형법은 그렇지 않기 때문에 아래에서 보듯 그 효과에 관해 견해의 대립이 있다.

2. 실무

가. 판례

판례는 허용상황의 착오도 제16조에 따라 해결한다. 이에 따라 경비병사건에서 甲의 행위는 정당방위에 해당한다고 봐야하지만, 그렇지 않다하더라도 오상방위에 해당하며 정당한 이유가 있다고 봐서 살인죄로 처벌할 수 없다고 본다(68도370).

나. 헌재

그러나 헌재는 폭행죄는 과실범 처벌규정이 없으므로, 위 경우 그 효과에 관해 고의를 배제하거나 고의의 불법을 배제하는 견해, 또는 책임이 감면된다는 견해 중 어떤 견해에 의하더라도 甲은 폭행죄의 고의 또는 책임이 조각되어 처벌받지 않을 수 있다고 보았다.

3. 학설

허용상황의 착오의 효과에 관해 학설에서도 다툼이 있다. 이는 크게 ㉮고의가 부정된다고 보는 입장과 ㉯판례처럼 고의가 부정되지 않고 책임에 영향을 미친다는 입장으로 구별할 수

265) 검사는 甲의 행위에 대해 2008. 7. 11. 기소유예처분을 내리자, 甲은 2008. 10. 17. 이 처분이 중대한 수사미진으로 내려진 것으로서 평등권 및 행복추구권을 침해한다는 이유로 헌법소원심판을 청구했고, 헌법재판소는 2010. 10. 28. 오상방위의 경우 고의 또는 책임이 조각되어 처벌받지 않을 여지가 있으므로 검사는 오상방위자 甲에게 정당한 사유가 있는지, 甲의 행위가 사회통념상 상당성이 있는지 수사하고 그 법적 효과를 판단했어야한다는 이유로 인용결정을 내렸다(2008헌마629).

266) 오스트리아 형법 제8조 (정당화 사정에 관한 착오) 착오로 행위의 위법성을 조각하는 사유가 있다고 믿은 자는 고의범으로 처벌하지 않는다. 그 착오에 과실이 있고 과실범 처벌규정이 있는 때에는 과실범으로 처벌한다.

있다.

가. 허용상황의 착오도 다른 법률의 착오와 같게 봐서 고의가 부정되지 않고 책임에 영향을 미친다는 입장: 엄격책임설

엄격책임설은 허용상황의 착오도 다른 법률의 착오와 동일하게 처리한다. 따라서 허용상황의 착오의 경우에도 그 착오의 회피가능성 또는 위법성의 인식가능성이 없으면 책임을 조각하고, 그런 가능성이 있으면 고의범으로 처벌하되 책임을 감경할 뿐이다. 고의를 철저하게 구성요건고의로만 이해하는 목적적 행위론의 입장에서 나온 견해이다. 한국의 경우 목적적 행위론이면서 엄격책임설을 따르기도 하지만,[267] 사회적 행위론[268]이나 행위론무용론[269]의 입장에서 엄격책임설을 따르기도 한다.[270]

엄격책임설의 구체적 논거는 아래와 같다.[271] 첫째, 고의불법과 과실불법은 전혀 다른 불법이므로 구성요건단계에서 구별되어야한다. 둘째, 책임을 탈락시키는 요소로 이뤄진 책임영역에서 책임을 적극적으로 근거지우는 요소인 책임고의(행위자의 법적대적 의사 또는 심정반가치)의 존재를 인정하기 어렵다.[272] 셋째, 과잉방위는 고의범으로 처벌하면서 오상방위는 과실범으로 처벌하는 것은 평등원칙에 어긋난다.

나. 허용상황의 착오는 다른 법률의 착오와 구별된다고 봐서 고의가 부정된다고 보는 입장: 제한책임설

(1) 소극적 구성요건표지이론[273]

소극적 구성요건표지이론은 위법성조각사유를 소극적 구성요건표지로 봄으로 이와 관련된 착오는 모두 구성요건 착오가 된다. 따라서 허용상황의 착오의 경우에도 제13조의 고의가 부정된다.[274] 이 입장은 제한적 책임설이 전제로 하는 구성요건고의의 이중적 기능은 허구라고

---

267) 정성근, 형법총론, 1998, 법지사, 402면.

268) 김성돈, 형법총론, 현암사, 2006, 145면 이하와 215면.

269) 오영근, 형법총론, 박영사, 2005, 7/4.

270) 김성돈, 형법총론, 성균관대학교 출판부, 2009, 382면; 오영근, 형법총론, 박영사, 2005, 26/56.

271) 김성돈, 형법총론, 성균관대학교 출판부, 2009, 382면 이하; 정성근·박광민, 형법총론, 삼영사, 2011, 349면.

272) 김성돈, 형법총론, 성균관대학교 출판부, 2009, 202면. 오영근교수도 책임고의를 부정하고 있는 것 같다. 그 이유는 고의의 이중적 지위를 인정하는 것이 옳다고 하면서도 고의는 책임형식으로 독자적 위치를 갖는다기보다는 법률의 착오와 관련하여 다루면 충분하다고 생각한다(오영근, 형법총론, 박영사, 2005, 398면 이하)고 서술하고 있기 때문이다.

273) 독일은 소극적 구성요건표지이론을 책임설의 한 유형으로 소개하고 있다. 예컨대 Joecks, MK-StGB, 2003, 16/85.

274) 문채규, "소극적 구성요건표지이론을 위한 변론", 형사법연구 제12호, 1999, 94면 이하; 심재우, "위법성조각

주장한다. 3단계 형법체계론의 구성요건 개념은 금지의 형식을 의미하는 형식적 개념이므로 구성요건 고의로는 법적대적 의사나 심정반가치를 매개할 수 없고, 불법고의만이 이 기능을 수행할 수 있다는 것이다.[275] 결국 이에 따르면 고의는 불법고의와 책임고의의 이중적 의미를 갖는다.

불법고의를 흔히 구성요건표지와 객관적 정당화사정의 부존재에 대한 인식을 포함하는 개념으로 이해하지만,[276] 구성요건고의와 불법의식을 포함하는 개념으로 이해하는 견해[277]도 있다. 이런 다툼은 소극적 구성요건표지이론이 직접적 법률의 착오를 어떻게 처리할지의 다툼으로 이어진다. 오영근교수는 소극적 구성요건표지이론에 따르면 구성요건 착오이건 법률의 착오이건 모두 불법고의를 조각시킨다고 본다.[278] 심재우교수는 형사범의 경우는 책임설에 따라, 행정범의 경우는 고의설에 따라 각각 해결해야한다고 보아, 자연범 · 행정범구별설을 따른다.[279]

(2) 제13조 직접적용설 또는 불법고의설

제13조의 고의를 불법고의로 이해하는 입장에 따르면 위법성조각사유의 전제가 되는 사실은 제13조가 말하는 "죄의 성립요소인 사실"에 속하므로, 허용상황의 착오의 경우 제13조가 직접 적용되어 (불법)고의가 부정된다.[280]

(3) 구성요건착오유추적용설과 법효과제한책임설

구성요건착오유추적용설에 따르면 구성요건고의가 부정된다는 견해[281]도 있지만, 이 두 학설 모두 구성요건고의는 인정하고, 아래에서 보듯이 구성요건착오유추적용설은 불법고의나 고의불법을, 법효과제한책임설은 책임고의나 고의책임을 각각 부정하여[282] 고의범의 성립을

사유의 전제사실에 관한 착오", 판례연구, 고려대학교 법학연구소, 1994, 45면; 이상돈, 형법강의, 법문사, 2010, 14/114.

275) 문채규, "소극적 구성요건표지이론을 위한 변론", 형사법연구 제12호, 1999, 84면 이하.

276) 김일수 · 서보학, 새로쓴 형법총론, 2008, 286면; 문채규, "소극적 구성요건표지이론을 위한 변론", 형사법연구 제12호, 1999, 94면 이하; 배종대, 형법총론, 2005, 홍문사, 53/62; Joecks, MK-StGB, 2003, 16/87.

277) 심재우, "위법성조각사유의 전제사실에 관한 착오", 판례연구, 고려대학교 법학연구소, 1994, 35면 이하; 오영근, 형법총론, 박영사, 2005, 26/19-47. 그런데 심재우, "목적적 행위론의 책임개념에 대한 비판", 고시연구 1977. 3, 62면은 불법의식을 책임요소로 보기도 한다.

278) 오영근, 형법총론, 박영사, 2005, 26/47.

279) 심재우, "금지착오와 위법성의 인식", 고시계 1979. 5, 19면 이하.

280) 이상돈, 형법강의, 법문사, 2010, 8/23과 71 · 14/114 · 21/16

281) 박상기, 형법총론, 박영사, 2009, 249면; 배종대, 형법총론, 홍문사, 2011, 97/7; 신동운, 형법총론, 법문사, 2010, 416면; 이재상, 형법총론, 박영사, 2010, 25/12.

282) 이런 점 때문에 구성요건착오유추적용설은 고의불법배제적 제한책임설로, 아래 법효과제한책임설은 고의책임

부정하며, 그 착오에 회피가능성이 있는 경우 과실범 처벌규정이 있다면 과실범으로 처벌할 수 있다고 본다. 결국 두 학설 모두 구성요건고의를 인정하면서도 과실범으로 처벌할 수 있다고 본 것이다. 바로 이 점 때문에 Arthur Kaufmann은 엄격책임설은 논리일관된 책임설로, 제한책임설은 논리일관성이 없는 책임설로 불렀다고 한다.[283]

(가) 구성요건착오유추적용설

구성요건착오유추적용설은 구성요건 착오를 유추적용하여 고의범의 성립을 부정해야한다는 입장이다. 그 이유는 구성요건 착오와 달리 구성요건의 경고기능은 존재하므로 구성요건고의는 인정되지만 불법고의[284] 또는 고의불법[285]이 조각된다는 것이다. 물론 불법고의가 조각되면 허용상황의 착오에 빠진 자의 행위에 가담한 자에 대해서는 공범이 성립할 여지는 없지만, 그런 범행가담자는 형법 34조의 간접정범으로 처벌될 수 있다. 구성요건고의는 인정하면서 불법고의를 조각시킨다는 논리는 3단계 형법체계론과 소극적 구성요건표지이론의 2단계 형법체계론 사이에서 자리를 잡지 못한 것이라는 점에서 문제이다.

(나) 법효과제한책임설 또는 법효과전환책임설[286]

법효과제한책임설은 구성요건고의는 인정하지만, 책임고의는 부정한다.[287] 그 이유는 허용상황의 착오는 구성요건 착오와 동일하게 볼 수 없다는 것이다. 허용상황의 착오의 경우에는 행위자가 구성요건을 인식하고 있었으므로 구성요건의 '경고기능'이 행위자에게 작용하고 있었던 반면, 구성요건 착오의 경우에는 그런 여지가 없다는 것이다. 구성요건의 경고기능에 비추어 허용상황의 착오를 일으킨 자는 단순히 구성요건 착오를 한 자보다 더 강하게 자신의 행위가 정당화되는지 주의해서 검토하도록 요구받는다는 것이다. 그렇다고 회피가능한 허용상황의 착오를 일으킨 자에게 고의책임을 묻을 수는 없다고 본다. 행위자가 위법성을 인식했

배제적 제한책임설로 부르는 견해(문채규, "소극적 구성요건표지이론을 위한 변론", 형사법연구 제12호, 1999, 75면)도 있다.

283) 심재우, "위법성조각사유의 전제사실에 관한 착오", 판례연구, 고려대학교 법학연구소, 1994, 46면.

284) 김일수, 한국형법 I [총론 上], 박영사, 1996, 530면 이하; 김일수·서보학, 새로 쓴 형법총론, 박영사, 2008, 286면.

285) 손동권, "오상(과잉)방위의 효과", 형사법연구 제12권, 1999, 130면 이하; 손동권·김재윤, 새로운 형법총론, 율곡출판사, 2011, 11/61; 성낙현, 형법총론, 동방문화사, 2011, 226면; 이정원, 형법총론 공개 제1판, 2008, 271면; 하태훈, 형법사례연습, 박영사, 2009, 112면; 하태훈, "오상방위", 고시계 94/11, 96면.

286) 이 표현은 김성돈, 형법총론, 2009, 성균관대학교 출판부, 382면.

287) 박상기, 형법총론, 박영사, 2009, 250면; 배종대, 형법총론, 홍문사, 2011, 97/8·9; 신동운, 형법총론, 법문사, 2011, 422면; 이재상, 형법총론, 박영사, 2010, 25/14; 이형국, 형법총론, 법문사, 2007, 126면; 임웅. 형법총론, 법문사, 2011, 325면 이하; 정영일, 형법총론, 박영사, 2010, 316면 이하.

지만 자신의 행위가 허용된다고 인식한 것이므로, 법적대적인 심정을 품은 것이 아니기 때문이라는 것이다(책임고의의 탈락). 다만, 착오가 회피가능한 것이었다면, 행위자는 자기 행위가 정당화되는지 주의해서 검토했어야했는데 그렇지 못한 것이므로 그에게는 과실책임만을 묻을 수 있을 뿐이라고 본다. 따라서 회피가능한 허용상황의 착오인 경우 과실범 처벌규정이 없으면 무죄이다.

이 학설은 그 가치를 구성요건착오유추적용설과 달리 허용상황의 착오에 빠진 행위자를 교사·방조한 자도 공범의 제한종속형식에 따르면 교사범·방조범으로 처벌할 수 있다는 점에서 찾는다. 구성요건착오유추적용설과 달리 허용상황의 착오에 빠진 자는 고의행위자이지만 그 효과만을 제한하여 고의범으로 처벌하지 않는 것이기 때문이다.

Ⅳ. 주관적 정당화요소의 흠결(예컨대 우연방위)

Q. V가 권총으로 甲을 살해하려고 겨누고 있었는데, 마침 甲이 이런 사실을 모른 채 평소 불만이 많았던 V를 석궁으로 살해하였다. 甲의 살인죄는 위법성이 조각되는가?

Q. V가 치매에 걸린 자신의 아버지를 살해하려는 순간 평소 V에게 원한이 있던 친구 乙이 자신의 행위가 정당방위에 해당할 수 있다는 사정을 이용하여 V를 살해하였다. 乙의 살인죄는 정당방위로서 위법성이 조각되는가?

Q. 강도 V가 인질의 목에 칼을 들이대고 위협하는 상황에 직면한 경찰관 丙은 V를 제압하기 위해 총을 빼들었는데, 이 과정에서 실수로 격발이 되어 V가 사망하였다. 丙의 과실치사죄는 정당방위로서 위법성이 조각되는가?

甲은 객관적 정당화사정이 존재함에도 불구하고 이를 인식하지 못하고 행위를 한 경우이다. 우연방위라고도 한다. 반전된 허용상황의 착오라고 이해할 수도 있다. 앞서 말했듯이 허용상황의 착오는 객관적 정당화사정이 부존재함에도 불구하고 존재한다고 생각하고 행위를 하는 것이다. 이런 사례들은 이른바 주관적 정당화요소의 의미와 필요성 여부에 따라 달라지는데, 아래에서 보듯이 이에 관해 다툼이 있다.

1. 고의범

가. 주관적 정당화요소 필요설

다수견해와 판례(96도3376전판)는 예컨대 정당방위가 성립하려면 객관적 정당화사정의 존재만으로는 부족하고 이른바 주관적 정당화요소가 필요하다고 본다.

(1) 주관적 정당화요소의 의미

그런데 주관적 정당화요소가 객관적 정당화사정의 인식만을 의미하는지(ⓐ객관적 정당화사정 인식설), 아니면 그런 인식 외에 그런 사정을 실현하려는 의사, 곧 정당화의사도 포함하는 개념인지(ⓑ주관적 정당화 의사설) 주관적 정당화요소 필요설 내부에서 다툼이 있다. 이는 마치 고의를 두고 인식설과 의사설이 대립하는 것과 같다. 주관적 정당화 의사설은 객관적 정당화사정의 존재를 인식하고 이를 실현하려는 의사로 보는 것이다. 주관적 정당화요소가 인정되려면 정당방위의 경우는 방위의사, 긴급피난의 경우는 피난의사, 자구행위의 경우는 자구의사 등이 각각 필요하다고 보는 것이다.

ⓐ객관적 정당화사정 인식설에 따르면 甲의 행위는 주관적 정당화요소를 갖추지 못한 반면, 乙의 행위는 갖춘 것이다. 그러나 ⓑ주관적 정당화 의사설에 따르면 乙의 행위는 주관적 정당화요소를 갖추지 못한 것이다.

(2) 주관적 정당화 요소를 흠결한 경우의 법적 효과

주관적 정당화요소를 갖추지 못한 경우 그 법적 효과를 두고도 주관적 정당화요소 필요설 내부에서 다툼이 있다.

ⓐ행위반가치일원론은 행위반가치가 탈락되지 않으므로 위법성이 조각되지 않는다고 본다. 또 만일 다수견해처럼 불능(미수)범으로 처벌한다면 미수범처벌규정이 없는 경우에는 부당한 결과가 초래된다고 본다.[288] 이에 따르면 기수범으로 처벌되므로 기수범설이라고도 한다. ⓑ불능(미수)범설은 주관적 정당화요소가 흠결되어 행위불법은 인정되지만 객관적 정당화사정은 존재하여 결과불법은 없다고 볼 수 있고, 이는 구조가 마치 불능(미수)범과 유사하다고 보는 입장으로, 위 경우 불능(미수)범으로 처벌된다.

나. 주관적 정당화요소 불요설

결과반가치일원론에 이론적 근거를 둔 주관적 정당화요소 불요설은, 이처럼 객관적 정당화사정이 존재하기만 하면 결과반가치가 탈락하여 위법성이 조각된다고 본다.[289] 이에 따르면 위 경우 무죄이므로 무죄설이라고도 한다.

여기서 결과반가치(Erfolgsunwert)란 행위가 초래한 결과(법익의 침해 또는 침해의 위험)에 대한 부정적 가치판단을 말한다. 범죄의 본질에 관한 객관주의, 형법규범의 본질을 평가규

288) 이재상, 형법총론, 박영사, 1996, 16/28.
289) 차용석, 형법총론강의, 고시연구사, 1988, 596면.

범으로 보는 입장에 뿌리를 두고 있다. 이와 달리 행위반가치(Handlungsunwert)란 행위자의 행위에 대해 형법의 관점에서 내리는 부정적인 가치판단을 말한다. 목적적 행위론의 인적 불법론은 행위반가치가 불법의 핵심이고, 결과반가치는 부수적이라고 보는 입장이다. 범죄의 본질에 관한 주관주의, 형법규범의 본질을 (의사)결정규범을 보는 입장에 뿌리를 두고 있다.[290] 반가치를 불법이라고도 번역한다. 인적 불법론 또는 행위반가치일원론은 미수범을 기수범처럼 처벌하고, 결과반가치일원론은 미수범을 처벌하지 않는다. 미수범을 처벌하되 기수범보다 가볍게 처벌할 수 있도록 한 것은 행위불법과 결과불법을 모두 고려한 것이다. 흔히 미수범의 행위불법은 기수범과 같지만 결과불법은 기수범보다 낮다고 볼 수 있기 때문이다.

2. 과실범

가. 주관적 정당화요소 불요설

이는 과실범은 범죄의사가 결여된 것이므로 고의를 상쇄시킬 정도의 주관적 정당화요소는 필요없다는 견해이다. 따라서 과실범의 경우는 객관적 정당화사정 아래 행위하면 행위불법이 부정된다고 본다.[291] 주관적 정당화요소 필요설을 따른다고 하더라도 그 구조를 불능미수범과 같은 구조로 이해하면 과실범의 미수는 처벌하지 않으므로 주관적 정당화요소 불요설과 차이가 없다는 것을 이유로 들기도 한다.

나. 주관적 정당화요소 필요설

주의의무위반을 상쇄시킬만한 주관적 정당화요소가 필요하다는 견해다. 이에 따르면 위법한 공격을 받은 사람이 단지 경고사격만을 하려고 하였으나 부주의로 공격자를 명중시켜 총상을 입힌 경우 과실치상죄의 구성요건해당성은 인정된다. 그러나 이 견해도 이런 경우 정당방위가 성립한다고 본다. 그 이유로 이런 정도의 상해는 고의를 가진 정당방위권의 행사로 실현되는 상해죄의 범위 안에 있다는 것을 제시하기도 하고,[292] 과실범의 불능미수이므로 처벌할 수 없다는 것을 제시하기도 한다.[293]

다. 절충설

290) 김일수, 한국형법Ⅰ[총론 上], 박영사, 1996, 453면 이하.
291) 이재상, 형법총론, 박영사, 1996, 14/34.
292) 김일수, 한국형법Ⅱ[총론 下], 박영사, 1996, 432면.
293) 오영근, 형법총론, 박영사, 2012, 17/58.

절충설은 과실결과범의 경우에는 주관적 정당화요소 불요설이 옳지만, 과실거동범의 경우에는 주관적 정당화요소 필요설이 옳다는 입장이다.[294]

Ⅴ. 부작위범의 착오와 피해자의 양해에 관한 착오

1. 부작위범의 착오

Q. 甲은 자신의 자식 V가 물에 빠져 허우적거림에도 불구하고 부주의로 V가 자신의 자식이 아니라고 생각하고 구하지 않아서 V가 익사하였다. 甲을 처벌할 수 있는가?

Q. 양부(養父) 乙은 물에 빠져 허우적거리는 사람이 자신의 양자(養子) V라는 것을 알았지만, 자신은 친부가 아니라 양부이므로 V를 구해줄 의무는 없다고 생각하여 구하지 않아서 V가 익사하였다. 乙을 처벌할 수 있는가?

위 두 경우에 甲과 乙의 형사책임은 작위의무의 형법체계상 지위, 곧 작위의무를 구성요건요소로 볼 것인지, 아니면 위법성의 요소로 볼 것인지에 따라 달라지고, 이에 관해 다툼이 있으며, 이에 따라 착오의 효과가 달라지며, 또 이에 따라 甲과 乙의 형사책임도 달라진다.

가. 위법요소설

위법요소설은 작위의무에서 보증인지위를 별도로 파악하지 않고, 작위의무를 위법성의 요소로 파악한다. 부작위범을 위법성의 문제로 본 것이다. 이는 Welzel의 개방적 구성요건에 배경을 둔 것으로서, 부작위의 위법성은 구성요건해당성이 추정할 수 없고 부작위 자체의 위법성 여부를 적극적 판단해야한다는 이유로 작위의무를 위법요소로 본 것이다. 예컨대 甲의 부작위로 V가 사망한 경우 부작위범의 구성요건해당성은 인정되지만, 그 행위가 작위의무를 위반한 것이 아니면 위법하지 않다고 본 것이다. 작위범의 경우는 구성요건해당성을 추정한 후에 위법성 판단을 소극적으로 한 것이라면, 부작위범의 경우는 구성요건해당성 판단을 하지 않고 곧바로 위법성 판단을 적극적으로 한 것과 같다.[295] 위법요소설은 위 두 경우 모두 위법성의 착오라고 보고 책임조각 여부가 문제된다고 본다.

나. 구성요건요소설

294) 이형국, 형법총론, 법문사, 2007, 333면 이하.
295) 신동운, 형법총론, 법문사, 2006, 123면.

Nagler의 보증인설의 영향을 받은 구성요건요소설은 부작위범을 구성요건의 문제로 전환시킨다. 부작위범의 경우에도 작위범의 경우처럼 구성요건해당성을 판단하는 과정이 필요하고 또 가능하며, 그것은 바로 부작위범의 경우에 특별히 요구되는 구성요건인 보증인지위라는 것이다. 이 설은 보증인지위와 보증인의무를 구별하지만, 모두 구성요건요소로 본다.[296] 그 이유는 보증인의무를 가진 자의 부작위만이 작위와 같은 가치를 가질 수 있고, 보증인의무는 부작위범의 불법의 핵심이라는 것이다. 작위범의 경우 금지의무(예컨대 사람을 죽이지 말라)가 작위에 의한 살인죄의 구성요건해당성에 내재된 불법유형의 핵심인 것처럼 부작위범의 경우 요구의무(예컨대 죽을 위험에 처한 사람을 구하라)도 부작위에 의한 살인죄의 구성요건해당성에 내재된 불법유형의 핵심으로 봐야한다는 것이다.[297] 구성요건요소설 안에서 다시 다툼이 있다. 위 두 경우 모두 구성요건 착오로 봐야한다는 견해도 있지만, 乙의 경우 보증인의무는 규범적 구성요건요소로서 자신의 부작위가 제18조에 따라 부작위범이 성립하는 것을 인식하지 못한 포섭의 착오의 일종으로서 위법성의 착오라고 보는 견해[298]도 있다.

다. 이원설

현재의 다수견해인 이원설은 보증인지위는 구성요건요소로, 보증인의무는 위법성의 요소로 각각 본다. 그 이유는 보증인지위도 위법요소로 보는 위법요소설에 따르면 작위범과 달리 부작위범의 경우에는 구성요건해당성이 위법성을 징표할 수 없고, 결국 부진정부작위범의 구성요건해당성이 부당하게 확대되는 문제가 있고,[299] 또한 작위범의 경우에는 금지의무가 구성요건요소가 아니라 위법요소로서 이를 착오한 경우 책임이 문제되는 것처럼 부작위범의 경우에도 요구의무를 위법요소로 봐야한다는 것이다.[300] 이원설은 甲의 경우는 구성요건 착오라고 보지만, 乙의 경우는 위법성의 착오라고 본다.

2. 피해자의 양해에 관한 착오

피해자의 양해와 승낙을 구별하는 견해에 따르면 피해자의 양해에 관한 착오와 피해자의 승낙에 관한 착오는 그 효과를 달리한다.

---

296) 정영일, 형법총론, 박영사, 2005, 93면.
297) 이상돈, 형법강의, 법문사, 2010, 12/79 · 112.
298) 이상돈, 형법강의, 법문사, 2010, 12/80.
299) 김일수, 한국형법Ⅱ[총론 下], 박영사, 1996, 480면 이하.
300) 김일수, 한국형법Ⅱ[총론 下], 박영사, 1996, 483면.

가. 피해자의 양해에 관한 착오

피해자의 양해와 승낙을 구별하는 견해에 따르면 피해자의 양해는 구성요건해당성배제사유이므로 피해자의 양해가 없음에도 불구하고 있는 것으로 알고 한 행위는 구성요건고의를 조각하여 과실범으로 처벌될 수 있다.

피해자의 양해가 현실적으로 존재함에도 불구하고 없는 것으로 알고 한 행위는 불능미수로 봐야한다. 예컨대 주거침입의 의사로 타인의 주거에 들어갔지만 그 타인의 양해가 있었던 경우 행위는 나쁘다고 봐야하지만(행위불법은 존재한다고 봐야하지만) 결과는 나쁘지 않기(결과불법은 부존재하기) 때문이다.

나. 피해자의 승낙에 관한 착오

피해자의 양해와 승낙을 구별하는 견해에 따르면 피해자의 승낙은 위법성조각사유이므로 피해자의 승낙이 없음에도 불구하고 있는 것으로 알고 예컨대 폭행을 한 경우는 위법성조각사유의 전제사실에 관한 착오로서 앞서 보았듯이 그 효과에 관해 견해의 대립이 있다.

피해자의 승낙이 있는데 이를 알지 못하고 폭행을 한 경우는 주관적 정당화요소가 흠결된 경우로서 앞서 보았듯이 그 효과에 관해 견해의 대립이 있다.

Ⅵ. 기출문제

문13.(배점 2) 사실의 착오에 관한 〈보기〉의 사례 중 구체적 부합설과 법정적 부합설의 결론이 같은 것을 모두 고른 것은? 2011년 제53회 사법시험

> **<보기>**
> ㄱ. 甲은 A를 원한관계에 있던 B로 오인하고 살해하였다.
> ㄴ. 甲은 A를 살해하고자 독약이 든 우유를 A의 집 현관에 놓아두었으나 A의 처인 B가 먹고 사망하였다.
> ㄷ. 甲은 A를 상해할 의사로 A를 향해 돌을 던졌으나 그 돌이 빗나가 A의 개가 맞아 다쳤다.
> ㄹ. 甲은 A를 상해할 의사로 A를 향해 돌을 던졌으나 그 돌이 빗나가 A의 옆을 지나가던 B가 맞고 다쳤다.
> ㅁ. 甲은 자신의 아버지인 A를 친구인 B로 오인하고 상해를 가하였다.

① ㄱ, ㄷ　② ㄱ, ㅁ　③ ㄴ, ㄹ　④ ㄱ, ㄷ, ㄹ　⑤ ㄱ, ㄷ, ㅁ
⑥ ㄴ, ㄷ, ㄹ　⑦ ㄱ, ㄴ, ㄹ, ㅁ　⑧ ㄱ, ㄴ, ㄷ, ㄹ, ㅁ

(정답) ⑤
(해설) ㄱ: 객체의 착오이자 구체적 사실의 착오, ㄴ: 방법의 착오이자 구체적 사실의 착오, ㄷ: 방법의 착오이자 추상적 사실의 착오, ㄹ: 방법의 착오이자 구체적 사실의 착오, ㅁ: 객체의 착오. ㅁ은 학설에 관계없이 제15조 제1항에 따라 A에 대한 단순상해죄가 성립한다. 구체적 부합설과 법정적 부합설의 차이점은 ㄴ과 ㄹ처럼 방법의 착오이자 구체적 사실의 착오의 경우에 나타난다.

문30.(배점 2) 착오에 관한 설명 중 옳지 않은 것은? 2016년 사법시험

① A를 B로 오인하고 살해한 경우 법정적 부합설과 구체적 부합설에 의하면 살인죄를 인정한다.
② 살인의 고의로 A를 향해 총을 발사하였는데 A에게 맞지 않고 A가 데리고 가던 개가 맞아서 죽은 경우 법정적 부합설과 구체적 부합설에 의하면 살인미수를 인정한다.
③ 손괴의 고의로 A의 집 창문을 향해 돌을 던졌는데 빗나가서 옆에 있던 B에게 상해를 입힌 경우 구체적 부합설에 의하면 손괴미수와 과실치상의 상상적 경합을 인정한다.
④ 살인의 고의로 A를 살해하기 위해 독약이 든 술을 A의 집으로 발송하였으나 뜻밖에 A의 처(妻) B가 먹고 사망한 경우 법정적 부합설에 의하면 살인죄를 인정한다.
⑤ 손괴의 고의로 개인 줄 알고 개집으로 돌을 던졌으나 실은 개집에서 놀던 어린아이 A가 돌에 맞아 상해를 입은 경우 법정적 부합설에 의하면 손괴기수와 과실치상의 상상적 경합을 인정한다.

(정답) ⑤
(해설) 손괴죄의 미수와 과실치상의 상상적 경합이 인정된다.

문32.(배점 3) 〈보기 1〉에 대한 〈보기 2〉의 설명 중 옳은 것(○)과 옳지 않은 것(×)을 올바르게 조합한 것은? (다툼이 있는 경우에는 판례에 의함) 2013년 제55회 사법시험

<보기 1>

ㄱ. 甲은 친구가 진지한 의사로 죽여 달라고 애원하는 것으로 오인하고 살해하였으나, 공판과정에서 그 친구는 촉탁하지 않은 것으로 판명되었다.
ㄴ. 乙은 친구를 폭행하여 장파열이 생기게 하였고, 친구는 결국 그로 인해 복막염으로 사망하였는데, 이때 의사의 수술지연도 사망의 유력한 공동원인이라는 것이 공판과정에서 판명되었다.

<보기 2>

A. 甲의 행위는 구성요건착오에 해당하지 않는 것으로, 인식한 사실대로 촉탁살인죄가 성립한다.
B. 甲의 행위는 구성요건착오에 해당하는 것으로, 형법 제15조 제1항이 직접 적용되어 단순살인죄가 성립한다.
C. 乙의 행위가 사망결과에 대한 유력한 원인이 된 경우 그 폭행행위와 사망의 결과 사이에는 인과

관계가 인정된다.
D. 乙의 행위는 이른바 '추월적 인과관계'가 되어 그 폭행행위와 사망의 결과 사이에는 인과관계가 부정된다.

① A(×), B(○), C(×), D(○) ② A(×), B(○), C(○), D(○)
③ A(×), B(×), C(○), D(×) ④ A(×), B(×), C(×), D(○)
⑤ A(○), B(×), C(○), D(×) ⑥ A(○), B(×), C(○), D(○)

(정답) ③
(해설) 甲의 행위는 구성요건착오의 한 형태로 볼 수 있고, 15조 1항에 따라 촉탁살인죄로 처벌된다.

문 1. 다음 사례와 법 적용 사이의 연결이 옳지 않은 것은? (다툼이 있는 경우에는 판례에 의함) 2013년 2회 변호사시험

① 평소 주의가 산만한 甲은 식당에서 다른 사람의 우산을 자기 것인 줄 알고 가지고 나왔다 - 甲에게는 절도죄의 고의가 없으므로 절도죄로 처벌하지 못한다.
② 甲은 호텔에 함께 투숙한 A에게 상해를 가하고 A가 정신을 잃자 사망한 것으로 오인하고 자살한 것처럼 위장하기 위하여 베란다 아래로 A를 떨어뜨려 두개골 골절로 사망케 하였다 - 甲의 행위는 포괄하여 단일의 상해치사죄로 처벌된다.
③ 甲은 상해의 고의로 사람에게 돌을 던졌으나 빗나가서 그 옆에 있던 마을 주민이 세운 장승에 맞았고, 장승의 일부가 손괴되었다 - 甲의 행위는 추상적 사실의 착오에 해당하여 상해미수죄와 과실재물손괴죄의 상상적 경합으로 처벌된다.
④ 甲은 A를 죽이려고 목을 졸랐는데 기절한 모습을 보고 사망한 것으로 알고 모래에 파묻었으나 부검 결과 A는 목이 졸려 사망한 것이 아니라 모래에 묻혀 질식사한 것으로 판명되었다 - 甲의 행위를 개괄적 고의로 파악하는 견해에 의하면 살인죄로 처벌된다.
⑤ 甲이 A를 살해할 의사로 농약 1포를 숭늉 그릇에 넣어서 A의 식당에 놓아두었는데, 그 정을 알지 못한 A의 장녀 B가 마시고 사망하였다 - 甲은 B에 대한 살인죄로 처벌된다.

(정답) ③

문17.(배점 3) 사례에 대한 평가로 옳은 것(○)과 옳지 않은 것(×)을 올바르게 조합한 것은? 2012년 54회 사법시험

ㄱ. 甲은 길을 가던 중 갑작스런 호흡곤란을 호소하는 A로부터 도움을 요청받았으나 귀찮은 생각이 들어 이를 거절하였다. 간단한 응급처치만 있었어도 살 수 있었던 A는 10여분 후 사망하고 말았다. - 보증인지위의 발생근거에 관한 실질설(기능설)의 입장에서 판단할 때 甲은 부작위에 의한 살인죄

ㄴ. 乙은 B와 호텔방에서 다투던 중 상해의 고의로 B의 머리를 주먹으로 가격하였다. B가 정신을 잃고 쓰러지자 당황한 乙은 B가 사망한 것으로 오인하고 B가 자살한 것으로 가장하기 위하여 호텔방 베란다에서 B를 밖으로 집어던졌다. 이에 B는 땅에 떨어질 때의 충격으로 뇌진탕을 일으켜 현장에서 사망하였다. - 판례에 의하면 乙은 상해죄와 과실치사죄의 경합범 [형법 제161조(사체 등의 영득) 위반 여부는 논외로 함]

ㄷ. 丙은 C가 자신의 처 D를 희롱하는 것을 보고 격분하여 C를 살해하기로 마음먹고 C의 머리를 돌로 내리쳤다. C가 정신을 잃고 쓰러지자 丙은 C가 사망한 것으로 오인하고 인근 개울가에 웅덩이를 파고 C를 파묻었는데, 사실 그 때까지 살아 있었던 C는 이로 인하여 질식하여 사망하였다. - 판례에 의하면 丙은 살인죄의 기수범 [형법 제161조(사체 등의 영득) 위반 여부는 논외로 함]

ㄹ. 丁은 직무를 집행하는 공무원 E에 대하여 위험한 물건을 휴대하여 고의로 상해를 가하였다. - 부진정결과적 가중범에 대한 판례에 의하면 丁은 형법상 특수공무집행방해치상죄[3년 이상의 유기징역]와 폭력행위등 처벌에 관한 법률 위반(집단·흉기등상해)죄[3년 이상의 유기징역]의 상상적 경합

ㅁ. 소방관 戊는 화재진압 도중 건물 1층에서 정신을 잃고 쓰러져 있는 5세의 F를 발견하고 달리 다른 구조방안이 없는 상황에서 긴급구조를 위하여 F를 두터운 이불에 싼 뒤 창문 밖으로 집어 던졌다. F는 생명에는 지장이 없었으나 땅에 떨어질 때의 충격으로 부상을 입었다. - 객관적 귀속의 구체적 판단기준의 하나인 위험감소원칙에 의하면 戊는 상해죄

① ㄱ(○), ㄴ(×), ㄷ(×), ㄹ(×), ㅁ(○) ② ㄱ(○), ㄴ(○), ㄷ(×), ㄹ(×), ㅁ(×)
③ ㄱ(×), ㄴ(×), ㄷ(○), ㄹ(○), ㅁ(○) ④ ㄱ(×), ㄴ(○), ㄷ(○), ㄹ(×), ㅁ(×)
⑤ ㄱ(×), ㄴ(×), ㄷ(○), ㄹ(×), ㅁ(×)

(정답) ⑤
(해설) ㄱ:×(작위의무가 발생하지 않으며, 이런 경우를 처벌할 수 있는 선한사마리아인규정이 한국 형법에는 없다), ㄴ:×(94도2361: 상해치사죄), ㄷ:○, ㄹ:×(특수공무집행방해치상죄만 성립), ㅁ:×(상해죄의 구성요건해당성 부정)

문7.(배점 3) 〈보기1〉의 [사례]에 대한 [해결방안]에 관해, 〈보기2〉는 학생 A ~ E의 평가를 기술한 것이다. 잘못 평가한 것을 모두 고른 것은? 2014년 56회 사법시험

<보기 1>
[사례]
甲은 A가 자신의 처를 희롱하자 격분하여 A를 살해하기로 마음먹고 돌로 A의 머리를 내리쳤는데(제1행위), A가 정신을 잃고 쓰러지자 A가 죽은 것으로 알고 A를 인근 개울가에 끌고 가 파묻었다(제2행위). A는 흙에 파묻혀 질식사하였다.
[해결방안]
㉠ 인과관계의 상위가 본질적인지 여부에 따라 해결하려는 입장
㉡ 제2행위 부분에 대해서도 제1행위의 고의가 개괄적으로 미친다고 보는 입장

ⓒ 제1행위와 제2행위를 독립적인 것으로 보고 행위-고의 동시존재원칙에 따라 해결하려는 입장
ⓔ 행위자가 행위 시에 가졌던 범행계획 실현 여부에 따라 해결하려는 입장
ⓜ 객관적 귀속의 문제로 파악하여 해결하려는 입장

<보기 2>

A : ⓒ은 위 사례를 고의귀속의 문제로 보아 해결하려고 시도하고 있지만, 그 중점은 규범적 평가의 측면보다는 사실적 측면에 두고 있다고 할 수 있다.
B : ⓔ은 행위자의 제1행위 시의 고의유형에 따라 다른 결론을 제시하는 입장을 취하고 있다.
C : ⓛ은 행위과정의 사실적 측면을 도외시하고 규범적 관점만을 고려하는 해결방식을 취하고 있는데, 이런 점에서 볼 때 ⓛ과 가장 큰 차이를 보이는 입장은 ⓒ이라 할 수 있다.
D : ⓜ은 인과과정은 고의의 인식대상이 될 수 없다는 입장을 취하고 있기 때문에 ⓜ에 대해서는 객관적 귀속이 인정되더라도 고의 귀속의 문제는 여전히 남게 된다는 비판이 제기된다.
E : 인과관계가 고의의 인식대상임을 전제하는 ⓖ은 위 사례를 구성요건적 착오로 보아 원칙적으로 고의를 배제하여야 하지만, 인과과정의 비본질적 착오는 고려하지 않고 본질적 착오만 고의의 인식대상으로 파악함으로써 위 사례에서 고의를 인정한다.

① A, C　　② B, D　　③ D, E　　④ E　　⑤ 없음

(정답) ⑤

문3. 甲은 자기 부인을 희롱하는 이웃 남자를 살해할 의사로 머리를 돌로 내리쳐(제1행위) 피해자가 뇌진탕 등으로 인하여 정신을 잃고 축 늘어지자 그가 죽은 것으로 오인하고 증거를 인멸할 목적으로 피해자를 개울가로 끌고 가 땅에 파묻었는데(제2행위) 후에 실제로는 질식으로 인한 사망으로 밝혀졌다. 이에 관한 설명 중 옳지 않은 것은? 2016년 6회 변호사시험

① 위 사례는 연결된 두 개의 행위로 결과가 발생하였으나 甲은 행위의 진행과정을 오인하여 자기가 의도한 결과가 제1행위에 의하여 이미 실현되었다고 믿은 경우로서 인과관계의 착오의 한 유형으로 보는 견해가 있다.
② 위 사례에서 甲이 인과관계의 본질적 부분을 착오한 경우 발생결과의 고의기수범의 성립을 인정하지 않는 견해는 구체적으로 일반의 생활경험상 예상할 수 있는 범위 내의 착오인 경우를 본질적 부분의 착오로 본다.
③ 위 사례의 사실적 측면을 중시하여 제1행위와 제2행위를 두 개의 독립적인 행위로 보는 견해에 의하면, 살인미수죄와 과실치사죄가 성립하는 것으로 본다.
④ 제1행위에 인정된 고의를 제2행위에 대한 고의로도 인정하는 견해에 의하면 甲에게 살인기수 책임이 인정된다.
⑤ 위 사례의 전 과정을 개괄적으로 보면 피해자의 살해라는 처음에 예견된 사실이 결국은 실현된 것으로서 甲은 살인기수의 죄책을 면할 수 없다는 것이 판례의 입장이다.

(정답) ②
(해설) ②×(비본질적 부분의 착오로 본다)

문14. 다음 사례와 착오유형의 연결이 옳은 것을 모두 고르면? 2009년 9급

ㄱ. 아내에 대해서도 징계권이 있다고 생각하여 징계행위를 한 경우 - 금지착오
ㄴ. 쥐를 잡으려고 쥐약을 놓았으나 아이가 먹고 사망한 경우 - 구성요건적 객체착오
ㄷ. 14세의 여자와 합의해도 죄가 되는 줄 알고 성관계를 맺은 경우 - 반전된 금지착오
ㄹ. 14세가 자신을 13세로 알고 범죄행위를 자행한 경우 - 구성요건적 착오
ㅁ. 사람을 향해 발포하였지만 빗나가 총알이 가로수를 맞춘 경우 - 구성요건적 타격착오
ㅂ. 사람에 대한 상해의사로 던진 돌이 그 옆의 기물을 손괴한 경우 - 구성요건적 방법착오

① ㄱ, ㄷ, ㅂ ② ㄴ, ㄹ, ㅁ ③ ㄱ, ㄷ, ㄹ ④ ㄴ, ㅁ, ㅂ

(정답) ①
(해설) ㄹ은 형사책임연령에 관한 착오로서 그 처리에 관해 견해의 대립이 있는데, 이는 형사책임연령은 행위자의 인식에 따라 좌우되는 것이 아니라 객관적으로 결정해야할 문제이므로, 형사책임에 영향을 미치지 않는다고 본다. 양형사유에 불과하다는 견해도 있다.

문23.(배점 3) 착오의 〈유형〉과 〈사례〉를 올바르게 연결한 것은? (다툼이 있는 경우에는 판례에 의함) 2011년 53회 사법시험

〈유형〉
A. 법률의 부지
B. 효력의 착오
C. 포섭의 착오
D. 위법성 조각사유의 한계에 관한 착오
E. 위법성 조각사유의 전제사실에 관한 착오
F. 반전된 금지의 착오
G. 반전된 사실의 착오

〈사례〉
ㄱ. 친구의 개를 허락 없이 죽이더라도 재물손괴에는 해당되지 않는다고 생각하고 죽인 경우
ㄴ. 지하철에서 승객이 손잡이를 잡기 위해 팔을 올리는 것을 소매치기하려는 것으로 오인하여 그 팔을 쳐서 전치 3주의 상해를 입힌 경우
ㄷ. 헌법상 양심의 자유가 보장되기 때문에 병역법상 입대거부를 처벌하는 규정은 무효라고 생각하고 입대를 거부한 경우
ㄹ. 남편과 사별한 과부와 간음해도 죄가 된다고 생각하고 간음한 경우
ㅁ. 건축법상 허가대상인 줄 모르고 허가 없이 근린생활시설을 교회로 용도변경하여 사용한 경우
ㅂ. 강도현장에서 범인을 체포하는 경우에는 사인(私人)도 그를 추적하여 타인의 주거에 들어가서라

도 체포할 수 있다고 생각하고 타인의 주거에 무단으로 들어간 경우
ㅅ. 마네킹을 사람으로 오인하고 상해하기 위하여 돌로 친 경우

① A-ㅁ, E-ㅂ, G-ㅅ ② B-ㄷ, C-ㄹ, D-ㅂ ③ C-ㄹ, D-ㅂ, G-ㅅ ④ A-ㅁ, D-ㄴ, E-ㅂ
⑤ B-ㄷ, C-ㅁ, E-ㄴ ⑥ C-ㄱ, E-ㄴ, F-ㄹ ⑦ A-ㄱ, D-ㄴ, F-ㄹ

(정답) ⑥
(해설) ㄱ:포섭의 착오, ㄴ:위법성조각사유의 전제사실의 착오, ㄷ:효력의 착오, ㄹ:반전된 금지착오, ㅁ:법률의 부지, ㅂ:위법성조각사유의 한계에 관한 착오, ㅅ:반전된 사실의 착오

문10. 판례에 의할 경우 형법 제16조의 정당한 이유가 있으면 O, 정당한 이유가 없으면 X 라는 〈O, X 문제〉에 대하여 甲, 乙, 丙, 丁, 戊가 다음과 같이 답을 한 경우 가장 많이 정답을 맞힌 사람은? 2006년 48회 사법시험

〈O, X 문제〉
A. 일반음식점 영업허가를 받은 자가 실제로는 주로 주류를 조리·판매하는 영업을 하더라도 일반음식점 영업허가를 받은 이상 청소년보호법의 규정에 저촉되지 않는다고 믿고 19세 미만의 청소년을 고용한 경우
B. 부동산중개업자가 부동산중개업협회의 자문을 통하여 인원수의 제한없이 중개보조원을 채용하는 것이 허용되는 것으로 믿고서 제한인원을 초과하여 중개보조원을 채용함으로써 부동산중개업법 위반에 이르게 된 경우
C. 국유재산을 대부받아 주유소를 경영하는 자가 담당공무원에게 위 국유지상에 건축물을 건축할 수 있는지 여부를 문의하여, 담당공무원의 답변대로 건축을 한 뒤 위 국유재산을 불하받지 못하면 건물을 즉시 철거하겠다는 각서와 함께 건축허가신청서를 제출하여 건축허가를 받고, 건물을 신축하여 준공검사를 받은 지 1년여 후에 위 국유재산을 매수하였으나, 국유재산법에 의하면 기부를 전제로 한 시설물의 축조 이외에는 국유지상에 건물을 신축할 수 없다는 사실을 알고 있었던 경우
D. 관할부서가 업주들을 상대로 실시한 교육과정을 통하여 구 음반·비디오물 및 게임물에 관한 법률 및 그 시행령에 규정한 '만 18세 미만의 연소자' 출입금지표시를 업소출입구에 부착하라고 행정지도를 하였을 뿐 구 청소년보호법에서 금지하고 있는 '만 18세 이상 19세 미만'의 청소년 출입문제에 관하여는 특별한 언급을 하지 않았고, 이로 인하여 비디오물감상실업주가 출입금지 대상이 '18세 미만의 연소자'에 한정되는 것으로 인식하고 자신이 경영하는 비디오물감상실에 18세 이상 19세 미만의 청소년을 출입시킨 경우
E. 민원사무 담당공무원에게 탐정업이 인허가 또는 등록사항이 아니라는 말을 듣고 신용조사업법이 금지하는 소재탐지나 사생활조사 등을 한 경우
F. 활법종목의 사회체육지도자 자격증을 취득하고 당국의 인가를 받아 활법원을 운영하는 자가 활법원으로 찾아오는 환자들에게 신체불균형상태를 교정하기 위하여 행하는 압박 등의 시술행위가 무면허의료행위가 되지 않는다고 믿고 이를 행한 경우
G. 산림과에서 산림훼손허가를 받으려고 하였으나 관광지조성승인이 난 지역이므로 별도로 산림훼손허가를 받을 필요가 없으니 도시과에 문의하라는 담당공무원의 말을 듣고, 다시 도시과에 확

인하여 본 바 역시 같은 이유로 허가가 필요 없다고 하였으나 피고인의 요구에 따라 군수명의의 산림법배제확인서를 작성해 주자 이를 믿고 산림훼손행위를 한 경우

〈개인별 작성답안〉

甲: A-(O), B-(X), C-(O), D-(X), E-(O), F-(X), G-(O)

乙: A-(X), B-(O), C-(X), D-(O), E-(O), F-(X), G-(X)

丙: A-(O), B-(X), C-(X), D-(X), E-(X), F-(O), G-(O)

丁: A-(X), B-(X), C-(O), D-(O), E-(O), F-(X), G-(X)

戊: A-(X), B-(O), C-(X), D-(X), E-(X), F-(X), G-(O)

① 甲 ② 乙 ③ 丙 ④ 丁 ⑤ 戊

(정답) ④

(해설) A:X(2003도6282), B:X(2000도2943), C:O(93도1888), D:O(2001도4077), E:X(94도780), F:X(94도1325), G:O(92도1560)

문5. 법률의 착오(금지착오)에 관한 설명 중 옳지 않은 것을 모두 고른 것은? (다툼이 있는 경우 판례에 의함) 2016년 6회 변호사시험

ㄱ. 행위자가 금지규범의 존재를 아예 인식하지 못한 '법률의 부지'는 행정형법의 영역에서 많이 발생하며 법률의 착오의 전형적인 사례로 인정된다.

ㄴ. 법률의 착오에 있어 정당한 이유가 있는지 여부는 행위자에게 자기 행위의 위법의 가능성에 대해 심사숙고하거나 조회할 수 있는 계기가 있어 자신의 지적능력을 다하여 이를 회피하기 위한 진지한 노력을 다하였더라면 스스로의 행위에 대하여 위법성을 인식할 수 있는 가능성이 있었음에도 이를 다하지 못한 결과 자기 행위의 위법성을 인식하지 못한 것인지 여부에 따라 판단하여야 한다.

ㄷ. 고의의 성립에 위법성의 인식이 필요하다는 고의설과 위법성의 인식은 고의와는 분리된 독립한 책임요소로 보는 책임설의 입장 모두, 금지착오는 고의의 성립에 영향을 미치지 못하고 착오가 회피불가능할 때에는 책임을 조각하지만 회피가능할 때에는 책임을 감경할 수 있을 뿐이라는 결론에 이른다.

ㄹ. 법원의 무죄판결을 신뢰하여 행위한 경우에는 법률의 착오에 정당한 이유가 있는 것으로 인정될 수 있으나, 검사의 혐의 없음 불기소처분을 믿고 행위한 경우에는 검사의 불기소처분에는 확정력이 없으므로 법률의 착오에 정당한 이유가 있는 것으로 인정될 수 없다.

①ㄱ, ㄴ ②ㄱ, ㄷ ③ㄷ, ㄹ ④ㄱ, ㄷ, ㄹ ⑤ㄴ, ㄷ, ㄹ

(정답) ④

(해설) ㄹ:×(95도717:범행과 동일한 성질의 행위에 대해 이전에 검찰의 혐의 없음 결정을 받은 적이 있다면 법률의 착오에 해당한다)

문19.(배점 2) 구성요건에 관한 설명 중 옳지 않은 것은? 2007년 49회 사법시험

① 불법구성요건은 형법적으로 중요한 불법행위가 무엇인지 선별해주고, 이렇게 선별된 불법행위를 해서는 안된다는 행위방향을 일반인에게 설정해 주며, 잠정적으로 위법하다는 평가를 하는 기능을 한다.

② 소극적 구성요건요소이론에 의하면 위법성조각사유의 객관적 전제사실에 관한 착오(허용상황에 관한 착오)는 구성요건적 착오로서 고의를 조각한다.

③ 보장구성요건은 '법률에 의해 규율되는 가벌성의 전제조건'만을 의미하므로, 유추나 관습법으로 행위자에게 불이익을 주어서는 안된다는 점을 강조한다.

④ 소극적 구성요건요소이론에 의할 경우 적법과 불법의 한계는 구성요건단계에서 완결되므로, 구성요건해당성은 단지 위법성을 징표하는 것에 그치지 않고 불법에 대한 종국적 판단이 구성요건단계에서 내려지는 결과를 가져온다.

⑤ 소극적 구성요건요소이론에 의할 경우 위법성조각사유가 존재하는 경우, 행위의 구성요건해당성이 부정되므로, 처음부터 구성요건에 해당하지 않는 행위와 구성요건에 해당하지만 허용되는 행위 사이의 차이가 명확히 드러난다.

(정답) ⑤
(해설) 소극적 구성요건요소이론에 따르면 처음부터 구성요건에 해당하지 않는 행위와 구성요건에 해당하지만 허용되는 행위 사이의 차이가 명확히 드러나지 않는다.

문2. 甲은 하산하다가 야생 멧돼지에게 쫓겨 급히 도망치며 달리던 중 마침 乙의 전원주택을 발견하고 그 집으로 뛰어들어가 몸을 숨겨 위기를 모면하였다. 집주인 乙은 甲을 도둑으로 오인하여, 그를 쫓아내려는 의도로 "도둑이야!"라고 외쳤다. 甲이 자초지종을 설명하려고 다가가자 乙은 자신을 공격하려는 것으로 오인하여 그의 가슴을 힘껏 밀어 넘어뜨렸다. 이 사안에서 乙이 오인한 점에 대하여는 정당한 이유가 인정된다고 볼 때, 甲과 乙의 형사책임에 관한 설명 중 옳은 것은? 2012년 1회 변호사시험

① 엄격책임설에 따르면 乙의 행위는 폭행의 구성요건적 고의 뿐 아니라 위법성의 인식도 부정되지는 않으므로 폭행죄가 인정된다.

② 제한책임설(유추적용설)에 따르면 乙은 폭행의 구성요건적 고의가 배제되어 무죄이다.

③ 법효과 제한적 책임설에 따르면 乙의 행위는 폭행의 구성요건적 고의가 인정되므로 폭행죄의 죄책을 진다.

④ 엄격고의설에 따르면 乙의 행위는 폭행의 고의가 인정되므로 폭행죄의 죄책을 진다.

⑤ 甲의 주거침입행위는 자구행위에 해당하여 무죄이다.

(정답) ②가 정답으로 제시되었으나 없다고 봐야한다.
(해설) "제한책임설(유추적용설)에 따르면 乙은 폭행의 구성요건적 고의가 배제되어 무죄이다"를 정답으로 처리하였으나 이는 옳다. 무죄는 맞지만 "구성요건적 고의"가 배제되는 것이 아니라 "불

법고의"가 배제되기 때문이다. 제한책임설(유추적용설)의 입장인 김일수교수 교재는 이 점을 분명히 하고 있다. 이런 오류는 아마도 제한책임설(유추적용설)이 구성요건적 고의를 배제한다고 잘못 이해한 교재(신동운, 형법총론, 법문사, 2010, 416면; 이재상, 형법총론, 박영사, 2010, 25/12; 배종대, 형법총론, 홍문사, 2011, 97/7)가 있기 때문에 발생한 것으로 생각한다. 이런 오류는 기존 사법시험문제에도 나타난 적이 있다. 2008년 제50회 사법시험의 경우에는 제한책임설(유추적용설)를 "구성요건적 고의는 인정되지만 사실의 착오에 관한 규정을 유추적용하여 과실치상죄에 해당한다."고 표현하여 제대로 이해하고 있지만, 2009년도 제51회 사법시험의 경우에는 "위법성조각사유의 전제사실에 관한 착오가 있을 때 구성요건적 고의가 조각된다고 할 경우에는 공범의 성립이 불가능하여 처벌의 흠결을 초래한다(이재상, 형법총론, 박영사, 2010, 25/12)."고 표현하여 제대로 이해하고 있지 못하고 있다. ①×(정당한 사유가 있으므로 위법성의 인식이 부정되어 폭행죄가 성립하지 않는다) ②×(구성요건고의가 아니라 불법고의가 부정되어 무죄이다) ③×(구성요건고의는 인정되나 책임고의가 부정되어 무죄이다) ④×(폭행의 고의가 부정되어 무죄이다) ⑤×(재산적 청구권의 보전을 위해 긴급한 상황에서 하는 행위가 자구행위이다. 이 경우는 긴급피난에 해당한다)

문18.(배점 2) 위법성조각사유의 전제사실의 착오에 관한 다음 사례에서 甲에게 폭행죄의 성부가 문제 된다고 볼 경우, 이에 관한 설명 중 옳지 않은 것은? 2015년 사법시험

김밥집 주인이 앞서 뛰어가는 학생 2명을 쫓아가며 "계산을 하고 가야지"라고 말하는 것을 들은 甲은, 15미터가량 뒤쫓아 가 부근에 있던 A를 무전취식을 하고 도망가던 학생으로 잘못 알고 A의 멱살을 잡고 약 10-15미터 끌고 왔다. 그런데 그 A는 무전취식을 하고 도망가던 학생이 아니었고, 甲은 약간의 주의를 했더라면 이를 알 수 있었다.

① 엄격책임설에 따르면 폭행죄가 성립하지 않는다.

② 엄격고의설에 따르면 폭행죄가 성립하지 않는다.

③ 구성요건착오유추적용설에 따르면 폭행에 대한 불법고의가 부정되므로 폭행죄가 성립하지 않는다.

④ 법효과제한책임설에 따르면 폭행에 대한 구성요건고의는 인정되지만 책임고의는 부정되므로 폭행죄가 성립하지 않는다.

⑤ 소극적 구성요건표지이론에 따르면 폭행에 대한 불법고의가 부정되므로 폭행죄가 성립하지 않는다.

(정답) ①

문2.(배점 3) 甲의 행위에 관한 학생의 평가가 올바르게 연결된 것을 모두 고른 것은? (다툼이 있는 경우 판례에 의함) 2016년 사법시험

ㄱ. 甲은 자신의 가옥 앞에 소재한 폭이 약 3.6m인 도로가 10여 년간 K회사 소속 폐기물 운반차

량들의 통행로로 이용되는 동안 진동으로 인하여 가옥 일부에 균열이 발생하자 위 도로 중 1.4m 정도를 침범한 상태로 철책 펜스를 설치하여 위 차량들의 통행을 불가능하게 하였다. 이때 甲은 위 도로와 얼마 떨어지지 않은 지점에 폐기물 운반차량이 통행할 수 있는 대체도로가 개설되어 있어 자신이 위와 같은 조치를 취하더라도 폐기물 운반이 가능할 것이라고 생각하였다.

○ 학생 Ⅰ : 자신의 가옥에 균열이 생긴 점과 대체도로의 이용이 가능했던 점 등에 비추어 甲의 행위는 행위 수단이나 방법의 상당성, 긴급성과 보충성 등의 요건을 갖춘 정당행위로서 일반교통방해죄가 성립하지 않는다.

ㄴ. 甲은 야간에 乙로부터 갑작스럽게 뺨을 맞는 등 폭행을 당하여 서로 멱살을 잡고 다투게 되었는데, 주위사람들이 싸움을 제지하였으나 乙에게 대항하기 위하여 깨어진 병으로 乙을 찌를 듯이 겨누어 협박하였다.

○ 학생 Ⅱ : 甲의 행위는 자신의 법익에 대한 현재의 부당한 침해를 방위하기 위한 것이나, 상당성을 결한 과잉방위에 해당한다. 하지만 야간에 공포나 당황으로 인한 것으로 볼 수 있어 특수협박죄가 성립하지 않는다.

ㄷ. 甲은 술에 취한 처남 乙이 자신의 처(妻) A와 말다툼을 벌이다 乙이 A의 머리채를 잡고 때리는 광경을 목격하고는 화가 나서 乙과 싸우게 되었는데, 그 과정에서 85kg이 넘는 乙이 62kg의 甲을 침대 위에 넘어뜨리고 가슴 위에 올라타 목부분을 누르자, 甲은 침대 위에 놓여있던 과도로 乙을 찔러 상해를 입혔다.

○ 학생 Ⅲ : 甲의 행위는 자신의 법익에 대한 현재의 부당한 침해를 방위하기 위한 것이나, 상당성을 결한 과잉방위에 해당한다.

ㄹ. 야간에 골목길에서 여사친구 A와 가벼운 장난을 하던 乙이 A의 어깨를 잡으려는 것을 우연히 목격한 甲은 乙이 A를 강제추행하는 것이라고 착각하여 A를 구할 생각에 길가에 놓여있던 몽둥이로 乙을 내리쳐 상해를 입혔다.

○ 학생 Ⅳ : 법효과제한적 책임설에 따르면, 甲의 행위는 상해의 불법고의가 부인되므로 甲에게 그 착오에 대한 과실이 인정될 경우 과실치상죄가 성립한다.

①ㄱ ②ㄴ ③ㄷ ④ㄱ, ㄷ ⑤ㄴ, ㄹ ⑥없음

(정답) ⑥

(해설) ㄱ:×(2008도10560:일반교통방해죄는 성립하지만 업무방해의 고의가 부정되어 업무방해죄는 불성립한다) ㄴ:×(91도80:과잉방위이고 야간에 공포나 당황으로 인한 것으로 볼 수 없다) ㄷ:×(89도2049:정당방위나 과잉방위가 아니다) ㄹ:×(불법고의가 아니라 책임고의가 부정된다고 본다)

문6.(배점 3) 〈보기1〉의 [의견]은 A의 입장에서 [사례]의 해결방안에 관한 여러 입장을 비판적으로 기술한 것이다. A의 입장에서 甲의 죄책을 논할 때 ㉠, ㉢ ~ ㉤에 들어갈 말을 〈보기2〉의 (a) ~ (g) 중에서 골라 알맞게 짝지은 것은? A의 입장도 〈보기2〉에 있음을 전제함) 2014년 56회 사법시험

<보기 1>

[사례]

甲은 야간에 인적이 드문 길을 따라 집으로 돌아가던 중 마주오던 乙이 자신의 앞에서 갑자기 안주머니에 오른손을 집어넣어 뭔가를 꺼내려 하자 흉기를 꺼내려는 것으로 잘못 알고 상해의 고의로 乙을 가격하여 코뼈를 부러뜨렸다(단, 甲의 착오에는 과실이 있다고 전제함).

[의견]

먼저, 구성요건해당성에 대한 위법성의 독자성을 인정하는 범죄체계이론의 입장에서 본다면, (㉠)은 취하기 어렵다. 또한 (㉡)은 위법성의 인식과 고의를 분리하여 고찰하는 오늘날의 범죄체계이론과 부합하지 않으므로 수용하기 어렵다. 나아가, (㉢)은 甲을 이용한 악의의 제3자를 공범으로 처벌할 수 있다는 점에서 형사정책적 장점은 있지만, 행위상황에 관한 착오를 행위의 위법성에 관한 착오와 같게 다룸으로써 본질상 같지 않은 것을 같게 취급하고 있다는 비판이 있다. 마지막으로, (㉣)은 甲에게 불법의 정도를 초과하는 중한 책임을 지우는 결과를 초래하는 것은 아니지만, 체계적 측면에서 볼 때 불법과 책임의 일치라는 요청에 반하는 문제점을 안고 있다. 따라서 A의 입장에서 본다면, 위 사례에서 甲은 (㉤)의 죄책을 져야 한다.

<보기 2>

(a) 고의설 (b) 엄격책임설 (c) 구성요건착오유추적용설
(d) 법효과제한책임설 (e) 소극적 구성요건표지이론 (f) 과실치상죄 (g) 상해죄

① ㉠ (a), ㉢ (e), ㉣ (c), ㉤ (g)
② ㉠ (b), ㉢ (a), ㉣ (d), ㉤ (g)
③ ㉠ (e), ㉢ (b), ㉣ (d), ㉤ (g)
④ ㉠ (e), ㉢ (b), ㉣ (c), ㉤ (f)
⑤ ㉠ (e), ㉢ (d), ㉣ (a), ㉤ (f)
⑥ ㉠ (e), ㉢ (b), ㉣ (d), ㉤ (f)

(정답) ⑥

(해설) 구성요건착오유추적용설의 입장에서 소극적 구성요건표지이론(㉠), 고의설(㉡), 엄격책임설(㉢), 법효과제한책임설(㉣)을 비판하고 있다. 법효과제한책임설은 고의불법을 인정하면서도 과실책임을 인정하므로 이런 지적이 가능하다.

문8.(배점 2) 위법성의 인식에 관한 설명 중 옳지 않은 것은? (다툼이 있는 경우에는 판례에 의함) 2013년 55회 사법시험

① 엄격책임설과 제한책임설은 위법성조각사유의 객관적 전제사실의 착오에 대한 법적 효과를 달리 본다는 점에서 차이가 있다.

② 엄격고의설과 제한고의설은 위법성의 인식이 없을 경우 고의범의 성립을 배제한다는 점에서 같으나, 고의 인정을 위해 필요로 하는 위법성의 인식 정도를 달리 본다는 점에서 구별된다.

③ 위법성의 인식은 구체적인 해당 법조문까지 인식할 것을 요하는 것은 아니고, 그 범죄사실이 사회 정의와 조리에 어긋난다는 것을 인식하는 것으로 족하다.

④ 광역시의회 의원이 선거구민들에게 의정보고서를 배부하기에 앞서 미리 관할 선거관리위원

회 소속 공무원들에게 자문을 구하고 그들의 지적에 따라 수정한 의정보고서를 배부하면서 그 행위가 관계 법령에 위반되지 않는다고 믿었다면 이는 위법성을 인식하지 못한 데에 정당한 이유가 있는 경우에 해당하지 않는다.

⑤ 행위자가 위법성의 인식을 위해 기울여야 할 노력의 정도는 구체적인 행위정황, 행위자 개인의 인식능력뿐만 아니라 행위자가 속한 사회집단에 따라서도 달리 평가하여야 한다.

(정답) ④
(해설) ④×(2005도835: 정당한 이유가 인정된다) ②에서 "엄격고의설과 제한고의설은 위법성의 인식이 없을 경우 고의범의 성립을 배제한다."라는 말은 "엄격고의설과 제한고의설은 위법성의 인식을 고의의 한 요소라고 본다"라는 말을 달리 표현한 것으로서, '제한고의설은 위법성의 인식이 없을지라도 그 가능성이 있으면 고의를 인정하는 학설'이라는 이유로 이 지문을 옳지 않다고 볼 수는 없다.

문10.(배점 3) 다음은 범죄체계와 고의의 인식대상을 열거한 것이다. 그 연결이 옳지 않은 것으로 묶인 것은? 2010년 52회 사법시험

범죄체계	고의의 인식대상
고전적 범죄체계	㉠ 살인죄에서 사람 ㉡ 간통죄에서 간통행위가 금지되어 있다는 점 ㉢ 위조문서행사죄에서 위조문서를 행사한다는 점
목적적 범죄체계	㉣ 친족상도례에서 친족인 신분 ㉤ 영아살해죄에서 치욕을 은폐하려는 동기 ㉥ 촉탁살인죄에서 피해자의 촉탁이 있다는 점
합일태적 범죄체계	㉦ 모욕죄에서 공연성 ㉧ 배임죄에서 처리하는 사무의 타인성 ㉨ 상습절도죄에서 상습성

① ㉠, ㉣, ㉦ ② ㉡, ㉣, ㉦ ③ ㉢, ㉣, ㉨ ④ ㉢, ㉤, ㉧
⑤ ㉢, ㉧, ㉨ ⑥ ㉣, ㉤, ㉨ ⑦ ㉤, ㉦, ㉨ ⑧ ㉥, ㉧, ㉨

(정답) ⑥
(해설) 고전적 형법체계에 따르면 위법성의 인식은 고의의 구성요소이므로, ㉡도 고의의 인식대상이다. 목적적 형법체계와 합일태적 형법체계로 파악하게 된 구성요건 고의의 인식대상은 객관적 구성요건요소이다. 따라서 처벌조건인 ㉣, 목적·경향·표현 등과 같은 초과주관적 구성요건요소, 특별한 책임표지인 동기(㉤) 등은 구성요건 고의의 인식대상이 될 수 없다. 상습성(㉨)을 행위의 속성으로 본다면 구성요건 고의의 인식대상이 될 수 있지만, 이를 흔히 행위자의 속성으로 보므로, 이것도 구성요건 고의의 인식대상이 될 수 없다.

문38.(배점 3) 객관적 정당화사정이 존재함에도 불구하고 그러한 사정을 인식하지 못한 채 구성요건을 실현한 행위의 법적 판단에 대해서는 무죄설과 기수범설, 그리고 불능미수범설이 대립하고 있다. 각 학설에 대한 비판으로 옳게 묶은 것은? 2008년 50회 사법시험

ㄱ. 이 설에 대해서는 객관적 정당화사정이 존재함에도 그것이 행위자에게 유리하게 작용하지 못한다는 비판이 제기된다.
ㄴ. 이 설에 대해서는 행위자에게 유리하게 고려할 수 있는 객관적 사정이 있다고 해서 그것을 반드시 불법단계에서 고려해야 하는 것은 아니라는 비판이 제기된다.
ㄷ. 이 설에 대해서는 불법(위법성)의 판단을 오직 결과반가치의 여부에 의해서만 결정하려는 것이라는 비판이 제기된다.
ㄹ. 이 설에 대해서는 객관적 정당화사정이 존재하는 경우에는 결과반가치가 부정되어야 하고, 이 점은 불법단계에서 고려되어야 한다는 비판이 제기된다.
ㅁ. 이 설에 대해서는 위법성조각사유의 객관적 요건과 주관적 요건이 모두 충족되는 경우가 아니라면, 구성요건적 행위의 위법성 판단에 어떠한 영향도 미칠 수 없다는 비판이 제기된다.
ㅂ. 이 설에 대해서는 발생된 결과가 과실행위로 인한 경우에는 처벌의 흠결이 생길 수 있다는 비판이 제기된다.
ㅅ. 이 설에 대해서는 객관적 정당화사정이 존재한다는 사정이 행위자의 입장에서 우연적인 사정에 속한다고 해서 객관적 법질서의 관점에서까지 우연으로 돌려버릴 수는 없다는 비판이 제기된다.

	무죄설	기수범설	불능미수범설
①	ㄱ	ㅅ	ㅂ
②	ㄴ	ㄷ	ㅁ
③	ㅁ	ㅅ	ㄱ
④	ㄷ	ㄱ	ㅅ
⑤	ㄹ	ㅂ	ㄴ
⑥	ㅅ	ㄱ	ㄷ
⑦	ㅁ	ㄹ	ㅂ
⑧	ㅂ	ㄹ	ㅅ

(정답) ⑦
(해설) ㄱ, ㄹ, ㅅ:기수범설에 대한 비판, ㄴ:무죄설과 불능미수범설에 대한 비판, ㄷ:무죄설에 대한 비판, ㅁ:불능미수범설이 무죄설과 기수범설에 대해 하는 비판, ㅂ: 불능미수범설에 대한 비판

문15. 늦은 밤 어두운 골목길을 걸어 귀가하던 甲은 10여 분간 뒤따라오던 乙 때문에 짜증이 나자 갑자기 뒤돌아서서 상해의 고의로 乙을 주먹과 발로 구타하여 4주간의 치료가 필요한 상해를 가하였다. 乙은 평소 원한관계에 있던 甲을 발견하고는 기습적으로 공격하려고 주머니에 칼을 숨긴 채 기회를 엿보며 뒤따라가고 있었고, 甲이 공격하던 그 순간 칼을 꺼내 甲을 찌르려고 하던 중이었다. 객관적 정당화요소만 충족되면 위법성이 조각된다는 입장이나 주관적 정당화요소까지 충족되어야 위법성이 조각된다는 입장에 의할 때 아래의 보기 중 甲에게 해당할 수 없는 것을 모두 고른 것은? 2015년 4회 변호사시험

ㄱ. 무죄	ㄴ. 과실치상죄	ㄷ. 상해죄
ㄹ. 상해죄의 불능미수	ㅁ. 상해죄의 예비	

①ㄱ, ㄷ ②ㄱ, ㄹ ③ㄴ, ㄷ ④ㄴ, ㅁ ⑤ㄴ, ㄹ, ㅁ

(정답) ④

문37.(배점 3) 〈보기1〉을 읽고 甲의 형사책임에 관한 〈보기2〉의 설명 중 옳은 것(○)과 옳지 않은 것(×)을 올바르게 조합한 것은? (다툼이 있는 경우 판례에 의함) 2014년 56회 사법시험

<보기 1>
甲은 1주일 전 아파트 층간 소음 문제로 아래층에 사는 A와 심한 말다툼을 하였다. 甲은 A에게 분풀이를 하기 위해 어느 날 저녁 아파트 지하 주차장에서 고의로 돌을 던져 A의 자동차 유리창을 깨뜨렸다. 그 당시 A는 사업에 실패하여 우울증을 앓고 있었는데 마침 그 시각 자살을 하기 위해 자동차 안에서 번개탄을 피워 놓아 사망하기 직전이었으나, 유리창이 깨지는 덕분에 생명을 구하였다.

<보기 2>
ㄱ. 객관적 정당화 요소가 모두 충족되는 한 그에 상응하는 주관적 정당화 요소가 없이도 위법성이 조각된다고 보는 견해는 불법의 본질을 오직 행위반가치에서만 바라보는 입장으로 이에 따르면 甲은 무죄이다.
ㄴ. 기수범설은 객관적 정당화상황이 존재하는 경우와 존재하지 않는 경우를 동일하게 취급함으로써 사태를 주관적으로 치우쳐 평가한다는 비판이 있다.
ㄷ. 甲에게 손괴죄의 불능미수가 성립한다는 견해는 불법의 본질을 결과반가치로서의 법익의 침해와 행위의 주관적·객관적 측면을 포섭하는 행위반가치를 고려하여 판단해야 한다는 입장을 토대로 한다.
ㄹ. 무죄설은, 주관적 정당화요소를 결한 경우 결과반가치는 탈락하더라도 행위반가치는 여전히 남는데 이를 적법하다고 평가하는 문제가 있다.
ㅁ. 만약 사례와 달리 甲이 과실로 A의 자동차 유리창을 깨뜨린 경우 주관적 정당화 요소의 필요설과 불요설에 따른 결론은 차이가 난다.

① ㄱ(○), ㄴ(○), ㄷ(×), ㄹ(×), ㅁ(○) ② ㄱ(○), ㄴ(○), ㄷ(○), ㄹ(×), ㅁ(×)
③ ㄱ(×), ㄴ(○), ㄷ(○), ㄹ(○), ㅁ(×) ④ ㄱ(×), ㄴ(×), ㄷ(×), ㄹ(○), ㅁ(○)
⑤ ㄱ(×), ㄴ(○), ㄷ(×), ㄹ(○), ㅁ(○)

(정답) ③
(해설) ㅁ:×(과실재물손괴죄는 처벌규정이 없으므로 주관적 정당화 요소의 필요설과 불요설에 따른 결론은 차이가 나지 않는다)

문15. 주관적 정당화요소에 대한 설명으로 옳지 않은 것은? 2009년 7급

① 판례에 따르면 주관적 정당화요소는 객관적 정당화사정에 대한 인식과 인용을 그 내용으로

한다.

② 결과반가치일원론에서는 주관적 정당화요소가 결여된 우연방위를 정당방위로 다룬다.

③ 이른바 불능미수범설에 따르면 우연방위의 결과를 초래한 과실행위는 무죄이다.

④ 우연방위의 결과를 초래한 고의행위의 경우에는 그 형을 감경 또는 면제한다.

(정답) ④

문6.(배점 2) 부작위범에 관한 설명 중 옳은 것은? (다툼이 있는 경우에는 판례에 의함) 2013년 사법시험

① 보증인적 지위와 보증의무를 구별하는 이원설에 의하면 보증의무에 대한 착오를 일으킨 경우 그 착오에 정당한 이유가 있으면 과실범으로 처벌된다.

② 부작위에 의한 교사는 가능하지만 부작위에 의한 방조는 불가능하다.

③ 부진정부작위범은 작위범에 비해 불법의 정도가 가벼우므로, 형법은 이를 임의적 감경사유로 규정하고 있다.

④ 은행지점장이 은행에 대한 부하직원의 범행사실을 발견하고도 손해의 보전에 필요한 조치를 취하지 않고 배임행위를 방치하였다면 부작위에 의한 업무상배임죄의 정범으로 처벌된다.

⑤ 부작위자를 도구로 이용한 간접정범도 가능하다.

(정답) ⑤

(해설) 甲은 물가에서 V와 고스톱을 치고 있던 중 물에 빠져 허우적대는 사람이 V의 아들임을 확신했다. 그러나 공부를 잘하는 그 아들을 자랑하는 V가 미워서 이 기회에 죽게 내버려두어야겠다는 생각에서 V가 甲에게 혹시 내 아들이 아니냐는 물음에도 확신에 차서 아니라고 말했다. 결국 그 아들은 죽었다. 이런 경우가 부작위자를 도구로 이용한 간접정범이라고 볼 수 있다.

문18. 착오에 관한 설명 중 옳은 것은? (다툼이 있는 경우에는 판례에 의함) 2014년 3회 변호사시험

① 甲이 지하철에서 옆 사람이 손잡이를 잡기 위해 팔을 올리는 것을 성추행하는 것으로 경솔하게 오인하여 그 손을 쳐서 전치 4주의 상해를 입힌 경우, 甲의 착오에 대한 엄격책임설과 제한적 책임설의 결론은 동일하다.

② 변호사 자격을 가진 국회의원 甲이 선거에 영향을 미칠 수 있는 내용이 포함된 의정보고서를 발간하는 과정에서 보좌관을 통해 관할 선거관리위원회 직원에게 구두로 문의하여 답변을 받은 결과 그 의정보고서를 발간하는 것이 선거법규에 저촉되지 않는다고 오인한 경우, 형법 제16조의 정당한 이유가 인정되지 않는다.

③ 사인인 甲이 현행범인을 체포하면서 그 범인을 자기 집 안에 감금까지 할 수 있다고 생각하고 감금한 경우, 소극적 구성요건요소이론에 따르면 甲의 착오는 법률의 착오에 해당한다.

④ 甲이 자신의 아들이 물에 빠졌는데도 그를 타인의 아들이라고 잘못 생각하여 구조행위를 하지 않아 사망하게 한 경우, 이분설에 따르면 甲의 착오는 형법 제16조의 법률의 착오에

해당한다.

⑤ 甲이 마당에 있는 乙의 도자기를 손괴하려고 돌을 던졌으나 빗나가 옆에 있던 乙에게 상해를 입힌 경우, 법정적 부합설에 따르면 甲은 상해죄로 처벌된다.

(정답) ②
(해설) ②○(2005도3717) ①×(엄격책임설에 따르면 상해죄의 책임감경, 제한적 책임설에 따르면 과실치상) ③×(소극적 구성요건표지인 위법성조각사유에 관한 구성요건 착오) ④×(보증인지위에 관한 착오, 곧 구성요건 착오로서 구성요건 고의가 부정되고 과실치사죄의 성부가 문제됨) ⑤×(추상적 사실의 착오로서 손괴미수와 과실치상의 상상적 경합이 문제됨)

문20.(배점 3) 법익주체의 동의를 승낙과 양해로 구별하는 관점에서 나오는 결론 중 타당한 결론을 모두 모은 것은? (단, 피해자의 승낙에 관하여 법률에 특별한 규정이 있는 경우는 제외한다.) 2009년 51회 사법시험

가. 승낙이 있는 것으로 오인한 자의 행위는 위법성조각사유의 전제사실의 착오에 해당하고, 승낙이 없는 것으로 오인한 자의 행위에 대해서는 불능미수설과 기수설의 대립이 있다.
나. 양해가 있는 것으로 오인한 자의 행위는 구성요건적 착오에 해당하여 고의가 조각되고, 양해가 없는 것으로 오인한 자의 행위에 대해서는 불능미수설과 기수설의 대립이 있다.
다. 기망이 있을 경우에는 유효한 승낙 및 유효한 양해가 되지 않는다.
라. 승낙의 경우는 물론이고 양해의 경우도 사회상규에 반하지 않는 것을 그 내용으로 하는 것이어야 한다.

①가 ②나 ③다 ④라 ⑤가, 나 ⑥나, 다 ⑦나, 라 ⑧다, 라

(정답) ①
(해설) 가:○(피해자의 승낙이 있는데 없는 것으로 알고 행위한 경우는 주관적 정당화요소가 흠결된 경우이다) 나:×(피해자의 양해가 있는데 없는 것으로 알고 행위한 경우는 해당범죄가 성립할 수 없으므로 위험성 여부에 따라 불능미수나 불능범이 성립한다) 다:×(기망에 의한 양해가 유효한지 여부를 두고 구별설 내부에서 다툼이 있다) 라:×(승낙은 사회상규에 반하지 않아야한다고 다수견해와 판례는 보지만[85도1892; 2008도9606], 예컨대 도박을 하려는 것을 알면서도 집에 들어오라고 한 경우처럼 사회상규에 반하는 양해도 유효하다는 점에 대해서는 구별설 내부에서 다툼이 없다)

8장

정범 및 공범론

'정범 및 공범' 또는 현행 형법의 '공범'이란 말을 다수인이 의도적으로 가담(加擔)301)하는 범죄형태로 이해하고, 동시범은 다수인이 우연적으로 가담하는 범죄형태로 이해하면, 두 범죄형태는 다수인이 가담한다는 점에서 공통점이 있다. 그래서 현행 형법이 동시범을 인과관계, 부작위범에 이어 규정하여 구성요건의 문제로 인식하고 있는 것과 달리 1992년 형법개정안은 동시범을 '정범 및 공범'이라는 제목의 장에서 규정하고 있는 것이다.

다수인이 의도적으로 가담하는 범죄형태는 크게 정범과 공범으로 구별하는 게 옳지만, 이를 구별하지 않고 그냥 현행 형법처럼 공범이라고 부르기도 한다. 그래서 정범과 구별되는 공범은 협의의 공범, 정범과 공범을 포함하는 공범은 광의의 공범으로 부르기도 한다. 정범에는 직접정범과 공동정범이 있고, (협의의) 공범에는 교사범과 방조범이 있다. 독일에서는 정범으로 보는 간접정범을 정범으로 볼지, 아니면 특수한 공범으로 볼지 견해의 대립이 있다.

Ⅰ. 공동정범

Q. 교도소에서 만난 甲, 乙, 丙 세 사람은 출소 후 재회한 자리에서 甲이 근무한 적이 있는 A 산업 창고에 보관되어 있는 전자 부품을 절취하기로 결의하였다. 甲은 전자 제품에 대한 정보 및 침입 방법과 보안장치 해제 방법을 알려주는 등 주도적으로 구체적인 범행 계획을 수립하였다. 그런데 그 후 甲은 고향으로 돌아오라는 어머니의 전화를 받고서 마음의 동요를 일으키게 되어 스스로 범행을 포기하기로 하였다. 甲이 乙과 丙에게도 범행을 포기하도록 권유하였다면 그 권유 시점과 乙, 丙의 범행의 시간적 진행을 고려하여 판례에 따라 다음을 논하시오(단, 甲과 상관없이 乙과 丙이 스스로 범행을 포기하는 경우는 상정하지 않는다)(약칭하여 공모관계이탈사건). 2009년 51회 사법시험

1. 甲이 무죄가 되는 경우 (10점)

2. 甲이 특수절도죄의 기수가 되는 경우 및 특수절도죄의 중지미수가 되는 경우 (20점)

제30조 (공동정범) 2인 이상이 공동하여 죄를 범한 때에는 각자를 그 죄의 정범으로 처벌한다.

301) 가담은 '같은 편이 되어 일을 함께 하거나 도움'을 뜻한다는 점에서 의도적인 느낌이 강하다. 현행 형법 제33조는 이런 의미로 '가공(加功)'이란 말을 쓰고 있지만, 1992년 형법개정안은 가담이라고 하고 있다. '관여(關與)'라는 말을 쓰기도 한다.

1. 공동정범의 본질: 기능적 범행지배

분업의 원리에 따른 범죄형태를 말한다. 범죄를 혼자서 범하지 않고 ①2인 이상이 공모를 한 후에 ②역할을 분담하여 범죄에 본질적 기여를 함으로써 범하는 것이다. 예컨대 甲과 乙이 살해의 공모 아래 V를 살해하기 위해서 乙은 V가 움직이지 못하게 잡고 甲은 V를 칼로 찔러 사망하게 한 경우처럼 乙의 행위가 甲의 살해행위에 결정적인 역할을 하는 경우를 말한다. 이에 대한 형사책임은 각자가 맡은 부분에 대해서만 지지 않고, 전체에 대해 진다. 각자의 역할이 범죄를 기능적으로 지배하고 있기 때문이라는 것이다. 이를 기능적 범행(행위)지배라고 한다.

2. 객관적 요건: 실행행위의 분담

가. 공모공동정범

그런데 기능적 범행지배의 의미를 두고 다툼이 있고, 이에 따라 공동정범의 성립요건이 달라지며, 공모공동정범의 개념도 달라진다. ㉮다수견해는 기능적 범행지배의 의미를 '공모(공동가담의사)를 전제로 한 실행행위의 분담'으로 이해한다.[302] 이를 실행행위분담설이라고 부르면서 이를 지지하기도 한다.[303] 이에 따르면 공동정범이 성립하려면 주관적 요건으로서 공모(공동가담의사)와 객관적 요건으로서 실행행위의 분담이 필요하고, 공모만으로 공동정범의 성립을 인정하는 공모공동정범이란 개념을 부정한다.

이와 달리 ㉯공모공동정범이란 개념을 부정해야하지만, 범죄계획을 수립하고 이를 조종·지휘만 하는 범죄집단의 우두머리도 기능적 범행지배를 한다고 봐서 공동정범을 인정해야한다는 견해[304]도 있다. 공모를 실질적으로 주도했고, 이런 역할이 결과발생에 필요불가결한 기여를 한 경우에는 기능적 행위지배를 인정할 수 있다는 것이다.[305] 결국 주모자에 대해서는 공모공동정범을 인정하는 것이 되며, 이 경우에는 다수견해가 보는 공동정범의 성립요건 가운데 객관적 요건이 필요가 없게 되는 것이다.

㉰공모가 이루어진 이상 실행행위에 직접 관여하지 아니한 자라도 다른 공모자의 행위에 대하여 공동정범으로서의 형사책임을 진다고 본 판례(2007도2134)도 있지만, ㉯의 입장의 판

302) 오영근, 형법총론, 박영사, 2005, 565면 이하와 577면 이하; 이형국, 형법총론, 법문사, 2007, 292면 이하.
303) 신동운, 형법총론, 법문사, 2006, 575면 이하.
304) 김일수, 한국형법Ⅱ[총론 下], 박영사, 1996, 247면 이하와 258면 및 293면.
305) 김성돈, 형법총론, 현암사, 2006, 694면.

례가 다수이다. '공동정범은 2인 이상이 공동하여 죄를 범하는 것으로서, 공동정범이 성립하기 위해서는 주관적 요건으로서 공동가공의 의사와 객관적 요건으로서 기능적 행위지배를 통한 범죄의 실행사실이 필요한데, 공동가공의 의사는 타인의 범행을 인식하면서도 이를 제지하지 않고 용인하는 것만으로는 부족하고 공동의 의사로 특정한 범죄행위를 하기 위해 일체가 되어 서로 다른 사람의 행위를 이용하여 자기의 의사를 실행에 옮기는 것을 내용으로 하는 것이어야 한다'(2008도1274)고 하면서도 공모공동정범을 인정하는데, 다만 단순한 공모자에 그치는 것이 아니라 본질적 기여를 통한 기능적 행위지배가 존재해야한다고 본다(2007도4702; 2010도3544; 2010도7412; 2010도11030).

나. 공모관계에서 이탈

(1) 실행의 착수 전 이탈

판례는 ⓐ단순공모자 甲이 다른 공모자가 실행행위에 이르기 전에 그 공모관계에서 이탈한 때에는 그 이후 다른 공모자의 행위에 대해서 甲은 공모공동정범으로서 책임은 지지 않고, 그 이탈의 표시가 반드시 명시적일 필요가 없다고 한다(71도2277; 85도2371, 85감도347).

그러나 ⓑ공모자가 공모에 주도적으로 참여하여 다른 공모자의 실행에 영향을 미친 때에는 공모관계에서 이탈은 공모자가 공모에 의해 담당한 기능적 행위지배를 해소하는 것이 필요하므로 범행을 저지하기 위해 적극적으로 노력하는 등 실행에 미친 영향력을 제거하지 않는 한 공모관계에서 이탈되었다고 할 수는 없다고 본다. 이에 따라 다른 3명의 공모자들과 강도 모의를 하면서 삽을 들고 사람을 때리는 시늉을 하는 등 그 모의를 주도한 甲이 함께 범행 대상을 물색하다가 다른 공모자들이 강도의 대상을 지목하고 뒤쫓아 가자 단지 "어?"라고만 하고 비대한 체격 때문에 뒤따라가지 못한 채 범행현장에서 200m 정도 떨어진 곳에 앉아 있고 위 공모자들이 피해자를 쫓아가 강도상해의 범행을 한 경우, 판례는 甲이 다른 공모자의 강도상해죄의 실행을 만류하지 않았다는 이유로 강도상해죄의 공모공동정범이라고 본다(2008도1274).

(2) 실행의 착수 후 이탈

甲이 乙과 합동하여 V를 텐트 안으로 끌고 간 후 乙, 甲 순으로 성관계를 하기로 하고 甲은 텐트 밖으로 나와 주변에서 망을 보고 乙은 V를 강간하고, 이어 甲이 위 텐트 안으로 들어가 V를 강간하려 하였으나 V가 반항을 하며 강간을 하지 말아 달라고 사정을 하여 강간을 하지 않은 경우, 판례는 다른 공범의 범행도 중지하게 해야 중지미수가 성립한다는 이유로 甲은 성폭법의 특수강간죄의 기수범이라고 본다(2004도8259). 판례는 공모공동정범에서 공모자가 이탈한 시점이 다른 공모자가 실행에 착수한 후라면 다른 공모자의 그 이후 범행을 적극적으로 저지하지 않는 한 다른 공모자가 실행한 범죄에 대해 공동정범의 책임을 진다고 보고 있는 것이다.

같은 맥락에서 판례는 공모자 甲이 포괄일죄인 사기죄의 일부를 실행한 후 공범관계에서 이탈하였으나 다른 공범자에 의해 나머지 범행이 이루어진 경우, 甲이 관여하지 않은 부분에 대해서도 포괄일죄 전부에 대한 공동정범의 책임을 진다고 본다(2001도513).

(3) 공모관계이탈사건의 해결

앞의 공모관계이탈사건의 경우에 위와 같은 판례의 입장에 따르면 甲이 무죄가 되려면 甲이 스스로 범행을 포기함은 물론 乙·丙에게 범행을 포기하도록 권유하여 乙·丙이 특수절도죄의 실행에 착수하지 않아야한다. 甲이 특수절도죄의 기수가 되려면 甲만 스스로 범행을 포기하고 甲의 권유에도 불구하고 乙·丙이 특수절도죄의 실행에 착수하여 그 범행이 기수에 이르러야한다. 甲이 특수절도죄의 중지미수가 되려면 甲이 스스로 범행을 포기한 후 특수절도죄의 실행에 착수한 乙·丙의 범행을 저지시켜서 그 범행이 미수에 그치도록 해야 한다.

다. 승계적 공동정범

乙이 1981. 1월 초순경부터 히로뽕제조행위를 계속하던 중인 1981. 2. 9. 甲이 비로소 乙의 행위를 알고 그에 가담한 경우, 판례는 甲은 가담 이전의 행위에 대해서는 형사책임을 지지 않는다고 본다(82도884. 同旨: 2007도6336). 그 이유는 포괄일죄의 범행 도중에 공동정범으로 가담한 자는 범행에 가담할 때 그 이전의 범행을 알았다 하더라도 그 가담 이후의 범행에 대해서만 공동정범으로 책임을 진다는 것이다. 이런 사례에서 가담 이전의 행위에 대해서도 甲에게 책임을 물을 수 있게 해주는 개념이 승계적 공동정범이다. 따라서 판례는 승계적 공동정범을 부정한다고 볼 수 있다. 승계적 공동정범이란 개념을 긍정하는 입장에서는 위 사례의 경우 甲에게 포괄일죄 전체에 대한 책임을 인정한다.

甲은 乙이 V를 약취 · 유인한 행위에는 가담하지는 않았지만 사후에 그 사실을 알면서 그의 안전을 염려하는 부모의 우려를 이용해 금품을 요구하는 乙의 행위에 가담한 경우, 판례는 甲은 특가법 제5조의2 중 제1호의 죄의 **종범**이라고 본다(82도2024). 승계적 공동정범을 인정하여 甲을 특가법 제5조의2 중 제1호의 죄의 **정범**으로 볼 수는 없지만, 단순히 금품요구행위에 대해서뿐만 아니라 乙의 약취 · 유인한 행위에 대해서도 방조의 책임을 져야한다고 본 것이다.

3. 주관적 요건: 공모(공동가담의 의사)

가. 공모(공동가담의 의사)의 의미

판례는 2인 이상이 범죄에 공동 가공하는 공동정범에 있어서 공모나 모의는 반드시 직접적·명시적으로 이루어질 필요는 없고, 비록 전체의 모의과정이 없었다고 하더라도 수인 사이에 순차적으로 또는 암묵적으로 상통하여 그 의사의 결합이 이루어지면 공모관계가 성립한다고 본다(2007도2134).

나. 공동가담의 의사를 부정한 판례

甲이 2002. 3. 10. 20:30경 피시방 앞에서 乙이 인터넷 채팅을 통해 알게 된 X, Y, Z 3명을 乙의 승용차에 태우고 함께 드라이브하던 중, 이들이 잠시 차에서 내린 사이에 丙의 제의로 각각 강간하기로 공모한 다음, 다음 날인 11일 01:00경 근처 야산에서 乙과 丙이 X와 Y를 강제로 간음하였는데, 甲은 이런 계획에 대해 아무런 반대의 의사표시를 하지 않았고 乙과 丙이 범행을 마칠 때까지 동행하였으며, X와 Y가 강간당하는 것을 보고도 이를 저지하지 않았지만, 자신의 강간 상대방으로 정해진 Z를 옆에 가만히 앉아 있도록 해서 乙과 丙의 범행 대상이 되도록 하지 않았으며, 자신은 가석방 중이서 처벌에 대한 두려움 때문에 Z에게 신체적 접촉도 시도하지 않은 채 Z와 함께 이야기만 나눈 경우, 판례는 甲에게는 성폭법의 강간상해죄를 부정한다(2002도7477). 그 이유는 乙과 丙의 범행에 대한 공동가공의 의사를 인정할 수 없다는 것이다. 원심은 甲이 공모관계에서 이탈하였다고 할 수 없다는 이유로 성폭법의 강간상해죄를 긍정한다.

다. 과실범의 공동정범

(1) 이론

공모라는 주관적 요건을 인정하기 어렵다는 이유로 과실범의 공동정범을 부정하는 견해에 따라 과실범의 동시범으로 보게 되면 각자의 과실과 결과 사이에 인과관계가 밝혀지지 않은 때는 과실미수범이 되어 처벌할 수 없다.

이와 달리 30조는 공동의사를 규정하고 있지 않다는 이유로 이를 인정하는 견해[306]도 있

306) 이상돈, 형법강의, 법문사, 2010, 29/17.

다. (객관적) 기능적 행위지배의 관점에서 ⓐ주의의무를 공동으로 부담하는 자들이 ⓑ모두 그 의무를 위반하고, ⓒ각자의 의무위반 중 어느 하나라도 없었다면 결과가 발생하지 않았거나 각자의 의무위반이 단독으로는 결과를 초래하지 못해도 함께 누적적으로 작용하여 결과를 초래한 것이 확실한 경우에는 과실범의 공동정범을 인정할 수 있다는 것이다.

(2) 판례

과실범의 공동정범은 부정된다고 본 오래된 판례(4289형상276)도 있지만, 그 밖의 많은 판례는 제30조가 '공동하여 "죄"를 범한 때'라고만 하고 있지 "고의범"에 한정하고 있지 않다는 이유로 과실범의 공동정범을 인정한다. ⓐ건설업자 甲의 부실시공, ⓑ제작시공에 대한 감독 공무원 乙의 감독소홀, ⓒ유지·관리 공무원 丙의 유지·관리소홀 각각은 성수대교 붕괴의 원인이 될 수 없지만, 그것이 합쳐져서 교량이 붕괴되어 사람이 사망에 이른 경우, 판례는 업무상과실치사죄의 공동정범이 성립한다고 본다(97도1740).

甲이 운전자인 乙의 부탁을 받고 차량의 조수석에 올라탄 상태에서 사고가 난 경우, 판례는 甲은 과실범의 공동정범이 아니라고 본다(82도3136). 그 이유는 甲의 동승은 乙의 차량운전행위를 살펴보고 잘못된 점이 있으면 이를 지적하여 교정해 주려는데 목적이 있었을 뿐 甲 사신이 주노석인 지위에서 자량을 운행할 의도가 있었다거나 실제로 그런 운행이 이루어졌다고는 보기 어렵고, 그렇다고 甲이 전문적인 운전교습자로서 피교습자가 운전기기를 직접 조작하도록 하되 교습자 자신이 일일이 당해 차량의 운행에 관한 모든 지시를 하고 피교습자는 그 지시에 따라 기계적으로 움직일 뿐 차량운행의 주도적인 책임은 교습자 자신에게 귀속하는 경우와 같은 간접정범이라고 보기도 어렵다는 것이다. 또한 차량의 동승자 甲이 교통사고 후 운전자와 공모하여 운전자의 도주행위에 가담한 경우, 판례는 운전과실에 대해 甲에게 과실범의 공동정범의 책임을 물을 수 있는 특별한 경우가 아니면 특가법의 대인사고후미조치도주운전죄의 공동정범이 아니라고 본다(2007도2919).

라. 부작위범의 공동정범

판례는 다수의 부작위범에게 공통된 의무가 부여되어 있고 그 의무를 공통으로 이행할 수 있다면 부작위범의 공동정범도 성립할 수 있다고 본다. 다만 공중위생영업회사 지점의 실장들인 甲, 乙, 丙이 공동하여 공중위생관리법의 공중위생영업 신고의무[307]를 이행하지 않은

307) 공중위생관리법 제3조 (공중위생영업의 신고 및 폐업신고) ①공중위생영업을 하고자 하는 자는 공중위생영업의 종류별로 보건복지가족부령이 정하는 시설 및 설비를 갖추고 시장·군수·구청장(자치구의 구청장에 한한다)에게 신고하여야 한다. 보건복지가족부령이 정하는 중요사항을 변경하고자 하는 때에도 또한 같다.

경우, 판례는 이들에 대한 공동정범을 부정한다(2008도89). 그 이유는 공중위생영업회사의 직원인 실장들은 영업자에게 부여되는 신고의무를 지지 않는다는 것이다.

마. 결과적 가중범의 공동정범

甲은 건물에서 농성학생들을 총지휘하면서, 특히 건물옥상에 사수대를 배치하고 경찰 진입에 대비하여 미리 쇠파이프, 보도블록, 벽돌 등을 준비하도록 한 다음, 경찰진입이 시작되자 보도블록과 벽돌 등을 경찰관들에게 던지도록 지시하였는데 경찰관이 사수대원이 던진 보도블록에 맞아 사망한 경우, 판례는 甲이 특수공무집행방해치사죄라고 본다(97도1720. 同旨: 2000도3485). 그 이유는 결과적 가중범의 공동정범은 기본행위를 공동으로 할 의사가 있고 결과를 예견할 수 있었다면 성립하고 결과를 공동으로 할 의사는 필요 없다는 것이다.

甲, 乙, 丙 3명이 등산용 칼을 이용한 노상강도를 공모하여, 甲은 차 안에서 망을 보고, 乙과 丙은 차에서 내려 금품을 강취하려는데, 우연히 이 현장을 목격한 V를 乙이 소지하던 등산용 칼로 살해한 경우, 판례는 甲과 丙에게 강도치사죄를 인정한다(90도2262). 그 이유는 乙의 강도살인행위를 전혀 예상하지 못했다고 할 수 없다는 것이다.

甲, 乙, 丙 3명이 강도를 공모하고, V의 집 안방에 들어가 과도를 들이대고 전화선으로 V의 손발을 묶고 주먹과 발로 수회 때려 반항을 억압한 다음 甲이 장농 등을 뒤져 강취하는 사이에 乙과 丙은 V를 강간하였는데, 甲은 이를 전혀 모르고 있었다면, 판례는 甲에게 강간에 대한 책임을 물을 수 없다고 본다(88도1114).

바. 공모하지 않은 범죄에 대한 공동정범: 파생적 공동정범

공모자들이 공모한 범죄를 수행하는 과정에서 부수적으로 공모하지 않은 범죄가 발생할 수 있음을 예상하거나 충분히 예상할 수 있었음에도 불구하고 그런 가능성을 외면한 채 공모하지 않은 범죄를 방지하기위한 합리적 조치를 하지 않아서 공모하지 않은 범죄가 발생한 경우, 판례는 그 범죄에 대해서도 공동정범을 인정한다(2010도7412).

Ⅱ. 공범: 교사범과 방조범

Q. 甲은 乙, 丙, 丁이 절취하여 온 장물을 상습으로 19회에 걸쳐 시가의 3분의1 내지 4분의 1의 가격으로 매수하여

제20조 (벌칙) ①다음 각호의 1에 해당하는 자는 1년 이하의 징역 또는 1천만원 이하의 벌금에 처한다.
1. 제3조제1항 전단의 규정에 의한 신고를 하지 아니한 자

취득하여 오다가, 丁이 구속되자 乙, 丙에게 일제 도라이바 1개를 사주면서 "丁이 구속되어 도망다니려면 돈도 필요할 텐데 열심히 일을 하라(도둑질을 하라)" 고 말하였다(약칭하여 절도교사사건). 甲의 형사책임은?

Q. A은행직원 甲은 자신에 대한 징계절차가 진행 중 A은행 노조위원장 V의 불륜관계에 대한 소문을 듣고 V의 불륜현장을 촬영한 후 그 동영상을 활용하여 V를 압박해 자신의 복직을 시도하려고, 평소 알고 지내던 乙에게 전화를 하여 사정을 말하고 그런 동영상을 확보하여 자신은 복직에 활용하고 乙은 공갈에 사용할 것을 제안하였다. 이에 乙은 甲이 제공한 V의 인적 정보를 이용해 V를 미행하여 불륜현장이 담긴 동영상을 확보하고, 이 사실을 甲에게 알렸는데, 甲은 여러 차례 전화하여 그 동안의 수고비를 줄 테니 촬영한 동영상을 넘기고 V를 공갈하는 것을 단념하라고 말했으나 乙은 이를 거절하고 그 동영상으로 V에게 겁을 주어 현금 500만원을 받았다(약칭하여 공갈교사중지사건). 甲의 형사책임은?

Q. 백화점에서 수입상을 보조하여 특정매장에 관한 상품관리 및 고객들의 불만사항 확인 등의 업무를 담당하는 직원 甲은 자신이 관리하는 특정매장의 점포에 가짜 상표가 새겨진 상품이 진열 · 판매되고 있는 사실을 발견하였음에도 불구하고 고객들이 이를 구매하도록 방치하였다(약칭하여 짝퉁방치사건). 甲의 형사책임은?

> 제31조 (교사범) ①타인을 교사하여 죄를 범하게 한 자는 죄를 실행한 자와 동일한 형으로 처벌한다.
> ②교사를 받은 자가 범죄의 실행을 승낙하고 실행의 착수에 이르지 아니한 때에는 교사자와 피교사자를 음모 또는 예비에 준하여 처벌한다.
> ③교사를 받은 자가 범죄의 실행을 승낙하지 아니한 때에도 교사자에 대하여는 전항과 같다.

> 제32조 (종범) ①타인의 범죄를 방조한 자는 종범으로 처벌한다.
> ②종범의 형은 정범의 형보다 감경한다.

1. 교사범(敎唆犯)

가. 개념

교사범이란 타인을 부추겨 범죄를 결의하게 하고 그 범죄를 범하도록 하는 범죄를 말한다. 교사범의 법정형은 정범의 법정형과 같다.

판례는 피교사자가 이미 범죄의 결의를 가지고 있을 때에는 교사범이 성립할 여지가 없고, 또 막연히 "범죄를 하라"거나 "절도를 하라"고 하는 등의 행위만으로 교사를 인정하기 어렵지만, 범행의 일시, 장소, 방법 등의 세부적인 사항까지를 특정하여 교사할 필요는 없다고 본다(91도542). 판례는 앞의 절도교사사건에서 甲에게 특수절도교사죄를 인정한다(91도542). 그 이유는 종전에 丁과 같이 하던 범위의 절도를 다시 계속하면 그 장물은 매수하여 주겠다는 것으로서 절도의 교사가 있었다고 봐야하고, 교사가 정범이 죄를 범한 유일한 조건일 필요는 없고, 교사에 의해 정범이 실행을 결의하게 된 이상 비록 정범에게 범죄의 습벽이 있어 그 습벽과 함께 교사가 원인이 되어 정범이 범죄를 실행한 경우에도 교사범이 성립한다는 것이다.

나. 교사자의 교사행위

(1) 미수의 교사

다수견해는 교사범은 교사행위에 대한 고의와 피교사자의 실행행위에 대한 고의(이중의 고의)를 필요로 하고, 피교사자의 실행행위에 대한 고의는 기수의 고의이어야 한다고 본다. 이에 따르면 예컨대 함정수사처럼 피교사자의 실행행위가 미수에 그칠 것을 의욕·인용하면서 교사하는, 이른바 미수의 교사는 처벌할 수 없다는 것이 다수견해이다. 그러나 교사의 고의는 이중의 고의이어야한다고 보면서도 미수의 교사의 처벌을 긍정하는 견해(남흥우, 백남억, 김종원)도 있다.

(2) 부작위에 의한 교사

다수견해는 부작위에 의한 교사를 부정한다. 그러나 이것이 가능하다는 견해[308]가 있고, 예컨대 甲이 살인을 교사할 때 아동 乙이 살인을 결의한다는 정을 알면서 乙의 모친 丙이 그대로 방관한 경우 丙은 부작위에 의한 교사라고 할 수 있다는 것이다.

부작위에 의한 교사의 예로 폭력조직의 두목 甲이 손금을 봐야 사람을 제대로 알 수 있다는 의미로 "저런 사람은 손을 봐야 해"라고 말했는데, 부하가 그 사람을 폭행하라는 지시로 알아듣고 폭행한 경우(약칭하여 손금사례)를 드는 견해[309]가 있다. 이 경우 甲에게는 乙의 폭행을 방지할 작위의무가 있으므로 부작위에 의한 폭행죄의 교사범이 된다는 것이다. 이 견해는 과실에 의한 교사를 부정한다.

(3) 과실에 의한 교사

다수견해는 과실에 의한 교사를 부정한다. 그러나 이것이 가능하다는 견해[310]도 있다. 예컨대 의사 甲이 부주의하여 독물을 약품이라 오인하고 간호원 乙에게 건네주었는데 이를 통해 乙은 범행을 결의하고 독물임을 알면서도 환자가 음용하게 한 경우로서, 乙은 살인죄의 정범이고, 甲은 업무상과실치사죄의 교사범이라는 것이다. 행위공동설의 입장에서는 이것도

308) 이건호 외 7인, 신고 형법총론, 한국사법행정학회, 1981, 367면.
309) 오영근, 형법총론, 박영사, 2005, 34/40.
310) 이건호 외 7인, 신고 형법총론, 한국사법행정학회, 1981, 375면.

얼마든지 가능하다는 것이다.

과실에 의한 교사를 인정하는 이 오래된 견해[311]는 과실에 의한 간접정범도 가능하다고 본다. 예컨대 의사 甲이 부주의하여 독물을 약품이라 오인하고 간호원 乙에게 건네주었는데 乙도 부주의하여 독물임을 모르고 환자가 음용하게 한 경우라는 것이다.

위 손금사례가 甲의 부주의가 교사행위가 된 경우로서 이것이 오히려 과실에 의한 교사로 볼 수 있고, 부작위에 의한 교사는 부정해야한다는 견해[312]도 있다. 그 이유는 부작위도 의사소통의 한 형태가 될 수 있으므로 '개념적'으로는 부작위에 의한 교사가 가능하지만, 그런 교사는 정범이 실현하는 불법을 교사자에게 귀속할 만큼 '현실적'으로 영향력을 갖기 어려우므로, 부작위에 의한 방조로 봐야한다는 것이다.

⑷ 간접교사와 재교사 또는 연쇄교사

간접교사는 교사자가 피교사자에게 타인을 교사하여 범죄를 실행할 것을 교사하는 경우를 말한다. 재교사 또는 연쇄교사는 피교사자가 다시 다른 사람에게 교사하는 경우로, 간접교사와 달리 교사자가 최종 실행행위자를 인식하지 못한다.

다수견해는 간접교사와 재교사의 경우 모두 최초 교사자를 교사를 받아 실행한 범죄의 교사범으로 처빌할 수 있나고 보지만, 이를 모두 부정하는 견해(황산덕)도 있다. 이와 달리 재교사의 경우만 피교사자가 특정되지 않았다는 이유로 교사범의 성립을 부정해야하고,[313] 이런 경우는 정범의 불법에 영향력을 가진다고 볼 수 없으므로 교사한 범죄의 예비·음모로 봐야한다는 견해[314]도 있다.

다. 피교사자의 실행행위

(협의의) 교사의 미수와 효과없는 교사 및 실패한 교사를 모두 포함하여 교사의 미수라고 부르고, 후자의 두 교사를 합하여 기도된 교사라 부르기도 한다.

⑴ (협의의) 교사의 미수

교사의 미수는 피교사자가 실행에 착수했으나 미수에 그친 경우를 말한다. 이 경우 교사자는 피교사자가 미수에 그친 범죄의 교사범으로 처벌한다.

311) 이건호 외 7인, 신고 형법총론, 한국사법행정학회, 1981, 377면 이하.
312) 이상돈, 형법강의, 법문사, 2010, 30/35.
313) 오영근, 형법총론, 박영사, 2005, 34/42.
314) 이상돈, 형법강의, 법문사, 2010, 30/52.

(2) 효과없는 교사

효과없는 교사란 교사를 하여 피교사자가 실행을 승낙하였으나 실행에 착수하지 않은 경우를 말한다. 교사자와 피교사자 모두 교사한 범죄의 예비·음모로 처벌한다.

(3) 실패한 교사

실패한 교사란 교사를 했으나 피교사자가 실행을 승낙하지 않은 경우를 말한다. 피교사자는 처벌하지 않고, 교사자는 교사한 범죄의 예비·음모로 처벌한다.

甲이 결혼을 전제로 교제하던 여성 乙의 임신 사실을 알고 수회에 걸쳐 낙태를 권유하였다가 거부당하자, 乙에게 출산 여부는 알아서 하되 더 이상 결혼을 진행하지 않겠다고 통보하고, 이후에도 아이에 대한 친권을 행사할 의사가 없다고 하면서 낙태할 병원을 물색해 주기도 하였는데, 그 후 乙이 甲에게 알리지 않고 자신이 알아본 병원에서 낙태시술을 받은 경우, 이른바 실패한 교사로 볼 수 없고, 甲에게는 낙태교사죄가 성립한다고 본다(2012도2744). 그 이유는 甲은 乙에게 직접 낙태를 권유할 당시뿐만 아니라 출산 여부는 알아서 하라고 통보한 이후에도 계속 낙태를 교사하였고, 乙은 이로 인해 낙태를 결의·실행하게 되었다고 보는 것이 옳고, 乙이 당초 아이를 낳을 것처럼 말한 사실이 있다는 사정만으로 甲의 낙태교사행위와 乙의 낙태결의 사이에 인과관계가 단절되는 것은 아니라는 것이다.

라. 교사의 착오

甲은 乙에게 V를 "정신차릴 정도로 때려주라"고만 했는데 乙은 V를 살해하였고 甲은 乙의 성격상 그럴 수 있음을 예견할 수 있었던 경우, 판례는 甲을 상해치사죄의 교사범이라고 본다(97도1075). 이와 달리 상해죄의 교사와 과실치사죄의 상상적 경합으로 봐야한다는 견해[315)]도 있다.

마. 공범관계에서 교사범의 이탈

교사자에게 공범관계 이탈의 효과를 인정하여 제31조 제1항의 교사범의 책임은 부정하기 위해서는, 판례는 ㉮피교사자가 범죄의 실행행위에 나아가기 전에 교사범에 의하여 형성된 피교사자의 범죄 실행의 결의를 해소하는 것이 필요하고, 이때 ㉯교사범이 피교사자에게 교사행위를 철회한다는 의사를 표시하고 이에 피교사자도 그 의사에 따르기로 하거나 또는 ㉰교사범이 명시적으로 교사행위를 철회함과 아울러 피교사자의 범죄 실행을 방지하기 위한 진

315) 오영근, 형법총론, 박영사, 2005, 34/64.

지한 노력을 다하여 ㉣당초 피교사자가 범죄를 결의하게 된 사정을 제거하는 등 제반 사정에 비추어 객관적·실질적으로 보아 교사범에게 교사의 고의가 계속 존재한다고 보기 어렵고 당초의 교사행위에 의하여 형성된 피교사자의 범죄 실행의 결의가 더 이상 유지되지 않는 것으로 평가할 수 있어야한다고 하면서(다만 교사자에게 공범관계 이탈의 효과가 인정되는 경우에도 제31조 제2항에 따라 교사한 범죄의 예비·음모범의 책임은 부담할 수 있다), 앞의 공갈교사중지사건에서 甲에게는 공범관계 이탈의 효과를 줄 수 없다고 본다(2012도7407). 그 이유는 甲의 교사와 乙의 공갈행위 사이에는 상당인과관계가 인정되고, 甲의 만류가 있었지만 乙이 이를 명시적으로 거절하고 당초와 같은 범죄 실행의 결의를 그대로 유지하고 있다는 것이다.

2. 방조범(幇助犯) 또는 종범(從犯)

가. 개념

방조범 또는 종범이란 정범이 범죄를 실현하는 것을 돕는 범죄를 말한다. 방조범의 처단형은 정범의 법정형보다 필요적 감경한 형이다. 방조범이 성립하려면 정범의 실행행위와 이에 대한 방조행위가 있어야한다.

그런데 방조행위를 독립된 범죄로 규정한 경우도 있다. 예컨대 형법 제252조 제2항의 자살방조죄, 폭처법 제7조의 죄[316] 등이 이에 해당한다.

나. 정범의 실행행위

(1) 정범의 존재

정범을 처벌해야만 방조범이 성립하는 것은 아니지만, 정범이 존재해야하고, 정범의 실행행위가 공소장에 기재되어야한다. 판례도 종범은 정범의 실행행위가 있어야 성립한다고 보고, 게임사이트 이용자 甲이 인터넷 게임사이트의 온라인게임에서 통용되는 사이버머니를 구입하고자 하는 사람을 유인하여 돈을 받은 후, 위 게임사이트에 접속하여 일부러 패하는 방법으로 사이버머니를 판매한 경우, 甲에 대한 도박개장죄의 방조범을 부정한다(2007도8050). 그 이유는 게임사이트 개설자가 그 회원들에게 단순 오락용 게임으로 제공하는 것을 넘어서 회원간에 사이버머니를 현금화하는 것을 허용하는 등 위 게임을 도박의 수단으로 제공하고 그

316) 정당한 이유없이 폭처법에 규정된 범죄에 공용될 우려가 있는 흉기 기타 위험한 물건을 휴대하거나 제공 또는 알선한 자는 3년 이하의 징역 또는 300만원 이하의 벌금에 처한다.

에 따른 이익을 취득한 것으로 볼 수는 없어서 도박개장행위를 했다고 볼 수 없다는 것이다.

또한 甲이 자신의 아들 乙이 징집되지 않도록 하기 위해서 乙이 잠닉한 것처럼 乙이 모르게 단독으로 허위신고를 하였지만 乙이 징집된 경우도, 판례는 甲이 병역법위반죄의 방조범이 아니라고 본다(74도509). 그 이유는 편면적 종범일지라도 정범없이 공범이 성립할 수는 없다는 것이다.

(2) 편면적 종범

여기서 편면적 종범이란 정범이 방조범의 방조행위를 인식하지 못한 경우를 말한다. 예컨대 甲이 인터넷신문인 '팬티신문'을 운영하면서 광고수입을 높이기 위해 乙이 운영하는 음란사이트에 바로 접속할 수 있는 링크표지를 설정하였지만 乙은 甲의 이런 행위가 자신의 음란사이트운영에 도움이 된다는 것을 알지 못하는 경우를 말한다.

이 경우 링크설정자 甲은 음란콘텐츠의 구성과 형성의 권한과 행위가 없다는 이유로 甲은 乙의 정보통신망법의 음란정보전시죄[317]의 편면적 종범이라는 견해[318]도 있다. 그러나 판례는 甲을 정보통신망법의 음란정보전시죄의 정범이라고 본다(2001도1335). 그 이유는 다른 웹사이트 등을 단순히 소개·연결할 뿐이거나 다른 웹사이트 운영자의 실행행위를 방조하는 정도를 넘어, 이미 음란한 부호 등이 불특정·다수인에 의해 인식될 수 있는 상태에 있는 다른 웹사이트를 링크의 수법으로 사실상 지배·이용함으로써 그 실질에서 음란한 부호 등을 직접 전시하는 것과 다를 바 없고, 이에 따라 불특정·다수인이 이런 링크를 이용하여 별다른 제한 없이 음란한 부호 등에 바로 접할 수 있는 상태가 실제로 조성되었다면, 甲의 행위는 전체로 보아 음란한 부호 등을 공연히 전시한다는 구성요건을 충족한다고 볼 수 있고, 이는 죄형법정주의에 반하는 유추해석이 아니라는 것이다.

(3) 과실범에 대한 방조

과실범에 대한 방조, 예컨대 살해의 고의를 가진 의사 甲이 영양주사가 아니라 독주사임을 알고 있음에도 불구하고 영양주사로 알고 있는 간호사 乙이 그 주사를 놓는 것을 방조한 경

---

317) 정보통신망법 제74조(벌칙) ① 다음 각 호의 어느 하나에 해당하는 자는 1년 이하의 징역 또는 1천만원 이하의 벌금에 처한다.
2. 제44조의7 제1항 제1호를 위반하여 음란한 부호·문언·음향·화상 또는 영상을 배포·판매·임대하거나 공공연하게 전시한 자
제44조의7 (불법정보의 유통금지 등) ①누구든지 정보통신망을 통하여 다음 각 호의 어느 하나에 해당하는 정보를 유통하여서는 아니 된다.
1. 음란한 부호·문언·음향·화상 또는 영상을 배포·판매·임대하거나 공연히 전시하는 내용의 정보

318) 이상돈, 형법강의, 법문사, 2010, 31/62.

우, 甲은 제34조의 간접정범으로 처벌될 수 있다.

(4) 과실에 의한 방조

다수견해는 과실에 의한 방조를 부정한다. 그러나 다음 두 가지 경우에 이것이 가능하다는 오래된 견해[319]도 있다. 하나는 甲은 乙이 A를 살해할 것을 예견할 수 있었음에도 불구하고 부주의로 인하여 이를 예견하지 못하고 만연히 乙에게 흉기를 대여하였고, 이 흉기로 乙이 A를 살해한 경우, 乙은 살인죄의 정범이고, 甲은 과실치사죄의 방조범이라는 것이다. 다른 하나는 甲은 부주의로 권총에 착탄되어 있음을 모르고 乙이 부탁하는 대로 권총을 대여하였는데 乙도 이를 모르고 장난삼아 방아쇠를 당김으로써 A를 사망하게 한 경우, 乙은 과실치사죄이고, 甲은 과실치사죄의 방조범이 성립한다.

과실에 의한 방조를 인정하는 견해는 행위공동설에 따르면 얼마든지 가능하고, 판례가 과실에 의한 공동정범을 인정한 것은 과실에 의한 교사범은 물론 과실에 의한 방조범도 인정할 것을 예정한 것이라고 볼 수 있다는 것이다.

다. 방조행위

(1) 정범의 실행행위에 대한 인식

방조행위에 대한 고의와 정범의 실행행위에 대한 인식만 있으면 방조의 고의가 인정된다는 견해도 있지만, 이 외에도 '정범과 연대의식(Solidarität)' 속에서 방조행위를 한다는 의지적 요소도 인정할 수 있어야 방조의 고의가 인정된다는 견해[320]도 있는데, 이 견해는 보라매병원사건의 의사(작위에 의한 살인방조)와 환자의 부인(부작위에 의한 살인) 사이에 이런 의지적 요소를 인정할 수 없다고 본다.

甲이 외국상품의 수입상들로부터 일정한 대가를 받고, 자신이 설립한 주식회사 명의로 외국물품을 수입·판매하는 것처럼 해서 수입상들이 상품판매에 따른 세금을 포탈할 수 있도록 해준 경우, 甲이 수입상들(정범)이 실제 누구이고 어디에 있고 실존하는지 등을 확실하게 인식하지 못했다할지라도 판례는 조세범처벌법위반죄의 방조범이라고 본다(76도4133). 소리바다사건[321] 판례의 취지도 이와 같다. 이 사건에서 판례는 방조행위란 정범의 행위를 용이하

319) 이건호 외 7인, 신고 형법총론, 한국사법행정학회, 1981, 409면 이하.

320) 이상돈, 형법강의, 법문사, 2010, 604면 이하.

321) 甲과 乙 두 형제가 MP3 파일 공유를 위한 P2P 프로그램인 소리바다 프로그램을 개발한 후, 이 프로그램을 이용하여 공유하는 음악파일이 대부분 정당한 허락없는 것임을 알면서도 자신들이 개설한 소리바다 사이트를 이용하여 이를 무료로 널리 제공하였고, 소리바다 사이트를 운영하면서 프로그램 이용자들의 접속정보를 서버에 보관하여 다른 이용자에게 제공함으로써 이용자들이 용이하게 MP3 파일을 다운로드 받아 자신의 컴퓨

게 해주는 직접·간접의 모든 행위로서, 정범의 행위 중에 이를 방조하는 경우는 물론 정범이 행위에 착수하기 전에 장래의 행위를 예상하고 이를 용이하게 해주는 경우도 포함하며, 정범의 행위에 대한 미필적 고의가 있는 것으로 충분하고 정범의 행위가 실행되는 일시, 장소, 객체 등을 구체적으로 인식할 필요가 없으며, 정범이 누구인지 확정적으로 인식할 필요도 없다고 본다(2005도872).

(2) 부작위에 의한 방조

앞의 짝퉁방치사건에서 판례는 甲이 부작위에 의한 상표법위반죄 및 부정경쟁방지법위반죄의 방조범이라고 본다(96도1639). 그 이유는 점주나 그 종업원에게 즉시 그 시정을 요구하고 수입상 등 상급자에게 보고하여 이를 시정하도록 할 근로계약상·조리상 의무가 있음에도 불구하고 점주 등에게 시정조치를 요구하거나 상급자에게 이를 보고하지 않음으로써, 점주가 가짜 상표가 새겨진 상품들을 고객들에게 계속 판매하도록 방치한 것은 작위에 의해 점주의 행위의 실행을 용이하게 하는 경우와 동등한 형법적 가치가 있는 것으로 볼 수 있다는 것이다.

3. 공범과 정범의 구별 및 공범의 종속성

Q. 乙은 칼로 V를 살해하였다. 그런데 이 칼은 甲이 구해 준 것으로서 결국 乙의 범행에 甲이 도움을 준 것으로 밝혀졌다. 甲과 乙 모두 정범으로 처벌해야하는가, 아니면 乙은 정범으로, 甲은 방조범으로 각각 처벌해야하는가?

가. 정범과 공범의 구별

교사범과 방조범을 '다수인이 의도적으로 가담하는 범죄'라는 (넓은 의미의) 공범과 구별해서 좁은 의미의 공범이라고도 한다. 그런데 공범과 정범의 구별에 관해 다툼이 있다. ㉮구성요건해당행위를 기준으로 하는 입장인 객관설 중 ⓐ형식적 객관설은 그 행위를 직접 수행하는 사람만 정범으로 본다. 정범을 극히 제한적으로 인정하는 제한적 정범개념으로 연결된다. 반면에 ⓑ실질적 객관설은 그 행위의 수행에 실질적인 가담자도 정범으로 본다.

㉯주관설 또는 의사설은 자신을 위한다는 의사를 가지고 범죄에 가담하는 사람이 정범이라는 입장이다. 이에 따르면 청부살인자는 공범이다. 정범을 매우 넓게 인정하는 확장적 정범

터 공유폴더에 담아 둘 수 있게 하였으며, 음반회사로부터 이런 소리바다 서비스가 저작권법에 위배된다는 경고와 서비스 중단 요청을 받고도 불응하자, 음반제작자들이 甲과 乙 두 형제에게 민·형사책임을 묻는데, 두 형제는 민사소송에서 패소하고(2005다11626), 형사소송에서도 저작권위반죄의 방조범으로 벌금형을 받는다.

개념으로 연결된다.

㉰행위지배설 또는 범행지배설은 구성요건해당행위의 진행 여부를 좌우할 수 있는 지위에 있는 사람을 정범으로 본다. 범행지배의 의미를 두고 범행지배설 안에서 다시 다툼이 있는데, Roxin은 이른바 신분범(身分犯)·의무범(義務犯)·자수범(自手犯)이 아닌 지배범의 경우는, 단독정범은 행위지배로, 공동정범은 기능적 행위지배로, 간접정범은 우월적 의사지배로 범행지배의 의미를 유형화하여 이해한다. 한국의 다수견해는 이를 따르고 있다.

나. 제한적 정범개념과 확장적 정범개념

현행 형법처럼 구성요건을 중심으로 정범과 공범을 분리하여 정범을 제한적으로 인정하는 제한적 정범개념에 따르면, 간접정범의 정범성을 인정하기 어렵다. 제한적 정범개념에 따르면 현행 형법의 공범규정은 정범으로 처벌되지 않는 것을 특별히 처벌규정을 두어서 처벌하는 것이라고 볼 수 있으므로 형벌확장사유로 볼 수 있다.

이와 달리 범죄의 구성요건적 결과의 발생에 조건을 설정한 자 모두를 정범으로 파악하는 확장적 정범개념은 인과관계와 관련하여 결과에 대한 모든 조건의 동가치성을 인정하는 조건설이 이론적 기초가 된 것이다. 단일정범형식으로 연결된다. 오스트리아 형법 제12조가 이를 채택하고 있다.[322] 이런 확장적 정범개념에 따르면 위 경우 甲은 정범이다. 그런데 현행 형법은 甲을 공범(방조범)으로서 가볍게 처벌한다. 따라서 확장적 정범개념에 따르면 본래 정범으로 처벌되어야 할 것을 공범으로 처벌하는 것이므로 공범규정, 특히 방조범은 형벌제한사유로 이해할 수 있다.

다. 공범의 종속성

(1) 공범의 종속성 여부

공범의 성립은 정범에 종속하는지 여부를 두고 다툼이 있다. ㉮공범종속성설은 범죄의 실질은 구성요건해당행위의 수행이라는 객관주의 범죄론에 근거하여 이를 긍정한다.

이와 달리 ㉯공범독립성설은 범죄의 실질은 행위자의 반사회성이라는 주관주의 범죄론에 근거하여 이를 부정한다.

(2) 공범의 종속성의 정도

322) 제12조 (관여자의 행위자로서의 취급) 직접의 행위뿐만 아니라, 타인에게 가벌적 실행행위를 결의시키거나 그 실행에 기여한 자도, 가벌적 행위를 범하는 것이다.

또 공범종속성설에 따를 경우, 종속성의 정도를 두고 다시 다툼이 있다. 정범의 행위가 어떤 요건을 갖추어야 공범이 성립하는지의 문제이다.

㉮최소한 종속형식은 구성요건에 해당하면 충분하다고 본다. ㉯다수견해는 제한적 종속형식으로 구성요건에 해당하고 위법해야 한다고 본다. 이에 따르면 공범의 불법은 정범과 연대하지만, 책임은 개별적으로 판단한다. ㉰극단적 종속형식[323]은 구성요건해당성, 위법성, 책임 모두 인정되어야한다고 본다. ㉱초극단적(확장적) 종속형식은 구성요건해당성, 위법성, 책임은 물론 처벌조건도 갖추어야한다고 본다.

(3) 공범 처벌의 근거

공범종속성설에 따를 경우, 공범을 처벌하는 실질적 이유에 관해서도 다툼이 있다. 먼저 ㉮정범의 범죄에 가담했기 때문이라는 가담설이 있다. 이 가운데 ⓐ불법가담설은 구성요건에 해당하고 위법한 정범의 행위에 가담했기 때문이라는 견해로, 제한적 종속형식과 연결되며, 독일 형법[324]이 이 입장이다. ⓑ책임가담설은 구성요건에 해당하고 위법하며 유책한 정범의 행위에 가담했기 때문이라는 견해로, 극단적 종속형식과 연결된다.

다음으로 ㉯야기(촉진)설은 정범의 범죄를 공범이 야기했다는데 의미를 두는 견해로 독일의 형법학자들이 고안해낸 것이라고 한다.[325] 그 이유는 실패한 교사의 경우 교사자를 한국 형법은 예비·음모범으로 처벌하지만, 독일 형법은 미수범으로 처벌하는데,[326] 이는 실행에 착수한 정범이 존재하지 않음에도 불구하고 공범을 처벌하는 것이므로 제26조에 반영된 불법가담설로는 설명할 수 없기 때문이라는 것이다. ⓐ순수한 야기설은 공범의 야기행위에만 의미를 두는 견해로, 공범독립성설과 차이가 없다. ⓑ종속적 야기설은 구성요건에 해당하고 위법한 정범의 행위를 야기했기 때문이라고 보며, 공범의 야기행위에 독자적 의미를 두지 않는다. ⓒ혼합적 야기설은 공범의 독자적 불법(순수한 야기설)과 정범에 종속한 불법(종속적 야기설)의 혼합으로 보는 견해이다. ⓓ행위반가치·결과반가치설은 공범의 행위불법과 정범의 결과불법의 혼합으로 보는 견해이다.

---

323) 신동운, 형법총론, 법문사, 2006, 613면; 오영근, 형법총론, 박영사, 2005, 587면 이하.

324) 第26조 (교사범) 고의로 타인으로 하여금 고의의 위법행위를 행하도록 결의시킨 자는 교사범으로서 정범과 동일하게 처벌한다.

325) 신동운, 형법총론, 법문사, 2006(제2판), 598면.

326) 第30조 (공범의 미수) ①타인에게 중죄의 실행 또는 중죄의 교사를 결의하도록 시도한 자는 중죄의 미수에 대한 규정에 의해 처벌된다. 다만, 제49조 제1항에 따라 그 형을 감경한다. 제23조 제3항은 동일하게 적용된다. ②중죄의 실행 또는 중죄의 교사의 의사표시를 한 자, 타인의 이와 같은 제안을 수락한 자 또는 타인과 이를 약속한 자도 동일하게 처벌된다.

Ⅲ. 필요적 공범(정범)

Q. 속칭 삐끼주점의 지배인인 甲, 삐끼 乙, 삐끼주점 업주 丙은 V의 신용카드를 강취하고 신용카드의 비밀번호를 알아낸 후 현금자동지급기에서 인출한 돈을 분배하기로 공모하고, 甲은 삐끼주점 안에서 V를 계속 붙잡아 두면서 감시하는 동안 乙과 丙은 V에게서 강취한 신용카드를 이용하여 주점 근처 현금자동지급기에서 현금 4,730,000원을 절취하였는데, 이 범행에 甲이 주도적 역할을 했다(이른바 삐끼주점사건). 甲에게 성립하는 죄는 무엇인가?

Q. 변호사 사무실 직원 甲이 법원공무원에게 부탁하여 수사 중인 사건의 체포영장 발부자 명단을 받았다(약칭하여 공무상비밀누설사건). 甲을 공무상비밀누설죄의 교사범으로 처벌할 수 있는가?

1. 개념

앞서 말한 공동정범이나 협의의 공범은 단독으로도 구성요건의 실현이 가능한 범죄에 둘 이상의 사람이 가담하는 범죄형태인 반면, 반드시 둘 이상의 사람이 가담해야 구성요건을 실현할 수 있는 범죄형태도 있는데, 이를 흔히 필요적 공범(정범)이라고 한다. 판례는 '범죄의 실행이 다수인의 협력을 필요로 하는' 범죄로 정의한다(87도1699; 2007도10804). 가담자를 정범으로 처벌하는 것이므로 필요적 정범이라고 할 수도 있다. 그런데 필요적 공범(정범) 중 가담자를 처벌하지 않는 경우도 있으므로 필요적 공범(정범)이란 용어도 옳지 않다고 볼 수 있다. 그래서 필요적 가담이라고 부르기도 한다.

그런데 가담자 전부가 책임을 져야 필요적 공범이 성립하는 것은 아니다. 예컨대 乙이 오로지 공무원 甲을 함정에 빠뜨릴 의사로 직무와 관련되었다는 형식을 빌려 甲에게 금품을 공여한 경우, 판례는 공여자 乙이 처벌되지 않을지라도 甲이 그 금품을 직무와 관련하여 수수한다는 의사를 가지고 받았다면 甲이 뇌물수수죄라고 본다(2007도10804). 그 이유는 필요적 공범이 성립하려면 행위를 공동으로 하면 충분하고, 반드시 협력자 전부가 책임을 져야만 하는 것은 아니라는 것이다.

2. 유형

필요적 공범은 다수인이 범행에 가담하는 방향에 따라 그 방향을 같이 하는(↑↑) 집합범[327](例 내란죄, 소요죄)과 마주하는 (→ ←) 대향범(例 간통죄, 뇌물죄, 음화판매죄)로 구별

327) 이 용어 대신에 집단범이라는 용어를 사용하는 견해(임웅, 형법총론, 법문사, 2002, 381면; 김성돈, 형법총론,

할 수 있다.

대향범은 다시 쌍방 모두를 처벌하는 경우(약칭하여 쌍방처벌인 대향범)와 일방은 처벌하지 않는 경우(약칭하여 일방불벌인 대향범)로 구별할 수 있다. 편면적 대향범으로 부르기도 하는 일방불벌인 대향범의 예로 음화판매죄를 들 수 있는데, 이 죄는 음화의 매도인은 처벌하지만 매수인은 처벌하지 않는다. 촉탁·승낙살인죄와 범인은닉·도피죄가 일방불벌인 대향범인지 논란이 있다.

3. 합동범(合同犯)에서 '합동'의 의미

합동범은 예컨대 합동절도처럼 '2인 이상이 합동하여'라는 구성요건을 가진 범죄형태로, 필요적 공범에 속한다. 그런데 '합동'의 의미를 두고 다툼이 있으며, 이에 따라 합동범의 성부가 달라질 수 있다. 이와 관련하여 특히 삐끼주점사건에서 甲을 합동절도죄의 정범으로 볼 수 있는지가 문제된다. 크게 이를 긍정하는 입장과 부정하는 입장으로 구별할 수 있다.

가. 합동절도죄의 정범을 긍정하는 입장

(1) 이론

공모공동정범설은 공모공동정범을 일반적으로 인정하는 판례의 입장을 제한하기 위해서, 공모공동정범을 합동범의 경우에 한정해서 인정하는 입장이다.

가중적 공동정범설은 합동범은 공동정범과 아무런 차이가 없고, 다만 절도·강도·도주·강간 등의 공동정범을 가중처벌하는데 목적이 있다는 입장이다.

현장적 공동정범설은 합동범은 원칙적으로 현장성을 필요로 하지만, 배후나 두목은 현장성이 불필요하다는 입장[328]이다.

기능적 현장설은 현장설을 따르면서도 이 사건처럼 기능직 행위지배를 인정할 수 있으면 합동범의 공동정범을 인정할 수 있다는 견해[329]이다.

(2) 판례

판례는 원칙적으로 합동범이 성립하려면 주관적 요건인 '공모'와 객관적 요건인 '실행행위

현암사, 2006, 634면)도 있는데, 그 이유는 집합범이라는 말은 죄수론과 관련 이른바 포괄일죄의 한 유형으로도 사용되므로 혼동을 초래할 수 있다는 것이다.

328) 김일수·서보학, 새로 쓴 형법총론, 박영사, 2004, 621면.

329) 김성돈, 형법총론, 현암사, 2006, 717면.

의 분담'이 있어야 하고 그 실행행위는 시간적·장소적 협동관계에 있어야 한다고 본다. 이에 따라 甲이 절취를 하는 동안 乙은 가까운 곳에 대기하고 있다가 절취품을 가지고 같이 나온 경우 합동절도죄를 인정한다(96도313). 3인이 사전 모의에 따라 강간할 목적으로 심야에 인가에서 멀리 떨어져 있어 쉽게 도망할 수 없는 야산으로 피해자 3명을 유인한 다음 각자 마음에 드는 피해자들을 데리고 불과 100m 이내의 거리에 있는 곳으로 흩어져 동시 · 순차적으로 각각 강간한 경우도 성폭법의 특수(합동)강간죄라고 본다(2004도2870). 乙이 조직폭력배 행세를 하며 형님으로 모시는 甲과 함께 술을 마신 후 甲의 속칭 '2차'요구에 술집 종업원 V가 거부하자 폭언과 욕설을 하며 대기시켜놓은 승용차 뒷자리에 甲과 함께 타도록 해서 고속도로를 이용 부산으로 가는 동안 乙은 운전을 하고 甲은 뒷자리에서 V를 강간한 경우, 서울고법은 乙에게도 성폭법의 특수(합동)강간죄가 인정된다고 봤다(2010노2477).

이처럼 합동을 시간적·장소적 협동 개념으로 이해하면, 예컨대 甲과 乙이 상점에서 현금을 훔치기로 공모하고, 甲은 상점에서 마치 물건을 구매할 것처럼 가장하여 주인과 흥정하면서 주인의 시선을 돌리게 하고, 그 틈을 이용해 乙이 상점내부에 있는 소형금고에서 현금을 훔친 경우가, 합동절도죄가 성립하는 반면, 예컨대 서울에 사는 甲과 부산에 사는 乙이 부산의 상점에서 현금을 훔치기로 하고, 甲이 상점 주인에게 전화해서 주위를 산만하게 동안 乙이 현금을 훔친 경우, 甲과 乙은 절도죄의 공동정범이다.

그런데 판례는 이처럼 가담자의 시간적 · 장소적 협동관계를 요구하면서도 위 삐끼주점사건에서도 甲에게 합동절도의 공모공동정범을 인정한다(98도321전판). 2인 이상의 범인이 합동절도의 범행을 공모한 후 1인의 범인만 단독으로 절도의 실행행위를 한 경우는 합동범의 객관적 요건을 갖추지 못해 합동절도가 성립할 여지가 없지만, 3인 이상의 범인이 합동절도의 범행을 공모한 후 적어도 2인 이상의 범인이 범행현장에서 시간적 · 장소적 협동관계를 이루고 절도의 실행행위를 분담하여 절도죄를 저지른 경우는 합동범이 성립하며, 합동절도에서도 공동정범과 교사범 · 종범의 구별기준은 일반원칙에 따라야 하므로, 범행현장에 존재하지 않은 범인도 공동정범이 될 수 있고, 반대로 상황에 따라서는 장소적으로 협동한 범인도 방조만 한 경우에는 종범으로 처벌될 수도 있다는 것이다.

나. 합동절도죄의 정범을 부정하는 입장

다수견해인 현장(성)설은 합동범은 공모 외에 범행현장에서 실행행위의 분담을 요구하며, 그런 현장성을 조건으로 가중처벌하려는 데 그 목적이 있다는 입장이다. 이에 따르면 甲은 절도죄의 공동정범[330] 또는 특수(합동)절도죄의 교사범[331]이다.

4. 일방불법인 대향범에서 불벌자에 대한 형법총칙의 공범규정의 적용 여부

일방불법인 대향범에서 내부자이자 불벌자에 대해 형법총칙의 제30조·제31조·제32조를 적용하여 불벌자를 처벌할 수 있을지 다툼이 있다. 예컨대 음화판매죄에서 음화판매자를 교사의 형태로 적극적으로 가담하여 음화를 구매한 경우, 음화매수인을 음화판매죄의 교사범으로 처벌할 수 있을지 다툼이 있다.

가. 학설

이를 긍정하는 견해[332]도 있다. 교사의 형태로 음화판매죄의 불법에 가담한 자는 음화판매죄의 교사범으로 처벌해야한다는 것이다. 다수견해는 부정한다. 만일 일방불법인 대향범에 대해 형법총칙규정을 적용하여 교사범으로 처벌하면, 일방불법인 대향범으로 규정한 취지에 어긋난다는 것이다.

나. 판례

판례는 아래의 공무상비밀누설죄를 비롯하여 약사법의 판매목적취득죄, 변호사법의 변호사 아닌 자의 변호사고용죄와 알선수재죄, 자본시장법의 미공개내부정보를 이용하게 한 죄를 일방불법인 대향범으로 보고, 그 내부자(곧 약사법의 판매목적취득죄의 경우는 취득하게 한 자, 변호사법의 변호사 아닌 자의 변호사고용죄와 알선수재죄의 경우 변호사와 알선증재자, 자본시장법의 미공개내부정보를 이용하게 한 죄의 경우 미공개내부정보 이용자)에 대해서는 형법총칙의 공범규정을 적용할 수 없다는 논리로 부정설의 입장을 따르고 있다.

판례는 형법의 공무상비밀누설사건에서 변호사 사무실 직원 甲에게 공무상비밀누설죄의 교사범이 성립하지 않는다고 본다(2009도3642). 공무원 또는 공무원이었던 자가 법령에 의한 직무상 비밀을 누설하는 행위만 처벌할 뿐 직무상 비밀을 누설받은 상대방을 처벌하는 규정이 없으므로 공무상비밀누설죄는 일방불법인 대향범인데, 직무상 비밀을 누설받은 자에 대해서 공범에 관한 형법총칙 규정이 적용될 수 없다는 것이다.

위와 같은 이유로 판례는 세무사법의 직무상비밀누설죄사건에서 甲이 세무사의 사무직원과 공모하여 그가 직무상 보관하고 있던 임대사업자 등의 인적사항, 사업자소재지가 기재된 서면을 교부받은 행위가 세무사법상 직무상비밀누설죄의 공동정범에 해당하지 않는다고 본다

330) 오영근, 형법총론, 박영사, 2005, 32/33.
331) 신동운, 형법총론, 법문사, 2006, 710면.
332) 김일수, 한국형법Ⅱ[총론 下], 박영사, 1996, 332면.

(2007도6712).

5. 대향적 배임죄에 가담하는 행위와 중립적 방조

1인회사의 주주이자 대표이사인 甲은 자신의 상속세 납부자금을 마련하기 위해 주식을 매매하면서 그 계약 해제시 부담하게 될 매매대금반환채무를 담보하기 위해 주식의 매수인 乙 명의로 회사 소유의 부동산에 소유권이전등기청구권 가등기를 해줌으로써 배임죄를 저지른 경우에, 乙이 甲의 행위에 적극 가담한 것은 아니라면 乙은 방조범이 아니라고 본다(2005도4915). 그 이유는 거래상대방의 대향적 행위의 존재를 필요로 하는 유형의 배임죄에서 거래상대방은 기본적으로 배임행위의 실행행위자와는 별개의 이해관계를 가지고 반대편에서 독자적으로 거래에 임하므로, 거래상대방이 배임행위를 교사하거나 그 배임행위의 전 과정에 관여하는 등으로 배임행위에 적극 가담함으로써 그 실행행위자와의 계약이 반사회적 법률행위에 해당하여 무효로 되는 경우는 배임죄의 교사범이나 공동정범이 될 수 있지만, 관여가 그 정도가 아니어서 법질서 전체적인 관점에서 살펴볼 때 사회적 상당성을 갖춘 경우에는 비록 정범의 행위가 배임행위에 해당한다는 점을 알고 거래에 임하였다는 사정이 있어 외견상 방조행위로 평가될 수 있는 행위가 있었다 할지라도 범죄를 구성할 정도의 위법성은 없다고 봐야한다는 것이다.

이 판례가 일방불벌인 대향범에서 불벌자가 교사의 형태로 가담한 경우에 교사범의 성립을 인정할 수 있지만, 방조의 형태로 가담한 경우에는 방조범의 성립을 인정할 수 없다고 본 것이라고 보는 견해도 있고, 또 이 판례에서 '위법성이 없다'는 것은 '위법성조각사유의 존재'가 아니라 '불법을 구성하는 실질적인 방조행위가 없다'는 것을 의미한다고 해석하는 견해[333]도 있지만, 중립적 방조이론을 적용한 것으로 볼 수도 있다.

중립적 행위에 의한 방조(Beihilfe durch neutrales Verhalten)로도 불리는 중립적 방조란 예컨대 식품점 상인이 후추를 판매하면서 이를 범죄에 이용할지도 모른다는 걱정을 하면서 팔았는데, 이를 구매한 甲이 강도를 저지르면서 이를 V의 눈에 뿌려 강도에 사용함으로써, 결국 상인의 후추판매행위가 甲의 강도를 돕게 된 경우처럼 외형상 범죄와 무관해 보이는 일상적·중립적 행위가 객관적으로 범죄를 용이하게 하는 경우를 말한다. 이에 대한 방조범의 성부에 관해 다툼이 있다. 그러나 이 개념은 본래 종래 인과관계나 고의를 통한 방조범의 성립을 제한하는 데에는 한계가 있다는 인식에서 등장한 것으로서, '중립적 행위'라는 객

---

333) 이상돈, 형법강의, 법문사, 2010, 609면의 각주 6.

관적 개념으로 방조범의 성립범위를 제한하려는데 그 취지가 있다.[334] 오스트리아·독일에서는 이미 오래전부터 논의를 해왔고, 일본에서도 우리의 소리바다사건에 해당하는 2004년 Winny사건을 계기로 논의되었다.[335]

Ⅳ. 공범과 신분

Q. 희망근로사업장으로 출근하던 V는 "일 나갈 때 가져가라"던 남편 甲의 말이 떠올라 막걸리 두 병을 챙겨 길을 나섰다. 출근하자마자 목이 칼칼했던 V는 동료들과 함께 막걸리를 나눠마셨다. 순간 V와 동료 두 명은 사망했다. 사인(死因)이 '청산염 중독에 의한 심폐정지'로 밝혀졌는데, 甲이 사다 준 청산가리 11.85g(치사량 0.38g)를 딸 乙이 막걸리에 탄 것이었다. 그리고 甲은 乙이 초등학교를 다닐 무렵부터 성추행을 한 뒤 지속적으로 乙과 성관계를 가진 것으로 밝혀졌다. 甲과 乙이 공모하여 V를 살해한 것이다. 남편 甲을 존속살인죄로 처벌해야하는가, 아니면 (보통)살인죄로 처벌해야하는가?

제33조 (공범과 신분) 신분관계로 인하여 성립될 범죄에 가공한 행위는 신분관계가 없는 자에게도 전3조의 규정을 적용한다. 단 신분관계로 인하여 형의 경중이 있는 경우에는 중한 형으로 벌하지 아니한다.

1. 신분범과 신분 개념

신분이 범죄의 성립이나 처벌 여부를 좌우하는 경우 그런 범죄를 신분범이라고 한다. 그런데 신분 개념에 대해서는 다툼이 있다. 판례는 남녀의 성별, 내·외국인의 구별, 친족관계, 공무원인 자격과 같은 관계뿐만 아니라 널리 일정한 범죄행위에 관련된 범인의 인적관계인 특수한 지위 또는 상태로 이해한다(93도1002). 이와 달리 예컨대 공무원이라는 자격처럼 ⓐ특정한 사람에게만 존재하고, ⓑ불법의 구성요소가 되며, ⓒ계속성을 갖는 사회적 지위나 상태로 파악하는 견해[336]도 있는데, 이에 따르면 고의·목적·동기는 당연히 사회적 지위나 상태로 볼 수 없으므로 신분이 아니다.

위 사건처럼 직계비속이라는 신분이 없는 남편 甲을 어떻게 처벌해야할 것인지와 관련된 조문이 바로 공범과 신분이라는 제목의 제33조이다.

334) 자세한 내용은 신양균, "중립적 행위에 의한 방조", 형사법연구 제26호(2006 겨울), 3면 이하와 21면.
335) 신양균, "중립적 행위에 의한 방조", 형사법연구 제26호(2006 겨울), 4면 이하.
336) 이상돈, 형법강의, 법문사, 2010, 32/5.

2. 제33조의 신분의 의미

가. 다수견해와 판례: 구성적 신분인 진정신분범과 가감적 신분인 부진정신분범

(1) 개념

신분의 유무가 범죄의 성립을 좌우하는 경우 그 신분은 구성적 신분으로, 그 범죄는 진정신분범으로 각각 부른다. 횡령죄나 배임죄[337]가 이에 해당한다. 이와 달리 신분의 유무가 범죄의 법정형의 경중을 좌우하는 경우 그 신분은 가감적 신분으로, 그 범죄는 부진정신분범으로 각각 부른다. 존속살인죄가 이에 해당한다.

(2) 진정신분범

공무원이 아닌 사람이 권한있는 공무원과 공동하여 허위공문서작성죄를 범한 경우, 판례는 허위공문서작성죄의 공동정범이라고 본다(2006도1663).

(3) 부진정신분범

판례는 옛 상호신용금고법(일부개정 2000. 1. 28 법률 제6203호, 현 상호저축은행법)위반죄[338]는 형법의 배임죄에 대한 부진정신분범이라고 보고, 신분관계가 없는 甲이 신분관계에 있는 乙과 공모하여 옛 상호신용금고법위반죄를 저지르면, 甲은 '옛 상호신용금고법 제39조 제1항 제2호 위반죄가 성립하지만 형법 33조 단서에 의해 형법의 배임죄의 형으로 처벌된다'고 본다(97도2609). 그 이유는 ㉮판례(본문 · 단서설)는 제33조 본문은 진정신분범의 성립과 처벌 및 부진정신분범의 성립에 관한 규정이고, 제33조 단서는 부진정신분범의 처벌에 관한 규정이라는 것이다. 곧 예컨대 남편 甲이 딸 乙과 함께 자신의 부인을 살해한 경우, 甲에게는 존속살인죄의 공동정범이 성립하지만 처벌은 살인죄의 법정형으로 해야 한다는 것이다.

그러나 ㉯다수견해(진정신분범 · 부진정신분범설)는 위 사건에서 甲은 살인죄의 공동정범이

337) 355조(횡령, 배임) ①타인의 재물을 보관하는 자가 그 재물을 횡령하거나 그 반환을 거부한 때에는 5년 이하의 징역 또는 1천500만원 이하의 벌금에 처한다. ②타인의 사무를 처리하는 자가 그 임무에 위배하는 행위로써 재산상의 이익을 취득하거나 제삼자로 하여금 이를 취득하게 하여 본인에게 손해를 가한 때에도 전항의 형과 같다.

338) 옛 상호신용금고법 제39조 (벌칙) ①다음 각호의 1에 해당하는 자는 1년 이상 10년 이하의 징역 또는 1천만원 이상 1억원 이하의 벌금에 처한다.
1. 상호신용금고(현 상호저축은행)의 자본금의 납입을 가장하거나 이에 응하거나 이를 중개한 자
2. 상호신용금고(현 상호저축은행)의 발기인 · 임원 · 관리인 · 청산인 · 지배인 기타 상호신용금고의 영업에 관한 어느 종류 또는 특정한 사항의 위임을 받은 사용인으로서 그 업무에 위배한 행위로 재산상의 이익을 취득하거나 제3자로 하여금 이를 취득하게 하여 상호신용금고에 손해를 가한 자

고 처벌도 살인죄의 법정형으로 해야 한다고 본다. 제33조 본문은 진정신분범의 성립과 처벌에 관한 규정이고, 제33조 단서는 부진정신분범의 성립과 처벌에 관한 규정이며, 존속살해죄는 부진정신분범이므로, 제33조 단서가 적용된다는 것이다. 판례가 '甲이 존속살해죄를 저질렀다'고 보는 것이라면, 다수견해는 '甲이 살인죄를 저질렀다'고 보는 것이다. 이런 다툼의 실익은 없다는 견해도 있지만,[339] 공소시효에서 차이가 날 수 있다.[340]

나. 소수견해: 위법신분과 책임신분

이와 달리 제33조 본문의 신분은 위법신분으로서 제33조 본문은 공범의 종속성과 불법의 연대성을, 제33조 단서의 신분은 책임신분으로서 제33조 단서는 공범의 독립성과 책임의 개별성을 각각 규정한 것이라고 보는 견해[341]도 있다.

이 견해도 구성적 신분은 대부분은 위법신분이고, 가감적 신분은 대부분 책임신분으로 보지만, 예컨대 간수자도주원조죄에서 '간주자 또는 호송자'처럼 가감적 신분에는 위법신분도 있고, 구성적 신분에는 책임신분도 있다고 본다. 이에 따르면 가감적 위법신분의 경우는 처벌이 확대되고, 구성적 책임신분의 경우는 처벌이 축소된다.

이 견해는 개별 범죄마다 신분이 위법신분인지, 아니면 책임신분인지 판단해야하는 번거로움이 있고, 또한 직계존속비속은 위법신분인지, 책임신분인지 판단하기 어렵다는 비판을 받는다.

3. 소극적 신분

가. 개념

무면허의료죄는 의사에게는 성립하지 않고 의사가 아닌 사람에게만 성립한다. 이런 경우 의사라는 신분을 소극적 신분이라고 한다. 범죄의 성립을 저지시키는 신분이라는 의미이다. 이와 달리 수뢰죄처럼 공무원이라는 신분이 있는 사람에게만 성립하는 경우, 공무원이라는 신분을 적극적 신분이라고 한다.

예컨대 병원장이자 의사인 甲은 의사면허 없는 乙이 자신이 수술한 환자들에 대해 재수술을 맡아하고 있다는 사실을 알면서도 월 1,000만원의 급여를 안정적으로 받으며 원장으로 계속 근무하여 乙의 무면허의료행위를 가능하게 한 경우, 제33조의 신분을 적극적 신분만 의미한다고 볼지, 아니면 소극적 신분도 포함한다고 볼지에 따라 甲에 대한 무면허의료죄의 성부

339) 배종대, 형법총론, 홍문사, 2005, 150/4; 오영근, 형법총론, 박영사, 2005, 36/19.
340) 신동운, 형법총론, 법문사, 2006, 687면.
341) 정성근/박광민, 형법총론, 삼지사, 2008, 591면 이하.

가 달라진다.

나. 학설

제33조의 신분을 적극적 신분만 의미한다고 보면서 무면허의료죄를 ①신분범으로 보면 乙에게는 무면허의료죄가 성립하지만 甲은 무죄인 반면, ②신분범으로 보지 않으면 공범종속성에 따라 甲과 乙 모두에 대해 무면허의료죄가 성립한다.

그러나 제33조의 신분에는 적극적 신분은 물론 소극적 신분도 포함된다는 견해[342]도 있다. 제33조 본문은 '(<u>적극적</u>) 신분관계(의 **존재**)로 인하여 성립될 범죄에 가공한 행위는 (<u>적극적</u>) 신분관계가 **없는** 자에게도 전3조의 규정을 적용한다'고 해석할 수 있음은 물론 '(<u>소극적</u>) 신분관계(의 **부존재**)로 인하여 성립될 범죄에 가공한 행위는 (<u>소극적</u>) 신분관계가 **있는** 자에게도 전3조의 규정을 적용한다'는 것으로도 해석할 수 있다고 본 것이다. 이에 따르면 위 경우 제33조가 적용되어 乙은 물론 甲에게도 무면허의료죄가 성립한다.

다. 판례

판례는 위 경우(2007도1977)는 물론 피부과 의사 甲이 의료인이 아닌 피부관리사 乙과의 공모 아래 乙이 환사 V에 대해 크리스탈 필링이란 피부박피술을 시술하도록 한 경우에도 (2003도2903), 甲을 보건범죄특별법의 무면허의료죄[343]의 공동정범으로 본다. 무면허의료죄를 소극적 불법신분범으로 본 것이다.

그런데 소극적 신분을 소극적 불법신분으로 좁게 이해하지 않고, 소극적 책임신분이나 소극적 처벌신분도 포함하여 넓게 파악하기도 한다. 그러나 판례는 제33조가 소극적 불법신분에는 적용되지만, 소극적 책임신분에는 적용되지 않는다고 본다. 이에 따라 정치인 V와 사촌형제지간인 甲이 V와 친족관계가 아닌 乙과 공모하여 정치자금법이 규정하지 않은 방법으로 V에게 정치자금을 기부하면, 정치자금법에 따라 처벌되지 않는 甲을, 제33조 본문에 따라 乙의 정치자금법위반죄[344]에 대한 공동정범으로 볼 수는 없다고 본다(2007도7062). 그 이유는 甲에게는 정치자금법 제45조 제1항 단서의 친족간특례규정이 적용되는데, 이는 기대불가능성

342) 오영근, 형법총론, 박영사, 2005, 36/36; 이상돈, 형법강의, 박영사, 2010, 32/36

343) 제5조 (부정의료업자의 처벌) 「의료법」 제27조의 규정을 위반하여 영리를 목적으로 의사가 아닌 자가 의료행위를, 치과의사가 아닌 자가 치과의료행위를, 한의사가 아닌 자가 한방의료행위를 업으로 한 자는 무기 또는 2년 이상의 징역에 처한다. 이 경우에는 100만원 이상 1천만원 이하의 벌금을 병과한다.

344) 제45조 (정치자금부정수수죄) ①이 법에 정하지 아니한 방법으로 정치자금을 기부하거나 기부받은 자(정당·후원회·법인 그 밖에 단체에 있어서는 그 구성원으로서 당해 위반행위를 한 자를 말한다. 이하 같다)는 5년 이하의 징역 또는 1천만원 이하의 벌금에 처한다. 다만, 정치자금을 기부하거나 기부받은 자의 관계가 「민법」 제777조(친족의 범위)의 규정에 의한 친족인 경우에는 그러하지 아니하다.

에 근거한 책임조각사유라는 것이다. 정치자금법위반죄를 소극적 책임신분범으로 본 것이다.

4. 신분자가 비신분자의 범죄에 가담하는 경우와 모해위증죄

가. 신분자가 비신분자의 범죄에 가담하는 경우

예컨대 직계비속 甲이 자신의 친구 乙을 교사하여 甲의 부친을 살해한 경우에도 다수견해는 제33조 단서를 적용하고 또 이 규정이 책임개별화원칙을 의미한다고 해석하여 甲은 존속살인죄의 교사범으로 처벌하고, 乙은 보통살인죄로 처벌해야한다고 본다. 모해위증죄에 관한 아래 판례에서 보듯이 판례도 이 입장이라고 볼 수 있다.

그러나 이 경우에는 제33조가 적용되지 않고 공범종속성원칙에 따라 甲은 보통살인죄의 교사범으로 처벌하고 乙은 보통살인죄로 처벌해야한다고 보는 것이 옳다. 제33조가 "신분관계로 인하여 성립될 범죄에 가공한 행위"는 이라고 하고 있고, 이는 '신분없는 자가 신분있는 자의 범죄에 가담한 경우'를 의미한다고 볼 수 있기 때문이다.

나. 모해위증죄에 관한 판례

V에 대한 모해의 목적을 가진 甲이 그런 목적이 없는 乙을 교사하여 乙이 위증한 경우, 판례는 모해목적을 신분으로 보고, 신분자가 비신분자의 범죄에 가담한 이와 같은 경우에도 제33조 단서를 제31조 제1항에 우선하여 적용할 수 있다고 하면서, 제33조 단서를 적용하여 비신분자인 乙은 위증죄로, 甲은 모해위증죄의 교사범으로 각각 처벌할 수 있다고 본다(93도1002). 도박의 습벽이 있는 甲이 도박의 습벽이 없는 乙의 도박을 방조한 경우, 甲에게 상습도박죄의 방조범이 성립한다고 본 판례(84도15)도 이와 같은 취지이다.

그러나 아래 이유로 甲은 위증죄의 교사범, 乙은 위증죄로 봐야한다.[345] 첫째, 모해위증죄는 신분범이 아니라 목적범이다. 둘째, 신분으로 본다고 하더라도 이 경우에는 제33조가 적용되지 않고 제31조 제1항의 공범종속성원칙에 따라야하며, 이를 신분요소로 본다하더라도 공범과 신분에 관한 제33조를 적용하기 어렵다. 제33조는 비신분자가 신분자의 범죄에 가담한 경우에 적용된다고 봐야하는데, 이 경우는 신분자가 비신분자의 범죄에 가담한 것으로 봐야한다. 셋째, 제33조 단서를 적용한다고 하더라도 제33조 단서는 책임개별화원칙을 선언한 것이 아니라 공범을 정범보다 무겁게 처벌할 수 없다는 점(곧 형사처벌의 완화)에 그 취지가 있다고 해석해야한다. 간단히 말하면 공범종속성원칙에 따르면 공범의 불법은 정범의 불법을

345) 신동운, 형법총론, 법문사, 2006, 694면 이하; 오영근, 형법각론, 박영사, 2005, 48/35.

넘어설 수 없고, 책임원칙에 따르면 책임이 불법보다 더 클 수는 없다는 것이다. 위 판례는 문언해석의 한계를 넘어선 유추로서 죄형법정주의와 책임원칙에 어긋난다.

Ⅴ. 간접정범

Q. 甲이 5살짜리 딸에게 은행에 들어가 돈을 가지고 나오라고 시키자, 그 딸은 시키는 대로 VIP상담실로 들어가서 철제금고를 열고 100만원권 자기앞수표 100장과 50만원권 자기앞수표 83장을 들고 나온 경우, 甲을 간접정범으로 처벌해야하는가, 아니면 교사범으로 처벌해야하는가?

> 제34조 (간접정범, 특수한 교사, 방조에 대한 형의 가중) ①어느 행위로 인하여 처벌되지 아니하는 자 또는 과실범으로 처벌되는 자를 교사 또는 방조하여 범죄행위의 결과를 발생하게 한 자는 교사 또는 방조의 예에 의하여 처벌한다.
> ②자기의 지휘, 감독을 받는 자를 교사 또는 방조하여 전항의 결과를 발생하게 한 자는 교사인 때에는 정범에 정한 형의 장기 또는 다액에 그 2분의 1까지 가중하고 방조인 때에는 정범의 형으로 처벌한다.

1. 정범인지, 공범인지 여부에 관한 견해의 대립

가. 학설

형법 제34조의 간접정범을 다수견해는 다른 사람을 마치 물리적인 도구처럼 이용하여 실현하는 범죄로서, 우월적 의사지배를 본질로 하는 정범이라고 이해한다. 위와 같은 경우 간접정범의 성부를 먼저 검토한 후에 교사범의 성부를 판단해야한다고 본다. 이를 정범개념의 우위성이라고 한다.

이와 달리 이는 독일 형법의 해석론에서 온 것으로서,[346] 한국 형법 제34조는 달리 해석해야한다는 견해도 있다. 먼저 ㉮공범설은 제34조는 극단적 종속형식을 따를 경우 교사·방조범으로 처벌할 수 없는 범죄, 예컨대 위 경우를 처벌하기 위해 마련한 규정으로서, 조문의 표제는 간접정범이라고 하고 있지만 이는 규범력을 갖지 못하고, 조문의 내용에서 간접정범을 '교사 또는 방조의 예에 의하여 처벌한다'고 하고 있으므로, 공범이라는 견해[347]다. 이 견해는 간접정범을 공범으로 이해하는 이런 방식을 가리켜 확장적 공범개념이라고 한다. 확장

---

346) 제25조(정범) ① 범죄를 스스로 실행하거나 또는 타인을 통하여 실행한 자는 정범으로 처벌한다.
347) 신동운, 형법총론, 법문사, 2006, 644면 이하.

적 공범개념에 따르면 책임능력 없는 자에게 교사하여 절도죄를 범하게 한 경우, 형법 제31조 제1항의 절도죄의 교사범이 아니라 형법 제34조의 간접정범이 성립한다.

㉯도구형·공범형이분설 또는 공범형 간접정범설은 ⓐ제34조는 공범설처럼 해석하는 것이 옳고, 따라서 공범형 간접정범을 규정한 것으로 봐야하지만, ⓑ예컨대 의사 甲이 독주사를 영양주사라고 속이고 간호사 乙이 그 주사를 놓도록 하여 살해한 경우처럼 타인을 생명있는 도구로 이용하는 범죄형태와 같은 도구형 간접정범도 형법의 명문규정은 없으나 해석으로 인정할 수 있다는 견해[348]다. 그 이유는 형법이 흉기와 같은 도구를 사용한 범죄를 가중처벌하고 있으므로 사람을 도구로 이용한 범죄도 처벌할 수 있다고 해석하더라도 죄형법정주의에 어긋나지 않는다는 것이다. 그런데 이 견해는 도구형 간접정범도 공범형 간접정범도 모두 다수견해처럼 정범이라고 본다.

나. 판례

판례는 간접정범을 아래와 같은 자를 마치 도구나 손발과 같이 이용하여 간접으로 죄의 구성요소를 실행하는 범죄로 이해하므로(83도515전판) 정범설의 입장으로 볼 수 있다. '시비를 판별할 능력이 없거나 강제에 의하여 의사의 자유를 억압당하고 있는 자, 구성요건적 범의가 없는 자와 목적범이거나 신분범일 때 그 목적이나 신분이 없는 자, 형법상 정당방위, 정당행위, 긴급피난 또는 자구행위로 인정되어 위법성이 없는 자 등을 말하는 것으로 이와 같은 책임무능력자, 범죄사실의 인식이 없는 자, 의사의 자유를 억압당하고 있는 자, 목적범, 신분범인 경우 그 목적 또는 신분이 없는 자 위법성이 조각되는 자'.

경찰 甲이 V를 구속하기 위해 진술조서 등을 허위로 작성한 후 이를 기록에 첨부하여 구속영장을 신청하고, <u>이런 사정을 모르는</u> 검사와 영장전담판사를 거쳐서 발부된 영장에 따라 V가 구금된 경우, 판례는 甲을 직권남용감금죄[349]의 간접정범이라고 본다(2003도3945).

甲은 V에게 몸싸움으로 인한 치료비 2,000만원을 지급하면서 회계정리용으로 필요하다는 이유로 V명의로 차용증을 받아 두었는데, 여기에 당초에 없던 월 2푼의 약정이자에 관한 내용 등을 부가하여 4,500만원짜리 V명의의 차용증으로 위조한 후, 이를 자신의 처의 채권자인 X에게 채권양도를 하면서 교부하였고, <u>이런 사정을 모르는</u> X가 V를 상대로 양수금 청구소송을 제기하도록 하였지만 판결이 확정되지 않은 경우, 판례는 소송사기(이른바 삼각[三角]사

348) 오영근, 형법총론, 박영사, 2005, 35/8.

349) 제124조 (불법체포, 불법감금) ①재판, 검찰, 경찰 기타 인신구속에 관한 직무를 행하는 자 또는 이를 보조하는 자가 그 직권을 남용하여 사람을 체포 또는 감금한 때에는 7년 이하의 징역과 10년 이하의 자격정지에 처한다.

기의 대표적 사례)죄의 미수의 간접정범이라고 본다(2006도3591).[350]

정유회사 경영자 甲의 청탁으로 국회의원 乙이 甲과 지역구 지방자치단체장 사이에 정유공장의 지역구 유치와 관련한 간담회를 주선하고 甲은, 이런 사정을 모르는 소속 직원들이 乙이 사실상 지배·장악하고 있던 후원회에 후원금을 기부하게 한 경우, 판례는 乙은 정치자금법위반죄[351]이고, 甲은 이 죄의 간접정범이라고 본다(2007도7204). 그 이유는 형식적으로는 위 후원금이 후원회에 기부된 것이라고 하더라도 실질적으로는 후원회의 회계를 사실상 지배·장악하고 있던 乙이 바로 후원금을 기부받은 것으로 볼 수 있고, 甲은 자세한 내막을 알지 못하여 정치자금법위반죄를 구성하지 않는 직원들의 기부행위를 유발하고 이를 이용하여 자신의 범죄를 실현한 것이라는 것이다.

甲이 위조한 공문서의 이미지 파일을 이런 사정을 모르는 X에게 이메일로 송부하여 X로 하여금 프린터로 출력하게 한 경우, 판례는 甲을 위조공문서행사죄[352]의 간접정범이라고 본다(2011도14441). 위조문서행사의 상대방이 간접정범의 도구로 사용된 사건이다.

2. 신분범과 간접정범

허위공문서작성죄[353]의 주체는 작성권한 있는 공무원이므로, 공무원이건, 아니면 작성권한 있는 공무원을 보조·지시하는 작성권한 없는 공무원이건 모두 허위공문서작성죄의 간접정범의 성립을 부정하는 견해[354]도 있다. 그 이유는 진정신분범의 불법은 신분자가 그 범행을 할 때만 인정된다고 봐야하므로, 비신분자가 신분자를 이용한 간접정범의 형태로 진정신분범죄를 범할 수 없다는 것이다.

---

350) 판례는 소송사기죄의 기수시기를 당해 소송의 판결이 확정된 때로 본다(95도1874).

351) 제45조(정치자금부정수수죄) ②다음 각 호의 어느 하나에 해당하는 자는 5년 이하의 징역 또는 1천만원 이하의 벌금에 처한다.
5. 제31조(기부의 제한) 또는 제32조(특정행위와 관련한 기부의 제한)의 규정을 위반하여 정치자금을 기부하거나 받은 자
제32조(특정행위와 관련한 기부의 제한) 누구든지 다음 각 호의 어느 하나에 해당하는 행위와 관련하여 정치자금을 기부하거나 받을 수 없다.
3. 공무원이 담당·처리하는 사무에 관하여 청탁 또는 알선하는 일

352) 제225조 (공문서등의 위조·변조) 행사할 목적으로 공무원 또는 공무소의 문서 또는 도화를 위조 또는 변조한 자는 10년 이하의 징역에 처한다.
제229조 (위조등 공문서의 행사) 제225조 내지 제228조의 죄에 의하여 만들어진 문서, 도화, 전자기록등 특수매체기록, 공정증서원본, 면허증, 허가증, 등록증 또는 여권을 행사한 자는 그 각 죄에 정한 형에 처한다.

353) 제227조 (허위공문서작성등) 공무원이 행사할 목적으로 그 직무에 관하여 문서 또는 도화를 허위로 작성하거나 변개한 때에는 7년 이하의 징역 또는 2천만원 이하의 벌금에 처한다.

354) 오영근, 형법각론, 박영사, 2005, 36/111·116.

그러나 판례는 작성권한이 **없는** 공무원이 작성권한 **있는** 공무원을 이용해서 허위공문서작성죄를 범할 수 있다고 본다. 이에 따라 예컨대 면장을 보조하는 기안담당자인 면의 호적계장이 사정을 모르는 작성권한자인 면장의 결재를 받아 허위내용의 호적부를 작성한 경우, 판례는 甲은 허위공문서작성죄의 간접정범이라고 본다(90도1912. 同旨: 2009도9963). 같은 맥락에서 경찰서 보안과장 甲은 A의 음주운전을 눈감아주기 위해 그에 대한 음주운전자 적발보고서를 찢어버리고, 부하로 하여금 일련번호가 동일한 가짜 음주운전 적발보고서에 B에 대한 음주운전 사실을 기재케 하여 그 정을 모르는 담당 경찰관이 주취운전자 음주측정처리부에 B에 대한 음주운전 사실을 기재하도록 한 경우도 허위공문서작성죄의 간접정범이라고 본다(95도1706). 예비군훈련을 받았다는 내용의 확인서를 발급하여 달라는 甲의 교사를 받은 예비군동대 방위병 乙이 이런 사정을 모르는 예비군동대장의 예비군훈련확인서를 받아 甲에게 교부한 경우에도, 판례는 乙은 허위공문서작성죄의 간접정범이고, 甲은 허위공문서작성죄의 간접정범의 교사범이라고 본다(91도2837). 그러나 판례는 공무원이 아닌 甲이 작성권한이 있는 공무원을 기망하여 허위내용의 증명서를 작성케 한 경우, 판례는 허위공문서작성죄의 간접정범이 아니라고 본다(76도151).

판례는 부정수표단속법의 허위신고죄[355]는 발행인이 아닌 사람은 허위신고의 고의없는 발행인을 이용하여 간접정범의 형태로 저지를 수 없는 범죄라고 본다(92도1342). 그 이유는 부정수표단속법의 목적은 부정수표 등의 발행을 단속처벌함에 있고, 이 죄는 "수표금액의 지급 또는 거래정지처분을 면하게 할 목적"이 아니라 "수표금액의 지급 또는 거래정지처분을 면할 목적"을 요건으로 하고 있으며, 수표금액의 지급책임을 부담하는 자 또는 거래정지처분을 당하는 자는 오로지 발행인에 국한된다는 것이다.

3. 목적범과 간접정범

목적 없는 고의 있는 도구를 이용한 경우 의사지배를 인정할 수 없다는 이유로 간접정범은 성립할 수 없고, 교사범만 성립할 수 있다고 보는 견해도 있지만, 사회적 행위지배 또는 규범적·심리적 행위지배를 긍정하여 간접정범이 성립할 수 있다는 견해도 있다.

판례는 범죄는 '어느 행위로 인하여 처벌되지 아니하는 자'를 이용해서도 실행할 수 있으므로, 내란죄(국토를 참절하거나 국헌을 문란할 목적으로 폭동하는 죄)의 경우에도 '국헌문란

355) 제4조(거짓 신고자의 형사책임) 수표금액의 지급 또는 거래정지처분을 면할 목적으로 금융기관에 거짓 신고를 한 자는 10년 이하의 징역 또는 20만원 이하의 벌금에 처한다. 2010. 3. 24 전문개정 이전에는 "거짓"이 아니라 "허위"였다.

의 목적'을 가진 자가 그러한 목적이 없는 자를 이용하여 실행할 수 있다고 본다(96도3376전판).

제34조를 정범으로 해석하든, 공범으로 해석하든 이런 경우 제31조가 아니라 제34조를 적용하여 처벌할 수 있다고 본다.

Ⅵ. 기출문제

문3. 공동정범에 관한 설명 중 옳은 것을 모두 고른 것은? (다툼이 있는 경우에는 판례에 의함) 2013년 2회 변호사시험

가. 2인 이상이 범죄에 공동가공하는 공범관계에서 비록 전체의 모의과정이 없더라도 수인 사이에 순차적으로 또는 암묵적으로 상통하여 의사의 결합이 이루어지면 공모관계가 성립한다.
나. 乙, 丙과 A회사의 사무실 금고에서 현금을 절취할 것을 공모한 甲이 乙과 丙에게 범행도구를 구입하여 제공해 주었을 뿐만 아니라 乙과 丙이 사무실에서 현금을 절취하는 동안 범행장소가 보이지 않는 멀리 떨어진 곳에서 기다렸다가 절취한 현금을 운반한 경우, 甲은 乙, 丙의 합동절도의 공동정범의 죄책을 진다.
다. 甲이 부녀를 유인하여 성매매를 통해 수익을 얻을 것을 乙과 공모한 후, 乙로 하여금 유인된 A녀(16세)의 성매매 홍보용 나체사진을 찍도록 하고, A가 중도에 약속을 어길 경우 민·형사상 책임을 진다는 각서를 작성하도록 하였지만, 자신이 별건으로 체포되어 구치소에 수감 중인 동안 A가 乙의 관리 아래 성매수의 대가로 받은 돈을 A, 乙 및 甲의 처 등이 나누어 사용한 경우라도 甲에게는 공모관계에서의 이탈이 인정된다.
라. 포괄일죄의 범행 도중에 공동정범으로 범행에 가담한 자는 비록 그가 그 범행에 가담할 때에 이미 이루어진 종전의 범행을 알았다 하더라도 그 가담 이후의 범행에 대하여만 공동정범의 책임을 진다.
마. 甲과 乙은 알선 등과 관련하여 금품 등을 특정 금액 이하로만 받기로 약정하고 이를 수수하기로 공모하였지만 乙이 공모내용을 현저히 초과하는 금품을 수수한 경우, 수수한 금품 등의 구체적 금액을 공범자가 알아야 공모공동정범이 성립하는 것은 아니므로 甲에게는 乙이 수수한 금품 전부에 관하여 공모공동정범이 성립한다.

①가, 나, 다 ②가, 나, 라 ③나, 다, 라 ④가, 나, 라, 마 ⑤나, 다, 라, 마

(정답) ②
(해설) 마:×(2010도387: 특가법의 알선수재죄와 관련 사전에 특정 금액 이하로만 받기로 약정하였다든가 수수한 금액이 공모 과정에서 도저히 예상할 수 없는 고액이라는 등과 같은 특별한 사정이 없는 한, 그 수수한 금품이나 이익 전부에 관하여 위 각 죄의 공모공동정범이 성립하는 것이며, 수수할 금품이나 이익의 규모나 정도 등에 대하여 사전에 서로 의사의 연락이 있거나 수수한 금품 등의 구체적 금액을 공범자가 알아야 공모공동정범이 성립하는 것은 아니다)

문7. 공동정범에 관한 설명 중 옳지 않은 것은? (다툼이 있는 경우에는 판례에 의함) 2012년 1회 변호사시험

① 甲이 주도하여 乙, 丙과 절도를 하기로 공모한 후, 甲과 乙이 실행행위에 이르기 전에 망을 보기로 한 丙이 공모관계에서 이탈한 경우, 그 이후의 甲과 乙의 절취행위에 대하여 丙은 공동정범으로서의 책임을 지지 아니하고 그 이탈의 표시는 명시적일 필요는 없다.

② 甲이 A회사의 직원으로서 경쟁업체에 유출하기 위해 회사의 영업비밀을 무단으로 반출함으로써 업무상배임죄의 기수에 이르렀다면, 그 이후 乙이 甲과 접촉하여 그 영업비밀을 취득하더라도 乙에 대해서 업무상배임죄의 공동정범은 성립하지 않는다.

③ 甲과 乙이 공동하여 강도하기로 공모하고 함께 협박에 사용할 등산용 칼을 구입하였으나 실행의 착수에 이르지 못한 경우, 강도예비죄의 공동정범이 된다.

④ 甲이 A녀를 강간하고 있을 때, 乙 스스로 甲의 강간행위에 가담할 의사로 甲이 모르는 사이에 망을 보아준 경우, 乙은 강간죄의 공동정범이 된다.

⑤ 甲과 乙이 칼을 들고 강도하기로 공모한 경우, 乙이 피해자의 거소에 들어가 피해자를 향하여 칼을 휘둘러 상해를 가하였다면 대문 밖에서 망을 본 甲은 상해의 결과에 대하여도 공동정범으로서의 책임을 면할 수 없다.

(정답) ④
(해설) ④×(이를 편면적 공동정범이라고 하는데, 이 경우 강간죄에 대한 공모를 인정할 수 없으므로 강간죄의 방조범이 성립한다) ①○(2008도1274) ②○(2003도4382) ③○ ⑤○(98도356: 甲에게도 강도상해죄가 성립한다)

문38.(배점 2) 다음 사례에서 甲과 乙의 형사책임에 관한 설명으로 옳은 것은? (다툼이 있는 경우에는 판례에 의하며, 특별법 위반죄의 성립 여부는 논외로 함) 2012년 54회 사법시험

> 전문수렵인인 甲과 乙은 함께 멧돼지 사냥을 하던 중 멀리서 움직이는 물체가 멧돼지라고 생각하고 함께 총을 발사하자고 서로 손짓을 한 후 동시에 사냥총 1발씩을 각각 발사하였으나, 그 물체는 멧돼지가 아니라 심마니 A였다. 甲과 乙이 쏜 총알 중 1발은 옆의 나무에 맞았고, 다른 1발은 A의 심장에 맞아 A가 사망하였다. 그런데 A를 사망에 이르게 한 그 총알은 누가 쏜 것인지 판명되지 않았다.

① 고의의 독립행위가 경합하여 사망의 결과가 발생한 경우 그 원인행위가 판명되지 아니한 때에는 공동정범의 예에 의하여야 하므로, 甲과 乙은 살인미수죄의 공동정범으로 처벌된다.

② 과실의 독립행위가 경합하여 사망의 결과가 발생하였으나 그 원인행위가 판명되지 아니한 경우 각 행위는 미수범으로 처벌되는데, 업무상과실치사죄에는 미수범처벌규정이 없으므로 甲과 乙에 대해서 무죄를 선고하여야 한다.

③ 고의행위이든 과실행위이든 행위를 공동으로 할 의사로 결과를 발생케 한 경우에는 공동정범이 성립하고 그 원인행위가 판명되지 아니한 경우 각 행위는 미수범으로 처벌되나, 업무

상과실치사죄에는 미수범처벌규정이 없으므로 甲과 乙에 대해서 무죄를 선고하여야 한다.

④ 고의행위이든 과실행위이든 행위를 공동으로 할 의사로 결과를 발생케 한 경우에는 공동정범이 성립하고, 공동정범의 경우에는 독립행위의 경합이 문제되지 않으므로 甲과 乙은 업무상과실치사죄의 공동정범으로 처벌된다.

⑤ 과실범 상호 간에는 공동정범이 성립할 수 없고, 비록 원인행위가 판명되지 않더라도 A의 사망은 甲 또는 乙의 과실행위에 의한 것이 분명하므로 甲과 乙은 각각 업무상과실치사죄로 처벌된다.

(정답) ④
(해설) 제263조가 말하는 '독립행위'의 의미와 과실범의 공동정범을 인정하는 판례의 입장을 이해하는 데 도움이 되는 의미있는 문제라고 본다.

문30. 다음은 승계적 공동정범의 성립범위에 대한 甲과 乙의 대화의 내용이다. 甲과 乙의 입장에 부합하는 내용으로 ㄱ－ㅁ의 조합 중에서 옳지 않은 것은? 2005년 47회 사법시험

甲 : 후행자가 이미 이루어진 사정을 이용하여 실행한 경우 선행자의 가담이전의 행위를 이용하였다는 점을 간과한 乙의 입장은 타당성이 없다.
乙 : 행위지배설에 의하면 후행자에게 선행자가 이미 실행한 부분에 대하여 행위지배의 요소인 실현의사가 있었다고 볼 수 없으므로 甲의 입장은 부당하다.

ㄱ. 의사연락이 전체행위의 어느 시점에서 있었는지는 문제되지 않으므로 후행자도 전체범죄에 대한 공동정범의 책임을 져야 한다.
ㄴ. 공동실행의 의사는 소급될 수 없다고 본다.
ㄷ. 행위지배설의 입장에서는 설명하기 곤란하다는 비판을 받는다.
ㄹ. 자기책임의 원칙과 조화될 수 없다는 비판을 받는다.
ㅁ. 선행자가 이미 실현한 행위부분과 후행자의 행위기여 사이에는 인과관계가 없다고 본다.

	甲	乙
①	ㄱ	ㄴ
②	ㄴ	ㄷ
③	ㄷ	ㄴ
④	ㄷ	ㅁ
⑤	ㄹ	ㅁ

(정답) ②
(해설) ㄱ은 甲의 논거이고, ㄷ과 ㄹ은 甲에 대한 비판이다. ㄴ과 ㅁ은 乙의 논거이다.

문4.(배점 2) 甲(만 18세)과 乙(만 10세)은 상점에서 현금을 훔치기로 하였다. 甲은 상점에서 마치 물건을 구매할

것처럼 가장하여 주인과 흥정하면서 주인의 시선을 돌리게 하였고, 그 틈을 이용해 乙이 상점내부에 있는 소형 금고에서 현금을 훔친 경우 甲의 죄책은? (단, 주거침입과 형사특별법은 제외함) 2007년 49회 사법시험

① 특수절도죄 ② 절도죄의 공동정범 ③ 특수절도죄의 교사범
④ 절도죄의 교사범 ⑤ 절도죄의 간접정범

(정답) ①

문36.(배점 2) 甲은 乙과 공모하여 A녀를 강간하기 위해 A녀에게 칼을 들이대고 협박하였지만 A녀의 애원에 못 이겨 강간의사를 포기하여 乙에게 그냥 돌아가겠다는 말을 남기고 자기 집으로 돌아가 버렸다. 그러나 그 직후 乙은 A녀를 강간하였다. 甲의 형사책임은? (다툼이 있는 경우에는 판례에 의함) 2013년 55회 사법시험

① 협박죄의 공동정범
② 성폭력범죄의 처벌 등에 관한 특례법 위반(특수강간)죄의 장애미수
③ 성폭력범죄의 처벌 등에 관한 특례법 위반(특수강간)죄의 중지미수
④ 성폭력범죄의 처벌 등에 관한 특례법 위반(특수강간)죄의 공동정범
⑤ 강간죄의 방조범

(정답) ④

문14.(배점 4) 〈보기1〉을 읽고 甲, 乙, 丙의 형사책임에 관하여 〈보기2〉 중 옳은 것(O)과 옳지 않은 것(×)을 올바르게 조합한 것은? (다툼이 있는 경우 판례에 의함) 2014년 56회 사법시험

<보기 1>

甲은 乙과 강도 모의를 하면서 도망가는 사람을 돌을 주워 폭행하는 시늉을 해 보이는 등 그 모의를 주도하고 乙과 함께 범행 대상을 물색하였는데, 물색과정에서 丙도 乙의 부탁을 받고 함께 가담하였다. 그런데 丙은 甲과 乙이 실행행위에 착수하기 전에 죄책감을 느낀 나머지 아무런 말없이 택시를 타고 집으로 돌아가 버렸다. 이후 甲과 乙은 피해자 A를 발견하고 쫓아가다가 甲은 숨이 차 따라가지 못하고 "그만두자"고 말을 하면서 포기해 버렸다. 그러나 乙은 약 100m를 더 쫓아가 A를 폭행하여 항거불능케 한 다음 A의 지갑을 빼앗고 그에게 약 4주간의 치료가 필요한 흉부염좌 등 상해를 입게 하였다.

<보기 2>

ㄱ. 甲이 乙의 범행을 만류하였더라도 乙이 강도의 실행에 착수한 이상 甲에게도 실행의 착수가 인정된다.
ㄴ. 乙의 상해에 대해서는 甲에게 예견가능성이 없으므로, 甲은 강도상해죄의 공동정범으로서의 책임을 지지 않는다.
ㄷ. 甲은 공모관계에서 이탈하였다고 볼 수 없으므로 적어도 강도행위의 공동정범으로서의 책임을 면할 수 없다.
ㄹ. 이탈의 표시는 반드시 명시적일 필요가 없으므로 丙은 乙의 강도상해행위에 대한 공동정범의

> 책임을 지지 않는다.
> ㅁ. 乙이 실행행위에 착수한 이상, 丙은 중지미수의 책임을 면할 수 없다.
> ㅂ. 甲이 적극적으로 강도상해의 결과발생을 방지하였다면 乙도 강도상해죄의 중지미수가 된다.

① ㄱ(×), ㄴ(○), ㄷ(×), ㄹ(○), ㅁ(○), ㅂ(○)
② ㄱ(○), ㄴ(○), ㄷ(×), ㄹ(×), ㅁ(○), ㅂ(×)
③ ㄱ(×), ㄴ(○), ㄷ(○), ㄹ(○), ㅁ(×), ㅂ(×)
④ ㄱ(×), ㄴ(×), ㄷ(○), ㄹ(×), ㅁ(○), ㅂ(○)
⑤ ㄱ(○), ㄴ(×), ㄷ(○), ㄹ(×), ㅁ(×), ㅂ(○)
⑥ ㄱ(○), ㄴ(×), ㄷ(○), ㄹ(○), ㅁ(×), ㅂ(×)

> (정답) ⑥
> (해설) 丙은 단순가담자이고, 실행의 착수 전에 이탈했으므로, 그 이후 범행에 대해서 책임이 없다. 다만 강도예비음죄의 책임은 질 수 있다.

문10. 교사범에 관한 설명으로 옳은 것(○)과 옳지 않은 것(×)을 올바르게 조합한 것은? (다툼이 있는 경우에는 판례에 의함) 2014년 3회 변호사시험

> ㄱ. 甲이 乙에게 A의 자동차를 강취할 것을 교사하였으나 乙이 A의 자동차를 절취한 경우 甲은 절도죄의 교사범으로 처벌된다.
> ㄴ. 甲이 乙에게 A의 주거에 침입할 것을 교사했는데 乙이 A의 승낙을 얻어 정당하게 주거에 들어간 경우 공범종속성설 중 제한적 종속형식에 의하면 甲은 주거침입죄의 교사범이 성립하지 않는다.
> ㄷ. 甲은 乙에게 A를 살해하라고 교사했는데 乙은 A가 귀가하는 것을 기다리다가 A로 생각되는 사람을 권총으로 살해하였다. 그러나 乙의 총에 사망한 사람은 B였다. 법정적 부합설에 의하면 甲은 살인죄의 교사범으로 처벌된다.
> ㄹ. 甲이 남자친구인 乙에게 甲의 부(父)인 A를 살해하도록 교사한 경우 甲에게 형법 제33조 단서가 형법 제31조 제1항에 우선하여 적용되어 甲이 乙보다 중하게 처벌된다.

① ㄱ(×), ㄴ(○), ㄷ(○), ㄹ(○)　　② ㄱ(×), ㄴ(○), ㄷ(×), ㄹ(×)
③ ㄱ(×), ㄴ(×), ㄷ(×), ㄹ(○)　　④ ㄱ(○), ㄴ(○), ㄷ(×), ㄹ(×)
⑤ ㄱ(○), ㄴ(×), ㄷ(○), ㄹ(○)

> (정답) ①
> (해설) ㄱ:×(절도죄의 법정형[6년 이하 징역 또는 1천만원 이하 벌금]보다 강도예비음모죄[7년 이하 징역]의 법정형이 더 무거워서 견해의 대립이 있다) ㄹ:○(판례[93도1002; 84도15]는 제33조 단서의 의미를 책임개별화 내지 형벌개별화로 이해한다고 볼 수 있다)

문11.(배점 3) 아래 (가) ~ (바)에 들어갈 말을 〈보기〉에서 골라 순서대로 배열한 것으로서 옳은 것은? 2012년 54회 사법시험

타인을 교사하여 죄를 범하게 한 자는 죄를 실행한 자와 동일한 형으로 처벌되므로, 정범이 기수에 이르면 교사범도 기수범으로 처벌되고 정범이 미수에 그치면 교사범도 미수범으로 처벌된다. 그러나 (가) 경우와 같은 이른바 (나)에 있어서는 (다)을 예비·음모에 준하여 처벌하고, (라) 경우와 같은 이른바 (마)에 있어서는 (바)을 예비·음모에 준하여 처벌한다.

<보기>
ㄱ. 甲이 乙에게 A를 살해할 것을 제의하였는데 乙이 그 제의를 거절한
ㄴ. 乙이 A를 살해하려 한다는 사실을 알고 甲이 범행준비에 쓰라고 하면서 乙에게 돈을 주었으나 乙이 범행을 포기한
ㄷ. 甲이 乙에게 A를 살해할 것을 부탁하여 乙이 이를 승낙하였으나 A가 지인(知人)이라는 것을 알고 범행으로 나아가지 않은
ㄹ. 실패한 교사　　ㅁ. 기도된 교사
ㅂ. 효과없는 교사　　ㅅ. 교사의 미수
ㅇ. 甲과 乙　　ㅈ. 甲

	(가)	(나)	(다)	(라)	(마)	(바)
①	ㄱ	ㄹ	ㅈ	ㄴ	ㅅ	ㅇ
②	ㄱ	ㅂ	ㅇ	ㄴ	ㄹ	ㅈ
③	ㄱ	ㄹ	ㅇ	ㄷ	ㅂ	ㅈ
④	ㄴ	ㅂ	ㅈ	ㄷ	ㅅ	ㅇ
⑤	ㄷ	ㅂ	ㅇ	ㄱ	ㄹ	ㅈ
⑥	ㄷ	ㅁ	ㅈ	ㄱ	ㅂ	ㅇ

(정답) ⑤
(해설) 가와 나:효과없는 교사, 다: 교사자와 피교사자, 라와 마: 실패한 교사, 바: 교사자

문15.(배점 2) 다음 설명 중 옳지 않은 것은? (다툼이 있는 경우 판례에 의함) 2014년 56회 사법시험

① 피교사자가 범죄의 실행을 승낙하고 실행의 착수에 이르지 아니한 경우 교사자와 피교사자를 예비, 음모에 준하여 처벌한다.

② 제한적 정범개념이론에 의하면, 형법상의 공범에 대한 처벌규정은 구성요건적 행위를 하지 않은 자에게까지 가벌성을 확장한 형벌확장사유가 되며, 정범과 공범의 구별에 관한 주관설과 결합된다.

③ 포괄일죄의 도중에 공동정범으로 가담한 자는, 비록 범행에 가담할 때 이미 이루어진 종전의 범행을 알고 있었다고 하더라도 가담 이후의 범행에 대해서만 공동정범의 책임을 진다.

④ 甲이 모해할 목적으로 乙에게 위증을 교사하였으나, 정범인 乙에게 모해의 목적이 없더라도

甲에게는 모해위증교사죄가 성립한다.

⑤ 간접정범을 공범으로 파악하는 견해는, 간접정범을 교사와 방조의 예에 의해 처벌한다는 점을 그 근거의 하나로 들고 있다.

⑥ 乙이 공갈행위의 실행에 착수한 후, 甲이 그 범행을 인식하면서 乙과 공동의 범의를 가지고 그 후의 공갈행위를 계속하여 재물의 교부를 받거나 재산상 이익을 취득한 때는 甲에게도 공갈죄의 공동정범이 성립한다.

(정답) ②
(해설) 제한적 정범개념은 정범과 공범의 구별에 관한 객관설과 결합된다. 정범과 공범의 구별에 관한 주관설로는 범행의 다수 참가자 중 일부를 정범으로 구별해내기 어렵기 때문이다. 그래서 확장적 정범개념이 정범과 공범의 구별에 관한 주관설과 결합되는 것이다.

문9. 방조범에 관한 설명으로 옳은 것(○)과 옳지 않은 것(×)을 올바르게 조합한 것은? (다툼이 있는 경우에는 판례에 의함) 2012년 1회 변호사시험

가. 정범이 실행에 착수하기 전에 방조한 경우에는 그 이후 정범이 실행에 착수하였더라도 방조범이 성립할 수 없다.
나. 간호조무사의 무면허 진료행위가 있은 후에 이를 의사가 진료부에 기재하는 행위는 범죄종료 후의 사후행위에 불과하므로 무면허 의료행위의 방조에 해당하지 않는다.
다. 방조범에 있어서 정범의 고의는 정범에 의하여 실현되는 범죄의 구체적 내용을 인식할 것을 요하는 것은 아니고 미필적 인식 또는 예견으로 족하다.
라. 방조범은 정범이 누구인지를 확실히 알아야 한다.

① 가(○), 나(○), 다(×), 라(○) ② 가(○), 나(×), 다(○), 라(×)
③ 가(×), 나(○), 다(×), 라(○) ④ 가(×), 나(×), 다(○), 라(×)
⑤ 가(×), 나(×), 다(○), 라(○)

(정답) ④
(해설) 가×(95도2551), 나×(82도122), 다○(2003도382), 라×(76도4133)

문4. 종범에 관한 설명 중 옳지 않은 것을 모두 고른 것은? (다툼이 있는 경우 판례에 의함) 2015년 4회 변호사시험

ㄱ. 정범의 강도예비행위를 방조하였으나 정범이 실행의 착수에 이르지 못한 경우 방조자는 강도예비죄의 종범에 해당한다.
ㄴ. 자기의 지휘, 감독을 받는 자를 방조하여 범죄의 결과를 발생하게 한 자는 정범에 정한 형의 장기 또는 다액에 그 2분의 1까지 가중한 형으로 처벌한다.
ㄷ. 법률상 정범의 범행을 방지할 의무가 있는 자가 그 범행을 알면서도 방지하지 아니하여 범행을 용이하게 한 때에는 부작위에 의한 종범이 성립한다.

ㄹ. 종범은 정범의 실행행위 중에 이를 방조하는 경우뿐만 아니라, 정범이 실행행위에 나아갔다면 실행의 착수 전에 장래의 실행행위를 예상하고 이를 용이하게 한 경우에도 종범이 성립한다.

①ㄱ ②ㄱ, ㄴ ③ㄴ, ㄷ ④ㄱ, ㄴ, ㄷ ⑤ㄴ, ㄷ, ㄹ

(정답) ②
(해설) ㄴ:×(제34조 제2항: 특수방조는 정범의 법정형과 동일)

문14.(배점 4) 정범과 공범의 구별기준에 관한 甲, 乙, 丙, 丁의 견해와 a, b, c의 내용이 서로 부합되는 것은? 2008년 50회 사법시험

甲 : 자기의 범죄를 행할 의사를 가지고 행위한 자는 정범이고, 타인의 범죄를 행할 의사로 행위한 자는 공범이다.
a. 청부받아 살인을 행한 자는 정범에 해당된다.
b. 인과조건의 동가치성을 전제로 하는 조건설을 기초로 한다.
c. 간접정범과 공동정범의 정범성을 설명할 수 없는 문제점이 있다.

乙 : 범행을 지배하였다고 평가되는 자는 정범이고, 자신의 범행지배 없이 단지 범행을 야기하거나 촉진시킨 자는 공범이다.
a. 제한적 정범 개념에 기초하되, 정범 개념을 확대한다.
b. 촉탁살인은 상대방의 진지한 부탁으로 인한 행위이므로 공범에 해당한다.
c. 수단의 계획적·의식적 조종의사인 주관적 표지로만 정범과 공범을 구별한다.

丙 : 구성요건에 해당하는 행위의 전부나 일부를 직접 행한 자가 정범이고, 실행행위 이외의 방법으로 단지 조건을 제공한 자는 공범이다.
a. 제3자를 위한 사기죄를 범한 자는 공범이 된다.
b. 형법상 공범 규정은 가벌성을 확장한 형벌확장사유이다.
c. 간접정범의 정범성은 인정되지만 공동정범의 정범성이 부정되는 문제점이 있다.

丁 : 행위수행의 시간적 연관을 기준으로 하여 실행행위시에 가담하는 자는 정범이고, 그 전이나 후에 가담하는 자는 공범이다.
a. 구성요건적 행위시에 방조한 자를 공범으로 본다.
b. 간접정범의 정범성을 설명할 수 없다는 문제점이 있다.
c. 타인으로 하여금 범행을 결의하게 한 교사범을 정범으로 본다.

① 甲-a, 乙-a, 丙-b, 丁-b ② 甲-a, 乙-b, 丙-b, 丁-b ③ 甲-a, 乙-b, 丙-b, 丁-a
④ 甲-b, 乙-a, 丙-b, 丁-b ⑤ 甲-b, 乙-a, 丙-c, 丁-b ⑥ 甲-b, 乙-b, 丙-c, 丁-a
⑦ 甲-c, 乙-c, 丙-a, 丁-a ⑧ 甲-c, 乙-c, 丙-a, 丁-c

(정답) ④
(해설) 甲: 주관설 또는 의사설은 조건설로는 정범과 공범을 구별할 수 없다는 것을 인정하고 주관적

기준으로 구별하려는 입장으로서, 이에 따르면 간접정범과 공동정범은 모두 자신의 범죄를 행할 의사로 볼 수 있으므로 이들 범죄의 정범성을 인정하는데 어려움이 없다. 乙: 범행지배설은 제한적 정범개념에 기초하며, 촉탁살인은 당연히 정범이다. 丙: 형식적 객관설도 제한적 정범개념에 기초하며, 실행행위를 분담하지 않는 간접정범의 정범성을 인정하기 어렵다. 공동정범도 실행행위를 분담하지 않으면 정범성을 인정하기 어렵다. 丁: 실질적 객관설 중 동시설의 입장으로 구성요건행위시에 방조한 자는 정범이고, 교사범은 구성요건행위시에 가담한 것이 아니므로 공범이다.

문5.(배점 2) 정범과 공범에 관한 설명 중 옳지 않은 것을 모두 고른 것은? (다툼이 있는 경우 판례에 의함) 2014년 56회 사법시험

ㄱ. 교사범의 정범이 고의범이어야 하는 것은 아니다.
ㄴ. 정범에 의하여 실행되는 저작권법상 복제권 침해행위에 대한 방조는, 정범이 누구인지 확정적으로 인식할 필요는 없고, 이를 방지할 법적 의무가 있는 자라면 부작위에 의한 방조도 가능하다.
ㄷ. 정범이 교사나 방조행위를 인식하지 못한 경우에도 교사범이나 방조범 모두 성립할 수 있다.
ㄹ. 교사범이나 방조범의 선고형이 정범의 선고형보다 무거울 수 있다.
ㅁ. 형법 제252조 제2항의 자살방조죄를 범한 자에 대해서는 형법 제32조의 감경 규정이 적용될 수 없다.
ㅂ. 정범이 실행에 착수하지 않았더라도 정범의 실행행위를 미필적으로나마 예상하고 이를 용이하게 하기 위하여 방조한 경우라면 종범은 성립한다.

① ㄱ, ㄴ, ㄷ ② ㄱ, ㄷ, ㄹ ③ ㄱ, ㄷ, ㅂ ④ ㄴ, ㄷ, ㅂ ⑤ ㄱ, ㅁ, ㅂ

(정답) ③
(해설) ㄱ:×(과실범에 대한 교사는 부정되고, 제34조의 간접정범으로는 처벌할 수 있다) ㄷ:×(편면적 교사범은 인정할 수 없다) ㅂ:×(정범이 실행에 착수해야 방조범이 성립할 수 있다.

문26.(배점 3) 〈보기〉는 공범의 종속형식에 관한 서로 다른 A, B, C, D의 입장에 대한 설명이다. A, B, C, D의 입장에 따른 결론으로 옳은 것은? 2011년 53회 사법시험

<보기>
A는 공범의 성립 범위를 가장 좁게 인정하고, 반대로 B는 가장 넓게 인정한다. C는 공범이 성립하기 위한 조건으로 정범의 실행행위의 구성요건해당성과 위법성만 있으면 되는 것으로 보고, D는 책임개별화원칙을 반영하지 못한다는 비판을 받고 있다.

① 타인의 주거에 침입할 것을 교사하였으나 피교사자가 주거자의 승낙을 얻어 주거에 들어간 경우, A의 입장에 의하면 주거침입교사죄가 성립할 수 없지만 C의 입장에 의하면 주거침입교사죄가 성립할 수 있다.
② 강도를 교사하였으나 피교사자가 예비의 단계에서 체포된 경우, A의 입장에 의하면 강도예

비교사죄가 성립할 수 없고 C의 입장에 의하면 강도예비교사죄가 성립할 수 있다.

③ 형사미성년자를 교사하여 절도를 행하게 한 경우, C의 입장에 의하면 절도교사죄가 성립할 수 없지만 D의 입장에 의하면 절도교사죄가 성립할 수 있다.

④ 피교사자의 아버지가 소유하는 물건을 절취하도록 교사한 경우에 B와 D의 입장에서는 절도교사죄가 성립할 수 있다.

⑤ 행사의 목적 없는 타인을 교사하여 사문서를 위조하게 한 경우 D의 입장에 의하면 사문서위조교사죄가 성립할 수 있지만 A의 입장에서는 사문서위조교사죄가 성립할 수 없다.

(정답) ④

(해설) A: 초극단종속형식, B: 최소종속형식, C: 제한종속형식, D:극단종속형식. ①×(피해자의 양해와 승낙을 구별하는 견해에 따르면 이 경우 양해로서 구성요건해당성이 부정된다고 보든, 아니면 피해자의 승낙과 양해를 구별하지 않고 위법성이 조각되는 행위로 보든, A와 C 어떤 입장에 따른다하더라도 주거침입죄의 교사범이 성립할 수 없고, 이런 경우 교사자와 피교사자 모두 교사한 범죄의 예비·음모범이 성립할 수 있지만, 주거침입죄는 예비·음모범을 처벌하지 않는다) ②×(공범의 종속성은 정범이 실행행위에 착수한 이후를 전제로 하므로 A와 C 어떤 입장에 따른다하더라도 강도죄의 교사범이 성립할 수 없다. 강도예비·음모죄의 교사범의 성립은 예비·음모범을 독자적 범죄로 보고, 예비·음모행위의 실행행위성을 인정하는 입장에 따를 경우에만 가능하다) ③×(구성요건해당성과 위법성은 인정되지만 책임은 부정되는 행위이므로 오히려 C에 따르면 절도죄의 교사범이 성립할 수 있지만 D에 따르면 절도죄의 교사범이 성립할 수 없다) ④○(구성요건해당성과 위법성은 물론 책임도 인정되지만 처벌조건을 충족하지 못한 행위이기 때문이다) ⑤×(구성요건해당성을 인정할 수 없는 행위이므로 어떤 입장에 따른다하더라도 사문서위조죄의 교사범은 성립할 수 없고, 간접정범의 성부가 문제된다)

문11.(배점 2) 다음 설명 중 옳은 것은? (다툼이 있는 경우에는 판례에 의함) 2013년 55회 사법시험

① 결과적 가중범의 경우 중한 결과가 발생하였더라도 기본범죄가 미수에 그친 이상 결과적 가중범의 미수범이 성립한다.

② 예비의 중지는 인정될 수 없으므로 행위자가 예비단계에서 자의로 실행의 착수로 나아가지 않으면 예비죄를 처벌하는 규정이 있다고 하더라도 불가벌이다.

③ 공모자가 공모에 주도적으로 참여하여 다른 공모자의 실행에 영향을 미친 때에는 범행을 저지하기 위하여 적극적으로 노력하는 등 실행에 미친 영향력을 제거하지 않는 한 실행의 착수 이전이라도 공모관계로부터의 이탈이 인정되지 않는다.

④ 선행행위자가 실행에 착수한 후라면 후행행위자는 선행행위자의 행위에 공동정범으로 가담할 수 없다.

⑤ 피교사자가 범죄의 실행을 승낙만 했을 뿐 실행의 착수에 나아가지 않은 경우에는 교사자만 예비 또는 음모에 준하여 처벌된다.

(정답) ③

문17. 乙에게 인정되는 범죄와 동일한 범죄의 공동정범, 교사범 또는 방조범의 성립을 甲에게도 인정할 수 있는 경우를 모두 고른 것은? (다툼이 있는 경우에는 판례에 의함) 2012년 1회 변호사시험

가. 부인 甲이 그의 아들 乙과 더불어 남편을 살해한 경우
나. A회사 경리과장 乙의 배임행위를 A회사 직원이 아닌 친구 甲이 함께한 경우
다. 甲이 乙을 사주하여 법정에서 위증하게 한 경우
라. 공무원이 아닌 甲이 공무원인 남편 乙과 함께 뇌물을 수수한 경우

① 가 ② 가, 나 ③ 가, 나, 다 ④ 가, 나, 다, 라 ⑤ 나, 다, 라

(정답) ④
(해설) 가(존속살인죄가 성립하지만 보통살인죄로 처벌) 나(업무상배임죄가 성립하지만 단순배임죄로 처벌) 다(위증죄의 교사범) 라(수뢰죄의 공동정범)

문34.(배점 3) 공범과 신분에 관한 설명 중 옳은 것을 모두 고른 것은? (다툼이 있는 경우에는 판례에 의함) 2013년 55회 사법시험

ㄱ. 甲이 A를 모해할 목적으로 乙에게 위증을 교사한 경우, 정범인 乙에게 모해의 목적이 없었다고 하더라도, 형법 제33조 단서에 의하여 甲에게는 모해위증죄의 교사범이 성립한다.
ㄴ. 업무상 타인의 사무를 처리하는 지위에 있지 아니한 자가 그러한 신분관계가 있는 자와 공모하여 업무상배임죄를 범한 경우 그러한 신분관계가 없는 자에 대하여는 형법 제33조 단서에 의하여 배임죄에 정한 형으로 처벌하여야 한다.
ㄷ. 의료인일지라도 의료인 아닌 자의 의료행위에 공모하여 가공하면 의료법이 규정하는 무면허의료행위의 공동정범으로서 책임을 져야 한다.
ㄹ. 도박의 습벽이 있는 甲이 도박의 습벽이 없는 乙의 도박을 방조하면 甲에게는 상습도박죄의 방조범이 성립한다.

① ㄱ, ㄴ, ㄷ ② ㄱ, ㄴ, ㄹ ③ ㄱ, ㄷ, ㄹ ④ ㄴ, ㄷ, ㄹ ⑤ ㄱ, ㄴ, ㄷ, ㄹ

(정답) ⑤

문15.공범에 관한 설명 중 옳지 않은 것은? (다툼이 있는 경우 판례에 의함) 2016년 5회 변호사시험

① 신분관계로 인하여 형의 경중이 있는 경우에 신분이 있는 자가 신분이 없는 자를 교사하여 죄를 범하게 한 때에는 「형법」 제33조 단서가 「형법」 제31조 제1항에 우선하여 적용된다.
② 업무상 타인의 사무를 처리하는 자가 그러한 신분관계가 없는 자와 공모하여 업무상배임죄를 저질렀다면 그러한 신분관계가 없는 자에 대하여는 「형법」 제33조 단서에 의하여 단순배임죄가 성립한다.
③ 도박의 습벽이 있는 자가 습벽이 없는 타인의 도박을 방조하면 상습도박방조죄에 해당한다.
④ 「형법」 제152조 제1항과 제2항은 위증을 한 범인이 형사사건의 피고인 등을 '모해할 목적'

을 가지고 있었는가 아니면 그러한 목적이 없었는가 하는 범인의 특수한 상태의 차이에 따라 범인에게 과할 형의 경중을 구별하고 있으므로, 이는 「형법」 제33조 단서 소정의 '신분관계로 인하여 형의 경중이 있는 경우'에 해당한다.

⑤ 변호사가 변호사 아닌 자에게 고용되어 법률사무소의 개설·운영에 관여하는 행위는 변호사법위반죄의 방조범으로 처벌할 수 없다.

(정답) ②
(해설) ②×(97도2609의 취지: 업무상배임죄가 성립하고 단순배임죄로 처벌된다) ⑤○(2004도3994: 변호사 아닌 자가 변호사를 고용하여 법률사무소를 개설·운영하는 행위를 처벌하는 변호사법(109조 2호, 34조 4항)위반죄는 대향범으로서 이에 가담한 변호사를 처벌할 수 없다)

문9. 다음 설명 중 옳지 않은 것을 모두 고른 것은? (다툼이 있는 경우 판례에 의함) 2016년 5회 변호사시험

ㄱ. 의사인 甲이 모발이식시술을 하기 위해서 환자 A의 뒷머리부분에서 모낭을 채취한 후 간호조무사인 乙로 하여금 식모기(植毛機)를 이용하여 A의 앞머리부위 진피층까지 찔러 넣는 방법으로 모낭삽입시술을 하도록 한 경우, 乙의 행위는 진료보조행위의 범위를 벗어나 의료행위에 해당하므로 甲은 무면허의료행위의 공범으로서의 죄책을 진다.

ㄴ. 비의료인인 丙이 실질적으로 운영하는 A의원의 원장이자 유일한 의사인 甲이, A의원의 간호조무사인 乙이 丙의 지시에 따라 환자들에 대해 미용성형수술의 재수술을 맡아 하고 있다는 사실을 알면서 월 1,000만 원의 급여를 안정적으로 지급받으며 원장으로 계속 근무한 경우, 乙, 丙의 무면허의료행위에 가담하였다고 보기는 어려우므로 甲에게는 무면허의료행위에 대한 공동정범으로서의 죄책이 없다.

ㄷ. 의사인 甲이 자신이 운영하는 병원의 모든 시술에서 특별한 제한 없이 전신마취제인 프로포폴을 투여하여 준다는 소문을 듣고 찾아온 사람들에게 환자에 대한 진료 및 간호사와 간호조무사에 대한 구체적인 지시·감독 없이 간호사와 간호조무사로 하여금 프로포폴을 제한 없이 투약하게 한 경우, 甲은 무면허의료행위의 공동정범으로서의 죄책을 진다.

ㄹ. 뇌수술을 받고 중환자실에 입원해 있던 환자 A의 처 乙은 치료비에 상당한 부담을 느낀 나머지 A의 치료를 중단시킬 의도로 퇴원을 요구하였고, 주치의 甲이 이런 의도를 알면서도 치료중단 및 퇴원을 허용하는 조치를 취하여 A가 사망에 이른 경우, 甲에게 환자의 사망이라는 결과 발생에 대한 정범의 고의는 인정되나 A의 사망에 이르는 사태의 핵심적 경과를 계획적으로 조종하거나 저지·촉진하는 등으로 지배하고 있었다고 보기는 어려우므로 공동정범의 객관적 요건인 기능적 행위지배가 흠결되어 살인죄의 공동정범으로서의 죄책이 없다.

①ㄱ ②ㄴ ③ㄱ, ㄷ ④ㄴ, ㄹ ⑤ㄷ, ㄹ

(정답) ⑤

문17. 乙에게 인정되는 범죄와 동일한 범죄의 공동정범, 교사범 또는 방조범의 성립을 甲에게도 인정할 수 있는 경우를 모두 고른 것은? (다툼이 있는 경우에는 판례에 의함) 2012년 1회 변호사시험

가. 부인 甲이 그의 아들 乙과 더불어 남편을 살해한 경우
나. A회사 경리과장 乙의 배임행위를 A회사 직원이 아닌 친구 甲이 함께한 경우
다. 甲이 乙을 사주하여 법정에서 위증하게 한 경우
라. 공무원이 아닌 甲이 공무원인 남편 乙과 함께 뇌물을 수수한 경우

①가 ②가, 나 ③가, 나, 다 ④가, 나, 다, 라 ⑤나, 다, 라

(정답) ④
(해설) 가(존속살인죄가 성립하지만 보통살인죄로 처벌) 나(업무상배임죄가 성립하지만 단순배임죄로 처벌) 다(위증죄의 교사범) 라(수뢰죄의 공동정범)

문29.(배점 3) 甲에 대하여 형법총칙상의 공범규정이 적용되는 경우는? (다툼이 있는 경우에는 판례에 의함) 2013년 55회 사법시험

① 공무원 아닌 甲은 乙이 공무원에게 뇌물을 제공하도록 주선하였다.
② 임산부 甲은 산부인과 의사 乙에게 부탁하여 낙태수술을 받았다.
③ 甲은 乙의 자살을 교사하였다.
④ 변호사 사무실 직원 甲이 법원공무원 乙에게 부탁하여 수사 중인 사건의 체포영장 발부자 명단을 제공받았다.
⑤ 성년인 甲은 영리 목적을 가진 乙의 주선에 따라 A녀와 간음을 하였다.

(정답) ①

문7. 다음 설명 중 옳은 것을 모두 고른 것은? (다툼이 있는 경우 판례에 의함) 2015년 4회 변호사시험

ㄱ. 공모공동정범의 경우 제반 상황에 비추어 공모자들이 범행도중에 부수적인 다른 범죄가 파생되리라고 예상하거나 충분히 예상할 수 있는데도 이를 방지하기 위한 합리적인 조치를 취하지 아니하여 예상되던 범행들이 발생하였다면, 그 파생적인 범행에 대하여 개별적인 의사의 연락이 없었다고 하더라도 당초의 공모자들 사이에 그 범행 전부에 대하여 암묵적인 공모는 물론 그에 대한 기능적 행위지배가 인정된다.
ㄴ. 공모공동정범에서 공모관계로부터의 이탈은 공모자가 공모에 의하여 담당한 기능적 행위지배를 해소하는 것이 필요하므로, 공모자가 공모에 주도적으로 참여하여 다른 공모자의 실행에 영향을 미친 때에는 범행을 저지하기 위하여 적극적으로 노력하는 등 실행에 미친 영향력을 제거하지 않는 한 공모관계로부터 이탈하였다고 할 수 없다.
ㄷ. 대향범은 2인 이상의 대향적 협력에 의하여 성립하는 범죄로서 대향자 쌍방의 불법내용이 같으므로 「형법」상 쌍방을 처벌하는 경우 전부 쌍방의 법정형이 같은데, 다만 대향자 일방만을 처벌하는 경우가 있다.
ㄹ. 변호사 사무실 직원 甲이 법원공무원 乙에게 부탁하여 수사 중인 사건의 체포영장 발부자 명단을 누설받은 경우, 乙이 직무상 비밀을 누설한 행위와 甲이 이를 누설받은 행위는 대향범 관계에 있으므로 甲의 행위를 공무상비밀누설교사죄로 처벌할 수 없다.

①ㄱ, ㄴ ②ㄱ, ㄹ ③ㄱ, ㄴ, ㄹ ④ㄴ, ㄷ, ㄹ ⑤ㄱ, ㄴ, ㄷ, ㄹ

(정답) ③

문26. (배점 3) ㉠에서 ㉥까지의 ( )안에 아래 A에서 F까지의 문장을 적절히 넣으면 간접정범의 본질에 관한 기술이 완성된다. ㉠에서 ㉥까지의 ( )안에 들어가야 할 문장을 옳게 배열한 것은? 2007년 49회 사법시험

> 형법 제34조에 규정된 간접정범이 정범인가 아니면 공범인가에 관하여 견해의 대립이 있다. 우선, 형법이 규정하고 있는 간접정범은 공범으로 파악하는 견해가 있다. 이 견해는(㉠)(라)는 점을 전제로 하여 (㉡)(라)고 한다. 그 근거로 (㉢)(라)는 점을 들고 있다.
> 이에 대하여 간접정범을 정범으로 파악하는 입장이 있다. 이 견해는 (㉣)(라)고 한다. 그리고 (㉤)(라)고 하면서 그 근거로는 (㉥)(라)는 점을 들고 있다.
>
> A : 현행 형법은 극단적 종속형식에 입각하고 있다.
> B : 간접정범의 본질을 우월적 의사지배에서 찾아야 한다.
> C : 간접정범을 교사와 방조의 예에 의하여 처벌하고 있다.
> D : 형법 제34조의 표제어가'간접정범'으로 되어 있다.
> E : 형법이 교사 또는 방조로 규정한 것은 이용행위의 형태를 분류한 것에 불과하다.
> F : 공범 처벌의 불비를 보완하기 위한 제도이다.

①A, B, C, D, E, F ②A, F, C, B, E, D ③E, F, C, D, A, B
④F, C, B, E, D, A ⑤D, A, F, C, E, B

(정답) ②

문34.(배점 3) 다음 기술 중 옳은 것을 모두 모은 것은? (다툼이 있는 경우에는 판례에 의함) 2009년 제51회 사법시험

> 가. 간접정범의 실행의 착수시기를 피이용자에 대한 이용행위의 개시시라고 한다면 간접정범의 기수시기는 이용행위의 종료시가 될 것이고, 착수시기를 피이용자의 실행행위의 개시시라고 한다면 간접정범의 기수시기는 피이용자의 실행행위의 종료시가 될 것이다.
> 나. 대향범에 있어서 불가벌적 대향자가 필요적 공범의 내부에서 적극적으로 관여한 경우 교사죄로 처벌된다.
> 다. 확장적 정범개념에 의하면 방조범의 정범성도 긍정된다.
> 라. 국립대학 학생인 甲이 학생과 직원에게 허위내용의 증명원을 제출하여 학생증을 발급받은 경우 허위공문서작성죄의 간접정범이 성립하지 않는다.
> 마. 甲이 乙을 강요하여 乙의 손가락을 절단하게 한 경우 강요죄가 성립하는 것은 별문제로 하고, 강요에 의한 자상(自傷)이 상해죄의 구성요건에 해당하지 아니하므로 상해죄의 간접정범이 되지는 않는다.

①가, 나, 다 ②나, 다, 라 ③가, 다 ④나, 다 ⑤다, 라 ⑥라, 마

(정답) ⑤
(해설) 나. 2001도5158

문32.(배점 3) 다음 기술 중 甲에게 (　)속의 범죄의 간접정범이 성립하는 것을 모두 고른 것은? (다툼이 있는 경우에는 판례에 의함) 2011년 53회 사법시험

ㄱ. 남편 甲이 사기죄로 기소된 처에 대한 재판에서 처에게 유리한 증언을 해주도록 증인 A에게 부탁하여 A가 위증을 한 경우 (위증죄)
ㄴ. 수표의 발행인이 아닌 甲이 허위신고의 고의 없는 발행인 A를 교사하여 허위신고하게 한 경우 (부정수표단속법상 허위신고죄)
ㄷ. 축산업협동조합이 점유하고 있는 A 소유의 창고 패널을 절취할 의사를 가진 甲이 위 조합으로부터 허락을 받지 않은 채 그 정을 모르는 A로 하여금 창고의 패널을 취거하게 하여 영득한 경우 (절도죄)
ㄹ. 甲이 A명의의 차용증을 가지고 있기는 하나 그 채권의 존재에 관하여 A와 다툼이 있는 상황에서 당초에 없던 약정이자에 관한 내용을 부가한 A명의의 차용증을 새로 위조한 후 이를 바탕으로 甲의 채권자인 B에게 차용원금 및 위조된 차용증에 기한 약정이자 2,500만 원을 양도하고, 이러한 사정을 모르는 B로 하여금 A를 상대로 양수금 청구소송을 제기하도록 하여 B가 소를 제기하였다가 취하한 경우 (사기미수죄)
ㅁ. 포괄적 권한을 수여받은 공무원 甲이 보관하고 있던 작성권자의 인장을 날인하여 허위공문서를 작성한 경우 (허위공문서작성죄)

① ㄱ, ㄷ　② ㄷ, ㄹ　③ ㄹ, ㅁ　④ ㄱ, ㄴ, ㅁ　⑤ ㄱ, ㄷ, ㄹ
⑥ ㄴ, ㄷ, ㅁ　⑦ ㄷ, ㄹ, ㅁ　⑧ ㄴ, ㄷ, ㄹ, ㅁ

(정답) ②
(해설) ㄴ:×(2006도7318: 부정수표단속법 제4조가 '수표금액의 지급 또는 거래정지처분을 면할 목적'을 요건으로 하고, 수표금액의 지급책임을 부담하는 자 또는 거래정지처분을 당하는 자는 발행인에 국한되는 점에 비추어 볼 때 그와 같은 발행인이 아닌 자는 부정수표단속법 제4조가 정한 허위신고죄의 주체가 될 수 없고, 발행인이 아닌 자는 허위신고의 고의 없는 발행인을 이용하여 간접정범의 형태로 허위신고죄를 범할 수도 없다) ㄹ:○(2006도3591: 간접정범에 의한 소송사기죄, 곧 삼각(三角)사기의 미수) ㅁ:×(96도424: 공문서 작성권자로부터 일정한 요건이 구비되었는지 여부를 심사하여 그 요건이 구비되었음이 확인될 경우에 한하여 작성권자의 직인을 사용하여 작성권자 명의의 공문서를 작성하라는 포괄적인 권한을 수여받은 업무보조자인 공무원이, **그 위임의 취지에 반하여** 공문서 용지에 허위내용을 기재하고 그 위에 보관하고 있던 작성권자의 직인을 날인하였다면, 그 업무보조자인 공무원에게 공문서위조죄가 성립한다)

문1.(배점 2) 공범에 관한 설명 중 옳은 것은? (다툼이 있는 경우 판례에 의함) 2015년 사법시험

① 甲이 친구인 乙을 교사하여 乙 자신의 아버지를 살해하게 한 경우, 乙에게는 존속살인죄의 정범이, 甲에게는 보통살인죄의 교사범이 각각 성립한다.
② 甲이 정범의 횡령행위를 방조할 의사로 행위한 경우, 그 정범이 방조행위를 인식하지 못했더라도 甲에게 횡령죄의 방조범이 성립하지만 정범의 실행행위가 없다면 그렇지 않다.
③ 대향범은 2인 이상의 서로 대향된 행위의 존재를 필요로 하는 필요적 공범으로서, 대향범 간에는 공범에 관한 형법총칙 규정이 적용된다.

④ 절도를 모의한 3인 가운데 2인이 시간적·장소적으로 협동관계를 이루어 절도의 실행행위를 한 경우, 모의에는 주도적으로 참여하였으나 현장에서 실행행위를 분담하지 않은 자에 대해서는 합동절도의 공동정범이 성립하지 않는다.

⑤ 뇌물공여죄가 성립하기 위해서는 뇌물을 공여하는 일방의 행위와 그 뇌물을 받아들이는 상대방의 행위가 필요하고 나아가 상대방에게 뇌물수수죄가 성립해야 한다.

(정답) ②
(해설) ②○(74도3113; 74도509) ①×(97도2609) ③×(2009도3642) ④×(98도321) ⑤×(2005도4737)

문13.(배점 2) 다음 중 甲에게 괄호 속의 범죄가 성립하지 않는 경우는? (다툼이 있는 경우 판례에 의함) 2015년 사법시험

① 사법경찰관 甲이 A를 구속하기 위해서 진술조서 등을 허위로 작성한 후 이를 기록에 첨부하여 구속영장을 신청하고, 진술조서 등이 허위로 작성된 사실을 모르는 검사와 영장전담판사를 기망하여 구속영장을 발부받은 후 그 영장에 의해 A를 구금한 경우 (직권남용감금죄)

② 甲이 A에게 면도칼을 주면서 "네가 네 코를 자르지 않으면 돌로 죽인다."는 등 위협을 하자, 자신의 생명에 위험을 느낀 A가 자신의 생명을 보존하기 위해 위 면도칼로 콧등을 절단하여 중상해를 입은 경우 (중상해죄)

③ 공무원 아닌 甲이 관공서에 허위내용의 증명원을 제출하여 그 내용이 허위인 정을 모르는 담당공무원으로부터 그 증명원 내용과 같은 증명서를 발급받은 경우 (허위공문서작성죄)

④ 甲이 타인을 비방할 목적으로 허위의 기사자료를 그 정을 모르는 기자에게 제공하여 신문 등에 보도되게 한 경우 (출판물에의한명예훼손죄)

⑤ 甲이 위조통화를 사용할 목적으로 그 행사의 목적이 없는 乙을 도구로 이용하여 통화를 위조하게 한 경우 (통화위조죄)

(정답) ③
(해설) ③(70도2598) ①(2003도3945) ②(70도1638) ④(2003도5370)

문17. 甲은 A의 아들이다. 술만 마시면 폭행을 하는 버릇이 있고 성격까지 포악한 A는 자신의 부인인 乙(甲의 모)과 甲을 지속적으로 학대하고 폭행하여 왔다. 甲은 A의 행패를 더 이상 참지 못하고 A를 살해하기로 마음먹었다. 어느 날 A가 술에 취하여 행패를 부리다가 잠이 든 사이에 甲은 A의 목을 졸랐다. A가 의식을 잃자 甲은 A가 죽은 것으로 생각하고 A를 차에 싣고 가서 무거운 돌을 매달아 한강에 빠뜨렸다. 乙은 甲이 A를 살해하는 줄 알고 있으면서도 A가 죽어도 좋다고 생각하여 그냥 자는 척했다. 나중에 A는 목 졸려 숨진 것이 아니라 익사한 것으로 밝혀졌다. 이상의 사례에서 甲과 乙의 죄책과 관련한 형법이론상의 논점과 관련이 없는 것은? 2015년 4회 변호사시험

① 부진정부작위범의 보증인적 지위
② 정당화적 긴급피난이나 면책적 긴급피난
③ 개괄적 고의 또는 인과관계의 착오
④ 공범의 종속정도
⑤ 원인에 있어서 자유로운 행위

9장 죄수 및 경합론

Ⅰ. 죄수론

Q. 甲은 2001. 11. 23.부터 2002. 3. 22. 사이에 직계존속인 V에 대한 동일한 폭력습벽의 발현에 의해 V를 2회 폭행하고, 4회 상해를 입혔다(약칭하여 직계존속폭행사건). 甲에게 성립하는 죄는 무엇인가?

Q. V女에게 불만이 있던 甲이 "자동차에 타라, 타지 않으면 가만있지 않겠다" 고 협박하면서 V를 그곳에 대기시켜 놓았던 자동차 뒷좌석에 강제로 밀어 넣어 앉히고 V가 내려 달라고 애원했으나 내려주지 않고 자동차를 운전하여 약20분간 V를 감금한 경우(약칭하여 협박감금사건), 甲에게 성립하는 죄는 무엇인가?

대법원 2007. 11. 15. 선고 2007도7140 판결 **【판시사항】** 허위사실 유포에 의한 업무방해죄와 명예훼손죄의 죄수관계(=상상적 경합관계)

1. 경합(競合)론과 구별

죄수(罪數)론은 어떤 행위가 하나의 죄(일죄)인지, 수개의 죄(수죄)인지 논의하는 영역이다. 수죄를 전제로 그 수죄가 상상적 경합인지, 실체적 경합인지 논의하는 영역인 경합론과 구별해야 한다. 죄수론은 범죄론의 마지막 영역인 반면, 경합론은 형벌론이 시작하는 영역이기 때문이다. '제2장 죄'에 규정된 '제5절 경합범'을 1992년 형법개정안이 '제3장 형'으로 옮겨 규정한 것은 이 점을 분명히 한 것이다.

그러나 위 판례처럼 다수견해는 죄수론과 경합론을 구별하지 않는다. 이는 독일 형법의 영향을 받은 것으로 본다. 그렇지만 한국 형법 제40조(1개의 행위가 "수개의 죄"에 해당하는 경우에는 가장 중한 죄에 정한 형으로 처벌한다)가 죄수론을 명시적으로 요구하고 있는 것과 달리, 독일 형법 제52조 제1항(하나의 동일한 행위가 "여러 개의 형벌법규 또는 동일한 형벌법규를 여러 번 위반"한 경우에는 단지 하나의 형벌로 처벌된다)은 죄수론이 아니라 행위단일성 여부에 관한 해석론만을 요구하고 있다는 점에서 차이가 있다. 독일은 "형벌법규의 다수성 → 행위의 단일성"의 순서로 판단하는 반면, 한국은 "형벌법규의 다수성 → 수죄 → 행위의 단일성"의 순서로 판단한다고 할 수 있다.

2. 죄수판단의 체계화

경합관계의 판단기준과 처벌방식은 '제5절 경합범'이라는 제목 아래 제37조부터 제40조까지 4개 조문에 규정돼있다.

그러나 죄수관계의 판단기준에 대해서는 형법이 아무런 규정을 두고 있지 않아서, 이에 관해 다양한 견해의 대립이 있다. 종래의 행위표준설, 법익표준설, 의사표준설, 구성요건표준설, 새롭게 등장한 범죄성립요건표준설, 종합설, 사회적·형법적 행위표준설 등이 이에 해당한다. 그런데 죄수관계를 판단하는 명확하고 일반적인 기준을 마련하는 것은 곤란하다고 본다. 죄수판단에 영향을 미칠 수 있는 범죄요소들, 곧 행위, 법익, 의사, 구성요건 가운데 어떤 요소를 고려해야 할지는 획일적으로 말할 수 없고, 이는 개별 사안에 따라 달라질 수밖에 없기 때문이다.

그러나 죄수판단절차는 아래와 같이 체계화할 수 있다고 본다. 먼저 ㉮구성요건해당행위의 다수성 여부를 판단한다. 수죄는 어떤 행위가 여러 개의 구성요건에 해당하는 것을 전제로 하기 때문이다. 구성요건해당행위의 다수성 여부는 행위를 형법의 다양한 구성요건적 관점에서 바라보면서 해석을 통해 객관적으로 판단해야하는데, 의심스러운 경우에는 구성요건해당행위가 다수인 것으로 봐야한다. 구성요건해당행위의 다수성은 가능한 한 최대한 인정해야한다는 것이다. 예컨대 교도소에 수용된 죄수(罪囚)가 죄수복을 입고 나와서 남의 집 마당에 걸려 있는 옷으로 갈아입고 그 죄수복은 버리고 달아 난 경우, 죄수복에 대한 절취행위, 남의 옷에 대한 절취행위, 도주행위 3가지가 있는 것으로 판단해야한다. ㉯구성요건해당행위가 다수이면, 다음은 그 행위가 일죄가 아닌지 판단해야한다. 구성요건해당행위가 다수일지라도 일죄인 경우도 있기 때문이다. 학설과 판례가 인정하는 '포괄일죄(84도1139)'와 '법조경합(2001도1429)'이 이에 해당한다. 포괄일죄가 불법통합의 원리에 따른 일죄라면, 법조경합은 불법비양립의 원리에 따른 일죄이다.

3. 포괄일죄

가. 상습범은 포괄일죄가 아니라 수죄

판례는 상습범은 포괄일죄로서 행위자책임에 본질이 있고(2007도4913), 그 위험성과 특별대책의 필요성 때문에 가중처벌하는 것이라고 본다(93헌바59; 89헌마53).

그러나 상습범은 일죄가 아니라 수죄로 보는 것이 옳다.[356] 독일은 상습범과 누범에 대해 형벌을 가중하는 일반규정을 삭제하고, 현재는 밀렵죄와 같은 일부 범죄에 대해서만 상습범 가중규정을 두고 있으며, 재범대책으로 보안처분을 활용하고 있다.[357] 2001도3206전판의 별개의견도 아래 이유로 상습범을 수죄라고 보고 있다. ⓐ원래 '상습성'이란 '행위자의 속성'이라는 점에는 학설·판례상 이론이 없고 다수의견도 이를 받아들이고 있는데, 이에 따르면 곧 단 한번 저지른 범행일지라도 그것이 상습성의 발현에 의한 것이라면 상습범이 되고, 따라서 상습범이 성립하기 위해서는 반드시 수개의 범행이 반복될 것을 그 구성요건요소로 하거나 예정하고 있는 것은 아니므로, 상습성이 발현된 수개의 범행이 있는 경우에 각개의 범행 상호간에 보호법익이나 행위의 태양과 방법, 의사의 단일 또는 갱신 여부, 시간적·장소적 근접성 등 일반의 포괄일죄 인정의 기준이 되는 요소들을 전혀 고려함이 없이(그런 요소들의 고려에 의하여 일정 범위 내의 상습범행이 포괄일죄로 될 수 있음은 별문제이다) 오로지 '상습성'이라는 하나의 표지만으로 곧 모든 범행을 하나로 묶어 포괄하여 일죄라고 할 수는 없으며, 이는 상습성이 행위자의 속성에 불과하다는 이치와도 부합한다는 것이다. 또 ⓑ다수의견은 상습범 규정의 입법취지가 상습적으로 반복된 수개의 범행을 '포괄하여 하나의 죄로' 무겁게 처벌하려는 데에 있음을 포괄일죄론의 근거로 들고 있는데, 이는 입법취지를 오해한 것으로서, 상습범 가중처벌규정의 입법취지는 상습성 있는 자의 범행은 위험성과 해악성이 더 크므로 이를 더 무겁게 처벌하려는 데에 있을 뿐이지 이에 더하여 '포괄하여 하나의 죄로' 처벌하려고 하는 데에 있는 것이 아니고, 이를 더 무겁게 처벌하기 위해서는 오히려 수죄로 보아 경합범가중까지 할 수 있어야 한다는 것이다. 그렇지 않고 일죄로 보아 경합범가중을 할 수 없다면 상습성이 없는 사람이 수개의 사기범행을 한 경우나(½경합범가중) 상습성이 있는 사람이 수개의 사기범행을 한 경우나(½상습범가중에 그침) 처단형의 범위가 같게 된다는 것이다. 혹시 개별형법 중에 상습범의 법정형을 아주 높게 설정함으로써 그 경우에는 수개의 상습범행을 포괄하여 한번만 아주 높은 형으로 처벌하고자 하는 것이 그 개별형법의 입법취지로 볼 수 있는 경우가 있을지 모르나 형법의 상습사기죄는 여기에 해당하지 않는다는 것이다.

나. 포괄일죄에 관한 판례의 모순

판례는 위 직계존속폭행사건의 甲에게 상습존속상해죄가 성립한다고 본다(2002도7335). 그

356) 윤동호, 공소사실의 동일성 판단기준과 죄수 및 경합론의 관계, 고려대학교 박사학위논문, 2005, 136면 이하; 윤동호, "누범과 상습범의 문제점과 개선방안", 형사정책연구 제17권 제4호, 2006 겨울호, 742면 이하; 윤동호, "연속범의 수죄성과 한국 형법에서 갖는 의미", 형사정책연구 제18권 제2호, 2007 여름호, 144면 이하.

357) MK-StGB, Ulenbruch §66, 2005, 방주27.

이유는 존속에 대한 동일한 폭력습벽의 발현에 의한 것이므로 그 중 법정형이 더 중한 상습존속상해죄에 나머지 행위들을 포괄시켜 그 죄만 성립한다는 것이다. 절도범이 체포를 면탈할 목적으로 체포하려는 경찰관 V1의 얼굴을 팔꿈치로 1회 쳐 폭행하고, 발로 경찰관 V2의 정강이를 1회 걷어 차 약 2주간 치료가 필요한 상해를 입힌 경우(A)에도, V1에 대한 준강도죄와 V2에 대한 강도상해죄의 실체적 경합으로 본 원심과 달리 대법원은 포괄하여 하나의 강도상해죄만 성립한다고 본다(2001도3447. 동지: 66도1392). 반면에 판례는 경찰관 V1, V2가 甲에 대해 접수된 피해 신고를 받고 함께 출동하여 신고 처리 및 수사 업무를 집행 중이었는데, 甲이 같은 장소에서 위 경찰관들에게 욕설을 하면서 먼저 V1을 폭행하고 곧이어 이를 제지하는 V2를 폭행한 경우(B)에는, 甲의 V1, V2에 대한 공무집행방해죄는 상상적 경합이라고 본다(2009도3505). 그 이유는 동일한 장소에서 동일한 기회에 이루어진 폭행으로 사회관념상 1개의 행위로 평가하는 것이 옳다는 것이다. 그러나 A의 경우에는 보호법익이 다르고 V1에 대한 상해의 고의를 인정하기 어렵다고 봐야하므로 준강도죄와 강도치상죄의 상상적 경합이 옳고, B의 경우에는 보호법익이 국가적 법익이므로 개별 경찰관마다 공무집행방해죄를 인정할 것이 아니라 하나의 공무집행방해죄를 인정하는 것이 옳다고 본다.

절도범이 주인집의 방안에서 재물을 절취하고 그 무렵 세 들어 사는 사람의 방안에서 재물을 절취한 경우, 판례는 절도죄의 실체적 경합이라고 보지만(89도664), 재산은 비전속적 법익이고 행위의 시간적·장소적 밀접성이 인정되므로 접속범으로서 일죄로 볼 수도 있다.

다. 포괄일죄와 확정판결

甲은 타인의 신용카드정보를 이메일계정으로 전송받아 2004. 10. 31.부터 2005. 3. 24.까지 저장해 둔 사실로, 여전법의 범죄[358]로 2006. 8. 24. 확정판결을 받았는데, 그 신용카드정보를 乙의 승낙을 받아 자신이 관리하던 乙명의의 이메일계정에 보관해오다가 2007. 6. 30. 자신의 이메일계정으로 전송한 사실이 밝혀진 경우, 판례는 다시 甲을 여전법의 같은 범죄로 처벌할 수 있다고 본다(2008도2099). 그 이유는 여전법의 이 범죄는 계속범으로서 종전에 타

358) 여전법 제70조 (벌칙) ①다음 각 호의 어느 하나에 해당하는 자는 7년 이하의 징역 또는 5천만원 이하의 벌금에 처한다.

1. 신용카드등을 위조 또는 변조한 자
2. 위조 또는 변조된 신용카드등을 판매하거나 사용한 자
3. 분실 또는 도난된 신용카드 또는 직불카드를 판매하거나 사용한 자
4. 강취 · 횡령하거나 사람을 기망 · 공갈하여 취득한 신용카드 또는 직불카드를 판매하거나 사용한 자
5. 행사할 목적으로 위조 또는 변조된 신용카드등을 취득한 자
6. 사위 그 밖의 부정한 방법으로 알아낸 타인의 신용카드 정보를 보유하거나 이를 이용하여 신용카드에 의한 거래를 한 자

7-10. 생략

인의 신용카드정보를 보유하여 처벌받은 일이 있다고 하더라도 재판 이후 다시 계속하여 타인의 신용카드정보를 보유하는 행위는 그 타인의 신용카드정보가 종전에 처벌받은 신용카드정보와 동일하다 하더라도 다시 처벌 대상이 되고, 2007. 6. 30. 이 사건 신용카드정보를 자신의 이메일계정으로 전송하여 보유한 것은 별개의 범죄행위로, 둘은 실체적 경합관계에 해당한다는 것이다. 판례는 주차장법 제29조 제1항 제2호의 '부설주차장을 주차장 외의 용도로 사용'한 범죄도 계속범으로서, 종전에 용도외 사용행위에 대하여 처벌받은 일이 있다고 하더라도 그 후에도 계속하여 용도외 사용을 하고 있는 이상 종전 재판 후의 사용에 대하여 다시 처벌할 수 있다고 본다(2005도7283).

그러나 판례는 상습사기죄의 경우는 그 중간에 단순사기죄의 확정판결이 있다하더라도 그 상습사기죄는 확정판결 전후로 분리되지 않고 최종 범행시점에 상습사기죄가 완료된다고 본다(2010도1939). 따라서 이런 경우 상습사기죄의 일부에 관해 확정판결이 있더라도 그 확정판결이 상습사기죄가 아니라 단순사기죄에 관한 것인 경우에는 그 확정판결 이전의 범행이 상습사기죄의 일부라고 하더라도 이에 대해서는 확정판결의 효력이 미치지 않는다고 본다(2001도3206전판). 일사부재리효력의 범위를 피고인에게 불리하게 제한한 것이다.

4. 범죄의 종료 개념과 계속범(Dauerdelikt, 繼續犯)

가. 개념

범죄의 '종료' 개념을 부정하는 견해[359]도 있지만, 다수견해는 긍정하고 범죄의 기수와 구별한다. 범죄의 기수가 형식적 완성이라면, 종료는 실질적 완성이라는 것이다. 범죄의 기수가 법익침해(구체적 위험발생)의 시작시점이라면 종료는 그 종료시점이라는 것이다.[360]

계속범은 감금죄처럼 범죄의 기수와 종료 두 시점이 일치하지 않는 범죄형태로서, 다음 2가지를 개념요소로 한다. 하나는 범죄가 기수에 이르려면 구성요건을 실현하는 행위가 일정시간 계속되어야한다는 것이고, 다른 하나는 이로써 야기된 위법상태를 유지하려면 그 상태를 유지하려는 행위를 계속해야한다는 것이다. 곧 계속범은 위법상태를 야기하는 행위와 야기된 위법상태를 유지하는 행위가 모두 계속되어야하고, 위법상태 유지행위가 계속되는 한 범죄가 종료되지 않는 범죄형태이다. 그래서 실행행위의 계속성이 계속범의 구성요건의 일반적 불법유형을 구성한다고 이해하기도 한다.[361]

359) 박상기, 형법총론, 박영사, 2009, 329면 이하.
360) 이상돈, 형법강의, 법문사, 2010, 23/6.
361) 이상돈, 형법강의, 법문사, 2010, 4/49.

위법상태 야기행위와 야기된 위법상태의 유지행위를 하나의 범죄로 본다는 점에서 계속범을 포괄일죄의 하나로 분류한다. 범죄가 기수에 이르렀다할지라도 종료되기 전까지는 방조범이 성립할 수 있고, 또 위법상태 유지행위를 분담할 수 있으므로 범죄의 종료 전까지는 공동정범이 성립할 수 있다. 또한 공소시효[362]의 기산점은 범죄행위의 종료시점이다.

나. 즉시범과 상태범(Zustandsdelikt)

(1) 견해대립

판례는 '학대죄는 학대행위가 있음과 동시에 범죄가 완성되는 상태범 또는 즉시범이다'라고 하면서(84도2922), 즉시범과 상태범을 구별하지 않는다. 그런데 판례는 자동차관리법의 자동차소유권이전등록신청의무위반죄[363]는 등록된 자동차를 양수받은 자가 그 자동차를 매수한 날부터 15일 이내에 소유권 이전등록 신청을 하지 아니함으로써 곧바로 범죄가 성립하고 그와 동시에 완성되는 이른바 즉시범이지만(2012도15057), 횡령죄는 상태범이므로 횡령행위의 완료 후에 횡령물의 처분행위는 그것이 그 횡령행위에 의해 평가된 범위 안의 것이면 불가벌적 사후행위라고 보기도 한다(78도2175). 또 판례는 건설산업기본법의 명의대여죄[364]는 타인에게 자기의 성명 또는 상호를 사용하여 건설공사를 수급하게 하거나 공사에 착수하게 한 때에 완성되어 기수가 되고 그 후 공사종료시까지는 그 법익침해상태가 남아있을 뿐이라고 한다(89도2173; 2007도883; 2009도10778).

다수견해는 두 범죄형태를 구별하지 않지만, 구별하는 견해[365]도 있다. 상태범은 계속범처럼 범죄의 기수시점과 종료시점이 일치하지 않는 범죄형태이지만, 즉시범은 기수시점과 종료시점이 일치하는 범죄형태로서 도주죄(91도1656)가 이에 해당한다는 것이다. 이 견해는 절도죄는 절취행위로 범죄가 기수가 이르지만 그런 상태가 어느 정도 유지되어야 범죄가 종료되는 상태범으로서, 절도죄는 절도범이 절취물을 훔쳐서 가지고 나오는 순간 기수에 이르지만,

---

362) 형소법 제252조 (시효의 기산점) ①시효는 **범죄행위의 종료**한 때로부터 진행한다.
②공범에는 최종행위의 종료한 때로부터 전공범에 대한 시효기간을 기산한다.

363) 제81조(벌칙) 다음 각 호의 어느 하나에 해당하는 자는 1년 이하의 징역 또는 300만원 이하의 벌금에 처한다. 2. 제12조 제1항을 위반하여 정당한 사유 없이 자동차 소유권의 이전등록을 신청하지 아니한 자
제12조(이전등록) ① 등록된 자동차를 양수받는 자는 대통령령으로 정하는 바에 따라 시·도지사에게 자동차 소유권의 이전등록(이하 "이전등록"이라 한다)을 신청하여야 한다.

364) 제96조 (벌칙) 다음 각 호의 어느 하나에 해당하는 자는 3년 이하의 징역 또는 3천만원 이하의 벌금에 처한다. 3. 제21조를 위반한 건설업자 및 그 상대방
제21조(건설업 등록증 등의 대여 및 알선 금지) ① 건설업자는 다른 사람에게 자기의 성명이나 상호를 사용하여 건설공사를 수급 또는 시공하게 하거나 건설업 등록증 또는 건설업 등록수첩을 빌려주어서는 아니 된다. ② 누구든지 제1항에서 금지된 행위를 알선하여서는 아니 된다.

365) 신동운, 형법총론, 법문사, 2006, 455면 이하.

절도범이 절취물을 사용·수익·처분할 수 있는 상태, 곧 범죄행위가 종료되려면 소유권자의 추적을 피해 안전한 상태에 이르러야한다고 보고, 따라서 절취 후 도주 중인 절도범은 범죄의 기수 후 종료 이전의 단계에 있는 것이며, 이 단계에서 절도범을 도운 사람은 공동정범은 될 수 없고, 단지 방조범이 성립할 수 있다고 본다. 그 이유는 이 경우에는 실행행위는 이미 종료하여 범죄행위가 기수에 이르렀으므로 실행행위의 분담이라는 개념을 인정할 수 없다는 것이다. 판례도 S전자 직원 甲이 S전자의 영업비밀을 CD에 담아 집으로 가져와 보관한 경우 업무상배임죄의 기수가 성립하고, 이처럼 기수에 이른 후에는 乙이 甲에게 접촉하여 그 영업비밀을 취득하더라도 업무상배임죄의 공동정범은 성립할 수 없다고 본다(2003도4382). 또 아직 범죄가 종료된 것이 아니므로, 장물취득죄가 성립할 수도 없고, 이러한 절도범을 추적하여 물건을 되찾는 행위는 자구행위가 아니라 정당방위라는 것이다.

다음과 같은 이유에서 이런 견해대립은 의미가 있다. 법률에 의해 구금된 甲이 구금시설을 벗어나서 도주 중에 있는데, 추격하는 간수자가 甲을 체포하지 못하도록 乙이 간주자의 발을 걸어 넘어지게 한 경우, 도주죄를 판례처럼 즉시범으로 보면(91도1656) 乙은 범인도피죄(3년 이하 징역 또는 500만원 이하 벌금)이지만, 상태범으로 보면 도주원조죄(10년 이하 징역)이다.

⑵ 사견

즉시범과 상태범은 구별하는 것이 옳다고 본다. 그런데 두 범죄형태를 구별하면서 두 범죄형태 모두 기수시점과 종료시점이 일치하지만, 상태범은 즉시범과 달리 기수 이후에도 위법상태가 존속하면서도 그 위법상태 유지행위가 불가벌적 사후행위로 평가되는 범죄이므로, 위법상태 유지행위가 불가벌적 사후행위로 평가되면 상태범이고, 그렇지 않으면 즉시범이라고 보는 견해[366]가 있다. 이 견해는 예컨대 살인죄의 범인이 사체를 그 자리에 방치하면 그 행위는 불가벌적 사후행위로서 이 경우의 살인죄는 상태범이지만, 그 사체를 다른 장소로 옮겨 방치하면 그 행위는 사체유기죄에 해당하므로 이 경우의 살인죄는 즉시범이라고 본다.

그러나 두 범죄형태는 모두 위법상태가 존속하는 범죄라고 봐야하고, 위법상태 유지행위가 불가벌적 사후행위인지 여부를 구별기준으로 삼는 것은 옳지 않다. 즉시범인 살인죄의 종료 이후에도 생명침해라는 위법상태가 존속하는 것이고, 상태범인 절도죄의 종료 이후에도 점유침해라는 위법상태가 존속하는 것이며, 즉시범과 상태범 모두의 경우 위법상태 유지행위가 불가벌적 사후행위로 평가될 수도 있고, 그렇지 않을 수도 있기 때문이다. 예컨대 판례는 절

366) 김일수/서보학, 형법총론, 박영사, 2008, 150면.

취한 자기앞수표를 음식대금으로 교부하고 거스름돈을 받은 행위는 불가벌적 사후행위로 보는 반면(86도1728), 절취한 예금통장으로 은행원을 기망하여 예금을 인출한 행위는 불가벌적 사후행위가 아니라 사기죄라고 보는데(74도2817), 위 견해에 따르면 전자의 절도죄는 상태범이고, 후자의 절도죄는 즉시범이라는 결과에 이른다.

상태범도 계속범처럼 범죄의 기수시점과 종료시점이 일치하지 않을 수 있는 범죄형태로 이해하는 견해[367]가 옳다. 앞서 본 도주 중인 절취범의 경우처럼, 형식적으로는 범죄가 완성(기수)되었지만 실질적으로는 범죄가 완성(종료)되지 않았다고 봐야하는 경우도 있고, 또 그래야 방조범의 성부, 공소시효의 기산점 등도 고려할 수 있기 때문이다.[368]

다. 형질변경죄와 무허가농지전용죄에 관한 판례

판례는 甲이 허가 없이 1992. 1. 1.부터 1993. 10.중순까지 도시계획구역 안에 있는 토지 답 5,222㎡에 건축자재인 모래 및 자갈 약 600㎥를 쌓아 놓은 경우에 성립하는 옛 도시계획법의 형질변경죄는 즉시범이라고 본다(96도1536). 그 이유는 개발제한구역 안의 토지에 대해 절토, 성토 또는 정지를 하거나 공유수면을 매립하여 토지의 형질을 외형상으로 사실상 변경시켜 원상회복이 어려운 상태로 만드는 것에 의해 즉시 성립하고, 그와 동시에 완성된다는 것이다.

그러나 농지법의 무허가농지전용(轉用)죄[369]와 관련하여, 판례의 다수의견은 甲이 ⓐ허가를 받지 않고 농지에 잡석 등을 깔아 정지작업을 함으로써 농지의 형질을 외형상으로뿐만 아니라 사실상 변경시켜 원상회복이 어려운 상태로 만든 경우는 즉시범이지만, ⓑ외부적 형상의 변경을 수반하지 않거나 외부적 형상의 변경을 수반하더라도 사회통념상 원상회복이 어려운 정도에 이르지 않은 상태로 만든 경우는 가벌적인 위법행위가 계속 반복되고 있는 계속범이라고 보고, 이 토지를 승계한 乙이 ⓐ상태의 토지에 허가를 받지 않고 폐차할 자동차를 쌓아 놓아 농업생산 등 이외의 목적으로 사용한 경우, 이 토지는 농지로서의 기능을 상실한 것이므로 무허가농지전용죄가 성립하지 않지만, ⓑ상태의 토지에 이런 행위를 한 경우는 그 토지가 여전히 농지이므로 무허가농지전용죄가 성립한다고 본다(2007도6703전판). 이와

---

367) 신동운, 형법총론, 법문사, 2006, 455면 이하.

368) 同旨: 송진경, “농지법상 농지전용죄와 범죄의 성격”, 비교형사법연구 제11권 제2호, 2009, 272면.

369) 현행 농지법 제57조(벌칙) ①농업진흥지역의 농지를 제34조 제1항에 따른 농지전용허가를 받지 아니하고 전용하거나 거짓이나 그 밖의 부정한 방법으로 농지전용허가를 받은 자는 5년 이하의 징역 또는 해당 토지의 개별공시지가에 따른 토지가액에 해당하는 금액 이하의 벌금에 처한다. ②농업진흥지역 밖의 농지를 제34조 제1항에 따른 농지전용허가를 받지 아니하고 전용하거나 거짓이나 그 밖의 부정한 방법으로 농지전용허가를 받은 자는 3년 이하의 징역 또는 해당 토지가액의 100분의 50에 해당하는 금액 이하의 벌금에 처한다. ③제1항 및 제2항의 징역형과 벌금형은 병과할 수 있다.

달리 별개의견은 甲의 범죄는 원상회복 여부에 관계없이 계속범으로 봐야하지만, 스스로 농지의 형질을 변경한 자가 아니라 그로부터 형질변경된 상태의 토지를 승계한 乙은, 처음 농지전용행위를 한 자의 공동정범 또는 방조범으로 인정되는 경우가 아닌 한 승계한 토지의 사용행위만으로 무허가농지전용죄가 성립하는 것은 아니라고 본다.

라. 계속범과 상태범 및 즉시범의 구별기준

이는 아래 표로 정리할 수 있다.[370] 이 표에서 보면 각 범죄형태는 다른 범죄형태와 공통점을 가지고 있다는 것을 알 수 있다. 이런 점 때문에 개별범죄가 어떤 범죄형태인지 구별하기가 쉽지 않은 것이다.

구별기준	계속범	상태범	즉시범
① 위법상태 야기행위의 시간적 계속성이 필요한가	○	×	×
② 위법상태 유지행위가 범죄의 종료시점을 결정하는가	○	×	×
③ 범죄의 기수시점과 종료시점이 불일치할 수 있는가	○	○	×
④ 범죄의 종료 이후에도 위법상태가 존속할 수 있는가	×	○	○

위 표에서 "③범죄의 기수시점과 종료시점이 불일치할 수 있는가"라는 질문에 대해 계속범과 상태범은 긍정(○)인 반면 즉시범은 부정(×)인 것은, 계속범과 상태범의 경우는 범죄의 기수시점과 종료시점이 일치할 수도 있고(예컨대 감금죄가 기수에 이르자마자 위법상태유지행위를 그만 둔 경우), 그렇지 않을 수도 있지만, 즉시범의 경우는 두 시점이 불일치할 수 없고 언제나 같다는 것(예컨대 살인죄는 생명이 침해되어야 기수에 이르고 동시에 종료됨)을 의미한다.

또한 "④범죄의 종료 이후에도 위법상태가 존속할 수 있는가"라는 질문에 대해 계속범은 부정(×)인 반면, 상태범과 즉시범은 긍정(○)인 것은, 계속범의 경우는 범죄가 종료되면 위법상태(예컨대 주거침입죄에서 사생활침해상태, 감금죄에서 장소이전의 자유가 제한된 상태)가 존속할 수 없지만, 상태범과 즉시범의 경우는 범죄가 종료된 이후에 위법상태가 존속할 수도 있고, 그렇지 않을 수도 있다는 것을 의미한다. 물론 3가지 범죄형태 모두 범죄로 피해를 입었다는 것 또는 그런 사실은 범죄의 종료 이후에도 여전히 남지만, 이것과 위법상태는 구별

370) 윤동호, "농지법의 무허가농지전용죄가 계속범(繼續犯)인지 여부", 형사법연구 제23권 제1호, 2011·봄, 282면 이하.

해야한다.

이런 기준에 따르면 절도죄와 상해죄는 상태범이다. 앞서 보았듯이 절도죄의 경우는 범죄의 기수시점과 종료시점이 불일치할 수 있다. 또한 상해죄의 경우도 두 시점이 불일치할 수 있다. 예컨대 甲이 V를 상해하려고 야구방망이로 엉덩이를 여러 차례 때린 경우 처음 때렸을 때 기수에 이르지만 종료시점은 그런 행위를 마친 때라고 볼 수 있기 때문이다. 따라서 이런 행위가 계속되는 동안에는 공동정범이 성립할 수 있고, 방조범도 성립할 수 있으며, 공소시효도 기산되지 않는다. 또한 甲의 이런 행위로 인해 입은 V의 신체의 불완전은 회복되지 않은 수도 있고(곧 위법상태의 존속), 회복될 수도 있기 때문이다.

5. 법조경합 또는 법조단일

가. 개념과 유형

다수의 구성요건해당행위가 있는 것처럼 보이지만 실제로는 어느 한 구성요건이 다른 구성요건을 배제하여 하나의 죄만 성립하는 경우를 가리킨다. 판례도 '1개의 행위가 외관상 수개의 죄의 구성요건에 해당하는 것처럼 보이나 실질적으로 1죄만을 구성하는 경우를 말하며, 실질적으로 1죄인가 또는 수죄인가는 구성요건적 평가와 보호법익의 측면에서 고찰하여 판단해야 한다'고 본다(2001도1429). 다수견해는 법조경합을 특별관계, 보충관계, 흡수관계(불가벌적 사전행위, 불가벌적 수반행위, 불가벌적 사후행위) 3가지로 유형화한다. 판례는 특별관계를 '어느 구성요건이 다른 구성요건의 모든 요소를 포함하는 이외에 다른 요소를 구비하여야 성립하는 경우로서 특별관계의 경우 특별법의 구성요건을 충족하는 행위는 일반법의 구성요건을 충족하지만 반대로 일반법의 구성요건을 충족하는 행위는 특별법의 구성요건을 충족하지 못한다'고 본다(2006도1713).

법조경합의 본질을 실질적으로 파악하면, 그 본질은 구성요건적 불법이 양립할 수 없다는 데 있다고 본다. 이에 따르면 법조경합은 먼저 ㉮배제하는 구성요건적 불법이 배제되는 구성요건적 불법을 완전히 포섭하는 경우(불법흡수적 법조경합)와 ㉯입법목적에 따라 구성요건적 불법이 양립할 수 없는 경우(입법목적적 법조경합[371]) 2가지로 구별할 수 있고, 전자는 다시 명시적인 것과 묵시적인 것으로 구별할 수 있다. 결국 법조경합은 ⓐ명시적 법조경합, ⓑ묵시적 법조경합, ⓒ입법목적적 법조경합 3가지로 재편성할 수 있다고 본다. 종래의 명시적 보충관계는 명시적 법조경합에, 묵시적 보충관계와 특별관계 및 흡수관계의 대부분은 묵시적

371) 예컨대 자동차의 불법사용과정에서 문제되는 연료에 대한 절도죄를 인정하면 자동차불법사용죄를 별도로 규정한 취지가 상실되므로 자동차불법사용죄만 인정해야하는 경우이다.

법조경합에, 특별관계와 흡수관계 가운데 일부와 택일관계는 입법목적적 법조경합에 각각 해당한다.

나. 판단기준

법조경합인지 여부는 구성요건적 불법의 핵심인 보호법익이 양립할 수 있는지 여부에 따라 달라진다고 본다. 따라서 각 죄의 보호법익이 다른 경우는 법조경합을 부정해야하고, 보호법익이 같은 경우는 법조경합을 인정해야한다. 다만 보호법익이 같을지라도 보호법익이 인격적 법익과 같은 전속적 법익인 경우는 법조경합을 부정해야한다고 본다. 이런 점에서 아래에서 보듯이 판례가 부진정결과적 가중범의 경우 법조경합 여부를 단순하게 법정형만을 비교해서 판단하는 것은 옳지 않다.

다. 법조경합에 관한 판례

앞의 협박감금사건처럼 감금수단으로써 한 단순협박의 경우 감금죄만 성립하고 별도의 협박죄는 성립하지 않는다고 본 판례(82도705)는 협박죄를 불법흡수적 법조경합으로 본 것이다.

국회의원인 甲이 그 지위를 이용해 다른 공무원의 직무에 속한 사항을 알선한 대가로 금품을 받아, 옛 정치자금에 관한 법률의 정치자금부정수수죄와 특가법의 수뢰죄[372)]가 문제된 경우, 판례는 특가법의 수뢰죄만 성립한다고 본다(2006도1713). 그 이유는 ⓐ정치자금부정수수죄의 보호법익은 정치자금과 관련한 부정을 방지하여 민주정치의 건전한 발전에 기여하는 데 있고, 알선수뢰죄의 보호법익은 직무집행의 공정과 이에 대한 사회의 신뢰 및 직무행위의 불가매수성이어서 두 죄는 보호법익이 다르고, 또 ⓑ구성요건에 많은 차이가 있어서 정치자금부정수수죄를 특별한 구성요건으로 볼 수는 없지만, '정치자금은 뇌물로서의 성질도 가지므로' 형법의 알선수뢰죄가 특별한 구성요건이라는 것이다. 그러나 이처럼 보호법익이 다르다고 보면, 두 죄가 모두 성립한다고 보는 게 옳다.

영리를 목적으로 같은 장소에서 같은 방법으로 동일한 범의를 가지고 무면허의료행위를

---

372) 특가법 제2조 (뇌물죄의 가중처벌) ①형법 제129조·제130조 또는 제132조에 규정된 죄를 범한 자는 그 수수·요구 또는 약속한 뇌물의 가액(이하 본조에서 "수뢰액"이라 한다)에 따라 다음과 같이 가중처벌한다.
1. 수뢰액이 1억원 이상인 때에는 무기 또는 10년 이상의 징역에 처한다.
2. 수뢰액이 5천만원 이상 1억원 미만인 때에는 7년 이상의 유기징역에 처한다.
3. 수뢰액이 3천만원 이상 5천만원 미만인 때에는 5년 이상의 유기징역에 처한다.
② 「형법」 제129조, 제130조 또는 제132조에 규정된 죄를 범한 자는 그 죄에 대하여 정한 형(제1항의 경우를 포함한다)에 수뢰액의 2배 이상 5배 이하의 벌금을 병과한다.

하였지만 일부는 돈을 받지 않은 경우, 원심은 무면허의료행위 중 돈을 받은 행위와 돈을 받지 않은 행위를 구분하여 전자는 보건범죄특별법위반죄, 후자는 의료법위반죄[373]를 각각 구성한다고 보고 두 죄의 실체적 경합을 인정하지만(2009노1230), 대법원은 보건범죄특별법위반죄의 1죄만이 성립한다고 본다(2010도2468). 그 이유는 ⓐ이런 무면허의료행위는 포괄일죄이고, ⓑ영리를 목적으로 무면허의료행위를 업으로 한 자가 일부 돈을 받지 않고 무면허의료행위를 한 경우에 그 행위에 대한 평가는 이미 보건범죄특별법위반죄의 구성요건적 평가에 포함되어 있다고 보는 것이 타당하며, ⓒ보건범죄특별법위반죄 외에 돈을 받지 않고 한 무면허의료행위에 대해 별개로 의료법위반죄가 성립한다고 본다면 전부 돈을 받고 무면허 의료행위를 한 경우 보건범죄특별법위반죄 1죄로서 그 법정형기 내에서 처단하게 되는 것에 견줘 처단형이 오히려 무겁게 되는 불합리한 결과가 된다는 것이다.

甲은 공동피고인 乙·丙·丁과 공모하여, 한국은행총재의 허가를 받지 않고, 2005. 1. 6. 甲은 丙·丁과 함께 홍콩 소재 상호불상 금방에서 금괴 23킬로 그램(물품원가 322,000,000원, 국내도매가격 488,619,120원)을 구입하여 이를 중국 천진까지 기차를 이용하여 운반한 다음 같은 달 9. 천진항에서 인천항으로 출항하는 천인호에 탑승하여 그곳에 대기하고 있던 甲에게 위 금괴를 전달하고, 甲은 같은 달 10. 인천항에 입항하여 하선할 무렵 위 금괴를 천인호 9층 화장실에 숨겨두고 나오고, 입항 직후 그곳에 미리 대기하고 있던 乙은 부식을 천인호에 공급하면서 위 금괴를 몰래 빼내어 부식차량에 싣고 그 위에 음식물쓰레기를 덮어 은닉한 다음 세관초소를 빠져 나오는 방법으로 금괴를 밀수입하여, 외국환거래법의 범죄[374]와 특가법의 범죄[375]가 문제되는 경우, 판례는 외국환거래법의 범죄만 성립한다고 보고, 관세법의

373) 제27조 (무면허 의료행위 등 금지) ① 의료인이 아니면 누구든지 의료행위를 할 수 없으며 의료인도 면허된 것 이외의 의료행위를 할 수 없다. 다만, 다음 각 호의 어느 하나에 해당하는 자는 보건복지부령으로 정하는 범위에서 의료행위를 할 수 있다.

374) 외국환거래법(외국환관리법의 폐지[1998. 9. 16. 제5550] 후 새로 제정, 일부개정 2008. 2. 29 법률 제8863호) 제27조 (벌칙) ①다음 각호의 1에 해당하는 자는 3년 이하의 징역 또는 2억원 이하의 벌금에 처한다. 다만, 위반행위의 목적물의 가액의 3배가 2억원을 초과하는 경우에는 그 벌금을 목적물의 가액의 3배 이하로 한다.

9. 제17조의 규정에 의한 허가를 받지 아니하거나 허위 기타 부정한 방법으로 허가를 받고 지급수단·귀금속 또는 증권을 수출 또는 수입한 자

제17조 (지급수단등의 수출입의 허가등) 재정경제부장관은 이 법의 실효성을 확보하기 위하여 필요하다고 인정되어 대통령령이 정하는 경우에는 지급수단·귀금속 또는 증권을 수출 또는 수입하고자 하는 거주자나 비거주자로 하여금 당해지급수단·귀금속 또는 증권을 수출 또는 수입함에 있어서 대통령령이 정하는 바에 의하여 허가를 받도록 하거나 세관에 신고하게 할 수 있다.

375) 특가법 제6조 (관세법위반행위의 가중처벌) ②관세법 제269조제2항에 규정된 죄를 범한 자는 다음의 구분에 따라 가중처벌한다.

1. 수입한 물품원가가 5억원 이상인 때에는 무기 또는 5년 이상의 징역에 처한다.
2. 수입한 물품원가가 2억원 이상 5억원 미만인 때에는 3년 이상의 유기징역에 처한다.

가중처벌 규정인 특가법을 적용할 수 없다고 본다(2005도5582; 2005도6484). 그 이유는 관세법의 경우는 관세수입의 확보가 부수적 목적인 반면, 외국환거래법의 경우는 '국제수지의 균형과 통화가치의 안정'이 궁극적 목적이지만, ⓐ두 죄 모두 '적정한 통관절차의 이행'을 입법목적으로 하고, 그 대상물이 서로 다르고 관할 관청 및 규제 형식을 달리 한 결과 일부 절차적인 차이는 있지만 ⓑ통관에 필요한 절차를 거치지 않은 수출입 행위를 그 처벌대상으로 삼고 있다는 점에서는 실질적으로 그 구성요건이 동일한데, 귀금속 등의 수출입 및 통관에 관한 한 외국환거래법은 관세법의 특별법으로 봐야한다는 것이다. 이 판례는 법정형이 무거운 특가법위반의 밀수출입죄의 처벌을 하지 않으려는 의도를 가진 것으로 해석할 수 있지만, 이 문제는 예컨대 특가법의 밀수출입죄의 폐지와 같은 입법적 해결이 옳다. 오히려 관세법의 입법목적은 '관세수입의 확보'이고, 외국환거래법의 입법목적은 '국제수지의 균형과 통화가치의 안정'으로서 두 죄의 입법목적은 다르다고 보는 것이 옳다. '적정한 통관절차의 이행'은 이런 입법목적을 달성하기 위한 수단에 불과하다. 이런 점에서 두 죄는 상상적 경합으로 봐야한다.[376] 그런데 2009. 1. 30. 외국환거래법 제17조와 제29조 제1항이 개정되어 귀금속은 수출입신고대상에서 제외되었다.[377] 따라서 앞으로 이런 사건이 발생하면 관세법이나 특가법의 밀수출입죄로 처벌할 것이다.

Ⅱ. 경합론

Q. 예비군중대장 甲은 예비군훈련을 받지 않게 해주는 대가로 乙로부터 180,000원을 교부받고 예비군훈련에 불참하였음에도 불구하고 참석한 것처럼 예비군 중대학급편성부에 "참"이라는 도장을 찍어 허위공문서를 작성하고 이를 예비군중대 사무실에 비치했다(약칭하여 예비군훈련불참사건). 甲에게 성립하는 죄는 무엇이고, 어떻게 처벌할 수 있는가?

관세법(일부개정 2008.12.26 법률 제9261호) 제269조 (밀수출입죄) ②다음 각호의 1에 해당하는 자는 5년 이하의 징역 또는 관세액의 10배와 물품원가중 높은 금액 이하에 상당하는 벌금에 처한다.

1. 제241조 제1항 및 제2항 또는 제244조 제1항의 규정에 의한 신고를 하지 아니하고 물품을 수입한 자. 다만, 제253조 제1항의 규정에 의한 반출신고를 한 자를 제외한다.

376) 이에 대한 자세한 평석은 윤동호, "금괴밀수와 죄수판단", 법조 2007. 7, 304면 이하.

377) 외국환거래법(2009. 1. 30 일부개정 제9351호) 제29조 (벌칙) ① 다음 각 호의 어느 하나에 해당하는 자는 1년 이하의 징역 또는 1억원 이하의 벌금에 처한다. 다만, 위반행위의 목적물 가액의 3배가 1억원을 초과하는 경우에는 그 벌금을 목적물 가액의 3배 이하로 한다.

7. 제17조에 따른 신고를 하지 아니하거나 거짓으로 신고를 하고 지급수단 또는 증권을 수출하거나 수입한 자

제17조 (지급수단 등의 수출입 신고) 기획재정부장관은 이 법의 실효성을 확보하기 위하여 필요하다고 인정되어 대통령령으로 정하는 경우에는 지급수단 또는 증권을 수출 또는 수입하려는 거주자나 비거주자로 하여금 그 지급수단 또는 증권을 수출 또는 수입할 때 대통령령으로 정하는 바에 따라 신고하게 할 수 있다.

1. 상상적 경합

> 제40조 (상상적 경합) 1개의 행위가 수개의 죄에 해당하는 경우에는 가장 중한 죄에 정한 형으로 처벌한다.

가. 개념

상상적 경합이란 수죄가 성립한 경우 그 수죄가 '하나의 행위'로 발생한 경우를 말한다. 곧 실체적 경합과 상상적 경합을 구별하는 기준은 제40조가 규정하고 있듯이 '1개의 행위' 여부이다. 예컨대 야구방망이를 한번 휘둘러 사람을 다치게 하고 유리창도 깨뜨린 사람을 오늘 야구방망이를 휘둘러 사람을 다치게 하고 열흘 뒤에 유리창을 깨뜨린 사람보다 가볍게 처벌하는 것이 옳은지에 대해서는 다툼이 있을 수 있고, 전자의 경우 상해죄와 손괴죄가 성립한다는 구성요건적 평가가 잘못된 것은 아니다. 그러나 평가의 대상은 동일하므로 중복된 평가이다. 따라서 중복평가된 부분을 제거하는 것이 옳다. 그래서 인정된 개념이 상상적 경합이다. 상상적 경합은 범죄론의 영역에서 중복평가된 구성요건적 불법을 양형의 단계에서 사후적으로 제거하는 것이라고 할 수 있다. 상상적 경합을 인정하는 것은 양형론의 이중평가금지원칙의 소극적 적용이라고 할 수 있다.

나. "가장 중한 죄에 정한 형"의 의미

상상적 경합인 경우 그 수죄 중 "가장 중한 죄에 정한 형"으로 처벌한다. 여기서 "형"은 법정형을 말한다.[378] 예컨대 강도강간죄(무기 또는 10년 이상 징역)와 강도상해죄(무기 또는 7년 이상 징역)의 상상적 경합인 경우, 그 법정형은 강도강간죄의 형인 "무기 또는 10년 이상 징역"이 된다. 이 가운데 법관이 10년 이상 징역을 선택한 경우 그 형을 가중 또는 감경하지 않는다면 이 선택형(형법 제54조)의 범위 안에서, 곧 10년 이상 30년 이하(유기형의 상한: 형법 제42조) 사이에서 형을 정하여 선고한다. 이를 선고형이라고 한다. 법정형이나 선택형에 대해 가중 또는 감경한 형을 처단형이라고 한다.

그러나 "가장 중한 죄에 정한 형"에서 "형"의 의미를 처단형으로 본 판례(83도3160).가 있다. 강도강간죄(무기 또는 10년 이상 징역)의 미수와 강도상해죄(무기 또는 7년 이상 징역)의 상상적 경합인 경우[379] 그 하한은 강도상해죄의 하한인 7년 이상 징역이라고 본 것이다.

---

378) 최형모, "상상적 경합범", 검찰 71/6, 39면.

379) 甲이 23:30경 논둑길에서 그 곳을 지나가던 V(20세, 女)에게 소리치면 죽이겠다고 하면서 오른손으로 V의

판례의 이런 해석은, 어느 것이 중한 죄인지 여부는 미수감경하기 전 법정형을 비교하여 결정하므로 이 사건에서는 강도강간죄가 중한 형인데, 이를 미수감경하면 처단형이 징역 5년 이상이 될 수 있고, 이는 강도상해죄의 하한인 7년 이상 징역에 견줘 불합리하다고 본 것이다.

판례는 업무상배임죄와 부정경쟁방지법위반죄가 상상적 경합인 경우[380] 그 형이 더 무거운 업무상배임죄에 정한 형, 곧 법정형으로 처벌하기로 하면서도, 그 하한이 업무상 배임죄의 형보다 더 무거운 부정경쟁방지법위반죄에 따라 벌금형을 병과할 수 있다고 본다(2008도9169). 이는 상상적 경합인 수죄(A, B)의 법정형은 수죄 중 상한이 중한 죄(A)의 법정형으로 하되, 다른 죄(B)의 하한이 중하면 A죄의 하한이 B죄의 하한으로 대체된다고 본 것이다. 곧 상상적 경합인 수죄(A, B)의 법정형은 그 상한은 A죄의 법정형의 상한으로, 그 하한은 B죄의 법정형의 하한으로 결정된다고 본 것이다. 결국 앞의 판례는 "가장 중한 죄에 정한 형"을 처단형의 의미로 본 반면, 이 판례는 법정형의 의미로 본 것이지만, 모두 중한 죄에 정한 하한형이 상상적 경합에 있는 다른 죄의 하한형보다 낮은 경우 상한은 중한 죄에 정한 형으로 하고 하한은 경한 죄의 정한 형으로 하고 있다. 판례는 "가장 중한 죄에 정한 형"의 의미를 '가장 중하게 처벌할 수 있는 형"으로 본 것으로서, 이는 문언의 의미에 반하는 피고인에게 불리한 해석으로 죄형법정주의에 어긋난다.

다. 연결효과이론의 인정 여부

판례는 앞의 예비군훈련불참사건에서 甲에게 ⓐ수뢰후부정처사죄, ⓑ허위공문서작성죄, ⓒ동행사죄가 성립하는데, 허위공문서작성죄와 동행사죄가 수뢰후부정처사죄와 각각 상상적 경합관계이고, 허위공문서작성죄와 허위작성공문서행사죄는 실체적 경합관계일지라도, 상상적 경합관계에 있는 수뢰후부정처사죄와 비교하여 가장 중한 죄인 수뢰후부정처사죄의 정한 형으로 처단하면 족하고 경합가중을 할 필요는 없다고 본다(83도1378. 同旨: 2000도1216).

연결효과이론이란 위 사건처럼 실체적 경합인 ⓑ와 ⓒ가 ⓐ와 각각 상상적 경합인 경우 ⓐ, ⓑ, ⓒ 모두를 상상적 경합으로 간주하는 이론이다.[381] 위 판례는 연결효과이론을 인정한 것과 그 효과가 같지만, 연결효과이론을 인정한 것으로 단정하기는 어렵다고 본다. ⓑ와 ⓒ

머리채를 잡고, 왼손으로 V의 입을 틀어막아 땅에 넘어뜨리고, 주먹으로 V의 머리를 수회 구타하여 V의 반항을 억압한 다음 V가 차고 있던 손목시계 1개 시가 25,000원 상당을 강제로 풀어 낚아채어 이를 강취한 후, V를 강간할 것을 결의하고 V의 배위로 올라가 한 손으로 V의 입을 막고 한 손으로 V의 머리를 수회 구타하여 V의 반항을 억압한 다음 강간을 시도했으나 V가 몸부림치는 바람에 목적을 이루지 못하고 미수에 그치고, V에게 상해를 입힌 사건.

380) 자동차회사 직원이 다른 직원의 아이디와 비밀번호로 회사의 전산망에 접속하여 영업비밀인 도면을 자신의 컴퓨터에 전송받은 후 이를 국외에 유출하여 회사에 재산상 손해를 주고 그 직원은 재산상 이익을 얻은 사건.

381) 윤동호, "연결효과에 의한 상상적 경합의 재고찰", 비교형사법연구 제9권 제1호, 2007, 참조.

가 실체적 경합임을 부정하고 있지 않고, ⓐ가 아니라 ⓑ 또는 ⓒ가 가장 무거운 죄인 경우에도 위와 같이 판단할지 불확실하기 때문이다.

라. 상상적 경합으로 본 판례

(1) 실행행위의 완전동일성

절도범인이 체포를 면탈할 목적으로 경찰관에게 폭행·협박을 가한 때에는 준강도죄와 공무집행방해죄를 구성하고 양죄는 상상적 경합관계에 있으나, 강도범인이 체포를 면탈할 목적으로 경찰관에게 폭행을 가한 때에는 강도죄와 공무집행방해죄의 실체적 경합관계에 해당한다고 판례는 본다(92도917).

뇌물을 수수할 때 공여자를 기망한 경우 수뢰죄와 사기죄의 상상적 경합이라고 판례는 본다(2015도12838).

신용협동조합의 전무가 조합의 담당직원을 기망하여 예금인출금 또는 대출금 명목으로 금원을 교부받은 경우, 판례는 사기죄와 업무상배임죄의 상상적 경합이라고 본다(2002도669전판). 그 이유는 상상적 경합은 1개의 행위가 실질적으로 수개의 구성요건을 충족하는 경우를 말하고 법조경합은 1개의 행위가 외관상 수개의 죄의 구성요건에 해당하는 것처럼 보이나 실질적으로 1죄만을 구성하는 경우를 말하며, 실질적으로 1죄인지, 수죄인지는 구성요건적 평가와 보호법익의 측면에서 고찰하여 판단하여야 하는데, 사기죄와 업무상배임죄는 그 구성요건을 달리하는 별개의 범죄이고 형법에도 각각 별개의 장에 규정되어 있어서 수죄로 봐야한다는 것이다. 원심은 업무상배임죄를 불가벌적 수반행위로 본다. 이 판례의 논리는 법조경합으로 볼 수 없으므로 상상적 경합이라는 것인데, 이는 옳지 않다. 수죄를 전제로 행위가 1개이어야 상상적 경합이 될 수 있으므로, 행위의 개수에 관한 판단이 있어야하기 때문이다.

허위사실이 기재된 현수막을 설치하고 허위사실을 기재한 유인물을 불특정 다수인에게 배포함으로써 공연히 허위사실을 적시하여 V의 명예를 훼손하고 V의 병원 운영업무를 방해한 경우, 판례는 형법의 (허위사실유포)업무방해죄와 (허위사실적시)명예훼손죄의 상상적 경합이라고 본다(2007도7140).

공무원이 취급하는 사건 또는 사무에 관해 청탁 또는 알선을 한다는 명목으로 금품·향응 기타 이익을 받거나 받을 것을 약속하고 금품을 받았지만, 실제로 청탁할 생각이 없었던 경우, 판례는 옛 변호사법의 범죄[382]와 사기죄의 상상적 경합이라고 본다(2005도8704).

382) 변호사법(2005. 1. 27. 법률 제7357호로 개정되기 전의 것) 제111조 (벌칙) 공무원(법령에 의하여 공무원으로 보는 자를 포함한다)이 취급하는 사건 또는 사무에 관하여 청탁 또는 알선을 한다는 명목으로 금품·향응 기타 이익을 받거나 받을 것을 약속한 자 또는 제3자에게 이를 공여하게 하거나 공여하게 할 것을 약속한 자

중대 병기과 선임하사 甲은 1976. 1월경 같은 중대 인사계인 상사로부터 부족한 총기문제 해결방법을 모색해 달라는 취지의 부탁을 받았으나 이를 거절하고 있던 중 위 총기부족은 행정착오로서 그 총기는 같은 중대에 있다는 것을 알고 있음에도 불구하고 그 총기가 분실된 것으로만 알고 있는 V가 분실된 총기 문제를 해결해주면 돈을 얼마든지 주겠다고 제의하자 위 행정착오인 사실을 감추고 막연히 다른 곳에서 같은 총기 1정을 구입 보충해서 해결해 주겠다고 하여 착오에 빠진 V로부터 2차례에 걸쳐 돈 6만원을 교부받아 편취한 경우, 판례는 사기죄와 수뢰죄의 상상적 경합이라고 본다(77도1069).

甲은 단일하고 계속된 범의 아래 2006. 10. 14.부터 2006. 12. 22.까지 자신이 운영하는 게임장에서 문화관광부장관이 정하여 고시하는 경품취급 기준에 위반하여 스크린 경마게임기 30대를 설치해 놓고 손님들에게 경마게임을 하게 한 다음 그 점수에 따라 상품권을 제공함으로써 사행성을 조장한 경우, 판례는 사행행위규제법위반죄[383]와 게임산업진흥법위반죄[384]의 상상적 경합이라고 본다(2007도9684).

(2) 실행행위의 부분적 동일성

甲이 1989. 12. 9. 03:10경 여관에 투숙객을 가장하고 들어가 숙박할 방을 안내하려던 종업원 V1의 옆구리와 허벅지를 칼로 찔러 상해를 입히고 객실로 끌고 들어가는 등 폭행 · 협박을 하고 있던 중, 마침 다른 방에서 나오던 여관의 주인 V2도 같은 방에 밀어 넣은 후, 현금과 금반지를 강취한 경우, 판례는 V1에 대한 강도상해죄와 V2의 강도죄의 상상적 경합이라고 본다(91도643). 그 이유는 각 행위는 비록 시간적으로 접착된 상황에서 동일한 방법으로 이루어지기는 하였으나, 포괄하여 1개의 강도상해죄만을 구성하는 것은 아니고, 피해자별로 강도죄가 성립하지만, 종업원과 주인을 폭행 · 협박한 행위는 법률상 1개의 행위로 평가

는 5년 이하의 징역 또는 1천만원 이하의 벌금에 처하거나 이를 병과할 수 있다.

383) 사행행위 등 규제 및 처벌특례법(일부개정 2008. 2. 29 법률 제8852호) 제30조 (벌칙) ①다음 각 호의 어느 하나에 해당하는 자는 5년 이하의 징역 또는 5천만원 이하의 벌금에 처한다.
1. 제2조 제1항 제2호의 규정에 의한 사행행위영업 외에 투전기 또는 사행성유기기구를 이용하여 사행행위를 업으로 한 자
제2조 (정의) ①이 법에서 사용하는 용어의 정의는 다음과 같다.
6. 사행성유기기구"라 함은 제5호의 투전기 외에 기계식구슬치기기기구 · 사행성전자식유기기기구 등 사행심을 유발할 우려가 있는 기계 · 기구 등을 말한다.

384) 게임산업진흥에 관한 법률(일부개정 2008. 2. 29 법률 제8852호) 제44조 (벌칙) ①다음 각 호의 어느 하나에 해당하는 자는 5년 이하의 징역 또는 5천만원 이하의 벌금에 처한다.
1. 제28조 제2호의 규정을 위반하여 도박 그 밖의 사행행위를 하게 하거나 이를 하도록 방치한 자
제28조 (게임물 관련사업자의 준수사항) 게임물 관련사업자는 다음 각 호의 사항을 지켜야 한다.
1. 제9조 제3항의 규정에 의한 유통질서 등에 관한 교육을 받을 것
2. 게임물을 이용하여 도박 그 밖의 사행행위를 하게 하거나 이를 하도록 내버려 두지 아니할 것

된다는 것이다.

그러나 甲이 1989. 12. 3. 03:00경 여관에 들어가 1층 안내실에 있던 여관의 관리인 V1의 목에 칼을 들이대고 "조용히 하라"고 하면서 그의 왼쪽 발가락을 칼로 1회 찔러 상해를 입히고, 그로부터 현금과 손목시계 및 여관방실들의 열쇠를 강취한 다음, 다시 2층으로 올라가서 201호실의 문을 위 열쇠로 열고 들어가 투숙객 V2로부터 금품을 강취하고, 이어서 같은 방법으로 202호실과 207호실의 투숙객 V3로부터 각각 금품을 강취한 경우, 판례는 강도상해죄와 강도죄의 실체적 경합이라고 본다(91도643). 그 이유는 각 행위는 비록 시간적으로 접착된 상황에서 동일한 방법으로 이루어지기는 하였으나, '포괄하여 1개의 강도상해죄만 성립한다'고 볼 수는 없다는 것이다. 이 판례의 논리는 포괄일죄로 볼 수 없으므로 실체적 경합이라는 것인데, 이는 옳지 않다. 수죄를 전제로 그 수죄의 실체적 경합을 인정하려면 행위의 개수에 관한 판단이 있어야하기 때문이다.

甲이 V의 재물을 강취한 후 V를 살해할 목적으로 현주건조물에 방화하여 사망에 이르게 한 경우, 판례는 강도살인죄와 현주건조물방화치사죄의 상상적 경합이라고 본다(98도3416). 이는 살인행위를 이중평가한 것으로서, 강도살인죄(사형 또는 무기징역)와 현주건조물방화죄의 상상적 경합으로 봐야한다는 견해[385)]도 있지만, 죄수판단할 때는 이중평가금지원칙이 적용되지 않는다고 본다.

2. 실체적 경합

第37조 (경합범) 판결이 확정되지 아니한 수개의 죄 또는 금고 이상의 형에 처한 판결이 확정된 죄와 그 판결확정 전에 범한 죄를 경합범으로 한다.

第38조 (경합범과 처벌례) ①경합범을 동시에 판결할 때에는 다음의 구별에 의하여 처벌한다. 1. 가장 중한 죄에 정한 형이 사형 또는 무기징역이나 무기금고인 때에는 가장 중한 죄에 정한 형으로 처벌한다. 2. 각 죄에 정한 형이 사형 또는 무기징역이나 무기금고이외의 동종의 형인 때에는 가장 중한 죄에 정한 장기 또는 다액에 그 2분의 1까지 가중하되 각 죄에 정한 형의 장기 또는 다액을 합산한 형기 또는 액수를 초과할 수 없다. 단 과료와 과료, 몰수와 몰수는 병과할 수 있다. 3. 각 죄에 정한 형이 무기징역이나 무기금고이외의 이종의 형인 때에는 병과한다. ②전항 각호의 경우에 있어서 징역과 금고는 동종의 형으로 간주하여 징역형으로 처벌한다.

385) 오영근, 형법총론, 박영사, 2005, 40/14의 각주3.

제39조 (판결을 받지 아니한 경합범, 수개의 판결과 경합범, 형의 집행과 경합범) ①경합범중 판결을 받지 아니한 죄가 있는 때에는 그 죄와 판결이 확정된 죄를 동시에 판결할 경우와 형평을 고려하여 그 죄에 대하여 형을 선고한다. 이 경우 그 형을 감경 또는 면제할 수 있다. <개정 2005. 7. 29>
②삭제 <2005. 7. 29>
③경합범에 의한 판결의 선고를 받은 자가 경합범중의 어떤 죄에 대하여 사면 또는 형의 집행이 면제된 때에는 다른 죄에 대하여 다시 형을 정한다.
④전3항의 형의 집행에 있어서는 이미 집행한 형기를 통산한다.

가. 개념

경합범은 흔히 실체적 경합관계에 있는 범죄, 곧 실체적 경합범을 의미하지만, '제5절 경합범'이라는 제목처럼 실체적 경합과 상상적 경합을 포함하는 의미로 사용하기도 한다.

(실체적) 경합범은 행위의 단일성이 부정되는 수죄가 ⓐ동시에 재판을 받거나 ⓑ그런 가능성이 있었던 경우를 말한다. ⓐ를 동시적 경합범, ⓑ를 사후적 경합범이라고 한다. 제37조에서 '판결이 확정되지 아니한 수개의 죄'는 동시적 경합범 ⓐ를 의미하고, '금고 이상의 형에 처한 판결이 확정된 죄와 그 판결확정 전에 범한 죄'는 사후적 경합범 ⓑ를 의미한다. 종전에는 '판결이 확정된 죄와 그 판결확정 전에 범한 죄'를 사후적 경합범이라고 했다.[386)]

군수 甲이 1996. 10. 하순경 관사에서 군청의 전입을 희망하는 시청 업무계장 A로부터 전입인사 청탁과 함께 현금 300만원을 교부받고, 1998. 4. 관사에서 징수계장 B로부터 사무관승진인사 청탁과 함께 10만원권 자기앞수표 50장, 현금 2,500만원 등 합계 3,000만 원을 교부받고, 2000년 2월 초순경 집무실에서 새마을담당계장 C로부터 사무관승진인사 청탁과 함께 현금 50만원을 교부받고, 2000. 2. 초순경 집무실에서 기획예산계장 D로부터 사무관승진인사 청탁과 함께 현금 1,000만원을 교부받아, 각각 뇌물수수죄로 기소가 되어 재판을 받고 있는데, 1998. 10. 22. 벌금 80만원의 확정판결이 있는 경우에, A와 B 그리고 C와 D는, 각각은 동시적 경합범이다. A와 B의 동시적 경합범과 벌금 80만원의 확정판결은, 종전 형법에 따르면 사후적 경합범이고, 이 사건의 판결주문은 A와 B의 죄에 대한 것과 C와 D의 죄에 대한 것 2개인 반면, 현행 형법에 따르면 A, B, C, D 모두가 동시적 경합범이고, 판결주문은 이 모두에 대해 하나로 된다.

386) 형법(일부개정 2001. 12. 29 법률 제6543호) 제37조 (경합범) 판결이 확정되지 아니한 수개의 죄 또는 판결이 확정된 죄와 그 판결확정 전에 범한 죄를 경합범으로 한다.

나. 실체적 경합으로 본 판례

건물주에 대해 전세임대차계약이 아닌 월세임대차계약을 체결해야할 업무상 임무를 지고 있어서 전세임대차계약을 체결할 권한이 없는 甲이 임차인들을 속여 전세임대차계약을 체결하여 그 임차인들로부터 전세보증금 명목으로 돈을 교부받은 경우, 판례는 피해자에게 상당한 대가가 지급되었다거나 피해자의 전체 재산상 손해가 없다는 것은 사기죄의 성립에 영향을 미치지 않으므로 '건물주가 임차인들에 대해 민사적으로 전세보증금반환채무를 지는지 여부에 관계없이' 임차인에 대한 사기죄가 성립하고, 또 이로써 '전세보증금반환채무를 지게 된 건물주'에게는 재산상 손해발생의 위험이 초래된 것이므로 건물주에 대해서는 업무상 배임죄가 성립하며, 두 죄는 서로 구성요건 및 행위의 태양과 보호법익을 달리하고 있으므로 실체적 경합이라고 본다(2010도10690). 그러나 두 죄 사이에서 실행행위의 완전동일성이 인정되므로 상상적 경합이라고 봐야한다.

甲과 乙이 ⓐ공모하여 단란주점 앞길에서 그 주점의 종업원 V를 승용차에 태워 감금하여 가다가 乙이 주먹으로 V를 때려 반항을 억압한 다음 그로부터 현금이 들어 있는 가방을 빼앗아 강취하고, V에게 약 2주간의 치료가 필요한 상해를 입혔는데, ⓑ그 후에도 계속 위 단란주점에서 약 15㎞ 떨어진 월드컵주경기장 부근까지 운행하여 가다가 교통사고를 일으켜서 감금행위가 중단된 경우, 강도상해죄와 감금죄는 판례는 실체적 경합이라고 본다(2002도4380). 그 이유는 감금행위가 단순히 강도상해의 수단이 되는데 그치지 않고 강도상해가 끝난 뒤에도 계속된 경우에는 1개의 행위가 감금죄와 강도상해죄에 해당하는 경우라고 볼 수 없다는 것이다. 甲이 ⓑ에 대해서는 공동감금에 의한 폭처법위반죄로 판결이 확정된 사실이 있기 때문에 검사는 ⓐ에 대해서만 기소했는데, 원심이 ⓐ는 시간적·장소적으로 그 행위가 중복될 뿐만 아니라 감금행위가 강도의 수단이 된 것이므로, 강도상해죄와 감금죄가 상상적 경합관계이고, 따라서 이 사건 공소사실인 ⓐ는 확정판결이 있은 때에 해당한다고 판단하여 甲에 대해 면소판결을 한 것을 대법원이 파기환송한 것이다. 그러나 강도상해죄만 인정하거나, 강도상해죄 외에 감금죄도 인정한다면 원심처럼 두 죄는 상상적 경합이라고 보는 것이 옳다. 감금행위가 두 죄에 걸쳐 중복되기 때문이다.

다. 실체적 경합범의 처단형

(1) 동시적 경합범

동시적 경합범의 처단형은 그 법정형에 따라 3가지 방식, 흡수주의·가중주의·병과주의를 적용하여 정한다(제38조). ⓐ가장 중한 죄에 정한 형이 사형 또는 무기징역이나 무기금고인 때에는 흡수주의에 따라 그 법정형을 처단형으로 한다. ⓑ각 죄에 정한 형이 사형 또는 무기징역이나 무기금고 이외의 동종의 형인 때에는 가중주의에 따라 가장 중한 죄에 정한 장기 또는 다액에 그 1/2까지 가중하되 각 죄에 정한 형의 장기 또는 다액을 합산한 형기 또는 액수를 초과할 수 없지만, 과료와 과료, 몰수와 몰수는 병과할 수 있다. ⓒ각 죄에 정한 형이 무기징역이나 무기금고 이외의 이종의 형인 때에는 병과한다.

예컨대 강도강간죄(무기 또는 10년 이상 징역)와 강도상해죄(무기 또는 7년 이상 징역)의 실체적 경합인 경우 법관은 다음과 같은 방식으로 형을 정한다. 먼저 각 죄의 법정형 중 하나를 선택한다. 강도강간죄의 경우 무기형을, 강도상해죄의 경우 7년 이상 징역을 각각 선택했다면 흡수주의에 따라 "가장 중한 죄의 형"인 강도강간죄의 무기징역이 처단형이 된다. 이와 달리 만일 10년 이상 징역과 7년 이상 징역을 각각 선택했다면 가중주의에 따라 10년 이상 징역의 상한인 30년을 가중한 45년 이하 징역이 처단형의 상한이 된다. 처단형이란 법정형이나 선택형을 가중하거나 감경한 형벌이라고 말할 수 있다. 이처럼 실체적 경합의 경우에는 형벌이 가중되거나 병과된다는 점에서, 상상적 경합으로 처벌되는 것이 피고인에게 유리하다.

폭처법 제2조 제2항(형법 제257조 제1항)의 죄(선택형이 징역형이면 10년 6월 이하 징역)와 존속상해죄(당시는 법정형이 1년 이상 10년 이하 징역이었지만, 현재는 10년 이하 징역)가 동시적 경합범인 경우, 판례는 처단형의 상한은 15년 9월, 하한은 1년이라고 본다(84도2890). 가장 중한 죄가 아닌 죄에 정한 형의 단기가 가장 중한 죄에 정한 형의 단기보다 중한 때에는 그 중한 단기를 하한으로 해야 한다는 것이다.[387]

⑵ 사후적 경합범

㈎ 종전 형법의 "전 조의 예에 의하여 집행한다"의 의미

예컨대 甲이 사후적 경합범인 절도죄(법정형: 6년 이하 징역 또는 1천만원 이하 벌금, 선고형: 징역 단기 6월 장기 10월)와 특수절도죄(법정형: 1년 이상 10년 이하 징역, 선고형: 징역 단기 6월 장기 8월)의 형집행으로 15개월을 넘게 복역한 시점에서 더 이상의 수감은 불법이라는 甲의 주장은, 판례는 옳지 않다고 본다(67초6). 그 이유는 종전 형법 제38조 제2항[388]에 따라 '제38조 제1항 제2호의 예에 의해 집행한다'는 것은 각 판결의 **선고형**을 동시

387) 신동운교수는 동시적 경합범의 경우 하한에 제한이 있을 수 있다고 보기도 하고(신동운, 형법총론, 법문사, 2006, 754면), 하한에 제한이 없다고 보기도 한다(신동운, 판례분석 신형사소송법, 법문사, 2007, 23면)

388) 형법(일부개정 2004. 1. 20 법률 제7077호) 제39조 (판결을 받지 아니한 경합범, 수개의 판결과 경합범, 형의 집행과 경합범) ①경합범중 판결을 받지 아니한 죄가 있는 때에는 그 죄에 대하여 형을 선고한다.

적 경합범의 처벌방식에 따라 15개월을 집행한다는 취지가 아니라, 각 판결의 선고형을 합산한 형기(18개월)를, 가장 중한 죄에 정한 **법정형**의 장기에 1/2를 가중한 형기(15년)의 범위 내에서 집행한다는 취지이므로 종전 형법에 따르면 두 선고형을 합산한 단기 1년 장기 18월이 복역기간이 되기 때문이라는 것이다.

㈏ 현행 형법의 "동시에 판결할 경우와 형평을 고려하여 그 죄에 대하여 형을 선고한다"의 의미

판례는 위 문언이 "그 죄와 판결이 확정된 죄에 형법 제38조를 적용하여 산출한 처단형의 범위 내에서 전체형을 정한 다음 그 전체형에서 판결이 확정된 죄에 대한 형을 공제한 나머지를 판결을 받지 아니한 죄에 대한 형으로 선고한다."거나 "그 죄와 판결이 확정된 죄에 대한 선고형의 총합이 두 죄에 대하여 형법 제38조를 적용하여 산출한 처단형의 범위 내에 속하도록 판결을 받지 아니한 죄에 대한 형을 선고한다."는 것을 의미하지 않는다고 본다(2006도8376). 그 이유는 이런 방법으로 전체형을 정하거나 처단형의 범위를 제한하게 되면, 이미 판결이 확정된 죄에 대해 일사부재리원칙에 반할 수 있고, 먼저 판결을 받은 죄에 대한 형이 확정됨에 따라 뒤에 판결을 선고받는 후단 경합범에 대해 선고할 수 있는 형의 범위가 지나치게 제한되어 책임에 상응하는 합리적이고 적절한 선고형의 결정이 불가능하거나 현저히 곤란하게 될 우려가 있기 때문이라는 것이다. 예컨대 판결이 확정된 죄와 관련한 법정형(사형 또는 무기징역) 가운데 피고인에게 유리하게 무기징역을 선택하여 선고하였는데, 이와 사후적 경합범인 죄를 선고할 경우(A) 이 점을 고려하여 흡수주의에 따라 반드시 필요적 면제를 해야 하는 것은 아니며, 만일 이렇게 해야 하는 것으로 해석하면 사후적 경합범에 대한 양형을 정당하게 할 수 없다는 것이다. 이는 개정 형법의 취지에 반하는 해석이라는 견해[389]도 있다. A와 같은 경우 필요적 면제를 하는 것이 오히려 동시적 경합범과의 형평을 고려한 것이고, 만일 사후적 경합범에 대해 2년의 징역을 선고할 경우 무기징역과 2년의 징역 중 어느 것을 먼저 집행할 것인지 문제되고, 어떤 방식이든 합리적이지 않다는 것이다.

유죄판결이 확정된 A, B, C 3개의 죄 모두와 사후적 경합범 관계에 있는 D죄에 대한 형을 선고할 경우, 만일 B죄의 범행일시는 A죄의 확정판결일 이전이지만 C죄의 범행일시는 A죄의 확정판결일 이후이면, C죄를 고려하지 않고 D죄에 대한 형을 선고하더라도 형법 제39

②전항에 의한 수개의 판결이 있는 때에는 전조의 예에 의하여 집행한다.
③경합범에 의한 판결의 선고를 받은 자가 경합범중의 어떤 죄에 대하여 사면 또는 형의 집행이 면제된 때에는 다른 죄에 대하여 다시 형을 정한다.
④전3항의 형의 집행에 있어서는 이미 집행한 형기를 통산한다.

389) 이천현, "형법 제39조 제1항의 의미", 형사판례연구 [17], 2009, 109면 이하.

조 제1항 위반이 아니라고 판례는 본다(2008도209). 이는 '동시에 판결할 경우'의 의미를 '동시적 경합범으로 처리할 수 있는 경우'로 본 것으로서,[390] A, B, D 3개의 죄는 동시적 경합범이 될 수 있었지만 A죄와 C죄는 동시적 경합범이 될 수 없었으므로 A, B, C, D 4개의 죄는 동시적 경합범이 될 수 없었다고 본 것이다.

(3) 경합범 중 일부 죄가 사면 또는 형의 집행이 면제된 경우

동시적 경합범인 형법의 강도죄(법정형: 3년 이상 유기징역)와 사기죄(법정형: 10년 이하 징역 또는 2천만원 이하 벌금)로 15년의 징역형을 선고받고 3년을 복역 중인데, 사기죄에 대해 특별사면을 받아 형의 집행이 면제된 경우, 제39조 제3항에 따라 강도죄에 대해 다시 형을 정하는데, 만일 7년의 징역형이 선고형으로 되었다면, 제39조 제4항에 따라 이미 복역한 3년을 다시 정해진 선고형을 집행할 때 통산하므로, 4년만 더 복역하면 된다.

사후적 경합범인 두 죄, 강도죄(선고형 10년)와 사기죄(선고형 7년)로 3년을 복역 중인데, 사기죄에 대해 특별사면을 받아 형의 집행이 면제된 경우, 복역해야할 형기는 7년이다. 판례에 따르면 이 경우 17년을 복역해야하는데, 사기죄의 선고형 7년은 집행면제를 받았으므로, 강도죄의 선고형 10년 중 3년을 복역한 것이므로 7년을 더 복역하면 된다. 이처럼 제39조 제3항은 동시적 경합범의 경우에 주로 의미가 있다.[391] 사후적 경합범의 경우에는 형의 선고가 여러 개 있으므로 다시 형기를 정하는 것은 어려운 일이 아니기 때문이다.

(4) 사후적 경합범 중 무기징역형이 감형된 경우

선고형이 무기징역인 죄와 선고형이 징역 5년인 죄가 사후적 경합범인데, 무기징역형의 집행 중에 무기징역형이 징역 20년으로 감형된 경우, 판례는 감형된 20년에 5년을 합산하여 집행할 수는 없다고 본다(91모54). 그 이유는 두 선고형을 흡수주의에 따라 집행해야하므로, 집행할 형은 무기징역형이고 이것이 감형된 것이므로, 이것만 집행하면 된다는 것이다.

1986. 5. 27. 징역 2년 6월의 선고형(A)이 확정되어 복역 중에 1985. 7. 31. 저지른 죄로 1987. 9. 3. 무기징역의 선고형이 확정되어 복역하다가, 2005. 8. 15. 사면법 제5조 제4호에 따라 무기징역이 징역 20년으로 감형된 경우, 1986. 5. 27.부터 1987. 9. 2.까지 복역한 기간(B)을 징역 20년의 형기에 통산할 수 없다고 본다(2006모135). 그 이유는 형법 제39조 제4항은 수개의 형을 합산하여 집행하는 경우에 이미 집행한 형기는 수개의 형 중 일부이므로 이를 통산하라는 취지인데, 이 사건에서는 무기징역형이 확정된 1987. 9. 3. 비로소 합산하여

390) 김종호, "형법 제37조 후단 경합범에 대한 제39조 제1항의 적용", 대법원 판례해설 제78호, 2008년 하, 537면.
391) 같은 취지: 김성돈, 형법총론, 현암사, 2006, 860면; 오영근, 형법총론, 박영사, 2005, 734면.

집행할 수 있게 된 것이고, 그 이전 기간인 B는 무기징역형을 집행한 것이 아니라 A를 집행한 것이므로, 이것은 더 이상 집행하지 않으면 되고, 이 기간(B)을 무기징역형에 합산할 수는 없고, 이는 무기징역형이 감형된 경우도 마찬가지라는 것이다. 이와 달리 이 판례는 '(적용례) 이 법은 이 법 시행 전에 행하여진 죄에 대하여도 적용한다. 다만, 종전의 규정을 적용하는 것이 행위자에게 유리한 경우에는 그러하지 아니하다.'는 개정 형법(2005. 7. 29) 부칙 제2항에 따라 개정 형법을 적용하지 않은 잘못이 있고, 개정 형법에 따르면 통산하는 것이 옳다는 견해[392]가 있다.

Ⅲ. 기출문제

문15. (배점 3) 포괄일죄에 관한 다음 기술 중 옳은 것을 모두 고른 것은? (다툼이 있는 경우에는 판례에 의함) 2010년 52회 사법시험

가. 포괄일죄는 수개의 행위가 포괄적으로 1개의 구성요건에 해당하여 일죄를 구성하는 경우로, 본래 일죄라는 점에서 과형상 일죄와 구별된다.
나. 포괄일죄의 범행 도중에 공동정범으로 범행에 가담한 자는 비록 그가 그 범행에 가담할 때에 이미 이루어진 종전의 범행을 알았다 하더라도 그 가담 이후의 범행에 대하여만 공동정범으로 책임을 진다.
다. 타인의 사무를 처리하는 자가 여러 사람으로부터 각각 같은 종류의 부정한 청탁과 함께 금품을 받은 행위는, 비록 금품 제공자가 다르다고 하더라도 단일하고도 계속된 범의 아래 일정기간 반복하여 이루어진 것이고 피해법익도 동일하므로 배임수재죄의 포괄일죄에 해당한다.
라. 상습절도의 범행을 한 자가 절도 습벽의 발현으로 자동차등불법사용 범행을 함께 저질렀다 하더라도 자동차등불법사용죄와 상습절도죄는 그 보호법익이 다르므로 포괄일죄가 아닌 별개의 범죄를 구성한다.
마. 하나의 소송 사건에서 동일한 선서하에 수차례에 걸쳐 허위의 감정보고서를 제출하는 경우에 각 감정보고서 제출행위시마다 각각 허위감정죄가 성립하므로 포괄일죄가 아닌 경합범으로 처벌하여야 한다.

① 가 ② 가, 나 ③ 가, 나, 다 ④ 가, 나, 다, 라 ⑤ 가, 나, 다, 라, 마

(정답) ②
(해설) 나:○(82도884), 다:×(2008도6987: 단일하고 계속된 범의 아래 이루어진 범행이라고 보기 어려우므로), 라:×(2002도429: 자동차등불법사용의 위법성에 대한 평가는 특가법상의 상습절도 등 죄의 구성요건적 평가 내지 위법성 평가에 포함되어 있다고 보는 것이 타당하므로), 마:×(2000도1089: 단일한 범의 아래 계속하여 허위감정을 한 것이므로 포괄일죄로 봐야한다)

392) 이경렬, "사후적 경합범에 대한 형의 집행과 남은 문제점", 비교형사법연구 제8권 제2호, 2006, 331면 이하.

문19. 인터넷 파일공유 사이트를 운영하는 甲은 사이트를 통해 저작재산권 대상인 디지털 콘텐츠가 불법 유통되고 있음을 알면서도 저작재산권의 침해를 방지할 조치를 취하지 않고 회원들로 하여금 불법 디지털 콘텐츠를 업로드하게 한 후 이를 다운로드하게 하면서 일부 이익을 취득하였다. 甲의 죄책과 관련된 죄수 설명 중 옳지 않은 것을 모두 고른 것은? (다툼이 있는 경우에는 판례에 의함) 2014년 3회 변호사시험

ㄱ. 저작재산권 침해행위는 각각의 저작물에 대한 침해행위가 있더라도 저작권자가 같다면 별개의 죄를 구성하지 않는다.
ㄴ. 동일 죄명에 해당하는 수개의 행위 또는 연속된 행위는 범의가 단일하지 않아도 포괄일죄로 처단된다.
ㄷ. 상습범을 별도로 처벌하는 규정이 없다면 수회에 걸쳐 죄를 범한 것이 상습성의 발현에 따른 것이라도 원칙적으로 경합범으로 보아야 한다.
ㄹ. 상습성을 이유로 포괄일죄가 되는 범행의 중간에 동종의 상습범에 대한 확정판결이 있을 때에도 포괄일죄는 확정판결 전후의 죄로 분리되지 않는다.

① ㄱ ② ㄴ, ㄷ ③ ㄷ, ㄹ ④ ㄱ, ㄴ, ㄹ ⑤ ㄱ, ㄴ, ㄷ, ㄹ

(정답) ④
(해설) 2011도12131; 2011도1957: 저작재산권 침해행위는 저작권자가 같더라도 저작물별로 침해되는 법익이 다르므로 각각의 저작물에 대한 침해행위는 원칙적으로 각 별개의 죄를 구성하지만, 단일하고도 계속된 범의 아래 동일한 저작물에 대한 침해행위가 일정 기간 반복하여 행하여진 경우에는 포괄하여 하나의 범죄가 성립한다.

문2.(배점 2) 다음 중 일죄가 성립하는 경우는? (다툼이 있는 경우에는 판례에 의함) 2013년 55회 사법시험

① 신용협동조합의 전무가 수개의 거래처로부터 각기 다른 일시에 조합정관상의 1인당 대출한도를 초과하여 대출하여 달라는 부탁을 받고 이에 응하여 각기 다른 범의 하에 부당대출을 해준 경우
② 계속적으로 무면허로 운전할 의사를 가지고 10일에 걸쳐 무면허운전을 반복한 경우
③ 히로뽕 완제품을 제조하고, 그때 함께 만든 액체 히로뽕 반제품을 땅에 묻어 두었다가 약 1년 9개월 후, 이전에 제조를 요구했던 사람이 아닌 다른 사람들의 요구에 따라 그들과 함께 위 반제품으로 완제품을 제조한 경우
④ 법원을 기망하여 승소판결을 받고 그 확정판결에 의해 소유권이전등기를 경료한 경우
⑤ 예금주인 현금카드 소유자를 협박하여 그 카드를 갈취한 후 이를 이용하여 현금자동지급기에서 예금을 인출한 경우

(정답) ⑤

문33.(배점 2) 죄수에 관한 설명으로 옳지 않은 것은? (다툼이 있는 경우에는 판례에 의함) 2012년 54회 사법시험

① 폭행으로 부녀를 강간한 경우에는 강간죄만 성립하고 이와 별도로 폭행죄는 성립하지 않으

며, 양자는 법조경합의 관계에 있다.

② 법조경합의 한 형태인 특별관계란 어느 구성요건이 다른 구성요건의 모든 요소를 포함하는 외에 다른 요소를 구비하여야 성립하는 경우로서 특별관계에 있어서는 특별법의 구성요건을 충족하는 행위는 일반법의 구성요건을 충족한다.

③ 법조경합은 1개의 행위가 외관상 수개의 죄의 구성요건에 해당하는 것처럼 보이나 실질적으로 1죄만을 구성하는 경우인데 반해 상상적 경합은 1개의 행위가 실질적으로 수개의 구성요건을 충족하는 경우로서, 실질적으로 1죄인가 또는 수죄인가는 구성요건적 평가와 보호법익의 측면에서 고찰하여 판단하여야 한다.

④ 피해 신고를 받고 출동한 두 명의 경찰관에게 욕설을 하면서 순차로 폭행을 하여 경찰관의 정당한 직무집행을 방해한 경우, 포괄하여 하나의 공무집행방해죄가 성립한다.

⑤ 장물죄는 타인(본범)이 불법하게 영득한 재물의 처분에 관여하는 범죄이므로 자기의 범죄에 의하여 영득한 물건에 대하여는 성립하지 아니하고 이는 불가벌적 사후행위에 해당한다.

(정답) ④
(해설) ④×(2009도3505: 동일한 장소에서 동일한 기회에 이루어진 폭행 행위는 사회관념상 1개의 행위로 평가하는 것이 상당하므로 두 경찰관에 대한 공무집행방해죄는 상상적 경합의 관계에 있다)

문38.(배점 2) 불가벌적 사후행위에 관한 다음 설명 중 옳지 않은 것은? (다툼이 있는 경우에는 판례에 의함) 2010년 52회 사법시험

① 부정한 이익을 얻을 목적으로 타인의 영업비밀이 담긴 CD를 절취하여 그 영업비밀을 부정사용한 경우, 그 부정사용행위는 절도죄의 불가벌적 사후행위에 해당한다.

② 약속어음을 편취한 후, 이를 숨기고 그 사실을 모르는 제3자로부터 할인받은 경우, 그 어음할인 행위는 별도의 사기죄를 구성한다.

③ 자동차를 절취한 후 자동차 등록번호판을 떼어낸 행위는 절도죄의 불가벌적 사후행위에 해당되지 않는다.

④ 부동산에 피해자 명의의 근저당권을 설정하여 줄 의사가 없음에도 피해자를 속이고 근저당권 설정을 약정하여 금원을 편취하고, 그 약정이 취소되지 않았음에도 그 후 그 부동산에 관하여 제3자 명의로 근저당권 설정등기를 마친 경우, 이와 같은 행위는 사기죄와 별도로 배임죄가 성립한다.

⑤ 장물이라는 사정을 알면서 절도범으로부터 자기앞수표를 교부받아 이를 물품구입 대금으로 지급하고 거스름돈을 받았다면 이는 장물죄의 불가벌적 사후행위에 해당한다.

(정답) ①
(해설) ①×(2008도5364: 부정경쟁방지 및 영업비밀보호에 관한 법률의 영업비밀부정사용죄에 해당하는 새로운 법익의 침해로 봐야하므로), ②○(2005도5236; 99도3590: 새로운 법익을 침해하는 행위로서 기망행위와 할인금의 교부행위 사이에 상당인과관계가 있어 새로운 사기죄를 구성하

며, 그 약속어음을 취득한 제3자가 선의이고 약속어음의 발행인이나 배서인이 어음금을 지급할 의사와 능력이 있었다 하더라도 사기죄의 성립에 영향이 없다), ③○(2007도4739: 자동차관리법위반죄에 해당하는 새로운 법익의 침해로 봐야하므로), ④○(2007도9328: 사기에 의한 약정은 사기 등을 이유로 취소되지 않는 한 여전히 유효하여 피해자 명의의 근저당권설정등기를 하여 줄 임무가 발생하고, 그 부동산에 관하여 제3자 명의로 근저당권설정등기를 마친 경우 이러한 배임행위는 금원을 편취한 사기죄와는 전혀 다른 새로운 보호법익을 침해하는 행위이다), ⑤○(93도213; 86도1728: 자기앞수표는 현금에 대신하는 기능을 하므로 물품구입 대금으로 지급하고 거스름돈을 받은 행위는 장물취득에 대한 가벌성 평가에 당연히 포함되므로)

문3. 甲의 ⓑ행위가 ⓐ행위와 결합하여 실체법상 일죄로 평가받는 관계에 있거나, ⓐ행위에 대한 불가벌적 사후행위로 평가받는 사례를 모두 모아 놓은 것은? (다툼이 있는 경우에는 판례에 의함) 2012년 1회 변호사시험

가. ⓐ 전과가 있던 甲은 친구 乙인 것처럼 가장하여 A회사에 취직하기 위하여 허락없이 임의로 친구 乙 명의의 이력서를 작성하였다.
ⓑ 甲은 위 乙 명의의 이력서에 날인하기 위하여 허락 없이 임의로 乙 명의의 인장을 만들어 乙 이름 뒤에 날인하였다.

나. ⓐ 甲은 乙을 살해하였다.
ⓑ 甲은 乙의 시체를 바다에 투기하였다.

다. ⓐ 甲은 乙의 지갑을 훔쳐 달아나던 중 이웃 주민 丙, 丁에게 추격을 당하게 되었다. 이에 甲은 체포를 면탈할 목적으로 가지고 있던 주머니칼로 丙의 팔에 전치 3주의 상해를 입혔다.
ⓑ 甲은 계속하여 추격해온 丁에게 위 칼을 내밀며 "쫓아오면 칼로 찔러 죽인다."라고 소리쳐 협박하였다.

라. ⓐ 乙은 丙으로부터 토지를 매수하면서 甲과 명의신탁약정을 하여 甲이 丙으로부터 곧장 토지의 소유권이전등기를 경료받도록 하였다. 甲은 위 토지를 보관하고 있던 중 토지의 일부가 수용되자 그 대가로 받은 토지수용보상금을 임의로 소비하였다.
ⓑ 이후 甲은 乙로부터 나머지 토지 전체의 소유권이전등기를 乙 명의로 경료해 줄 것을 요청받았으나 甲은 이를 거부하였다.

① 가, 다 ② 가, 다, 라 ③ 나, 라 ④ 나, 다, 라 ⑤ 다, 라

(정답) ①
(해설) 가:○(78도1787: ⓑ인장위조는 ⓐ사문서위조에 대해 흡수관계에 있다) 나:×(ⓐ살인죄와 ⓑ사체은닉죄는 실체적 경합관계이다) 다: ⓑ협박죄는 ⓐ강도상해죄에 대해 흡수관계에 있다. 라:×(2000도3463: ⓐ토지수용보상금에 대한 횡령죄와 ⓑ부동산 전체에 대한 횡령죄는 실체적 경합관계에 있다. 그런데 이는 중간생략등기형명의신탁에 관한 판례인데, 중간생략등기형명의신탁의 경우에 수탁자의 임의처분시 횡령죄의 성립을 부정하는 전원합의체판결[2014도6992]이 나와서 후행처분행위가 불가벌적 사후행위인지 여부가 관한 논의의 의미가 없어졌다)

문5. 죄수관계에 관한 설명 중 옳은 것을 모두 고른 것은? (다툼이 있는 경우에는 판례에 의함) 2012년 1회 변호사시험

가. 위조통화를 행사하여 상대방으로부터 재물을 편취한 경우, 위조통화행사죄와 사기죄는 실체적 경합관계에 있다. 나. 차의 운전자가 음주의 영향으로 정상적인 운전이 곤란한 상태에서의 운전 중 교통사고로 사람에게 상해를 입게 하여 특정범죄가중처벌 등에 관한 법률 위반(위험운전치사상)죄와 도로교통법위반(음주운전)죄가 성립한 경우, 양 죄는 실체적 경합관계에 있다. 다. 타인의 사무를 처리하는 자가 본인을 기망하여 재물을 교부받은 경우, 사기죄만 성립한다. 라. 국립병원 의사가 허위의 진단서를 작성한 경우, 허위진단서작성죄와 허위공문서작성죄의 상상적 경합에 해당한다. 마. 공무원이 직무집행을 빙자하여 타인의 재물을 갈취한 경우, 공갈죄만 성립한다.

① 가, 나, 마 ② 가, 다, 마 ③ 나, 다, 라 ④ 나, 라, 마 ⑤ 다, 라, 마

(정답) ①
(해설) 가○(79도840) 나○(2008도7143) 다×(2002도669: 배임죄와 사기죄의 상상적 경합) 라×(2003도7762: 허위공문서작성죄만 성립) 마○

문25.(배점 2) 죄수 및 경합에 관한 설명 중 옳은 것은? (다툼이 있는 경우에는 판례에 의함) 2013년 55회 사법시험

① 수사업무에 종사하는 甲이 乙 등 18명의 도박범행사실을 적발하였음에도 이를 형사입건하는 등 범죄수사에 필요한 조치를 디하지 않고 乙 등으로부터 묵인해 달라는 부탁을 받고 그 도박사실을 발견하지 못한 것처럼 근무일지를 허위로 작성하고, 파출소장에게 허위로 이를 보고한 경우 허위공문서작성죄, 허위작성공문서행사죄, 직무유기죄가 성립한다.
② 피해신고를 받고 출동한 두 명의 경찰관에게 욕설을 하면서 순차로 폭행을 하여 경찰관의 정당한 직무집행을 방해한 경우 포괄하여 하나의 공무집행방해죄가 성립한다.
③ 강간치상범이 자신의 범행으로 인하여 실신상태에 있는 피해자를 그대로 방치하고 도주한 경우에는 강간치상죄와 유기죄의 실체적 경합이다.
④ 甲이 A녀가 자동차에서 내릴 수 없는 상태에 있음을 이용하여 강간하려고 결의하고 자동차의 주행속도를 높여 A녀가 자동차에서 탈출하지 못하게 한 뒤 범행장소까지 A녀를 강제로 데려가 강간하려다 미수에 그친 경우 감금죄와 강간미수죄의 실체적 경합이다.
⑤ 피해자를 감금하여 강도상해의 범행이 끝난 뒤에도 계속해서 감금한 경우 감금죄와 강도상해죄의 실체적 경합이다.

(정답) ⑤
(해설) ④×(83도323: 감금죄와 강간미수죄의 상상적 경합이다)

문36.(배점 2) 〈보기〉사례 중 판례가 상상적 경합이라고 판단한 경우들만으로 묶인 것은?

2007년 49회 사법시험

<보기>
ㄱ. 공무원이 취급하는 사건에 관하여 청탁 또는 알선을 할 의사와 능력이 없음에도 청탁 또는 알선을 한다고 기망하고 금품을 교부받은 경우 사기죄와 변호사법위반죄
ㄴ. 위조통화를 행사하여 재물을 불법영득한 경우 위조통화행사죄와 사기죄
ㄷ. 공무원이 직무에 관하여 기망수단으로 재물을 교부받은 경우 사기죄와 수뢰죄
ㄹ. 피해자를 강제로 승용차에 태우고 가면서 주먹으로 피해자를 때려 반항을 억압한 후 현금 35만원을 빼앗고 피해자에게 안면부 타박상을 입힌 후, 계속하여 15㎞ 정도를 진행하다가 내려준 경우 감금죄와 강도상해죄
ㅁ. 사람을 살해할 목적으로 현주건조물에 방화하여 사망에 이르게 한 경우 현주건조물방화치사죄와 살인죄
ㅂ. 모 기관을 비방할 목적으로 출판물에 의하여 공연히 허위의 사실을 적시·유포함으로써 업무를 방해한 경우 출판물에 의한 명예훼손죄와 업무방해죄

① ㄱ, ㄷ, ㄹ ② ㄱ, ㄷ, ㅁ ③ ㄱ, ㄷ, ㅂ ④ ㄴ, ㄷ, ㅂ ⑤ ㄷ, ㄹ, ㅁ ⑥ ㄷ, ㅁ, ㅂ

(정답) ③
(해설) ㄱ:○(2005도8704), ㄴ:×(79도840: 실체적 경합), ㄷ:○(77도1069), ㄹ:×(2002도4380: 실체적 경합), ㅁ:×(96도485: 현주건조물방화치사죄만 성립), ㅂ:○(92도3035)

문8.(배점 3) 다음에서 〈보기 1〉의 사례와 〈보기 2〉의 죄수판단의 연결이 올바르게 이루어진 것은? (다툼이 있는 경우에는 판례에 의함) 2009년 51회 사법시험

<보기 1>
A. 장물아비가 훔쳐오면 매입할 것을 약속하고 절도를 교사한 후 훔쳐온 물건을 취득한 경우
B. 약속어음을 할인하여 줄 의사가 없으면서 있는 것처럼 피해자를 기망하여 약속어음을 교부받은 후 이를 피해자에 대한 채권의 변제에 충당한 경우
C. 장물보관을 의뢰받고 그 정을 알면서 보관한 후 임의로 처분하는 경우
D. 부동산의 소유자로부터 명의수탁된 부동산의 일부에 대한 토지수용보상금의 일부를 소비하고, 수용되지 않은 나머지 부분의 부동산에 대하여 반환을 거부한 경우

E. 강도범인이 체포를 면하기 위하여 경찰관에게 주먹으로 폭행을 가한 경우
F. 운전면허 없이 「도로교통법」이 정한 기준을 초과하여 술에 취한 상태에서 자동차를 운전한 경우

<보기 2>
ㄱ. 법조경합 ㄴ. 포괄일죄 ㄷ. 상상적 경합 ㄹ. 실체적 경합

① A-ㄴ, B-ㄴ, C-ㄱ, D-ㄱ, E-ㄷ, F-ㄷ
② A-ㄹ, B-ㄱ, C-ㄱ, D-ㄹ, E-ㄹ, F-ㄷ
③ A-ㄷ, B-ㄹ, C-ㄴ, D-ㄱ, E-ㄷ, F-ㄴ
④ A-ㄹ, B-ㄷ, C-ㄱ, D-ㄹ, E-ㄷ, F-ㄱ
⑤ A-ㄴ, B-ㄴ, C-ㄴ, D-ㄷ, E-ㄹ, F-ㄹ
⑥ A-ㄹ, B-ㄱ, C-ㄱ, D-ㄷ, E-ㄷ, F-ㄴ
⑦ A-ㄹ, B-ㄷ, C-ㄹ, D-ㄴ, E-ㄴ, F-ㄹ

(정답) ②
(해설) A-ㄹ(86도1273). B-ㄱ(82도3079: 채권변제에 충당한 행위는 횡령죄가 아니라 불가벌적 사후행위로서 사기죄에 흡수됨). C-ㄱ(2003도8219: 장물보관죄로 소유자의 소유물추구권을 이미 침해하였으므로, 그 후 임의로 보관물을 처분한 행위는 불가벌적 사후행위) D-ㄹ(2000도3463: 반환거부행위는 불가벌적 사후행위가 아니라 별개의 횡령죄. 토지수용보상금의 일부를 소비한 행위로는 부동산에 대한 불법영득의사를 인정하기 어려우므로) E-ㄹ(92도917: 강도죄와 공무집행방해죄의 실체적 경합) F-ㄷ(86도2731)

문34.(배점 3) 형법은 경합범을 동시적 경합범과 사후적 경합범으로 구별하여 규정하고 있다. 이에 관한 다음 설명 중 옳은 것(○)과 옳지 않은 것(×)을 올바르게 조합한 것은? (다툼이 있는 경우에는 판례에 의함) 2010년 52회 사법시험

가. 경합범은 수개의 행위로 범해진 수개의 죄라는 점에서 상상적 경합이나 포괄일죄와 구별된다.
나. 동시적 경합범에서의 수개의 죄는 모두 판결이 확정되지 않아야 하는데, 경합범 중 일죄에 대한 부분만 파기환송되고 다른 죄가 확정된 때에는 예외적으로 동시적 경합범이 된다.
다. 甲이 A, B, C, D의 4개 죄를 범한 후에 B죄만이 발각되어 B죄에 대하여 금고 이상의 형에 처한 판결이 확정된 경우에는 B죄와 A, C, D죄 사이에 사후적 경합범이 성립한다.
라. 甲이 A, B, C, D의 4개 죄를 범하였는데, B죄에 대하여 금고 이상의 형에 처한 판결이 확정되었고 A죄는 B죄의 확정판결 전에 범하였으나, C, D죄는 B죄의 확정판결 후에 범한 경우, A, B죄는 사후적 경합범이 되지만 B죄와 별도로 C, D죄가 동시적 경합범이 되는 것은 아니다.
마. 포괄일죄의 중간에 다른 종류의 범죄에 대하여 금고 이상의 형에 처한 확정판결이 끼어 있는 경우에는 그 포괄일죄는 확정판결 후의 범죄로 다루어야 하므로 사후적 경합범이 되지 않는다.
바. 금고 이상의 형에 처한 판결이 확정된 A죄에 대하여 일반사면이 이루어져 형의 선고의 효력이 상실된 경우, 그 확정 이전에 범한 B죄와 A죄는 사후적 경합범이 되지 않는다.

① 가(○), 나(○), 다(×), 라(×), 마(○), 바(×)
② 가(○), 나(×), 다(○), 라(×), 마(○), 바(×)
③ 가(○), 나(○), 다(×), 라(×), 마(○), 바(○)
④ 가(○), 나(×), 다(○), 라(○), 마(×), 바(×)
⑤ 가(×), 나(×), 다(○), 라(○), 마(×), 바(○)
⑥ 가(×), 나(×), 다(○), 라(×), 마(○), 바(×)
⑦ 가(×), 나(○), 다(×), 라(×), 마(×), 바(○)
⑧ 가(×), 나(○), 다(×), 라(○), 마(×), 바(○)

(정답) ②
(해설) 나:×(74도1301: 피고인에 대한 병역법위반죄와 하천법위반죄의 경합범에 대해 항소심이 전자에 대해서는 유죄, 후자에 대해서는 무죄를 선고하자 검사만이 후자에 대해서 상고하여 상고심이 후자 부분만을 파기환송하였으면 항소심은 후자에 대해서만 심판하여 이에 대해 별개의 형을 선고해야한다) 마:○(2002도5341), 바:×(95도2114: 판결이 확정된 죄란 그 판결의 효력 여부를

묻지 않으므로 A죄와 B죄는 사후적 경합범이 된다)

문13. 경합범에 관한 설명 중 옳은 것을 모두 고른 것은? (다툼이 있는 경우 판례에 의함) 2015년 4회 변호사시험

ㄱ. 포괄일죄의 중간에 다른 종류의 범죄에 대하여 금고 이상의 형에 처한 확정판결이 끼어 있는 경우 그 포괄일죄는 확정판결 후의 범죄로 다루어야 하므로 사후적 경합범이 되지 않는다.
ㄴ. 피고인이 A, B, C죄를 순차적으로 범하고 이 중 A죄에 대하여 벌금형에 처한 판결이 확정된 후, 그 판결확정 전에 범한 B죄와 판결확정 후에 범한 C죄가 기소된 경우 법원은 B죄와 C죄를 동시적 경합범으로 처벌할 수 없다.
ㄷ. 「형법」 제37조 후단 경합범의 선고형은 그 죄에 선고될 형과 판결이 확정된 죄의 선고형의 총합이 두 죄에 대하여 「형법」 제38조를 적용하여 산출한 처단형의 범위에서 정하여야 한다.
ㄹ. 금고 이상의 형에 처한 확정판결 전에 범한 A죄와 그 확정판결 후에 범한 B죄에 대하여는 별개의 주문으로 형을 선고해야 한다.

①ㄱ, ㄴ ②ㄱ, ㄹ ③ㄴ, ㄷ ④ㄱ, ㄷ, ㄹ ⑤ㄴ, ㄷ, ㄹ

(정답) ②

10장 형벌론

Q. 乙이 乙자신의 아버지를 살해한 경우, 이를 방조한 甲에 대하여 법원이 형의 종류를 유기징역으로 선택할 경우 처단형의 범위는?

Ⅰ. 형의 종류와 경중, 양벌규정

1. 형의 종류

제41조 (형의 종류) 형의 종류는 다음과 같다. 1. 사형 2. 징역 3. 금고 4. 자격상실 5. 자격정지 6. 벌금 7. 구류 8. 과료 9. 몰수

형법전이 규정한 형벌은 9가지로, 크게 ㉮생명형(사형), ㉯자유형(징역, 금고, 구류), ㉰명예형(자격상실, 자격정지), ㉱재산형(벌금, 과료, 몰수) 4가지로 구별할 수 있다.

가. 생명형

제66조 (사형) 사형은 형무소내에서 교수하여 집행한다.

사형은 생명형이다. 그런데 1997년 12월 이후 아직까지 사형이 집행된 적이 없어서 국제사면위원회는 실질적인 사형폐지국으로 분류하고 있다.

나. 자유형과 형기의 계산

제42조 (징역 또는 금고의 기간) 징역 또는 금고는 무기 또는 유기로 하고 유기는 1개월 이상 30년 이하로 한다. 단, 유기징역 또는 유기금고에 대하여 형을 가중하는 때에는 50년까지로 한다.

제46조 (구류) 구류는 1일 이상 30일 미만으로 한다.

제67조 (징역) 징역은 형무소내에서 구치하여 정역에 복무하게 한다.

제68조 (금고와 구류) 금고와 구류는 형무소에 구치한다.

제83조 (기간의 계산) 년 또는 월로써 정한 기간은 역수에 따라 계산한다.

제84조 (형기의 기산) ①형기는 판결이 확정된 날로부터 기산한다.
②징역, 금고, 구류와 유치에 있어서는 구속되지 아니한 일수는 형기에 산입하지 아니한다.

제85조 (형의 집행과 시효기간의 초일) 형의 집행과 시효기간의 초일은 시간을 계산함이 없이 1일로 산정한다.

제86조 (석방일) 석방은 형기종료일에 하여야 한다.

징역은 정역에 복무하게 한다는 점에서 금고와 차이가 있고, 그 기간이 30일 이상이라는 점에서 구류와 차이가 있다.

2010. 4. 15. 형법 개정 때 유기자유형의 상한이 '30년 이하'로 상향되고(종전 15년 이하), 예컨대 형법 제35조의 누범처럼 유기자유형의 상한을 가중하는 경우에는 그 상한이 '50년 이하'로 상향된다(종전 25년 이하).

다. 명예형

제43조 (형의 선고와 자격상실, 자격정지) ①사형, 무기징역 또는 무기금고의 판결을 받은 자는 다음에 기재한 자격을 상실한다.
1. 공무원이 되는 자격
2. 공법상의 선거권과 피선거권
3. 법률로 요건을 정한 공법상의 업무에 관한 자격
4. 법인의 이사, 감사 또는 지배인 기타 법인의 업무에 관한 검사역이나 재산관리인이 되는 자격

②유기징역 또는 유기금고의 판결을 받은 자는 그 형의 집행이 종료하거나 면제될 때까지 전항 제1호 내지 제3호에 기재된 자격이 정지된다. 다만, 다른 법률에 특별한 규정이 있는 경우에는 그 법률에 따른다. 〈개정 2016. 1. 6.〉

제44조 (자격정지) ①전조에 기재한 자격의 전부 또는 일부에 대한 정지는 1년 이상 15년 이하로 한다.

> ②유기징역 또는 유기금고에 자격정지를 병과한 때에는 징역 또는 금고의 집행을 종료하거나 면제된 날로부터 정지기간을 기산한다.

명예형에는 자격상실과 자격정지가 있다. 자격상실의 형벌을 독립적으로 선고할 수는 없다. 형법은 자격상실을 독립적으로 규정하고 있지 않기 때문이다. 자격상실은 사형, 무기징역, 무기금고 등의 판결선고에 따르는 부수(附隨)형벌이다.

제43조 제2항의 자격정지는 유기형의 부수효과로서 당연정지인 반면, 제44조의 자격정지는 독립적인 형벌로 규정된 자격정지가 판결로 선고된 경우이다. 그런데 헌재는 제43조 제2항의 자격정지규정 중 '공법상의 선거권'을 유기징역·금고의 형의 '집행유예기간 중인 자'에 대해서도 제한하는 것은 위헌이고, 유기징역 · 금고의 형의 '집행이 종료되지 않은 자(곧 수형자)'에 대해서도 제한하는 것은 헌법에 불합치한다는 결정을 내린다(2012헌마409). 이에 따라 2016년 1월 6일 제43조 제2항 단서에 '다만, 다른 법률에 특별한 규정이 있는 경우에는 그 법률에 따른다.'는 규정을 신설한다. 공직선거법 제18조 제1항을 2015년 8월 13일 개정하여 1년 미만 징역 또는 금고의 집행을 선고받은 수형자와 1년 이상 징역 또는 금고의 형의 집행유예선고를 받은 자는 선거권을 가질 수 있도록 했기 때문이다.

형사법원의 판결선고에 따른 부수효과인 아청법의 신상공개와 취업제한을, ㉮명예형으로 보는 견해[393]와 ㉯보안처분으로 보는 견해[394]가 있다.

라. 재산형

> 제45조 (벌금) 벌금은 5만원 이상으로 한다. 다만, 감경하는 경우에는 5만원 미만으로 할 수 있다.

> 제47조 (과료) 과료는 2천원 이상 5만원 미만으로 한다.

> 제48조 (몰수의 대상과 추징) ①범인이외의 자의 소유에 속하지 아니하거나 범죄후 범인이외의 자가 정을 알면서 취득한 다음 기재의 물건은 전부 또는 일부를 몰수할 수 있다.
> 1. 범죄행위에 제공하였거나 제공하려고 한 물건.
> 2. 범죄행위로 인하여 생하였거나 이로 인하여 취득한 물건.
> 3. 전2호의 대가로 취득한 물건.
>
> ②전항에 기재한 물건을 몰수하기 불능한 때에는 그 가액을 추징한다.
> ③문서, 도화, 전자기록등 특수매체기록 또는 유가증권의 일부가 몰수에 해당하는 때에는 그 부분을 폐기한다.<개정 1995.12.29>

393) 오영근, 형법총론, 박영사, 2005, 42/26
394) 김혜정, "성범죄자 정보등록 · 열람제도에 관한 검토", 형사정책연구 제18권 제3호, 2007 · 가을 876면 이하.

第49조 (몰수의 부가성) 몰수는 타형에 부가하여 과한다. 단, 행위자에게 유죄의 재판을 아니할 때에도 몰수의 요건이 있는 때에는 몰수만을 선고할 수 있다.

第69조 (벌금과 과료) ①벌금과 과료는 판결확정일로부터 30일내에 납입하여야 한다. 단, 벌금을 선고할 때에는 동시에 그 금액을 완납할 때까지 노역장에 유치할 것을 명할 수 있다. ②벌금을 납입하지 아니한 자는 1일 이상 3년 이하, 과료를 납입하지 아니한 자는 1일 이상 30일 미만의 기간 노역장에 유치하여 작업에 복무하게 한다.

第70조 (노역장유치) ①벌금 또는 과료를 선고할 때에는 납입하지 아니하는 경우의 유치기간을 정하여 동시에 선고하여야 한다.
②선고하는 벌금이 1억원 이상 5억원 미만인 경우에는 300일 이상, 5억원 이상 50억원 미만인 경우에는 500일 이상, 50억원 이상인 경우에는 1,000일 이상의 유치기간을 정하여야 한다. <신설 2014. 5. 14.>

第71조 (유치일수의 공제) 벌금 또는 과료의 선고를 받은 자가 그 일부를 납입한 때에는 벌금 또는 과료액과 유치기간의 일수에 비례하여 납입금액에 상당한 일수를 제한다.

벌금은 원칙적으로 5만원 이상이라는 점에서 과료와 차이가 있다. 몰수·추징은 부수형벌이다. 300만원 이하 벌금미납자는 2009. 3. 25. 제정된 '벌금 미납자의 사회봉사 집행에 관한 특례법(제9523호)'에 따라 노역장 유치대신 사회봉사가 가능하다.

(1) 범칙금(犯則金)이나 과태료와 구별

벌금이나 과료, 몰수나 추징은 범칙금이나 과태료와 구별된다. 범칙금은 행정기관이 이른바 통고처분(通告處分)이라는 절차를 이용해서 납부하도록 한 금액을 말하는데, 통고처분을 하여 몰수대상물품을 납부하도록 하는 경우도 있지만 대부분은 범칙금의 납부이다. 과태료처럼 신용카드로 범칙금을 납부할 수 있도록 도로교통법을 2017년 1월 1일 개정했다. 통고처분이란 일정한 범죄를 저지른 자가 행성기관이 동고처분한 사항을 이행하면, 형벌을 면하게 해주는 제도를 말한다. 그 본질이 행정처분인지, 아니면 사법처분인지 다툼이 있고, 또 위헌이라는 견해도 있지만, 현실적으로는 형벌을 신속하게 부과할 수 있도록 해주면서도 동시에 형벌을 면하게 해주며, 각 행정기관의 재정수입에도 기여한다. 통고처분을 규정하고 있는 법률로는 경범죄처벌법, 도로교통법, 관세법, 조세범처벌절차법, 출입국관리법, 제주특별자치도 설치 및 국제자유도시 조성을 위한 특별법, 자동차관리법, 자동차손해배상보장법 등에 있다. 가축전염병예방법의 통고처분은 2007년 삭제되었고, 자전거이용 활성화에 관한 법률의 통고처분은 도로교통법에 흡수되었다.

과태료의 개념을 두고 다툼이 있을 수 있지만, 흔히 행정법의 의무위반에 대해 행정기관이 부과하는 금전제재의 한 형태라고 할 수 있다. 2007. 12. 21 제정되어 2008. 6. 22 시행되고 있는 질서위반행위규제법 제2조도 이런 과태료 개념을 전제로 하고 있다고 볼 수 있고, 과태료사건에 대한 재판과 집행은 이제 비송사건절차법이 아니라 질서위반행위규제법[395]으로 처리되며, 고액·상습체납자는 30일의 범위 안에서 감치에 처해질 수도 있다.

(2) 몰수·추징

(가) 왜 몰수·추징을 해야 하는가

형법은 몰수를 '다른 형벌'에 대한 부가적 형벌로 보고 있다. '다른 형벌'이 주위적 형벌이라면 몰수는 부수적 형벌(collateral punishment)인 것이다. 앞서 보았듯이 추징은 몰수에 갈음한 사법처분이다. 따라서 형법이 이를 형벌로 규정하고 있지는 않지만, 형벌로 보는 것이 옳다. 몰수가 형벌이기 때문이다. 그런데 다음과 같은 점에 주목하면 몰수·추징을 형벌로 보기 어렵다. 앞서 보았듯이 우선 형법은 유죄 재판을 하지 않는 경우에도 몰수·추징을 할 수 있도록 규정하고 있고, 또 '범인 이외의 자'의 물건에 대해서도 몰수·추징을 할 수 있도록 규정하고 있다. 그런데 형벌은 유죄의 범인에게 부과되는 것이기 때문이다.

이처럼 형법이 몰수·추징을 부수적 형벌로 보면서도 다른 한편 형벌로 보기 어려운 규정을 두고 있는 현행 몰수·추징의 체계로 인해 몰수·추징을 보안처분으로 보는 견해도 있고, 형벌과 보안처분 두 성격을 모두 갖는다는 견해도 있는 것이다. 판례의 입장도 혼란스럽다. 판례는 '범인 이외의 자'에서 '범인'에는 공범도 포함되고, 그 공범의 기소 여부에 관계없고, 또 유죄가 아닐지라도 몰수·추징을 할 수 있다고 해석함으로써 몰수·추징의 보안처분적 성격을 강조하면서도, 몰수·추징 판결의 대세적 효력을 부인해서 형벌적 성격에 무게를 두고 있다. 그래서 1992년 형법개정안은 형벌의 종류에서 몰수를 삭제해서 별개의 절(제11절 몰수)에서 규정하고 있는 것이다.

---

395) 제1조 (목적) 이 법은 법률상 의무의 효율적인 이행을 확보하고 국민의 권리와 이익을 보호하기 위하여 질서위반행위의 성립요건과 과태료의 부과·징수 및 재판 등에 관한 사항을 규정하는 것을 목적으로 한다.
제2조 (정의) 이 법에서 사용하는 용어의 뜻은 다음과 같다.
1. "질서위반행위"란 법률(지방자치단체의 조례를 포함한다. 이하 같다)상의 의무를 위반하여 과태료를 부과하는 행위를 말한다. 다만, 다음 각 목의 어느 하나에 해당하는 행위를 제외한다.
가. 대통령령으로 정하는 사법상·소송법상 의무를 위반하여 과태료를 부과하는 행위
나. 대통령령으로 정하는 법률에 따른 징계사유에 해당하여 과태료를 부과하는 행위
제54조 (고액·상습체납자에 대한 제재) ①법원은 검사의 청구에 따라 결정으로 30일의 범위 이내에서 과태료의 납부가 있을 때까지 다음 각 호의 사유에 모두 해당하는 경우 체납자(법인인 경우에는 대표자를 말한다. 이하 이 조에서 같다)를 감치에 처할 수 있다.

그런데 형벌과 보안처분은 피고인의 관점에서 보면 차이가 없고, 또 형벌에도 범죄예방적 성격이 있다. 형법이 제공물건을 몰수의 대상으로 삼은 것은 그 제공물건이 위험하기 때문이고, 따라서 이 경우에는 몰수를 보안처분적 성격으로 봐야한다는 견해도 있다. 그러나 엄밀히 말하면 그 제공물건이 위험한 것이 아니라 그 제공물건이 특정한 사람에게 있는 경우에 위험한 것이다. 그래서 특정인으로부터 그 제공물건을 떼어낼 필요가 있는 것이다. 이런 점에서 보면 제공물건에 대한 몰수도 특정인에 대한 형벌로 이해할 수 있다.

왜 몰수·추징을 해야 하는가. 그 이유는 범인이나 범죄행위를 처벌하면서 이와 관련된 물건이나 재산 또는 이익을 그대로 두면 처벌의 취지가 약화되거나 상실될 수 있기 때문이라고 본다. 예컨대 제공물건이나 생성물건을 그대로 두어서 다시 사용할 수 있는 가능성이 있다면 처벌의 취지가 약화되고, 또 취득물건이나 그 대가물건을 그대로 두면 처벌은 받더라도 경제적 이득은 남기 때문에 처벌의 취지가 상실된다. 이런 점에서 몰수·추징이 형벌인지, 아니면 보안처분인지의 논의에 관계없이 범인이나 범죄행위를 처벌하는 취지에 부합하도록 몰수·추징 판결의 대세적 효력이 인정될 수 있도록 하는 장치, 예컨대 범인이나 범죄행위와 관련된 물건이나 재산 또는 이익에 이해관계를 갖는 3자의 참가절차를 만들어서 몰수·추징 판결의 실효성도 확보하고, 3자의 재산권도 보호할 수 있는 길을 열 필요가 있다. 이런 규정은 공무원범죄에 관한 몰수특례법 제14조[396]에서 볼 수 있다. 또한 몰수·추징의 필요성과 한계도 이런 관점에서 설정되어야한다. 다시 말해 몰수·추징의 대상이라고 해서 언제나 몰수·추징을 할 것이 아니라 몰수·추징을 하지 않으면 범인이나 범죄행위를 처벌하는 취지가 약화 또는 상실될 경우에만 몰수·추징이 이루어져야하고(몰수·추징의 필요성), 범인이나 범죄행위의 처벌을 강화하는 차원에서 몰수·추징이 이루어져서는 안 된다(몰수·추징의 한계). 이런 점에서 필요적 몰수·추징 법제, 또 추징에 대해 징벌적 성격을 부여하는 엄벌 실무 모두 옳지 않다.

㈏ 몰수의 대상은 무엇인가

형법총칙은 아래 물건의 전부 또는 일부를 몰수의 대상으로 하고 있다. ⓐ범죄행위에 제공하였거나 제공하려고 한 물건(약칭하여 제공물건, 예컨대 강도행위에 사용한 흉기), ⓑ범죄행위로 인하여 발생한 물건(약칭하여 생성물건, 예컨대 문서위조죄에서 위조문서), ⓒ범죄행위

396) 제14조(참가 절차) ①몰수될 염려가 있는 재산을 가진 제3자는 제1심 재판이 있기까지(약식절차에 의한 재판이 있는 경우에는 정식재판 청구가 가능한 기간이 지나기까지를 말하며, 이 경우 정식재판 청구가 있을 때에는 통상의 공판절차에 의한 제1심 재판이 있기까지를 말한다. 이하 같다) 피고인에 대한 형사사건이 계속 중인 법원에 서면으로 그 형사사건 절차에 대한 참가신청을 할 수 있다. 다만, 제13조 제1항 또는 제2항에 따른 고지 또는 공고가 있은 때에는 고지 또는 공고가 있었던 날부터 14일 이내에만 참가신청을 할 수 있다.

로 인하여 취득한 물건(약칭하여 취득물건, 예컨대 도박죄로 번 돈), ⓓ제공물건과 생성물건 및 취득물건의 대가로 취득한 물건(대가물건, 예컨대 강도행위에 사용할 자동차를 빌려주고 받은 돈).

사행성 게임기를 이용하여 사행행위 등 규제 및 처벌 특례법(약칭하여 사행행위규제법) 의 죄[397]를 범한 경우, 판례는 그 게임기의 기판뿐만 아니라 당국으로부터 적법하게 등급심사를 받은 본체도 범죄행위에 제공된 물건으로서 몰수의 대상이 된다고 본다(2006도6400). 그 이유는 사행성 게임기는 기판과 본체가 서로 물리적으로 결합되어야만 비로소 그 기능을 발휘할 수 있는 기계라는 것이다. 또 성인오락실 업주 甲은 손님들에게 상품권을 경품으로 제공하고, 乙은 인접한 곳에서 이를 현금으로 환전해주며, 丙은 甲에게 환전소에서 회수한 상품권에 해당하는 수량만큼의 신상품권을 추가 할인하여 공급하면서, 상품권이 현금으로 환전되는 과정에서 발생하는 수수료를 일정한 비율로 나누어 갖기로 한 경우, 판례는 甲, 乙, 丙은 사행행위규제법 제30조 제1항 제1호의 죄의 공동정범이고, 환전소에서 압수한 현금과 상품권은 범행에 제공하였거나 제공하려 한 물건 또는 범죄행위로 취득한 물건으로서 그 모두가 몰수의 대상이 되며(2006도8929), 환전소 운영자가 그 현금 중 일부를 생활비 등의 용도로 소비하였다고 하여 달라지지 않는다고 본다(2006도3302).

甲이 2007. 4. 20.경부터 같은 해 7. 24.경까지 46회에 걸쳐 재정경제부장관에게 신고하지 않고 금원을 중국은행의 계좌로 송금하여 외국환거래법위반으로 유죄판결을 받았는데, 甲이 2007. 7. 24. 체포될 당시 압수된 자기앞수표 또는 현금은 유죄판결을 받은 그 외국환거래법위반죄와 같은 방법으로 또 다른 외국환거래법위반죄를 저지르기 위해 준비한 물건인 경우, 판례는 외국환거래법위반의 유죄판결을 하면서 그 압수물은 몰수할 수 있다고 본다(2007도10034). 그 이유는 장차 실행하려고 한 외국환거래법위반의 범행에 제공하려는 물건일 뿐, 그 이전에 범해진 외국환거래법위반의 '범죄행위에 제공하려고 한 물건'으로 볼 수 없다는 것이다.

甲이 대형할인매장을 1회 방문하여 범행을 할 때마다 1~6개 품목 수십만원어치 상품(전기밥솥 · 해머드릴 · 소파커버 · 진공포장기 · 안마기 · 전화기 · DVD플레이어 등)을 절취하여 이를 자신의 소나타 승용차에 싣고 간 경우, 판례는 그 승용차를 몰수할 수 있다고 본다(2006도4075). 그 이유는 물품의 부피가 상당한 크기의 것이어서 대중교통수단을 타고 운반하기에 곤란하므로, 승용차는 범행장소에 도착하기 위한 교통수단이 아니라 장물의 운반에 사용한

397) 제30조(벌칙) ① 다음 각 호의 어느 하나에 해당하는 자는 5년 이하의 징역 또는 5천만원 이하의 벌금에 처한다.
1. 사행행위영업 외에 투전기나 사행성 유기기구를 이용하여 사행행위를 업으로 한 자

자동차라고 볼 수 있고, 범죄행위에 제공한 물건에는 살인행위에 사용한 칼 등 범죄의 실행행위 자체에 사용한 물건에만 한정되지 않고, 실행행위의 착수 전의 행위 또는 실행행위의 종료 후의 행위에 사용한 물건이더라도 그것이 범죄행위의 수행에 실질적으로 기여하였다고 인정되는 한 범죄행위에 제공한 물건에 포함된다는 것이다. 甲은 '은행에서 800만원짜리 수표를 끊어야 되는데 잘못하여 8,000만원짜리 수표를 끊어왔다.'고 자랑삼아 이야기하면서 의도적으로 V가 보고 있는 상태에서 그 수표를 乙에게 건네주었고, 乙은 이 수표를 자신의 지갑에 넣어 둔 채로 V를 상대로 도박을 빙자한 상습사기죄를 범한 경우, 판례는 그 수표도 몰수할 수 있다고 본다(2002도3589). 그 이유는 수표가 직접 도박자금으로 사용되진 않았지만 사기도박에 참여하도록 하기 위해 사용되었다는 것이다.

형법총칙의 몰수 대상은 이처럼 물건이지만 형법각칙의 뇌물죄의 몰수 대상은 뇌물이고, 범죄수익은닉의 규제 및 처벌 등에 관한 법률(약칭하여 범죄수익규제법)[398]의 몰수 대상은 재산이다. 대표이사 甲이 아무런 반대급부를 제공받지 않고 회사 소유의 양도성예금증서를 X의 금융기관 대출에 대한 담보로 제공하고 25억원의 대출금이 X의 계좌로 입금되어 특경법의 배임죄를 범한 후에 X가 甲에게 그 대출금을 부정한 청탁과 함께 교부한 경우, 판례는 그 대출금을 <u>범죄행위에 의해 생긴 재산</u>으로서 범죄수익으로서 범죄수익규제법에 근거하여 몰수할 수 있고, X가 甲에게 그 대출금을 부정한 청탁과 함께 교부했다고 해서 범죄수익으로서의 성질이 사라지지 않는다고 본다(2006도4885).

㈐ 추징의 대상은 무엇인가: 추징은 범죄이득의 박탈인가, 징벌인가

추징은 이런 몰수 대상 물건이나 재산을 몰수하기 불능한 경우 몰수에 갈음하여 그 가액의 납부를 명하는 사법처분이다. 벌금의 환형처분이 노역장유치라면, 몰수의 환형처분은 추징인 것이다. 법률마다 표현의 차이가 있으나 앞서 보았듯이 형법총칙은 범죄행위와 관련한 제공물건, 생성물건, 취득물건, 대가물건을 몰수의 대상으로 하고 있다. 따라서 이런 물건을 몰수할 수 없는 경우에 추징을 해야 한다.

판례도 수인이 공동하여 수수한 뇌물을 분배한 경우 각자로부터 실제로 분배받은 금품만

398) 제8조 (범죄수익등의 몰수) ①다음 각호의 재산은 이를 몰수할 수 있다.
1. 범죄수익
2. 범죄수익에서 유래한 재산
3. 제3조 또는 제4조의 범죄행위에 관계된 범죄수익등
4. 제3조 또는 제4조의 범죄행위에 의하여 생긴 재산 또는 그 범죄행위의 보수로서 얻은 재산
5. 제3호 또는 제4호의 규정에 의한 재산의 과실 또는 대가로서 얻은 재산 또는 이들 재산의 대가로서 얻은 재산 그 밖에 그 재산의 보유 또는 처분에 의하여 얻은 재산

을 개별적으로 몰수하거나 그 가액을 추징해야하며(93도2056), 만일 그 액수가 불명일 때에는 이를 평등하게 분할한 액을 수뢰액으로 인정하여 그 가액을 추징해야 한다(이른바 개별추징)고 본다(76도1982. 同旨: 99도5294). 뇌물죄의 몰수·추징은 범인이 취득한 당해 재산을 범인으로부터 박탈하여 범인이 부정한 이익을 보유하지 못하게 함에 그 목적이 있다고 본 것이다(2002도1283). 판례는 사행행위규제법 제30조 제1항의 범죄에 의해 생긴 재산은 범죄수익규제법에 따라 추징의 대상이 되는데, 이 추징도 부정한 이익을 박탈하여 보유하지 못하게 함에 그 목적이 있는 것이므로, 뇌물죄의 몰수·추징 방식과 동일하게 개별추징을 해야 하고(2000도794. 同旨: 2007도635), 변호사법의 범죄의 몰수·추징[399]도 개별적으로 이뤄져야한다고 본다(93도1569. 同旨: 98도4374).

그러나 판례는 마약류관리법의 추징[400]은 범죄이득의 박탈이 아니라 징벌적 성질을 갖는다고 본다. 이에 따라 甲이, 필로폰 수요자 乙과 필로폰 공급자 사이에서 아무런 대가도 받지 않고 필로폰의 매매를 알선하여 유죄판결을 받은 경우, 甲이 이 범행으로 이득한 것이 없더라도 甲에게 그 가액을 추징(이른바 징벌적 추징)할 수 있다고 본다(2006도9314). 또한 판례는 관세법의 몰수·추징[401]도 징벌적 제재의 성격을 가지고 있다고 보고, 물품의 소유자나

399) 제116조(몰수·추징) 제34조(제57조, 제58조의16 또는 제58조의30에 따라 준용되는 경우를 포함한다)를 위반하거나 제109조제1호, 제110조, 제111조 또는 제114조의 죄를 지은 자 또는 그 사정을 아는 제3자가 받은 금품이나 그 밖의 이익은 몰수한다. 이를 몰수할 수 없을 때에는 그 가액을 추징한다.

400) 제67조 (몰수) 이 법에 규정된 죄에 제공한 마약류 및 시설·장비·자금 또는 운반수단과 그로 인한 수익금은 몰수한다. 다만, 이를 몰수할 수 없는 때에는 그 가액을 추징한다.

401) 제272조(밀수 전용 운반기구의 몰수) 제269조의 죄에 전용(專用)되는 선박·자동차나 그 밖의 운반기구는 그 소유자가 범죄에 사용된다는 정황을 알고 있고, 다음 각 호의 어느 하나에 해당하는 경우에는 몰수한다.

1. 범죄물품을 적재하거나 적재하려고 한 경우
2. 검거를 기피하기 위하여 권한 있는 공무원의 정지명령을 받고도 정지하지 아니하거나 적재된 범죄물품을 해상에서 투기·파괴 또는 훼손한 경우
3. 범죄물품을 해상에서 인수 또는 취득하거나 인수 또는 취득하려고 한 경우
4. 범죄물품을 운반한 경우

제273조(범죄에 사용된 물품의 몰수 등) ① 제269조에 사용하기 위하여 특수한 가공을 한 물품은 누구의 소유이든지 몰수하거나 그 효용을 소멸시킨다.

② 제269조에 해당되는 물품이 다른 물품 중에 포함되어 있는 경우 그 물품이 범인의 소유일 때에는 그 다른 물품도 몰수할 수 있다.

제282조(몰수·추징) ① 제269조제1항의 경우에는 그 물품을 몰수한다.

② 제269조제2항·제3항 또는 제274조제1항제1호의 경우에는 범인이 소유하거나 점유하는 그 물품을 몰수한다. 다만, 제269조제2항의 경우로서 다음 각 호의 어느 하나에 해당하는 물품은 몰수하지 아니할 수 있다.

1. 제154조의 보세구역에 제157조에 따라 신고를 한 후 반입한 외국물품
2. 제156조에 따라 세관장의 허가를 받아 보세구역이 아닌 장소에 장치한 외국물품

③ 제1항과 제2항에 따라 몰수할 물품의 전부 또는 일부를 몰수할 수 없을 때에는 그 몰수할 수 없는 물품의 범칙 당시의 국내도매가격에 상당한 금액을 범인으로부터 추징한다. 다만, 제274조제1항제1호 중 제269조제2항의 물품을 감정한 자는 제외한다.

④ 제279조의 개인 및 법인은 제1항부터 제3항까지의 규정을 적용할 때에는 이를 범인으로 본다.

점유자가 아닐지라도 공범자 전원으로부터 각각 추징할 수 있다(이른바 공동연대추징)고 본다(83도639. 同旨: 2006도638). 판례는 밀항단속법의 몰수 · 추징[402]도 징벌적 제재의 성격을 가지고 있다고 본다(2008도7034). 그런데 판례는 공동연대추징의 경우에 어떤 자가 전액을 납부한 때에는 다른 공범자에 대해서는 그 추징의 집행이 면제된다고 본다(2006도455). 아래 판례도 이와 취지가 같다. 甲이 취급한 필로폰 1.7g 가운데 乙이 甲으로부터 교부받아 소지하고 있다가 압수당한 필로폰 1.55g과 甲이 소지하고 있다가 압수당한 필로폰 0.12g을 몰수한 경우 필로폰 1.67g은 이미 몰수가 되어있으므로 甲으로부터는 몰수 부분을 제외한 나머지 0.03g의 투약분에 대해서만 그 가액을 추징해야 한다(2009도2819). 그러나 이처럼 추징의 집행이 면제된다고 보면 추징을 징벌적 성격으로 보는 것과 모순된다.

㈑ 검사가 몰수 · 추징을 요구해야하는가, 몰수 대상 물건이 압수되어야하는가

형법총칙의 몰수 · 추징은 임의적이다. 따라서 판례는 몰수 · 추징 여부는 법원의 자유재량사항으로 본다(2002도3589. 同旨: 2012도15805). 따라서 몰수 · 추징의 대상일지라도 법원이 몰수 · 추징을 하지 않을 수 있다. 그러나 뇌물죄에서 뇌물은 형법 제134조에 따른 필요적(필수적) 몰수 · 추징의 대상이다. 또한 개별형법의 몰수 · 추징도 대부분 필요적이다. 판례는 공소사실과 별개의 범죄사실을 법원이 인정하여 몰수 · 추징을 선고하는 것은 불고불리원칙에 위반되지만(92도700), 몰수 · 추징은 일종의 형으로서 직권으로 하는 것이므로 공소사실에 대해 검사가 추징을 구하는 의견을 진술해야 선고할 수 있는 것은 아니라고 보면서(88도2211), 검사가 필요적 추징규정의 적용을 빠뜨린 채 공소제기한 경우에도 법원이 직권으로 추징을 해야한다고 본다(2006도8663).

판례는 이미 그 집행을 종료함으로써 효력을 상실한 압수 · 수색영장에 기하여 다시 압수 · 수색을 실시하면서 몰수 대상 물건을 압수한 경우, 압수 자체가 위법하게 됨은 별론으로 하더라도 그것이 몰수의 효력에는 영향을 미칠 수 없다고 본다(2003도705). 그 이유는 몰수는 반드시 압수되어 있는 물건에 대해서만 하는 것이 아니고, 몰수 대상 물건이 압수되어 있는지, 또는 적법한 절차에 의해 압수되었는지 등은 몰수의 요건이 아니라는 것이다.

㈒ 몰수 · 추징은 유죄를 전제로 하는가, '범인 이외의 자'의 소유 물건도 몰수할 수 있는가

---

402) 제3조 (밀항 · 이선등) ①밀항 또는 이선 · 이기한 자는 3년 이하의 징역 또는 300만원 이하의 벌금에 처한다. 제4조 (교사 · 방조등) ②보수를 받을 것을 목적으로 제3조제1항의 행위를 알선하거나 상습으로 또는 영리를 목적으로 제3조 제1항의 죄를 교사 또는 방조한 자는 3년 이하의 징역 또는 300만원 이하의 벌금에 처한다. ③제2항의 경우에 수수 또는 약속한 보수는 이를 몰수한다. 그를 몰수할 수 없을 때에는 그 가액을 추징한다.

형법총칙은 유죄의 재판을 하지 않는 경우에도 몰수의 요건이 있는 때에는 몰수만을 선고할 수 있도록 하고 있다(제49조). 그러나 판례는 공소사실에 관해 이미 공소시효가 완성되어 유죄의 선고를 할 수 없는 경우에는 몰수·추징을 선고할 수 없다고 본다(92도700). 책임조각사유를 근거로 주형에 대해 무죄를 선고하면서 몰수·추징을 선고하는 경우를 생각해볼 수 있다.

형법총칙은 몰수 대상 물건일지라도 '범인 이외의 자'의 소유가 아니어야 몰수할 수 있도록 하면서도, '범인 이외의 자'가 범죄행위와 관련된 물건임을 알면서 취득한 경우에는 그 물건도 몰수할 수 있도록 하고 있는데, 판례는 '범인 이외의 자'의 '범인'에 공범도 포함된다고 보고(2006도8929), 공범의 소유물은 소추 여부를 불문하고 또 유죄가 아닐지라도 몰수할 수 있다고 본다(2006도5586).

(바) 몰수 판결은 대세적 효력을 갖는가

몰수·추징이 유죄를 전제로 하지 않고 또 '범인 이외의 자'의 물건에 대해서도 허용된다는 점에 주목하면 몰수 판결은 대세적 효력을 가져야한다.

그러나 판례는 甲이 1990. 4.경 乙로부터 매수하여 같은 해 6.경 일본국으로 밀반출한 문화재를 丙이 1994. 5. 16.경 일본인으로부터 매수하였는데, 甲이 문화재보호법위반죄[403]로 유죄판결을 받은 경우, 그 문화재는 몰수의 대상이 아니라고 본다(99다12161). 그 이유는 문화재보호법위반죄의 문화재는 그 소유가 제3자에게 있다할지라도 제3자의 선의·악의를 불문하고 필요적으로 몰수해야하지만, 그 문화재에 대해 몰수를 선고한 판결의 효력은 원칙적으로 몰수의 원인이 된 사실에 관하여 유죄의 판결을 받은 피고인 甲에 대한 관계에서 그 물건을 소지하지 못하게 하는 데 그치고 그 사건에서 재판을 받지 않은 제3자의 소유권에 어떤 영향을 미치지 않는다는 것이다.

2. 형의 경중

> 제50조 (형의 경중) ①형의 경중은 제41조 기재의 순서에 의한다. 단, 무기금고와 유기징역은 금고를 중한 것으로 하고 유기금고의 장기가 유기징역의 장기를 초과하는 때에는 금고를 중한 것으로 한다.
> ②동종의 형은 장기의 긴 것과 다액의 많은 것을 중한 것으로 하고 장기 또는 다액이 동일한 때

403) 제101조 (무허가 수출 등의 죄) ②제94조 제1항을 위반하여 문화재를 국외로 수출 또는 반출하거나 반출한 문화재를 다시 반입하지 아니한 자는 3년 이상의 유기징역에 처하고 그 문화재는 몰수한다.

에는 그 단기의 긴 것과 소액의 많은 것을 중한 것으로 한다. ③전2항의 규정에 의한 외에는 죄질과 범정에 의하여 경중을 정한다.

제41조의 순서에 따라 형의 경중이 정해지므로, 명예형이 구류나 재산형보다 중한 형이다. 종전 형법의 법정형이 '5년 이하 징역'이던 것이 '5년 이하 징역 또는 1천만원 이하 벌금'으로 개정이 된 경우, 판례는 법정형이 가볍게 된 것이라고 본다(96도1158).

형의 경중은 법정형을 기준으로 하는데, 법정형의 경중을 비교할 때 법정형 중 병과형 또는 선택형이 있으면, 예컨대 도주죄의 법정형은 '1년 이하 징역'이고 절도죄의 법정형은 '6년 이하 징역 또는 1천만원 이하 벌금'인 경우 판례는 가장 중한 형을 기준으로 절도죄를 중한 죄로 본다(92도2194).

3. 양벌(兩罰)규정

가. 법인(法人)의 범죄능력 및 수형능력과 양벌규정

법인에게도 형벌을 부과할 수 있는지 여부는 법인도 범죄를 저지를 수 있는지, 곧 범죄능력을 인정할 수 있는지 여부에 따라 달라지는데, 다수견해와 판례는 이를 부정하며, 예외적으로 양벌규정이 있는 경우에만 법인에게 형벌을 부과할 수 있다고 본다. 제41조가 규정한 형벌은 자연인을 전제로 하고 있다고 봐야한다는 것이 주된 이유다.

양벌규정이란 범죄행위를 한 종업원을 처벌하는 외에 그 종업원이 소속되어 있는 법인·사용자 등 영업주까지도 처벌하는 규정을 말한다. 법인의 범죄능력을 인정하는 입장에서는, 양벌규정은 법인의 수형능력, 곧 형벌능력을 확인하는 규정에 불과하지만, 법인의 범죄능력을 부정하는 입장에서는 양벌규정은 법인의 수형능력을 창설하는 성격을 가진다.

나. 영업주에 대한 면책규정이 없는 양벌규정과 헌재의 위헌결정

약 360여개에 이르는 양벌규정은 크게 영업주에 대한 면책규정이 있는 경우와 없는 경우, 또는 영업주에 대한 형벌이 벌금형만 있는 경우와 벌금형 외에 자유형도 있는 경우로 구별할 수 있었는데, 영업주에 대한 면책규정도 없이 자유형도 부과할 수 있도록 한 보건범죄특별법의 양벌규정에 대해 헌재가 위헌결정을 내린 후 면책규정 없는 양벌규정은 면책규정이 신설[404]되고, 보건범죄특별법의 양벌규정은 벌금형만 두는 것으로 개정되었다.[405]

404) 예컨대 금융실명법 제8조 (양벌규정) 법인의 대표자나 법인 또는 개인의 대리인, 사용인, 그 밖의 종업원이

헌재는 치과기공소의 종업원 乙의 보건범죄특별법위반(무면허치과의료행위)과 관련하여 영업주 甲에게 문제가 된 보건범죄특별법 제6조의 양벌규정 중 "개인의 대리인·사용인 기타 종업원이 그 개인의 업무에 관하여 제5조의 위반행위를 한 때에는 행위자를 처벌하는 외에 개인에 대하여도 본조의 예에 따라 처벌한다"는 것은 위헌이라는 결정을 내린다(2005헌가10 전결). 그 이유는 이는 ㉮종업원의 업무관련 무면허의료행위가 있으면 이에 대해 영업주가 비난받을 만한 행위가 있었는지 여부와는 관계없이 자동적으로 영업주도 처벌하도록 규정하고 있고, 그 문언상 명백한 의미와 달리 "종업원의 범죄행위에 대해 영업주의 선임감독상의 과실(기타 영업주의 귀책사유)이 인정되는 경우"라는 요건을 추가하여 해석하는 것은 문리해석의 범위를 넘어서는 것으로서 허용될 수 없으므로, 결국 다른 사람의 범죄에 대해 그 책임 유무를 묻지 않고 형벌을 부과함으로써, 형사법의 기본원리인 '책임없는 자에게 형벌을 부과할 수 없다'는 책임주의에 반하며, ㉯설령 종업원에 대한 선임감독상의 과실 있는 영업주만을 처벌하는 규정으로 해석하더라도, 이런 영업주를 고의의 본범(종업원)과 동일하게 그 법정형이 '무기 또는 2년 이상 징역형'인 것은 그 책임의 정도에 비해 지나치게 무거운 것으로서, 이 또한 책임원칙에 반한다는 것이다. 책임원칙은 영업주가 개인이 아니라 (의료)법인인 경우에도 그대로 적용된다는 헌재결정(2008헌가16)이 이어진다.

다. 양벌규정에 관한 판례의 입장

판례는 양벌규정에 무과실면책조항이 신설된 경우 형법 제1조 제2항에 따라 이처럼 개정된 양벌규정을 적용해야한다고 본다(2010도12069).

판례는 양벌규정과 관련하여, ㉮실질적인 영업주를 영업주로 본다(2000도3570[406], 2003도3984[407]). 또 이른바 지입(持入)제[408]의 경우, 판례는 지입차주의 도로법위반행위에 대해 지입회사가 양벌규정에 의해 처벌된다고 본다(2003도3073). 그 이유는 지입제의 경우 지입차주

그 법인 또는 개인의 업무에 관하여 제6조 또는 제7조의 위반행위를 하면 그 행위자를 벌하는 외에 그 법인 또는 개인에게도 해당 조문의 벌금 또는 과태료를 과한다. 다만, 법인 또는 개인이 그 위반행위를 방지하기 위하여 해당 업무에 관하여 상당한 주의와 감독을 게을리하지 아니한 경우에는 그러하지 아니하다.

405) 제6조(양벌규정) 법인의 대표자나 법인 또는 개인의 대리인, 사용인, 그 밖의 종업원이 그 법인 또는 개인의 업무에 관하여 제2조, 제3조, 제4조 및 제5조의 어느 하나에 해당하는 위반행위를 하면 그 행위자를 벌하는 외에 그 법인 또는 개인을 1억원 이하의 벌금에 처한다. 다만, 법인 또는 개인이 그 위반행위를 방지하기 위하여 해당 업무에 관하여 상당한 주의와 감독을 게을리하지 아니한 경우에는 그러하지 아니하다.

406) 약사법 제78조의 양벌규정상 형사책임은 실질적 영업약사가 진다.

407) 건축법 제81조 제2항의 양벌규정상 당해 업무를 실제로 집행하는 자의 위반행위로 인해 이익이 귀속되는 업무주가 영업주이고, 또한 민법상 조합도 영업주에 해당한다.

408) 화물자동차운송사업면허를 가진 운송사업자와 실질적으로 자동차를 소유하고 있는 차주 사이의 계약으로 외부적으로는 자동차를 운송사업자 명의로 등록하여 운송사업자에게 귀속시키고 내부적으로는 각 차주들이 독립된 관리 및 계산으로 영업을 하며 운송사업자에 대하여는 지입료를 지불하는 운송사업형태.

가 세무관서에 독립된 사업자등록을 하고, 지입된 차량을 직접 운행·관리하면서 그 명의로 화물운송계약을 체결하였다고 하더라도, 그 자동차가 지입회사의 소유로 등록되어 있고, 지입회사만이 화물자동차운송사업면허를 가지고 있어서, 지입차주는 객관적 외형상으로 보아 그 차량의 소유자인 지입회사와의 위탁계약에 의해 그 위임을 받아 운행·관리를 대행하는 지위에 있는 자로서 도로법 86조에서 정한 "대리인·사용인 기타의 종업원"에 해당한다는 것이다. 또한 영업주에 지방자치단체도 포함시킨다(2004도2657). 다만 지방자치단체의 업무가 항만관리사무처럼 자치사무가 아니라 국가로부터 위임받은 기관위임사무인 경우는 제외하는데(2008도6530), 이를 형벌권의 주체인 국가가 자신을 스스로 처벌할 수 없다는 논리로 이해하기도 한다. 그런데 법인격없는 사단은 이를 포함시키는 명시적인 양벌규정이 없는 한 죄형법정주의 원칙상 양벌규정을 적용할 수 없다고 본다(94도3325).

㉯영업주의 책임은 그 종업원 처벌과 독립된 선임감독상 과실로 인한 책임이므로, 종업원의 범죄 성립이나 처벌이 영업주 처벌의 전제조건이 될 필요는 없다고 본다(2005도7673). 친고죄의 경우는 고소의 효력을 확대하여 저작권법 제103조의 양벌규정의 경우에 종업원에 대한 고소가 있으면, 영업주에 대한 별도의 고소는 필요 없다고 본다(94도2423). 또 영업주가 종업원에게 윤락행위알선을 하지 않도록 교육을 시키고, 또 입사시에 그 다짐을 받는 각서를 제출하게 하는 등 일반적이고 추상적인 감독을 하는 것만으로는 공중위생법 제45조 단서에 따른 면책을 부정한다(92도1395).

㉰종업원의 행위가 객관적으로 영업주의 업무에 관한 행위이면 그 위법행위의 동기가 종업원 기타 제3자의 이익을 위한 것에 불과하고 영업주의 영업에 이로운 행위가 아니어도 영업주는 책임을 진다(87도1213).

㉱공인중개업법[409]의 중개사무소의 개설등록제한사유인 '이 법을 위반하여 벌금형의 선고를 받고 3년이 경과되지 않은 경우'에 '중개보조인 등이 중개업무에 관해 위반하여 그 영업주인 중개업자가 양벌규정으로 처벌받은 경우'는 제외한다(2007두26568). 그 이유는 양벌규정은 형법의 자기책임원칙에 대한 예외로서 그런 양벌규정을 행정처분의 근거로 규정한 법규의 해석은 그 문언에 맞게 엄격하게 해야 한다는 것이다.

409) 제10조 (등록의 결격사유 등) ①다음 각 호의 어느 하나에 해당하는 자는 중개사무소의 개설등록을 할 수 없다.
11. 이 법을 위반하여 벌금형의 선고를 받고 3년이 경과되지 아니한 자

Ⅱ. 누범, 형의 양정과 집행

1. 누범

第35조 (누범) ①금고 이상의 형을 받어 그 집행을 종료하거나 면제를 받은 후 3년 내에 금고 이상에 해당하는 죄를 범한 자는 누범으로 처벌한다. ②누범의 형은 그 죄에 정한 형의 장기의 2배까지 가중한다.

第36조 (판결선고후의 누범발각) 판결선고후 누범인 것이 발각된 때에는 그 선고한 형을 통산하여 다시 형을 정할 수 있다. 단 선고한 형의 집행을 종료하거나 그 집행이 면제된 후에는 예외로 한다.

가. 법적 성격

누범의 법적 성격에 관해 다툼이 있다. ㉮다수견해는 법률상 형벌가중사유로서 양형에 관한 형벌론의 영역으로 본다. 이와 달리 ㉯누범은 일죄이지만 과형상 수죄로서 죄수론의 영역이라고 보는 견해[410]도 있다. 그 이유는 이렇게 봐야 누범의 부당성이 훨씬 분명하게 나타나고, 현행 형법이 누범규정을 범죄론의 영역에서 규성하고 있다는 것이다. 1992년 형법개정안은 이를 형벌론의 영역으로 옮겨 규정한다.

나. 누범의 요건과 효과

형법 제35조의 누범요건은 첫째, 전범(前犯)과 후범(後犯)이 모두 금고 이상의 실형이어야 한다는 것이다. 따라서 금고 이상의 형을 받고 그 형의 집행유예기간 중에 금고 이상에 해당하는 죄를 범한 것이면 누범가중을 할 수 없다(83도1600). 둘째, 후범이 전범의 형의 집행종료나 면제 후 3년 이내에 저질러진 것이어야 한다는 것이다. 쉽게 말해 교도소에서 고통을 겪었음에도 불구하고 3년 안에 또다시 범죄를 저지른 것이라는 점에 형벌가중의 의미를 두는 것이다. 이런 누범요건을 갖추면 처단형을 장기의 2배까지 가중한다. 판례는 후범, 곧 '금고 이상에 해당하는 죄'는 유기금고형이나 유기징역형으로 처단할 경우에 해당하는 죄를 의미한다는 이유로 법정형 중 벌금형을 선택할 경우에는 누범가중을 할 수 없다고 본다(82도1702).

헌재는 후범이 과실범이어도 된다고 본다(2009헌바63). 판례는 1974. 4. 11 폭처법 위반죄로 징역 1년 6월의 형을 선고받아 1975. 11. 8. 형의 집행을 종료하는데, 1975. 6. 20. 가석

410) 오영근, 형법총론, 박영사, 2012, 39/44.

방 출소 한 후 1975. 9. 9. 저지른 강도상해죄에 대해서는 누범가중을 할 수 없다고 본다(76도2071). 이 죄는 전범의 형의 집행종료 후가 아니라는 것이다. 또한 판례는 후범의 실행의 착수가 3년 이내에 있으면 족하고, 이 기간 내에 기수에 이르러야하는 것은 아니라고 본다(2005도9858전판).

다. 누범과 사면 또는 복권

판례는 1962. 2. 9. 부산지방법원에서 업무방해죄로 징역 6월의 선고를 받고 형의 집행을 종료하였지만 1963. 12. 14. 공포된 각령 1,678호 일반사면령[411]에 의해 사면된 경우, 그 후 저지른 살인죄는 누범이 아니라고 본다(64도34). 그 이유는 일반사면으로 형 선고의 효력이 상실된다는 것이다.

그러나 1983. 5. 6 광주지방법원에서 집시법 위반죄로 징역 1년을 선고받아 복역하다가 1983. 8. 12. 특별사면으로 출소한 후 3년 이내인 1986. 4. 2. 저지른 절도죄는 누범이라고 본다(86도2004). 그 이유는 특별사면으로 형 선고의 효력은 상실되지 않는다는 것이다. 또한 복권을 받은 전과가 있는 경우도 전범의 누범요건을 갖추었다고 본다(81도543). 그 이유는 복권은 일반사면처럼 형의 선고의 효력을 상실시키는 것이 아니고, 다만 형의 선고의 효력으로 인해 상실 또는 정지된 자격을 회복시킴에 지나지 않는다는 것이다.

라. 위헌성 논란

누범은 형법 제35조뿐만 아니라 특강법, 폭처법, 특가법 등 여러 개별형법에 규정되어있는데, 모두 위헌성 여부가 논란이 되었지만, 모두 합헌으로 판단을 받는다.

(1) 형법 제35조: 금고범죄+3년 내 금고범죄=장기 2배 가중

형법 제35조가 ㉮헌재는 합헌이라고 본다(93헌바43. 同旨: 2009헌바63). 그 이유는 ⓐ전범을 후범과 일괄하여 다시 처벌하는 것은 아니므로 일사부재리원칙에 위배하여 피고인의 기본

---

411) 사면법 제5조 사면, 감형과 복권의 효과는 좌(左)와 같다.

1. 일반사면은 형의 언도의 효력이 상실되며 형의 언도를 받지 않은 자에 대하여는 공소권이 상실된다. 단, 특별한 규정이 있을 때에는 예외로 한다.
2. 특별사면은 형의 집행이 면제된다. 단 특별한 사정이 있을 때에는 이후 형의 언도의 효력을 상실케 할 수 있다.
3. 일반에 대한 감형은 특별한 규정이 없는 경우에는 형을 변경한다.
4. 특정한 자에 대한 감형은 형의 집행을 경감한다. 단, 특별한 사정이 있을 때에는 형을 변경할 수 있다.
5. 복권은 형의 언도의 효력으로 인하여 상실 또는 정지된 자격을 회복한다. 형의 언도에 의한 기성의 효과는 사면, 감형과 복권으로 인하여 변경되지 않는다.

권을 침해하는 것이라고 볼 수 없고, ⓑ전범에 대한 형벌의 경고적 기능을 무시하고 다시 범죄를 저질렀다는 점에서 비난가능성이 많으며, 이런 비난가능성의 증대는 후범이 과실범인 경우에도 마찬가지이며, ⓒ누범이 증가하고 있다는 현실에서 사회방위, 범죄의 특별예방 및 일반예방이라는 형벌목적에 비추어, 인간의 존엄성 존중이라는 헌법의 이념에 반하는 것도 아니고, ⓓ합리적 근거 있는 차별이어서 헌법의 평등원칙에도 어긋나지 않는다는 것이다.

그러나 ㉯후범에 대한 범죄추진력의 강화로 인한 행위책임이 가중된 것이라고 보면서도, 누범과 상습범은 과잉입법금지원칙에 어긋나는 위헌이라는 견해[412]도 있고, ㉰행위자에 대한 비난가능성이 크다는 행위자책임설 또는 책임을 결정할 때 비난가능성뿐만 아니라 형벌의 예방(일반·특별)적 기능도 고려해야한다는 예방적(기능적) 책임론으로 누범가중의 이유를 설명할 수 있지만, 이는 행위책임원칙은 물론 평등원칙, 비례원칙, 일사부재리원칙에 어긋난다는 견해[413]도 있다.

⑵ 특강법 제3조: 특강법의 범죄+3년 내 특강법의 범죄=장기 및 단기 2배 가중

특강법의 범죄로 형의 집행종료나 면제 후에 3년 이내에 다시 특강법의 범죄를 저지를 것을 조건으로 장기뿐만 아니라 단기도 2배까지 가중하는 특강법 제3조[414]도 판례는 합헌이라고 본다(2006도1640). 그 이유는 ⓐ누범은 초범에 견줘 비난가능성·반사회성 및 책임이 더 크고, ⓑ사회방위, 범죄의 특별예방 및 일반예방, 더 나아가 사회의 질서유지의 목적을 달성하기 위한 하나의 수단이며, ⓒ특강법은 살인, 약취·유인, 강간, 강도, 단체범죄 등 죄질이 불량하고 범행에 대한 비난가능성이 크며 피해가 중한 반인륜적이고 반사회적인 범죄에 대해서만 적용된다는 것이다.

⑶ 폭처법 제3조 제4항: 폭처법의 징역형범죄 2회+폭처법의 범죄=상습범의 처단형

폭처법의 범죄로 2회 이상 징역형을 받은 사람(전범)이 다시 폭처법의 범죄(후범)를 저지를 것을 조건으로 상습범의 형과 동일하게 처벌하는 폭처법 제3조 제4항[415]도 헌재는 합헌이라고 본다(2001헌바68전결). ⓐ누범은 후범에 대한 범죄추진력이 강화된 것이므로 행위책

---

412) 신동운, 형법총론, 법문사, 2006, 813면 이하.

413) 오영근, 형법총론, 박영사, 2005, 40/60.

414) 특강법 제3조 (누범의 형) 특정강력범죄로 형을 받아 그 집행을 종료하거나 면제받은 후 3년 이내에 다시 특정강력범죄를 범한 때에는 그 죄에 정한 형의 장기 및 단기의 2배까지 가중한다.

415) 폭처법 제3조 (집단적 폭행등) ③상습적으로 제1항의 죄를 범한 자는 다음 각 호의 구분에 따라 처벌한다. ④이 법 위반(「형법」 각본조를 포함한다)으로 2회 이상 징역형을 받은 자로서 다시 제1항의 죄를 범하여 누범으로 처벌할 경우도 제3항과 같다. <신설 1980.12.18, 1990.12.31, 2006.3.24>

임이 가중된 것이라고 볼 수 있는데, 이 조문의 누범요건은 형법의 그것에 견줘 더욱 책임원칙과 조화된다고 할 것이므로 일사부재리원칙이나 평등원칙에 위배된다고 볼 수 없다. ⓑ폭력전과자들의 반복된 폭력행위, 그것도 조직적·집단적 폭력과 같이 그 위해가 심대하거나 흉기폭력과 같이 생명·신체에 중대한 손상을 초래하는 폭력범죄로부터 건강한 사회를 방위하고, 고질적인 폭력풍토를 시급히 쇄신하여야 할 현실적 필요성에서 제정된 폭처법의 입법배경을 고려하면, 이 조문의 누범의 법정형이 책임원칙에 반하는 과잉처벌이라고 단정하기 어렵다. ⓒ상습범과 누범은 서로 다른 개념으로서 누범이 반드시 상습범이 되는 것은 아니나, 누범과 상습범은 서로 밀접한 관련을 맺으면서 실제상 중첩되는 경우가 많고, 행위자책임에 형벌가중의 본질이 있는 상습범과 행위책임에 형벌가중의 본질이 있는 누범을 단지 평면적으로 비교하여 그 경중을 가릴 수도 없으며, 오히려 누범의 책임이 더 무거운 경우도 얼마든지 있을 수 있으므로, 상습범과 누범의 법정형을 동일하게 한 것이 평등원칙에 반하는 자의적이고 불균형한 처벌이라고 단정할 수는 없다.

마. 폭처법이나 특가법의 누범 가중 후 형법 35조의 누범 가중 허용 여부

⑴ 폭처법 제3조 제4항

판례는 폭처법 제3조 제4항이 누범과 상습범의 법정형을 동일하게 한 것은 평등원칙에 반하지 않고, 또 폭처법의 누범에 대해 다시 형법 35조를 적용하는 것도 이중처벌이 아니고 행복추구권 등을 침해하지 않는다고 본다(2007도4913).

⑵ 특가법 제5조의4 제6항: 특가법의 실형범죄 2회+3년 내 특가법의 범죄=단기 2배 가중

특가법 제5조의4 제6항[416]에 따라 특가법의 범죄로 2회 이상 실형을 받은 사람이 형의 집행종료나 면제 후 3년 이내에 다시 후범을 저지를 것을 조건으로 단기의 2배까지 가중한 자에 대해 다시 형법 제35조를 적용할 수 있다고 본다(2006도6886). 그 이유는 이 소문의 입법취지는 2005. 8. 4. 법률 7656호로 사회보호법이 폐지됨에 따라 상습절도범 등에 관한 법정형을 강화하기 위한데 있고, 이 조문의 체계가 일정한 구성요건을 규정하는 형식으로 되어 있으며, 적용요건이나 효과도 형법 제35조와 다르다는 것이다.

416) 특가법 제5조의4 (상습강·절도죄등의 가중처벌) ⑥제1항 또는 제2항의 죄로 2회 이상 실형을 받아 그 집행을 종료하거나 면제받은 후 3년 이내에 다시 제1항 또는 제2항의 죄를 범한 때에는 그 죄에 정한 형의 단기의 2배까지 가중한다.

2. 형의 양정과 집행

가. 양형

형의 양정, 곧 양형(量刑)은 법정형을 기초로 구체적 선고형을 정하는 과정으로서 법관이 형의 종류를 정하고 형량을 정하는 것을 말한다.

국민의 건전한 상식을 반영하고 국민이 신뢰할 수 있는 공정하고 객관적인 양형을 실현하기 위하여 대법원에 양형위원회가 설치되어있고, 양형위원회는 법관이 합리적인 양형을 도출하는 데 참고할 수 있는 구체적이고 객관적인 양형기준을 설정하거나 변경한다(법원조직법 제81조의2, 제81조의6). 양형기준은 법적 구속력을 갖지 않지만, 법관은 양형기준을 존중해야 하고, 양형기준을 벗어난 판결을 하는 경우에는 약식절차나 즉결심판절차가 아닌 한 판결서에 양형의 이유를 적어야 한다(법원조직법 제81조의7).

나. 양형참작사항

제51조 (양형의 조건) 형을 정함에 있어서는 다음 사항을 참작하여야 한다.
1. 범인의 연령, 성행, 지능과 환경
2. 피해자에 대한 관계
3. 범행의 동기, 수단과 결과
4. 범행후의 정황

성행(性行)은 성격과 행실을 말한다. 1992년 형법개정안은 '품행과 경력'으로 규정한다.

다. 판결선고전 구금일수의 산입

제57조 (판결선고전구금일수의 통산) ①판결선고전의 구금일수는 **그 전부를** 유기징역, 유기금고, 벌금이나 과료에 관한 유치 또는 구류에 산입한다.
②전항의 경우에는 구금일수의 1일은 징역, 금고, 벌금이나 과료에 관한 유치 또는 구류의 기간의 1일로 계산한다.

(1) 헌재의 위헌결정

헌재는 미결구금일수의 일부만을 산입할 수 있도록 한 제57조 제1항은, 마치 구속피고인의 고의적인 재판지연행위나 부당한 소송행위를 처벌하는 것과 같으므로, 무죄추정원칙과 적법절차원칙을 침해하는 위헌이라는 결정을 내린다(2007헌바25). 이런 헌재결정 이전에는 판례는 미결구금일수 전부를 본형에 산입해야 하는 것도 아니고(97도2109. 同旨: 96도1500), 또 당연히 산입해야하는 것도 아니라고(2007모522) 보았다.

(2) 미결구금일수에 관한 판례의 입장

피고인이 상소를 제기하였다가 그 상소를 취하한 경우, 판례는 '상소제기 후 상소취하한 때까지의 구금일수(A)'도 그 '전부'를 본형에 산입해야 한다고 본다(2010모179).[417] 그 이유는 A는 '상소제기 전의 상소제기기간 중의 구금'도 아니고 상소심의 판결 선고가 없으므로 형소법 제482조 제2항의 '상소제기기간 중의 판결확정 전 구금'도 아니고 형법 제57조의 '판결선고전 구금일수'도 아니지만 피고인의 신체의 자유를 박탈하고 있다는 점에서 실질적으로 자유형의 집행과 같으므로 A에 대해서도 형소법 제482조 제2항을 유추적용해야 한다는 것이다.

라. 자수(自首)와 자복(自服)

제52조 (자수, 자복) ①죄를 범한 후 수사책임이 있는 관서에 자수한 때에는 그 형을 감경 또는 면제할 수 있다. ②피해자의 의사에 반하여 처벌할 수 없는 죄에 있어서 피해자에게 자복한 때에도 전항과 같다.

(1) 개념

자수란 범인이 자발적으로 수사기관에 자기의 범행을 신고하고 그 처분을 구하는 의사표시이다(2006도4883). 형법총칙의 자수는 임의적 감면사유이지만, 형법각칙의 위증죄나 무고죄 그리고 공직선거법의 자수[418]는 필요적 감면사유이다.

자복은 반의사불벌죄에서 범인이 피해자에게 범죄를 고백하는 것을 말한다. 자복도 임의적

---

417) 형사소송법 제482조 (상소제기후 판결전 구금일수 등의 산입) ①상소제기후의 판결선고전 구금일수는 다음 경우에는 전부를 본형에 산입한다.
1. 검사가 상소를 제기한 때
2. 검사가 아닌 자가 상소를 제기한 경우에 원심판결이 파기된 때
②상소제기기간중의 판결확정전 구금일수(상소제기후의 구금일수를 제외한다)는 전부 본형에 산입한다.
③상소기각 결정 시에 송달기간이나 즉시항고기간 중의 미결구금일수는 전부를 본형에 삽입한다.

418) 공직선거법 제262조 (자수자에 대한 특례) ①제230조제1항·제2항·제231조(재산상의 이익목적의 매수 및 이해유도죄)제1항 및 제257조(기부행위의 금지제한 등 위반죄)제2항의 규정에 위반한 자중 금전·물품 기타 이익 등을 받거나 받기로 승낙한 자(후보자와 그 가족 또는 사위의 방법으로 이익 등을 받거나 받기로 승낙한 자를 제외한다)가 자수한 때에는 그 형을 감경 또는 면제한다. ②제1항에 규정된 자가 각급선거관리위원회(읍·면·동선거관리위원회를 제외한다)에 자신의 선거범죄사실을 신고하여 선거관리위원회가 관계수사기관에 이를 통보한 때에는 선거관리위원회에 신고한 때를 자수한 때로 본다.

감면사유이다. 자복이 친고죄의 경우에도 인정되는지에 관해서는 다툼이 있다.

(2) 자수에 관한 판례의 입장

공직선거법의 '자수'를 '범행발각 전의 자수'로 한정하는 것은, 판례의 ㉮다수의견은 유추해석이라고 본다(96도1167전판). 자수의 요건과 효과는 논리의 문제가 아니라, 자수의 두 가지 점(ⓐ범죄를 스스로 뉘우치고 개전의 정을 표시하는 것으로 보아 비난가능성이 약하다. ⓑ수사를 하는 데 용이할 뿐 아니라 형벌권을 정확하게 행사할 수 있어 죄 없는 자에 대한 처벌을 방지할 수 있다)을 고려한 입법정책의 문제인데, 이런 해석은 언어의 가능한 의미보다 제한함으로써 처벌범위를 실정법 이상으로 확대한 것으로서, 단순한 목적론적 축소해석에 그치는 것이 아니라, 형면제사유에 대한 제한적 유추를 통해 처벌범위를 실정법 이상으로 확대하는 것이라는 게 그 이유이다. ㉯반대의견은 이런 해석은 ⓐ범행발견에 아무런 기여를 한 게 없음에도 불구하고 특혜를 주는 것이어서 형의 필요적 면제를 규정한 입법 취지에 반하고, ⓑ범죄와 형벌의 균형에 관한 국민 일반의 법감정에 맞지 않아 정의와 형평에도 현저히 반하며, ⓒ52조에 따라 형이 임의적 감경되는 범죄의 자수자, 특히 공직선거법의 다른 범죄자와 달리 아무런 합리적 이유도 없이 필요적 형면제라는 차별적 특혜를 받게 되어 헌법 제11조 제1항의 평등원칙위반이라는 위헌의 소지도 있다고 본다.

판례는 ⓐ범행이 발각된 후에 수사기관에 자진 출석하여 범죄사실을 자백한 경우도 자수이고, ⓑ일단 자수가 성립한 이상 자수의 효력은 확정적으로 발생하고 그 후에 범인이 번복하여 수사기관이나 법정에서 범행을 부인해도 일단 발생한 자수의 효력이 소멸하는 것은 아니지만, ⓒ자수는 내심적 의사만으로는 부족하고 외부로 표시되어야하고, ⓓ수사기관에의 신고가 자발적이라고 하더라도 그 신고내용이 자기의 범행을 명백히 부인하는 등의 내용으로 자기의 범행으로서 범죄성립요건을 갖추지 않은 경우는 자수가 아니고, ⓔ일단 자수가 성립하지 않으면 그 이후의 수사과정이나 재판과정에서 범행을 시인하였다고 하더라도 새롭게 자수가 성립할 여지는 없으며, ⓕ범인이 단순히 수사기관의 직무상의 질문 또는 조사에 응해 자신의 범죄사실을 진술하는 것은 자수가 아니라 자백이고, ⓖ수사기관에 자발적으로 출석하여 자수서를 소지하고 있었지만, 조사를 받으면서 자수서를 제출하지 않았을 뿐만 아니라 범행사실도 부인하는 경우는 자수가 아니라고 본다(2003도3133). 예컨대 세관 검색시 금속탐지기에 의해 대마 휴대 사실이 발각될 상황에서 세관 검색원의 추궁에 의해 대마 수입 범행을 시인한 경우, 판례는 자수가 아니라고 본다(98도4560).

마. 형의 감경

제53조 (작량감경) 범죄의 정상에 참작할 만한 사유가 있는 때에는 작량하여 그 형을 감경할 수 있다.

제54조 (선택형과 작량감경) 1개의 죄에 정한 형이 수종인 때에는 먼저 적용할 형을 정하고 그 형을 감경한다.

제55조 (법률상의 감경) ①법률상의 감경은 다음과 같다.
1. 사형을 감경할 때에는 무기 또는 20년 이상 50년 이하의 징역 또는 금고로 한다.
2. 무기징역 또는 무기금고를 감경할 때에는 10년 이상 50년 이하의 징역 또는 금고로 한다. [개정일 2010. 4. 15, 시행일 2010. 10. 16]
3. 유기징역 또는 유기금고를 감경할 때에는 그 형기의 2분의 1로 한다.
4. 자격상실을 감경할 때에는 7년 이상의 자격정지로 한다.
5. 자격정지를 감경할 때에는 그 형기의 2분의 1로 한다.
6. 벌금을 감경할 때에는 그 다액의 2분의 1로 한다.
7. 구류를 감경할 때에는 그 장기의 2분의 1로 한다.
8. 과료를 감경할 때에는 그 다액의 2분의 1로 한다.

②법률상 감경할 사유가 수개 있는 때에는 거듭 감경할 수 있다.

(1) 종류

형의 감경에는 작량감경(酌量減輕)과 법률상 감경이 있다. 작량감경이란 정상참작에 의한 감경으로서, 1992년 형법개정안은 '정상감경(情狀減輕)'으로 규정하고 있다. 법률상 감경에 대비시켜 재판상 감경이라고도 한다.

동시적 경합범에 대해 병과주의에 따라 징역형과 벌금형을 병과하는 경우에 징역형에만 작량감경을 하고 벌금형에는 작량감경을 하지 않는 것은 판례는 각 형에 대한 범죄의 정상에 차이가 있을 수 있다는 이유로 적법하다고 볼 수 있지만(2006도1076), 하나의 죄에 대해 징역형과 벌금형을 병과하는 경우에는 그렇게 할 수 없고 둘 모두에 대해 작량감경을 해야 한다고 판례는 본다(76도2012).

(2) 형의 감경시 무기징역형의 상한

형법의 강도치사죄와 특가법의 절도죄가 경합범이어서 전자에 대해서는 법정형 중 무기징역형을, 후자에 대해서는 법정형 중 유기징역형을 각각 선택하고, 38조 1항 1호에 따라 유기징역을 무기징역에 흡수시켜 무기징역형을 선택한 후 그 무기징역형 자체가 너무 무겁다고 인정되어 작량감경을 하는 경우, 그 형은 제56조 제6호에 따라 '10년 이상 50년 이하'가 된다.

바. 형의 가중과 감경의 순서

제56조 (가중감경의 순서) 형을 가중감경할 사유가 경합된 때에는 다음 순서에 의한다.
1. 각칙본조에 의한 가중
2. 제34조 제2항의 가중
3. 누범가중
4. 법률상감경
5. 경합범가중
6. 작량감경

Ⅲ. 형의 시효와 실효, 판결의 공시

1. 형의 시효와 실효

가. 형의 시효

제77조 (시효의 효과) 형의 선고를 받은 자는 시효의 완성으로 인하여 그 집행이 면제된다.

제78조 (시효의 기간) 시효는 형을 선고하는 재판이 확정된 후 그 집행을 받음이 없이 다음의 기간을 경과함으로 인하여 완성된다.
1. 사형은 30년
2. 무기의 징역 또는 금고는 20년
3. 10년 이상의 징역 또는 금고는 15년
4. 3년 이상의 징역이나 금고 또는 10년 이상의 자격정지는 10년
5. 3년 미만의 징역이나 금고 또는 5년 이상의 자격정지는 5년
6. 5년 미만의 자격정지, 벌금, 몰수 또는 추징은 3년
7. 구류 또는 과료는 1년

제79조 (시효의 정지) ①시효는 형의 집행의 유예나 정지 또는 가석방 기타 집행할 수 없는 기간은 진행되지 아니한다.
②시효는 형이 확정된 후 그 형의 집행을 받지 아니한 자가 형의 집행을 면할 목적으로 국외에 있는 기간 동안은 진행되지 아니한다. <신설 2014. 5. 14.>

제80조 (시효의 중단) 시효는 사형, 징역, 금고와 구류에 있어서는 수형자를 체포함으로, 벌금, 과료, 몰수와 추징에 있어서는 강제처분을 개시함으로 인하여 중단된다.

나. 형의 실효 또는 소멸

제81조 (형의 실효) 징역 또는 금고의 집행을 종료하거나 집행이 면제된 자가 피해자의 손해를 보상하고 자격정지 이상의 형을 받음이 없이 7년을 경과한 때에는 본인 또는 검사의 신청에 의하여 그 재판의 실효를 선고할 수 있다.

제82조 (복권) 자격정지의 선고를 받은 자가 피해자의 손해를 보상하고 자격정지 이상의 형을 받음이 없이 정지기간의 2분의 1을 경과한 때에는 본인 또는 검사의 신청에 의하여 자격의 회복을 선고할 수 있다.

형의 실효 또는 형의 소멸이란 전과(前科)로 인한 불이익을 소멸시키는 제도이다. 전과란 어떤 사람에 대해 확정판결로써 '유죄의 선고'가 내려졌다는 사실을 말한다. 따라서 형의 실효는 유죄선고가 내려졌다는 사실로 인해 발생하는 불이익, 예컨대 공무원의 임용자격제한이나 선거권·피선거권의 제한을 제거하려는 제도이다

형의 실효 등에 관한 법률(약칭하여 형실효법)은 전과기록을 ㉮수형인명부, ㉯수형인명표, ㉰범죄경력자료 3가지로 정의하고 있다(제2조). 여기서 수형인이란 형법 제41조에 규정된 형을 받은 자이다(제1호). ㉮수형인명부는 자격정지 이상의 형을 받은 수형인을 기재한 명부로서 검찰청 및 군검찰부가 관리하는 것이다(제2호). ㉯수형인명표는 자격정지 이상의 형을 받은 수형인을 기재한 명표로서 검찰로부터 받아서 수형인의 본적지 시·구·읍·면사무소에서 관리하는 것이다(제3호). ㉰범죄경력자료는 수사자료표 중 ⓐ벌금 이상의 형의 선고·면제 및 선고유예, ⓑ보호감호, 치료감호, 보호관찰, ⓒ선고유예의 실효, ⓓ집행유예의 취소, ⓔ벌금 이상의 형과 함께 부과된 몰수·추징·사회봉사명령·수강명령 등의 선고나 처분을 말한다(제5호). 여기서 수사자료표란 수사기관이 피의자의 지문을 채취하고 피의자의 인적사항과 죄명 등을 기재한 표(전산입력되어 관리되거나 자기테이프, 마이크로필름 그 밖에 이와 유사한 매체에 기록·지장된 표 포함)로서 경찰청이 관리하는 것을 말한다(제4호).

형법 제81조의 실효는 본인 또는 검사의 신청에 따른 재판상 실효이다. 이와 달리 형실효법[419]에 따라 형이 실효될 수도 있다.

---

419) 형실효법 제7조 (형의 실효) ①수형인이 자격정지 이상의 형을 받음이 없이 형의 집행을 종료하거나 그 집행이 면제된 날부터 다음 각호의 기간이 경과한 때에는 그 형은 실효된다. 다만, 구류·과료는 형의 집행을 종료하거나 그 집행이 면제된 때에 그 형이 실효된다.
1. 3년을 초과하는 징역·금고는 10년
2. 3년 이하의 징역·금고는 5년
3. 벌금은 2년
②하나의 판결로 수개의 형이 선고된 경우에는 각 형의 집행을 종료하거나 그 집행이 면제된 날부터 가장 중한 형에 대한 제1항의 기간이 경과한 때에는 형의 선고는 효력을 잃는다. 다만, 제1항제1호와 제2호의 규

2. 판결의 공시

제58조 (판결의 공시) ①피해자의 이익을 위하여 필요하다고 인정할 때에는 피해자의 청구가 있는 경우에 한하여 피고인의 부담으로 판결공시의 취지를 선고할 수 있다. ②피고사건에 대하여 무죄 또는 면소의 판결을 선고할 때에는 판결공시의 취지를 선고할 수 있다.

판결의 공시의 목적은 피고인에 대한 사회적 비난 촉구와 피고인의 명예보호에 있다.

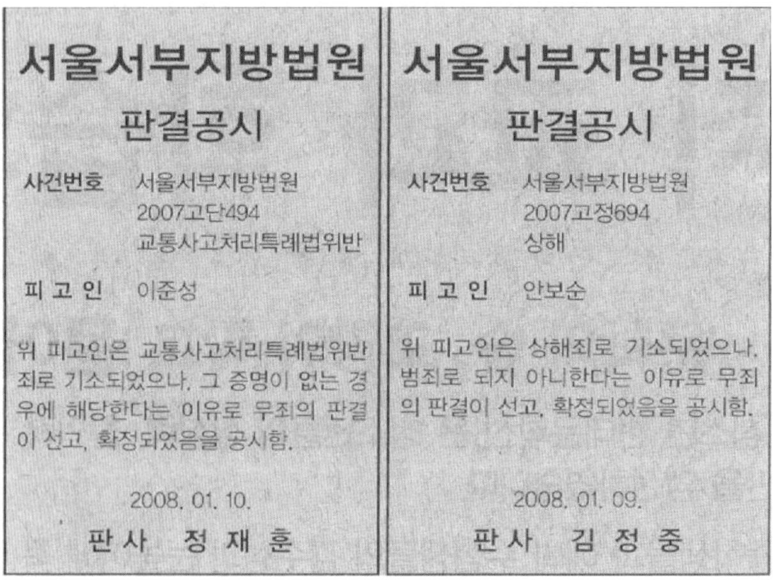

서울서부지방법원

판결공시

사건번호 서울서부지방법원 2007고단494 교통사고처리특례법위반

피 고 인 이준성

위 피고인은 교통사고처리특례법위반 죄로 기소되었으나, 그 증명이 없는 경우에 해당한다는 이유로 무죄의 판결이 선고, 확정되었음을 공시함.

2008. 01. 10.

판사 정 재 훈

서울서부지방법원

판결공시

사건번호 서울서부지방법원 2007고정694 상해

피 고 인 안보순

위 피고인은 상해죄로 기소되었으나, 범죄로 되지 아니한다는 이유로 무죄의 판결이 선고, 확정되었음을 공시함.

2008. 01. 09.

판사 김 정 중

Ⅳ. 형의 유예와 가석방

Q. 甲은 1999. 7. 28. 공무집행방해죄로 징역 3년을 선고받고 확정되어 2002. 4. 21. 그 형의 집행을 마치고 출소하였다. 형법 개정(2005. 7. 29) 전인 ⓐ2004. 11. 25 저지른 죄로, ⓑ판결시점인 2007. 8. 20. 집행유예를 선고할 수 있는가(약칭하여 집행유예결격사건)?

Q. 甲이 양심의 자유에 따른 병역법위반으로 1심에서 징역 10개월에 집행유예 1년의 형이 확정된 후 다시 같은 혐의로 기소되었지만, 재판의 계속(繫屬) 중 집행유예기간이 경과한 경우(약칭하여 병역법위반사건), 甲에게 다시

정을 적용함에 있어서 징역과 금고는 동종의 형으로 보고 각 형기를 합산한다.

집행유예를 선고할 수 있는가?

1. 형의 선고유예

제59조 (선고유예의 요건) ①1년 이하의 징역이나 금고, 자격정지 또는 벌금의 형을 선고할 경우에 제51조의 사항을 참작하여 개전의 정상이 현저한 때에는 그 선고를 유예할 수 있다. 단, 자격정지 이상의 형을 받은 전과가 있는 자에 대하여는 예외로 한다. ②형을 병과할 경우에도 형의 전부 또는 일부에 대하여 그 선고를 유예할 수 있다.

제59조의2 (보호관찰) ①형의 선고를 유예하는 경우에 재범방지를 위하여 지도 및 원호가 필요한 때에는 보호관찰을 받을 것을 명할 수 있다. ②제1항의 규정에 의한 보호관찰의 기간은 1년으로 한다. [본조신설 1995.12.29]

제60조 (선고유예의 효과) 형의 선고유예를 받은 날로부터 2년을 경과한 때에는 면소된 것으로 간주한다.

제61조 (선고유예의 실효) ①형의 선고유예를 받은 자가 유예기간 중 자격정지 이상의 형에 처한 판결이 확정되거나 자격정지 이상의 형에 처한 전과가 발견된 때에는 유예한 형을 선고한다. ② 제59조의2의 규정에 의하여 보호관찰을 명한 선고유예를 받은 자가 보호관찰기간 중에 준수사항을 위반하고 그 정도가 무거운 때에는 유예한 형을 선고할 수 있다.

가. 요건

(1) 몰수 · 추징

판례는 주형을 선고유예할 경우에는 몰수 · 추징도 선고유예할 수 있지만, 주형을 선고유예하지 않으면서 몰수 · 추징만 선고유예를 할 수는 없다고 본다(88도551). 그 이유는 제59조가 몰수는 선고유예의 대상으로 규정하고 있지 않고, 몰수 · 추징은 부가형이라는 것이다.

(2) 개전(改悛)의 정상(情狀)이 현저한

1992년 형법개정안은 '뉘우치는 정상이 뚜렷한'으로 규정하고 있다. 판례는 반드시 피고인이 죄를 깊이 뉘우치거나 범죄사실을 자백한 경우만을 의미한다고 보지 않는다(2001도6138 전판). 그 이유는 이 판단은 법원의 재량사항이므로 그 판단이 현저하게 잘못되었다고 하더라도 그 당부를 심판할 수는 없다는 것이다. 그런데 이런 판결 이전에는 범죄사실을 부인하면 죄를 뉘우치는 것이 아니라는 이유로 선고유예를 불허했다(99도3140).

(3) 자격정지 이상의 형을 받은 전과(前科)

선고유예를 할 수 없도록 하는 조건인 '자격정지 이상의 형을 받은 전과'를 판례는 자격정지 이상의 형을 선고받은 범죄경력 자체를 의미한다고 보고, 형실효법에 따라 실효된 전과(2004도4869), 집행유예기간이 경과하여 형의 선고가 실효된 경우(2007도9405[420])도 전과에 해당한다고 본다. 그 이유는 ⓐ선고유예는 주로 범정이 경미한 초범자에 대해 형을 부과하지 않고 자발적인 개선과 갱생을 촉진시키고자 하는 제도이고, ⓑ제61조가 유예기간 중 자격정지 이상의 형에 처한 판결이 확정되거나 자격정지 이상의 형에 처한 전과가 발각된 경우 등을 선고유예의 실효사유로 규정하고 있으며, ⓒ집행유예기간이 경과한 경우 형 선고의 법률적 효과가 없어진 것일 뿐, 형의 선고가 있었다는 사실까지 소멸한 것은 아니라는 것이다.

또한 판례는 사후적 경합범인 A죄와 그 후에 저질러진 B죄 가운데 먼저 B죄에 대해 금고 이상의 판결이 확정된 경우도 '자격정지 이상의 형을 받은 전과'에 해당하여 A죄에 대한 선고유예를 할 수 없다고 본다(2010도931).

그러나 선고유예를 받은 사람에 대한 선고유예는 가능하다. 선고유예를 받은 날로부터 2년이 경과하면 면소로 간주되기 때문이다. 선고유예는 선고가 유예된 상태이므로 자격정지 이상의 형을 받은 전과에는 징역형의 선고유예판결은 해당되지 않는다(2006고합119).

나. 보호관찰

판례는 집행유예에 부수하는 보호관찰은 보안처분이라고 보아, 소급효금지원칙의 적용대상이 아니라고 본다(97도703). 그러나 선고유예나 집행유예에 부수하는 보호관찰은 형벌이지만, 가석방에 부수하는 보호관찰은 보안처분이라는 견해[421]도 있고, 보호관찰이 붙지 않은 선고유예나 집행유예는 변형된 형벌의 집행이므로 형벌이지만, 보호관찰부 선고유예나 집행유예는 형벌과 보안처분 두 성격을 모두 가지면서 이와 구별되는 독자적인 제3의 형사제재라는 견해[422]도 있다.

다. 실효

甲은 2005. 6. 16. 사기죄 등으로 징역 2년의 판결의 선고가 확정되었음에도 불구하고,

420) 1971. 5. 4. 폭처법위반죄로 징역 2년 6월에 집행유예 3년을 선고받고, 1978. 12. 7. 폭행죄로 징역 8월에 집행유예 2년을 선고받아 그 형이 각각 확정된 사실이 있는 甲은 목수로서 부산의 한 찜질방에 인테리어 공사를 해주고 공사비를 받지 못하자 상복을 입고 찜질방 카운터 앞에 서서 영업을 방해하여 업무방해죄로 1심에서 벌금 50만원을 선고받고, 2심에서 선고유예를 받았는데, 이런 원심을 대법원이 파기환송한 것이다.

421) 신동운, 형법총론, 법문사, 2006, 798면.

422) 오영근, 형법총론, 박영사, 2005, 44/2와 44/14.

2006. 3. 31. 근로기준법 위반죄로 벌금 70만원의 형에 대한 선고유예의 판결이 확정되었는데, 이 사건의 공판과정에서 甲이 사기죄의 형의 집행을 받고 있던 사정이 알려져서, 검사는 선고유예의 판결이 선고되기 이전에 피고인에 대한 선고유예의 결격사유를 알았거나 또는 이를 알 수 있는 객관적 상황이 존재하였음에도 부주의로 알지 못한 경우에는 그 선고유예는 실효되지 않는다고 판례는 본다(2007모845). 그 이유는 제61조 제1항의 '형의 선고유예를 받은 자가 유예기간 중 자격정지 이상의 형에 처한 전과가 발견된 때'란 형의 선고유예의 판결이 확정된 후에 비로소 이런 전과가 발견된 경우를 말하는데, 위 사건의 전과는 선고유예의 판결이 확정되기 전에 발견된 전과이기 때문이라는 것이다.

2. 형의 집행유예

> 제62조 (집행유예의 요건) ①3년 이하의 징역 또는 금고 또는 500만원 이하의 벌금의 형을 선고할 경우에 제51조의 사항을 참작하여 그 정상에 참작할 만한 사유가 있는 때에는 1년 이상 5년 이하의 기간 형의 집행을 유예할 수 있다. 다만, 금고 이상의 형을 선고한 판결이 확정된 때부터 그 집행을 종료하거나 면제된 후 3년까지의 기간에 범한 죄에 대하여 형을 선고하는 경우에는 그러하지 아니하다. 〈개정 2016. 1. 6〉 〈시행일 2018. 1. 7〉 ②형을 병과할 경우에는 그 형의 일부에 대하여 집행을 유예할 수 있다.

> 제62조의2 (보호관찰, 사회봉사·수강명령) ①형의 집행을 유예하는 경우에는 보호관찰을 받을 것을 명하거나 사회봉사 또는 수강을 명할 수 있다. ②제1항의 규정에 의한 보호관찰의 기간은 집행을 유예한 기간으로 한다. 다만, 법원은 유예기간의 범위 내에서 보호관찰기간을 정할 수 있다. ③사회봉사명령 또는 수강명령은 집행유예기간 내에 이를 집행한다.

> 제63조 (집행유예의 실효) 집행유예의 선고를 받은 자가 유예기간 중 고의로 범한 죄로 금고 이상의 실형을 선고받아 그 판결이 확정된 때에는 집행유예의 선고는 효력을 잃는다.

> 제64조 (집행유예의 취소) ①집행유예의 선고를 받은 후 제62조 단행의 사유가 발각된 때에는 집행유예의 선고를 취소한다. ②제62조의2의 규정에 의하여 보호관찰이나 사회봉사 또는 수강을 명한 집행유예를 받은 자가 준수사항이나 명령을 위반하고 그 정도가 무거운 때에는 집행유예의 선고를 취소할 수 있다.<신설 1995.12.29>

> 제65조 (집행유예의 효과) 집행유예의 선고를 받은 후 그 선고의 실효 또는 취소됨이 없이 유예기간을 경과한 때에는 형의 선고는 효력을 잃는다.

가. 본문의 요건

종전에는 3년 이하 징역이나 금고를 선고할 경우에만 집행유예가 가능했는데, 2016년 1월 6일 형법의 개정으로 500만원 이하 벌금을 선고할 경우에도 집행유예가 가능하도록 했다. 벌금을 못내 노역장에 유치되는 사람이 연간 4만 명에 이르면서 징역형의 집행유예를 구하는 사례가 빈번히 발생하자 서민의 경제적 어려움을 덜어주기 위해 도입한 것이다. 다만 이는 2018년 1월 7일부터 시행된다.

나. 단서의 요건

(1) 현행 형법과 종전 형법의 차이

앞의 집행유예결격사건에서 판례는 현행 형법 부칙 제2항[423]에 따라 종전 형법[424]을 적용하여 집행유예를 선고할 수 있다고 본다(2007도7874). 그러나 현행 형법에 따르면 할 수 없다. 아래 표와 같이 집행유예를 선고할 수 없는 요건을 종전 형법은 '금고 이상의 형의 집행 종료나 면제시점'부터 기산하여 '피고인이 재판을 받는 시점(ⓑ)'에 5년이 경과하지 않은 경우로 규정한 반면, 현행 형법은 피고인이 죄를 범한 시점(위 사건에서 ⓐ)이 '금고 이상의 형의 판결확정시점'부터 '그 형의 집행 종료나 면제 후 3년' 사이인 경우로 규정하고 있기 때문이다. 쉽게 말해 종전 형법은 교도소에서 고통을 겪었음에도 불구하고 5년 안에 또다시 범죄를 저질렀다는 점에 의미를 두고 집행유예를 줄 수 없다고 본 것이라면, 현행 형법은 금고 이상의 형의 확정판결을 받는 고통을 겪었음에도 불구하고 일정 기간 안에 또다시 범죄를 저질렀다는 점에 의미를 두고 집행유예를 줄 수 없다고 본 것이다.

종전 형법	금고 이상의 형을 받아, 그 집행을 종료하거나 면제된 후	5년을 경과하지 아니한	자
현행 형법	금고 이상의 형을 선고한 판결이 확정된 때부터	그 집행을 종료하거나 면제된 후 3년 사이에	범한 죄

(2) '금고 이상의 형'

제62조 단서의 '금고 이상의 형'이 ㉮실형만을 의미한다고 보는 견해[425]도 있다. 그 이유

423) 형법(1995. 12. 29. 법률 제5057호) 부칙 제2조 이 법은 이 법 시행 전에 행하여진 죄에 대하여도 적용한다. 다만, 종전의 규정을 적용하는 것이 행위자에게 유리한 경우에는 그러하지 아니하다.

424) 형법(2004. 1. 20. 법률 제7077호) 제62조 (집행유예의 요건) ①3년 이하의 징역 또는 금고의 형을 선고할 경우에 제51조의 사항을 참작하여 그 정상에 참작할 만한 사유가 있는 때에는 1년 이상 5년 이하의 기간 형의 집행을 유예할 수 있다. 단 금고 이상의 형의 선고를 받어 집행을 종료한 후 또는 집행이 면제된 후로부터 5년을 경과하지 아니한 자에 대하여는 예외로 한다.

는 제63조가 집행유예의 실효사유로 '고의로 범한 죄로 금고 이상의 실형'일 것을 요구하고 있다는 것이다. 그러나 ㉯판례는 실형 외에 집행유예된 형도 포함한다고 본다(2007도768). 이에 따라 폭처법위반(야간·공동폭행)죄로 2003. 10. 2. 징역 1년 6월에 집행유예 3년의 판결이 확정된 甲에게 그 집행유예기간 중인 2004. 8. 26. 및 같은 해 11. 16.에 저지른 범죄에 대해서는 집행유예를 선고할 수 없다고 본다.

(3) 집행유예기간이 경과한 경우

그러나 앞의 병역법위반사건의 경우 다시 집행유예를 선고할 수 있다고 판례는 본다(2006도6196). 그 이유는 집행유예가 실효 또는 취소됨이 없이 유예기간을 경과하면 형 선고의 효력을 잃게 되므로, 이런 경우는 '금고 이상의 형을 선고'한 경우에 해당한다고 보기 어려울 뿐 아니라 집행의 가능성도 더 이상 존재하지 않아서 집행종료나 집행면제의 개념도 상정하기 어렵다는 것이다.

(4) 집행유예선고의 가능성이 있었던 실체적 경합범

또한 판례는 다른 범죄(B)의 선고 시점에 미쳐 A죄의 형의 유예기간이 경과하지 않았을지라도, 경합범관계에 있는 수죄(A, B)가 전후로 기소되어 각각 별개의 절차에서 재판을 받게 된 결과 A죄에 대해 먼저 집행유예가 선고되어 그 형이 확정된 경우로서 두 죄가 같은 절차에서 동시에 재판을 받았더라면 한꺼번에 집행유예의 선고를 받았으리라고 여겨지는 경우에는 집행유예가 허용된다고 본다(2007도768).

다. 보호관찰·사회봉사·수강명령

(1) '보호관찰을 받을 것을 명하거나 사회봉사 또는 수강을 명할 수 있다'의 의미

판례는 집행유예를 선고할 때 보호관찰과 사회봉사를 동시에 명할 수 있다고 본다(98도98). ⓐ제62조의2 제1항을 문리해석하면 보호관찰과 사회봉사는 각각 독립하여 명할 수 있다는 것이지, 반드시 그 양자를 동시에 명할 수 없다는 취지는 아니고, ⓑ소년법 제32조 제3항, 성폭법 제16조 제2항, 가폭법 제40조 제1항 등에는 보호관찰과 사회봉사를 동시에 명할 수 있다고 명시적으로 규정하고 있는데, 형법에 따라 보호관찰과 사회봉사를 명하는 경우에 견줘 특별히 달리 취급할 만한 이유가 없으며, ⓒ제도의 취지에 비추어 보더라도, 범죄자에 대한 사회복귀를 촉진하고 효율적인 범죄예방을 위하여 양자를 병과할 필요성이 있는 점 등을 종합해보면 그렇다는 것이다.

425) 신동운, 형법총론, 법문사, 2006, 804면.

이는 '…하거나'나 '또는'은 연결어나 분리어 모두로 해석할 수 있다는 의미로 본 것이다. 예컨대 보호관찰, 사회봉사, 수강 ⓐ3가지 모두를 명령하거나 ⓑ2가지를 명령하거나 또는 ⓒ 이 가운데 하나만을 명령하는 것 등이 가능하다고 본 것이다. 이는 과수원실화사건(94모32전결)에서 '또는'을 분리어로 본 것에 견주면 의미의 확장이라고 볼 수 있다.

⑵ 사회봉사명령의 내용

재벌그룹회장에게 금원의 출연을 통한 사회공헌이나 준법경영을 주제로 한 말이나 글을 발표하도록 하는 것은 사회봉사명령의 내용이 될 수 없다고 판례는 본다(2007도8373). 그 이유는 사회봉사는 자유형의 집행을 대체하기 위한 것으로서 500시간 내에서 시간 단위로 부과될 수 있는 일 또는 근로활동을 의미하고, 준법경영을 주제로 한 글이나 말이 범죄행위를 뉘우치거나 그 범죄행위를 공개하는 취지라면, 이는 헌법의 양심의 자유, 명예 및 인격권을 침해한다는 것이다.

라. 취소

법원은 甲에게 도교법위반(음주운전 · 무면허운전)죄로 징역 4월에 집행유예 2년 및 40시간의 준법운전강의에 대한 수강명령을 선고하면서 '재범의 기회나 충동을 줄 수 있는 장소에 출입하지 않을 것'이라는 특별준수사항을 부과하였는데, 甲이 수강명령 이행기간 중 무면허운전을 하다 사람을 쳐서 약 2주간 치료가 필요한 상해를 입히고 도주함으로써, 긴급체포되어 수강명령을 이행하지 못한 경우, 판례는 수강명령중단과 특별준수사항위반을 이유로 집행유예를 취소할 수는 없다고 본다(2008모1116). 그 이유는 준수사항은 보호관찰의 일환이지만, 사회봉사나 수강명령의 경우에도 부과할 수 있으나, 보호관찰과 사회봉사 · 수강명령은 그 성질이 다르므로 특별준수사항위반을 집행유예의 취소사유로 삼는 것은 신중해야한다는 것이다. 이런 판단에는 수강명령중단은 甲의 책임이 아니므로 실질적인 집행유예 취소사유로 볼 수 없다는 점, 그리고 도로를 '재범의 기회나 충동을 줄 수 있는 장소'로 보았다는 점이 전제된 것이라고 분석하는 견해[426]가 있다.

마. 실효

집행유예의 실효요건이 종전 형법[427]과 현행 형법 사이에 아래와 같이 차이가 있다. 따라서 종전 형법에 따르면 ㉮집행유예의 선고를 받기 전에 범한 죄로 유예기간 중 금고 이상의

426) 신동운, 법률신문, 2010. 4. 8.

427) 형법(일부개정 2004. 1. 20 법률 제7077호) 제63조 (집행유예의 실효) 집행유예의 선고를 받은 자가 유예기간 중 금고 이상의 형의 선고를 받어 그 판결이 확정된 때에는 집행유예의 선고는 효력을 잃는다.

형의 선고를 받은 경우(97모18), ㉯유예기간 중 집행유예된 금고 이상의 형의 선고를 받은 경우(79모30; 96모109), ㉰과실범으로 금고 이상의 실형의 선고를 받은 경우 집행유예가 실효되지만, 현행 형법에 따르면 이런 경우에도 집행유예가 실효되지 않는다.

종전 형법	집행유예의 선고를 받은 자	유예기간 중	금고 이상의	형
현행 형법	집행유예의 선고를 받은 자	유예기간 중	고의로 범한 죄로 금고 이상의	실형

그런데 '유예기간 중 고의로 범한 죄로 금고 이상의 실형을 선고받아 그 판결이 확정'의 의미를 '유예기간 중 고의로 범한 죄로 유예기간 중은 물론 그 이후에 금고 이상의 실형을 선고받은 판결이 확정된 때'로 의미한다고 보는 견해도 있을 수 있지만, '유예기간 중 고의로 범한 죄로 유예기간 중에 금고 이상의 실형을 선고받은 판결이 확정된 때'로 본다.[428] 전자는 재판확정 전에 유예기간이 경과했다는 점을 무시하는 것이지만, 후자에는 판결확정 시점을 유예기간 후로 미루기 위해 재판을 지연시키는 문제가 있다.

바. 효과

집행유예의 선고를 받은 후 그 선고의 실효 또는 취소됨이 없이 유예기간을 경과한 때에는 형의 선고는 효력을 잃는다. 형 선고의 법률적 효과가 없어져서 선고된 형을 집행할 수 없게 된다는 의미이다.

3. 가석방

> 제72조 (가석방의 요건) ①징역 또는 금고의 집행 중에 있는 자가 그 행장이 양호하여 개전의 정이 현저한 때에는 무기에 있어서는 20년, 유기에 있어서는 형기의 3분의 1을 경과한 후 행정처분으로 가석방을 할 수 있다. ②전 항의 경우에 벌금 또는 과료의 병과가 있는 때에는 그 금액을 완납하여야 한다.

> 제73조 (판결선고전구금과 가석방) ①형기에 산입된 판결선고전구금의 일수는 가석방에 있어서 집행을 경과한 기간에 산입한다. ②벌금 또는 과료에 관한 유치기간에 산입된 판결선고전 구금일수는 전조 제2항의 경우에 있어서 그에 해당하는 금액이 납입된 것으로 간주한다.

> 제73조의2 (가석방의 기간 및 보호관찰) ①가석방의 기간은 무기형에 있어서는 10년으로 하고, 유기

428) 조의연, "21세기 한국의 집행유예제도 - 현상과 문제점, 그리고 개선방안", 형사정책연구 제7권 제4호, 2006·겨울호, 588면.

형에 있어서는 남은 형기로 하되, 그 기간은 10년을 초과할 수 없다. ②가석방된 자는 가석방기간 중 보호관찰을 받는다. 다만, 가석방을 허가한 행정관청이 필요가 없다고 인정한 때에는 그러하지 아니하다.

제74조 (가석방의 실효) 가석방 중 금고 이상의 형의 선고를 받어 그 판결이 확정된 때에는 가석방처분은 효력을 잃는다. 단 과실로 인한 죄로 형의 선고를 받었을 때에는 예외로 한다.

제75조 (가석방의 취소) 가석방의 처분을 받은 자가 감시에 관한 규칙을 위배하거나, 보호관찰의 준수사항을 위반하고 그 정도가 무거운 때에는 가석방처분을 취소할 수 있다.

제76조 (가석방의 효과) ①가석방의 처분을 받은 후 그 처분이 실효 또는 취소되지 아니하고 가석방기간을 경과한 때에는 형의 집행을 종료한 것으로 본다. ②전2조의 경우에는 가석방중의 일수는 형기에 산입하지 아니한다.

법무부장관 소속의 가석방심사위원회의 가석방허가신청을 받아서 법무부장관이 허가 여부를 결정하므로 가석방처분은 그 법적 성격이 행정처분이다. 법관이 선고하는 형벌은 사법처분이라는 점에서 구별되고, 사법처분의 집행을 행정처분으로 중단시킨다는 점에서 독일의 행형법관제도처럼 가석방 심사를 법관이 맡도록 하는 것이 옳다는 주장도 있다.

가석방의 요건이 2010. 4. 15. 형법 개정 때 10년에서 20년으로 바뀌었고, 이는 이 개정형법의 시행일(2010. 10. 16)에 수용 중인 사람에게도 적용되었다(부칙 제2조).

행장(行狀)은 행형성적, 수형자의 전과, 인격, 행위상황, 가석방의 효과 등을 종합하는 의미를 갖는다.

V. 기출문제

문38.(배점 3) 乙이 乙자신의 아버지를 살해한 경우, 이를 방조한 甲에 대하여 법원이 형의 종류를 유기징역으로 선택할 경우 처단형의 범위는? (존속살해죄의 법정형은 사형, 무기징역, 7년 이상의 유기징역, 보통살인죄의 법정형은 사형, 무기징역, 5년 이상의 유기징역임) (다툼이 있는 경우에는 판례에 의함) 2013년 55회 사법시험

① 5년 이상 15년 이하의 징역
② 2년 6월 이상 15년 이하의 징역
③ 2년 6월 이상 7년 6월 이하의 징역
④ 7년 이상 15년 이하의 징역
⑤ 3년 6월 이상 15년 이하의 징역

(정답) ②

문24.(배점 3) 몰수 · 추징에 관한 설명 중 옳지 않은 것을 모두 고른 것은? (다툼이 있는 경우에는 판례에 의함) 2012년 54회 사법시험

ㄱ. 피해자로 하여금 사기도박에 참여하도록 유인하기 위하여 고액의 수표를 제시해 보이기만 한 경우 그 수표가 직접적으로 도박자금으로 사용되지 아니한 이상 몰수할 수 없다.
ㄴ. 「특정경제범죄 가중처벌 등에 관한 법률」에 의한 몰수 · 추징은 범죄로 인한 이득의 박탈을 목적으로 한 형법상의 몰수·추징과는 달리 재산국외도피사범에 대한 소위 징벌적 성격의 처분이라고 보는 것이 상당하므로 그 도피재산이 회사의 소유라거나 피고인들이 그로 인하여 이득을 취한 바가 없다고 하더라도 피고인들 모두에 대하여 그 도피재산의 가액 전부의 추징을 명하여야 한다.
ㄷ. 장물을 처분하여 그 대가로 취득한 현금은 몰수의 선고를 할 것이 아니라 피해자에게 교부하는 선고를 하여야 한다.
ㄹ. 금품선거사건을 수사 중인 수사기관이 피고인의 주거에 대한 압수 · 수색을 실시하고 그 집행을 종료함으로써 압수 · 수색영장이 효력을 상실하였음에도 며칠 후 그 영장에 기하여 다시 같은 장소에 대한 압수 · 수색을 실시하면서 선거인들에게 제공하고 남은 돈을 발견하고 압수하였다면, 그 압수가 위법하여 그 돈은 증거로 사용될 수 없으므로 이를 몰수할 수 없다.
ㅁ. 공무원이 자신의 권한에 의하여 허위로 작성한 공문서가 압수된 경우 이를 몰수할 수 있다.

① ㄱ, ㄴ, ㄷ ② ㄱ, ㄷ, ㅁ ③ ㄱ, ㄹ, ㅁ ④ ㄴ, ㄷ, ㄹ ⑤ ㄴ, ㄹ, ㅁ

(정답) ③
(해설) ㄴ:○(2002도7262) ㄷ:○(68도1672: 장물을 처분하여 그 대가로 취득한 압수물은 몰수할 것이 아니라 형소법 제333조 제2항[장물을 처분하였을 때에는 판결로써 그 대가로 취득한 것을 피해자에게 교부하는 선고를 하여야 한다]에 따라 피해자에게 교부해야한다) ㄹ:×(2003도705: 몰수는 반드시 압수되어 있는 물건에 대하여서만 하는 것이 아니므로, 몰수대상물건이 압수되어 있는가 하는 점 및 적법한 절차에 의하여 압수되었는가 하는 점은 몰수의 요건이 아니다) ㅁ:×(83도808:군 P.X에서 공무원인 군인이 그 권한에 의하여 작성한 월간판매실적보고서의 내용에 일부 허위기재된 부분이 있더라도 이는 공무소인 소관 육군부대의 소유에 속하는 것이므로 몰수할 수 없다)

문19.(배점 3) 몰수 및 추징에 관한 설명 중 옳지 않은 것은? (다툼이 있는 경우 판례에 의함) 2014년 56회 사법시험

① 공무원이 자신의 직무에 속한 사항의 알선에 관하여 금품을 받을 때 타인의 동의 하에 그 타인 명의의 예금계좌로 입금받는 방식을 취한 경우에도 이는 범인이 받은 금품을 관리하는 방법의 하나에 지나지 않으므로 그 가액 역시 그 공무원으로부터 추징하여야 한다.
② 추징은 형의 일종으로서 검사가 공소를 제기할 때 필요적 추징규정의 적용을 빠뜨렸다 하더라도 법원은 직권으로 이를 적용하여야 한다.
③ 몰수나 추징이 공소사실과 관련이 있다 하더라도 이미 공소시효가 완성되어 유죄의 선고를 할 수 없는 경우에는 몰수나 추징을 할 수 없다.
④ 주형을 선고유예하는 경우 부가형인 몰수나 추징도 선고유예할 수 있으나, 필요적 몰수의

경우에는 주형을 선고유예하더라도 부가형에 대하여는 선고유예할 수 없다.

⑤ 이미 그 집행을 종료함으로써 효력을 상실한 압수·수색영장에 기하여 다시 압수·수색을 실시하면서 몰수대상 물건을 압수한 경우 압수 자체가 위법하더라도 위 물건에 대한 몰수의 효력은 인정된다.

(정답) ④
(해설) ④×(88도551) ②○(2006도8663. 다만 판례가 추징을 "형의 일종"이라는 표현을 쓴 것은 옳지 않다. 정확히 말하면 추징은 형법 제41조가 규정한 9가지 형벌의 하나가 아니라 몰수형에 대한 환형처분이기 때문이다. 마치 노역장유치가 벌금형에 대한 환형처분인 것처럼) ③○(92도700) ⑤○(2003도705)

문7. 양벌규정 또는 법인의 범죄능력에 대한 설명 중 옳은 것을 모두 고른 것은? (다툼이 있는 경우에는 판례에 의함) 2013년 3회 변호사시험

가. 배임죄에서 타인의 사무를 처리할 의무의 주체가 법인이 되는 경우 그 타인의 사무는 법인을 대표하는 자연인인 대표기관에 의하여 처리될 수밖에 없어 자연인인 대표기관이 배임죄의 주체가 된다.
나. 양벌규정에 의해서 법인 또는 개인을 처벌하는 경우 그 처벌은 직접 법률을 위반한 행위자에 대한 처벌에 종속하며, 행위자에 대한 선임감독상의 과실로 인하여 처벌되는 것이므로, 행위자에 대한 처벌이 법인 또는 개인에 대한 처벌의 전제조건이 된다.
다. 법인에 대한 양벌규정에 면책규정이 신설된 것은 범죄 후 법률의 변경에 의하여 그 행위가 범죄를 구성하지 않거나 형이 구법보다 경한 경우에 해당한다.
라. 행위자에 대하여 부과되는 형량을 작량감경하는 경우 양벌규정에 의하여 법인을 처벌함에 있어서도 이와 동일한 조치를 취하여야 한다.
마. 합병으로 인하여 소멸한 법인이 그 종업원 등의 위법행위에 대해 양벌규정에 따라 부담하던 형사책임은 그 성질상 이전을 허용하지 않는 것으로서 합병으로 인하여 존속하는 법인에 승계되지 않는다.

① 가, 다　② 나, 마　③ 가, 나, 다　④ 가, 다, 마　⑤ 나, 다, 라

(정답) ④
(해설) 나:×(2005도7673) 라:×(형법은 개인책임을 원칙으로 한다)

문32.(배점 2) 형벌에 관한 다음 설명 중 옳은 것(○)과 옳지 않은 것(×)을 올바르게 조합한 것은? (다툼이 있는 경우에는 판례에 의함) 2012년 54회 사법시험

ㄱ. 수개의 범죄사실 중 일부에 관하여만 자수한 경우에는 그 부분 범죄사실에 대하여만 자수의 효력이 있다.
ㄴ. 형법은 '벌금을 감경할 때에는 그 다액의 2분의 1로 한다'고 규정하고 있으므로 죄형법정주의

원칙상 벌금형의 하한은 감경할 수 없다.
ㄷ. 주형에 대해서는 선고를 유예하지 않더라도 추징에 대해서는 선고를 유예할 수 있다.
ㄹ. 피고인과 공범관계에 있지만 공소제기 되지 않은 자의 소유에 속하는 범죄행위에 제공된 물건은 몰수할 수 없다.
ㅁ. 수형자 아닌 제3자가 수형자의 의사와는 무관하게 벌금의 일부를 납부하더라도 벌금형의 시효는 중단된다.
ㅂ. 밀수전용의 선박이 관세법에 의하여 몰수대상이 되는지의 여부를 판단함에 있어 당해 선박이 누구의 소유에 속하는가 하는 것은 그 공부상의 명의 여하에 불구하고 권리의 실질적인 귀속관계에 따라 판단하여야 한다.

① ㄱ(○), ㄴ(×), ㄷ(×), ㄹ(×), ㅁ(○), ㅂ(○)
② ㄱ(○), ㄴ(○), ㄷ(○), ㄹ(○), ㅁ(×), ㅂ(○)
③ ㄱ(○), ㄴ(×), ㄷ(×), ㄹ(×), ㅁ(×), ㅂ(○)
④ ㄱ(○), ㄴ(×), ㄷ(○), ㄹ(×), ㅁ(○), ㅂ(○)
⑤ ㄱ(×), ㄴ(×), ㄷ(×), ㄹ(×), ㅁ(○), ㅂ(×)
⑥ ㄱ(×), ㄴ(○), ㄷ(○), ㄹ(○), ㅁ(×), ㅂ(×)

(정답) ③
(해설) ㄱ:○(94도2130) ㄴ:× ㄷ:×(88도551) ㄹ:×(2006도5586) ㅁ:×(2001모91) ㅂ:○(99도3378)

문16.(배점 2) 다음의 설명 중 옳은 것을 모두 묶은 것은? (다툼이 있는 경우에는 판례에 의함) 2009년 51회 사법시험

ㄱ. 포괄일죄는 그 중간에 다른 종류의 범죄에 대한 확정판결이 끼어 있어도 그 때문에 포괄일죄가 둘로 나뉘어지는 것이 아니고, 이 경우에는 그 확정판결 후의 범죄로 다루어져야 한다.
ㄴ. 확정판결 이전 및 이후의 두 개의 범죄에 대하여 하나의 판결로 두 개의 징역형을 선고하는 경우 그 중 하나의 징역형에 대하여 집행유예를 선고할 수도 있다.
ㄷ. 확정판결이 일반사면 됨으로써 형의 선고의 효력이 상실되는 경우에는 형법 제37조 후단의 경합범에 있어서 '판결이 확정된 죄'에 해당하지 아니한다.
ㄹ. 상습범의 중간에 동종의 상습범의 확정판결이 있는 경우 확정판결 전후의 범행은 두 개의 죄로 분단된다.
ㅁ. 형법 제35조 누범에 있어서 '3년 내에 금고 이상에 해당하는 죄를 범한 자'라 함은 3년의 기간 내에 그 실행행위가 기수에 이른 자를 말한다.

① ㄱ ② ㄴ, ㄷ ③ ㄱ, ㄴ, ㄹ ④ ㄴ, ㄷ, ㄹ ⑤ ㄴ, ㄹ, ㅁ ⑥ ㄱ, ㄴ, ㄹ, ㅁ

(정답) ③
(해설) ㄱ:○, ㄴ:○(2001도3579). 예컨대 확정판결 받은 범죄를 기준으로 그 이전 범죄(A)와 그 이후 범죄(B)를 하나의 판결로 선고하면서 A에 대해서는 실형을, B에 대해서는 집행유예를 각각 선

고할 수 있다는 것이다. ㄷ:×(95도2446: 확정판결의 죄에 대해 일반사면이 있다 하더라도 일사부재리효력 등은 여전히 계속 존속하는 것이고, 확정판결이 있었던 사실에 의해 그 전의 죄와 후의 죄 등이 형법 제37조 후단의 경합범관계에 있었다고 하는 효과도 일반사면에 의하여 좌우되는 것은 아니다), ㄹ:○, ㅁ:×(2005도9858)

문 31.(배점 3) 누범에 관한 설명 중 옳은 것(○)과 옳지 않은 것(×)을 올바르게 조합한 것은? (다툼이 있는 경우 판례에 의함) 2014년 56회 사법시험

ㄱ. 유기징역을 선고하면서 누범 가중을 하는 경우 장기의 2배까지 가중할 수 있으나, 유기징역형의 상한인 30년을 초과할 수 없다.
ㄴ. 집행유예의 선고를 받은 후 그 선고의 실효 또는 취소됨이 없이 유예기간을 경과한 경우 그 전과사실은 누범가중의 사유에 해당하지 않는다.
ㄷ. 누범이 경합범인 경우에는 각 죄에 대하여 먼저 누범 가중을 한 후에 경합범 가중을 하여야 한다.
ㄹ. 누범이 성립하려면 '금고 이상의 형'을 받아 그 집행을 종료하거나 면제받은 후 3년 내에 '금고 이상에 해당하는 죄'를 범하여야 하는바, 여기서 전자의 '금고 이상의 형'은 선고형을 의미하나, 후자의 '금고 이상에 해당하는 죄'에서 '금고'란 법정형을 의미한다.
ㅁ. 누범으로 인하여 가중되는 형은 선고형을 의미하므로, 누범 가중을 하는 경우 그 죄의 법정형을 초과하여 선고하여야 한다.

① ㄱ(×), ㄴ(○), ㄷ(○), ㄹ(×), ㅁ(×)
② ㄱ(○), ㄴ(×), ㄷ(×), ㄹ(○), ㅁ(×)
③ ㄱ(×), ㄴ(○), ㄷ(○), ㄹ(○), ㅁ(×)
④ ㄱ(○), ㄴ(○), ㄷ(○), ㄹ(×), ㅁ(○)
⑤ ㄱ(×), ㄴ(×), ㄷ(×), ㄹ(×), ㅁ(○)

(정답) ①
(해설) ㄹ:×(82도1702: '금고 이상에 해당하는 죄'란 유기금고형이나 유기징역형으로 처단할 경우에 해당하는 죄를 의미하는 것으로서 법정형 중 벌금형을 선택한 경우에는 누범가중을 할 수 없다)

문2. 형의 양정에 관한 설명 중 옳지 않은 것은? (다툼이 있는 경우 판례에 의함) 2016년 5회 변호사시험

① 「형법」은 상대적 법정형을 원칙으로 하고, 여적죄에 관해서만 절대적 법정형을 두고 있다.
② 형법총칙은 일반적 가중사유로 경합범 가중, 누범 가중, 특수교사·방조의 세 가지 경우를 인정하고 있다.
③ 형법총칙상 필요적 감경사유에는 심신미약, 농아자, 중지범 등이 있고, 임의적 감경사유에는 과잉방위, 과잉피난, 불능미수, 종범, 자수 또는 자복 등이 있다.
④ 작량감경을 할 때 작량감경사유가 수개 있는 경우에는 거듭 감경할 수 없지만, 법률상 감경을 한 후에 다시 작량감경을 할 수는 있다.
⑤ 범죄의 불법과 책임을 근거지우거나 가중·감경사유가 된 상황은 다시 양형의 자료가 될 수 없는데, 이를 '이중평가의 금지'라고 한다.

(정답) ③
(해설) ③×(중지범은 필요적 감면사유, 과잉방위와 과잉피난 및 자수 또는 자복은 임의적 감면사유, 불능미수와 종범은 필요적 감경사유이다)

문38.(배점 3) 성년인 甲과 乙은 2004. 10. 1. 합동하여 특수절도죄(법정형 : 1년 이상 10년 이하의 징역)를 범하였다는 사실로 기소되어 재판을 받았고, 법원은 2006. 12. 1. 두 사람 모두에게 유죄 판결을 선고하려고 한다. 甲과 乙에게 아래와 같은 전과가 있는 경우 A ~ E의 설명 중 옳지 않은 것을 모두 고른 것은? 2007년 49회 사법시험

ㄱ. 甲은 2002. 5. 1. 특수절도죄로 징역 3년의 확정 판결을 선고받고 복역하던 중 2003. 8. 15. 가석방 출소하여 2005. 3. 1. 가석방기간이 지났다.
ㄴ. 乙은 2001. 12. 5. 간통죄로 징역 1년을 선고받고 복역하다가 2002. 10. 5. 만기 출소하여 그 형의 집행을 종료하였다.

A. 甲에 대하여는 집행유예를 선고할 수 없다.
B. 甲은 누범에 해당한다.
C. 乙은 누범에 해당한다.
D. 乙에 대하여는 집행유예를 선고할 수 없다.
E. 乙에 대하여는 징역 15년까지 선고할 수 있다.

① A, D ② B, E ③ A, C, D ④ B, C, E ⑤ A, B, C, D ⑥ A, C, D, E

(정답) ②
(해설) 甲의 경우 범죄발생시점이 2004. 10. 1. 이어서 누범기간(2005. 3. 1. - 2008. 2. 28.) 안에 있지 않지만, 乙의 경우는 누범에 해당한다(2002. 10. 5. - 2005. 10. 4.). 또 집행유예가 안 되는 기간은 甲의 경우는 2002. 5. 1. - 2008. 2. 28.이고, 乙의 경우는 2001. 12. 5. - 2005. 10. 4. 이어서 특수절도죄는 모두 이 기간 안에 있으므로 집행유예를 할 수 없다. 누범가중할 경우 장기 2배까지 할 수 있고, 형을 가중하는 경우 자유형의 상한이 이 당시에는 25년이었으므로, 이 사건의 경우 乙은 징역 20년까지 선고할 수 있다. 현행 형법에서 자유형의 상한은 25년이고, 자유형의 상한을 가중할 경우 그 상한이 50년이다.

문8. 집행유예·선고유예에 관한 설명 중 옳지 않은 것을 모두 고른 것은? (다툼이 있는 경우에는 판례에 의함) 2014년 3회 변호사시험

ㄱ. 형법 제37조 후단의 경합범 관계에 있는 죄에 대하여 하나의 판결로 두 개의 자유형을 선고하는 경우에 하나의 자유형에 대하여는 실형을, 다른 하나의 자유형에 대하여는 집행유예를 선고하는 것은 허용되지 않는다.
ㄴ. 집행유예의 선고를 받은 후에 그 선고가 실효 또는 취소됨이 없이 유예기간이 경과하더라도 형의 선고가 있었다는 사실 자체가 없어지는 것은 아니다.
ㄷ. '개전의 정상이 현저한 때'라고 함은 피고인이 죄를 깊이 뉘우치는 경우를 뜻하는 것이므로 피

고인이 범죄사실을 자백하지 않고 부인할 경우에는 언제나 선고유예를 할 수 없다. ㄹ. 집행유예를 선고하면서 사회봉사명령으로서 일정액의 금전출연을 주된 내용으로 하는 사회공헌 계획의 성실한 이행을 명하는 것은 허용될 수 없다. ㅁ. 형법 제39조 제1항에 의하여 형법 제37조 후단 경합범 중 판결을 받지 아니한 죄에 대하여 형을 선고하는 경우에, 형법 제37조 후단에 규정된 '금고 이상의 형에 처한 판결이 확정된 죄'의 형은 선고유예의 결격사유인 '자격정지 이상의 형을 받은 전과'에 포함되지 않는다.

① ㄱ, ㄷ　② ㄷ, ㅁ　③ ㄱ, ㄷ, ㄹ　④ ㄱ, ㄷ, ㅁ　⑤ ㄴ, ㄹ, ㅁ

(정답) ④
(해설) ㅁ:×(판례[2010도931]는 A범행이 금고 이상의 형의 확정판결 이전의 것일지라도 A범행에 대해서는 선고유예를 할 수 없다고 본다. 예컨대 A의 범행시점과 그 선고시점 사이에 금고 이상의 확정판결이 있는 경우에도 A범행에 대해서는 선고유예를 할 수 없다고 본 것이다. 선고유예의 결격사유인 '자격정지 이상의 형을 받은 전과'가 A범행시점 이전의 전과이어야 하거나 사후적 경합범의 전과를 제외하고 있지 않고, 만일 A범행과 금고 이상의 형의 확정판결받은 범죄가 동시적 경합범이었다면 A범행에 대해 선고유예를 할 수 없었을 텐데, 39조 1항에 비추어 불합리하다는 것이다)

문 21.(배점 2) 집행유예 및 선고유예에 관한 설명 중 옳은 것은? (다툼이 있는 경우 판례에 의함) 2014년 56회 사법시험

① 집행유예기간의 시기(始期)에 관하여 형법에 명문의 규정을 두고 있지 않으므로 법원은 그 시기를 판결확정일 이후의 시점으로 임의로 선택할 수 있다.
② 집행유예를 선고하면서 재범방지를 위한 지도 및 원호가 필요하여 보호관찰을 명하는 경우에는 그 보호관찰의 기간이 집행유예기간을 초과할 수 있다.
③ 집행유예의 선고를 받은 후 그 선고의 실효 또는 취소됨이 없이 유예기간을 경과한 때에는 형의 선고는 효력을 잃는 것임에 반하여, 형의 선고유예를 받은 날로부터 2년을 경과한 때에는 형의 집행이 면제된다.
④ 형법 제37조 후단의 경합범 관계에 있는 2개의 범죄에 대하여 하나의 판결로 2개의 자유형을 선고하는 경우 하나의 징역형에 대하여 실형을 선고하면서 다른 징역형에 대하여 집행유예를 선고할 수 있다.
⑤ 집행유예의 선고를 받은 자가 유예기간 중 고의로 범한 죄로 금고 이상의 실형을 선고받아 그 판결이 확정된 때에는 집행유예의 선고를 취소한다.

(정답) ④
(해설) ④○(2001도3579).

문13. 선고유예와 집행유예에 대한 설명으로 옳은 것은? (다툼이 있는 경우 판례에 의함) 2013년 7급

① 주형을 선고유예하는 경우에 부가형인 몰수나 추징도 선고유예할 수 있다.

② 피고인이 범죄사실을 부인하는 경우에는 선고유예를 할 수 없다.

③ 징역형과 벌금형을 병과하면서 징역형에 대하여는 집행을 유예하고 벌금형에 대하여는 선고를 유예하는 것은 허용되지 않는다.

④ 집행유예의 선고를 받은 자가 유예기간 중 고의 또는 과실로 범한 죄로 벌금 이상의 실형을 선고받아 그 판결이 확정된 때에는 집행유예의 선고는 효력을 잃는다.

(정답) ①
(해설) ③×(형법은 형을 병과할 경우에 그 일부에 대해 선고유예[제59조 제2항]나 집행유예[제62조 제2항]가 가능하도록 하고 있기 때문이다)

문28.(배점 3) 다음 〈사례〉를 읽고 이에 답한 학생들(A~F) 중 올바른 답변을 한 학생들로만 묶인 것은? (다툼이 있는 경우에는 판례에 의함) 2010년 52회 사법시험

<사례 1>
甲은 2005년 절도죄를 범하여 징역 1년, 집행유예 2년을 선고받은 판결이 2006년 3월 5일 확정되었고 집행유예의 실효·취소됨이 없이 그 집행유예기간을 무사히 마쳤다. 이후 甲은 성실히 생활하였으나 2008년 8월경 경미한 횡령죄를 범하여 2009년 2월에 공소제기되었다. 甲이 범행을 완강히 부인하는 경우 법원은 甲에 대하여 형의 선고를 유예할 수 있는가?

<사례 2>
乙은 2008년 10월 절도죄를 범하여 징역 1년, 집행유예 2년을 선고받은 판결이 2009년 2월 20일 확정되었으나, 2008년 7월 사기죄를 범한 사실이 뒤늦게 드러난 경우, 법원은 공소제기된 사기죄에 대하여 집행유예를 선고할 수 있는가?

<사례 3>
丙은 2007년 절도죄를 범하여 징역 1년, 집행유예 2년을 선고받은 판결이 2008년 1월 15일 확정되었다. 丙은 집행유예 기간인 2009년 8월 업무상과실장물취득죄를 범하여 금고 6월을 선고받고 그 판결이 2009년 11월 18일 확정되었다. 이 경우 절도죄에 대한 집행유예는 실효되는가?

<사례 1에 대한 설명>
A : 甲에게는 자격정지 이상의 형을 받은 전과가 있으므로 횡령죄에 대하여 형의 선고를 유예할 수 없다.
B : 집행유예의 전과가 있다 하더라도 집행유예의 실효·취소됨이 없이 집행유예기간을 무사히 마친 경우에는 형 선고의 효과가 없어지므로 선고유예를 할 수 있으나, 이 사례에서는 甲이 범행을 완강히 부인하고 있으므로 선고유예를 하지 못한다.
C : 甲에게 집행유예의 전과가 있더라도 그 유예기간을 무사히 마쳤으므로 범행의 부인 여부에 상관없이 형의 선고를 유예할 수 있다.

<사례 2에 대한 설명>
D : 금고 이상의 형을 선고받아 그 집행을 종료하거나 면제된 후 3년을 경과하지 아니한 경우에는

> 집행유예를 할 수 없으므로 乙의 사기죄에 대해서는 집행유예를 선고하지 못한다.
> E : 乙의 사기죄는 집행유예기간 중 범한 것이 아니므로 사기죄에 대해 집행유예의 선고가 가능하다.
>
> **<사례 3에 대한 설명>**
>
> F : 丙이 절도죄의 집행유예기간 중 업무상과실장물취득죄를 범하였고, 그에 대해서 금고 이상의 실형을 선고받아 그 형이 확정되었으므로 절도죄에 대한 집행유예 선고는 효력을 잃는다.

① A, E　② A, E, F　③ B, D, F　④ B, E　⑤ C, E　⑥ C, E, F

(정답) ①
(해설) A:○(2007도9405: 집행유예기간이 실효나 취소되지 않고 경과하면 형선고의 효과는 없어지지만 그 사실이 없어지는 것은 아니므로, 이는 자격정지 이상의 형을 받은 전과에 해당한다), B:×(2001도6138전판), D:×, E:○('금고 이상의 형을 선고한 판결'에는 집행유예된 금고 이상의 형도 포함되지만[2006도6196], 이 죄는 판결 확정 전에 범한 죄이므로 집행유예가 가능하다), F:×(고의범죄로 금고 이상의 실형을 받은 경우에 실효되므로)

문9. 다음 중 옳지 않은 것으로만 묶인 것은? 2011년 9급

> ㄱ. 형을 병과할 경우에는 그 형의 일부에 대하여 집행을 유예할 수 있다.
> ㄴ. 사회봉사명령 또는 수강명령은 집행유예기간 내에 이를 집행한다.
> ㄷ. 집행유예의 선고를 받은 후 그 선고의 실효 또는 취소됨이 없이 유예기간을 경과한 때에는 형의 집행은 효력을 잃는다.
> ㄹ. 벌금형이나 자격정지의 형을 선고할 때에는 집행유예를 선고할 수 없다.
> ㅁ. 금고 이상의 형을 받아 그 집행을 종료하거나 면제를 받은 후 3년 내에 금고 이상에 해당하는 죄를 범한 자는 누범으로 처벌한다.
> ㅂ. 징역형의 집행유예와 추징의 선고를 받은 자가 징역형의 선고의 효력을 상실케하는 동시에 복권하는 특별사면이 있는 경우에 추징에 대하여도 형선고의 효력이 상실된다.

① ㄱ, ㄴ　② ㄱ, ㄴ, ㅁ　③ ㄷ, ㅂ　④ ㄷ, ㄹ, ㅂ

(정답) ③

문19. 선고유예, 집행유예, 가석방에 관한 설명으로 옳지 않은 것은? 2009년 9급

① 형의 선고유예를 받은 날로부터 2년을 경과한 때에는 면소된 것으로 간주한다.
② 집행유예의 선고를 받은 후 그 선고의 실효 또는 취소됨이 없이 유예기간을 경과한 때에는 형의 선고는 효력을 잃는다.
③ 가석방의 처분을 받은 후 그 처분이 실효 또는 취소되지 아니하고 가석방기간을 경과한 때에는 형의 집행을 종료한 것으로 본다.
④ 형의 선고유예를 받은 자가 유예기간 중 금고 이상의 형에 처한 판결이 확정되거나 금고 이상의 형에 처한 전과가 발견된 때에는 유예한 형을 선고한다.

(정답) ④

약력 및 경력

- 고려대학교 법과대학 법학사
- 한양대학교 법과대학 법학석사
- 고려대학교 법과대학 법학박사
- 한국형사정책연구원(2002. 3 - 2007. 2)
- 부경대학교 법학과 교수(2007. 3 - 2008. 7)
- 제주대학교 법학전문대학원 교수(2008. 8 - 2012. 8)
- 국민대학교 법과대학 교수(2012. 9 - 현재)
- 2011년 5급 공채 2차 시험 위원
- 2013년 사법고시 1차 시험 위원
- 2014년 사법고시 2차 시험 위원
- 2015년 사법고시 1차 형법시험 위원
- 2016년 행정고시 2차 형사소송법시험 위원
- 2017년 변호사시험 형법시험 위원
- 2017년 사법고시 2차 형법시험 위원

한눈에 잡히는 형법총론 값 21,000원

초판인쇄 | 2014년 8월 25일
초판발행 | 2014년 8월 25일
개정판발행 | 2017년 8월 30일

저 자 | 윤 동 호
발 행 인 | 유 지 수
발 행 처 | 국민대학교 출판부
주 소 | 서울시 성북구 정릉로 77
전 화 | 02-910-4242, 3 · **팩스** | 02-910-4240
등록년월일 | 1975년 6월 17일
등록번호 | 제6-33호
인 쇄 | (주)상지피앤아이 Tel. 02-2275-2500

ISBN 978-89-7812-408-9 93360

* 잘못된 책은 교환하여 드립니다.

국립중앙도서관 출판예정도서목록(CIP)

(한눈에 잡히는) 형법총론 / 저자: 윤동호. -- 개정판. --
서울 : 국민대학교 출판부, 2017
p. ; cm

한자표제: 刑法總論
ISBN 978-89-7812-408-9 93360 : ₩21000

형법 총론[刑法總論]

364.1-KDC6
345-DDC23 CIP2017022064